元華文創
頂尖文庫 EA001

臺灣政經史系列叢書第一輯 01 陳天授主編

臺灣

政治經濟思想史論叢

Proceedings : The History of Taiwan Political and Economic Thought I

資本主義與市場篇

卷一

陳添壽　著

自 序

在這本論叢的書裡所收錄 16 篇論文，都是我在大學裡教書的研究心得，內容主要都是與臺灣政治經濟發展的歷史有關。尤其在 2000 年 5 月臺灣出現第一次政黨輪替前的 3 個月，我就回到學校擔任專任的教學與研究工作。如今匆匆又已過了 16 個年頭。

回顧過去從事的工作與教職，都離不了政府與政策相關的領域，我把這些多年來自己的所思所得，不論是發表的論文，或是講演稿，利用這次出版的機會，重新審修，彙整成這本論文集。

檢視這 16 篇論文篇名似乎顯得有點龐雜，我覺得有必要在此將其內容稍加敘述，好幫助讀者能夠儘快進入本書所要表達的要點。基本上，我將其分為以下三大類。

第一大類是屬於臺灣政經發展的通史部分，包括〈資本主義與臺灣產業發展〉、〈兩岸經貿史的結構與變遷〉、〈近代經濟思潮與臺灣經濟特色〉、〈近代臺灣地方自治與治安關係〉，和〈臺灣警察法制歷史的省察〉等 5 篇。

〈資本主義與臺灣產業發展〉與〈近代經濟思潮與臺灣經濟特色〉是我在臺北教育大學講授《經濟學》和《經濟思想史》的教材與上課心得。《經濟學》這門課程，我從古典、新古典、凱因斯、後凱因斯的經濟學派觀點加以論述，並對照臺灣歷史每一階段的經濟特性。《經濟思想史》我是從地中海時代前資本主義發展、大西洋時代早期資本主義發展，到太平洋時代現代資本主義發展的三個階段，對照臺灣農業資本主義、工業資本主義，到服務業資本主義的發展。

〈兩岸經貿史的結構與變遷〉是我在臺北商業大學的授課內容，和發表在該校學報的論文彙整而成。我將兩岸經貿的關係，從原住民時期土著資本為主的兩

岸閉塞關係、荷治臺灣時期荷蘭資本為主的兩岸獎勵關係、明清時期英美資本為主的兩岸隔離關係、日治臺灣時期日本資本為主的兩岸轉移關係、國共內戰時期國府資本為主的兩岸依存關係、蔣介石執政時期美援資本為主的兩岸對抗關係、蔣經國執政時期臺灣資本為主的兩岸對峙關係，到李登輝執政時期國際資本為主的兩岸調整關係。

〈臺灣警察法制歷史的省察〉與〈近代臺灣地方自治與治安關係〉是我在警察大學講授《臺灣政經發展史》、《臺灣治安史》和《經濟學》的教材、應邀校外講演，和論文發表的彙整。〈臺灣警察法制歷史的省察〉主要內容分別敘述原住民村社治安法制、荷治商社治安法制、鄭領軍屯治安法制、清領移墾治安法制、日治殖民治安法制、國治戒嚴治安法制，和國治轉型治安法治等七個階段。〈近代臺灣地方自治與治安關係〉亦是從這個階段論述地方自治與治安之間的關係。

第二大類是屬於臺灣政經發展的斷代史部分，包括〈明清時期漳商的「在臺落業」〉、〈荷鄭時期臺灣經濟政策與發展〉、〈清領時期臺灣經濟政策與發展〉、〈日治中期臺灣設置議會與新文化運動〉、〈臺灣方志文獻的治安記述〉，和〈臺灣隘制、治安與族群關係的變遷〉等6篇。

〈荷鄭時期臺灣經濟政策與發展〉與〈清領時期臺灣經濟政策與發展〉是我在空中大學商學系授課和學報發表的論文。〈明清時期漳商的「在臺落業」〉則是我應邀參加漳州閩南師範大學舉辦「閩南跨文化學術研討會」發表的論文。〈臺灣方志文獻的治安記述〉、〈臺灣隘制、治安與族群關係的變遷〉，和〈日治中期臺灣設置議會與新文化運動〉是我在警察大學通識教育中心舉辦研討會所發表的一系列論文。

第三大類是屬於戰後臺灣政經發展的部分，包括〈戰後臺灣政經體制與產業發展的演變〉、〈戰後初期吳新榮的政治參與與文學創作〉、〈戰後臺灣企業與政府之間的關係〉、〈戰後臺灣政經發展策略的探討〉，和〈全球化與臺灣經濟發展〉等5篇。其中〈戰後初期吳新榮的政治參與與文學創作〉、〈戰後臺灣企業與政府之間的關係〉和〈全球化與臺灣經濟發展〉是我參加在臺灣的大學舉辦研討會發表的論文。

〈戰後臺灣政經體制與產業發展的演變〉是我應臺灣綜合研究院的講演稿，並刊登在該院發行的《台研兩岸前瞻探索》。特別是〈戰後臺灣政經發展策略的探討〉一文則是發表於兩岸剛開放不久，在上海舉辦的學術研討會，我本人未便親自前往發表，改由當時企業研究發展學會的副理事長代為報告的論文。

總結我出版的這本論叢，主要圍繞的一個重要主題，就是論述資本主義與戰後臺灣實施「計劃性自由經濟」(planned free economy)的政經發展經驗。臺灣在這近一個世紀裡以來，深受 1919 年胡適在《每周評論》發表〈多研究些問題，少談些主義〉，以及孫中山主張「民生主義」的影響，資本主義(capitalism)這一名稱和自由市場經濟理論在臺灣戒嚴時期是遭到壓制，乃至於沒有專門學術單位作其專業主題的研究。

相對於西方而言，資本主義名稱早已響徹雲霄，有關其思想理論的論著也已經汗牛充棟。當然，對資本主義的論述有多面向的不同研究途徑，畢竟早期資本主義理論與市場實際上只存在於西歐和美國等少數地區，其他的廣大地區並沒有資本家、沒有工業，普遍只有地主和農人之分。

然而，臺灣自 16 世紀以來，就已逐漸接觸並融入資本主義市場經濟的生活圈。凱因斯(J. M. Keynes)指出，人類有些價值的活動，需要有賺錢的動機，和具備私有財產權的環境才能產生效用，也因為賺錢機會和私人財產的存在，人類的危險性格或許會發展成為殘暴、不顧一切追逐個人權勢，或其他形式的自大狂。我們寧可看到一個人對銀行存款為所欲為，而不願看到他對同胞手足為所欲為。雖然有時人們以為前者是後者的手段，但至少有時前者也是後者的替代。

檢視資本主義的制度，其實是一混合經濟體制的概念，就整體意義而言，到了 1990 年代，它已然成為全世界獨一無二所共同接受的經濟生活型態，只是程度深淺的不同而已。

隨著臺灣經濟自由化、政治民主化、社會多元化，以及蘇聯解體的共產主義式微，對於當前資本主義市場經濟已經能夠較為世人所接受，我們除了還原資本主義的真面目以外，對於資本主義思想的「善」與「惡」，和實施資本主義制度結果的「利」與「弊」，更該有深一層的認識和體驗，當有助實現臺灣追求民主政治、

自由經濟、公民社會和多元文化的目標。

我完全可以接受美國政治經濟思想家貝爾(Daniel Bell)在他《資本主義文化矛盾》(*The Culture Contradictions of Capitalism*)一書中,其所描述自己曾經是為「經濟學上的社會主義者,政治上的自由派,以及文化上的保守主義者」的觀點。

回首青少年時期的我,由於完全生活在農村的鄉下長大,高中時期到了城市裡念書,才開始懂得比較城市與鄉下小孩和家庭環境的差異,開始感受到家裡經濟上的窘境,和感受到貧富生活的差距和不公平,對自己的所處環境有了不同的想法,而在經濟上的傾向社會主義思想。

那個年代臺灣正是蔣介石總統主政下的硬式威權主義時期,我的啟蒙思想已經明顯受到自由主義思潮的影響,尤其是 1970 年代進入大學念書之後,我的政治思想就有反權威、反束縛、反禮教的傾向,自認為是一位不可救藥的樂觀政治自由主義者。

在文化上,因為我的祖先來自福建安溪,我自少年時期受到中華文化教育的影響,孔孟的儒家思想,是我家庭和社會倫理觀念的重要養成。傳統儒家的禮教形塑我成為一位文化上的傳統保守主義者。雖然我在學生時代花費了很長的時間研究「胡適思想」,對中華文化的「全盤西化」也充滿了憧憬,也努力嘗試發表了多篇的文字。

然而,隨著工作經驗的累積,和歲月增長的關係,我在政經思想上也都隨著環境的改變而不斷的做調整。回溯臺灣在戰後從日治臺灣的被日本殖民,轉變成中華民國的一省,特別是在 1949 年 12 月中華民國中央政府撤退來臺,整個大外在環境受到很大的衝擊,三民主義思想成為教育的核心元素。

1980 年代以後,臺灣社會逐漸走向開放和民主化,政黨輪替已成為正軌,中國國民黨主張的三民主義思想和教育,已完全被資本主義市場經濟所取代。

資本主義有一個極為簡單的命題,可以由多元面向來加以分析,臺灣社會流行這麼一句開玩笑的話:「有些立法委員白天在立法院為人民的生活社會主義大聲疾呼;晚上卻是在酒店唱歌飲酒為自己的市場資本主義大力倡導。」

就誠如林語堂說的:「依我看來文學的功用是在使我們看得人生更其清晰,更

其正確，更其明瞭，更其同情。但是人生過於複雜，不能以一種主義去一言以蔽之。」

　　如今，資本主義市場經濟的思想已成為一股不可逆的潮流，縱然它存在著有許多令人極為不滿意人的缺點。特別是 2011 年美國發生的「佔領華爾街」運動，及世界各地其他抗議者所欲傳達的訊息，凸顯資本主義市場經濟發展有必要再次加以調整，政治經濟思想的理論與政策也到了必須有所變革的時刻。在這一期待的日子裡，何時能讓我們的普羅大眾「有感」，看似仍然遙遙難期。但我們真實的生活裡還是必須接納它，與它相處。期望這本論叢我所闡述的粗淺觀點，能幫助讀者對資本主義的本質有些了解。

　　本書的出版，我要感謝元華文創公司總經理蔡佩玲小姐對本書出版的支持，和主編陳欣欣小姐的協助文字編輯。我也藉這機會要感謝家人對我的諒解，讓我得以有較多的時間，專注於我喜歡的書寫工作。我也期望讀者不吝給我指教，讓未來我在出版《臺灣資本主義發展史》的內容上更加充實。最後謹將此書獻給先父和即將屆齡百歲的母親，感謝他們的教養之恩。

陳添壽　謹識
2016 年 9 月於臺北城市大學圖書館

目 次

第一部分
臺灣政經發展通史

- 資本主義與臺灣產業發展
- 兩岸經貿史的結構與變遷
- 近代經濟思潮與臺灣經濟特色
- 近代臺灣地方自治與治安關係
- 臺灣警察法制歷史的省察

資本主義與臺灣產業發展

一、 前言

　　政治是指廣義的政府，是國家正統性、合法性的機構，及權威性價值的分配，而經濟則是理性計算的能力，是物質的供給，亦即經濟體系的利潤極大化。經濟關心的是資源的有效利用，而政治則是資源的增加。[1]經濟所追求資源利用最適境界(optimun)的經濟化邏輯，與政治講求資源增加的政治權力邏輯，都可視為行為者汲取資源本質的共通性。

　　政治與經濟具有相同本質，其分析的共同基礎是政治與經濟的行為者，包括自然人、法人及其他以組織型態出現而能表達組織意志的團體，例如各種利益團體、廠商、民間團體、政黨、國家機關等。這些組織或團體，都擁有稟賦，表達意願並追求利益，可視為政治與經濟的基本分析單位。同時，政治與經濟是社會歷史結構中的自利行為者，直接影響其政治、經濟行為的內容和方向。

　　因此，各行為之間的靜態結構關係與動態互動的過程，事實上涉及權力關係與運作，且與其標的利益有關。所以，若能深入了解利益與權力的相關特質，必有助於掌握行為者的結構關係與互動過程。

　　資本主義（capitalism）傳統上被解釋為各個人大規模的行動，控制著大量物

---

[1] Bertrand De Jouvenel, *Sovereignty：An Inquiry into the Political Good* (Chicago：Chicago University press , 1957), p.18.

質，由投機、貸款、商業企劃、海盜行為與戰爭，使主持者收到豐富的利潤；而現代的資本主義則被視為一種經濟系統，以法律上自由的工資收入者的組織為基礎，由資本家及其經理人組成，以賺錢為目的，並且使社會上任何一部分都受它的影響。[2]

因此，每一紀元有其特殊的一種人類知識的重大演進，且能對經濟持續成長提供潛力，其經濟發展觀點係根據國家為對象、人口增加、國民生產及持續增加等四項衡量標準，把資本主義以來的西方社會，區分為商業資本主義與工業資本主義時代。商業資本主義始於 15 世紀末，結束於 18 世紀後期，是西歐與新世界的接觸，產生海外貿易利益對國家經濟成長的重要性；而自蒸汽機發明帶動產業革命之後，則稱工業資本主義時代，其廣泛使用科學技術解決經濟問題，對於社會結構改變所帶來的經濟成就，給與極大的評價。[3]

桑巴特（Werner Sombart）則將資本主義分為中古世紀以前的前資本主義時期，十字軍至 18 世紀末的早期資本主義，及 19 世紀以後的現代資本主義等三個時期；同時指出，國家、技術和貴金屬的生產是資本主義發展的基本條件，國家藉由軍隊替資本主義創造一個大市場，並將秩序與紀律的精神貫注於經濟生活中，國家也向遠方侵略，征服殖民地，同時借助於奴隸制度，發起最初的資本主義的大經營，並透過政策干預，以保護及增進資本主義的利益；新技術使大規模的生產和貨物運輸成為可能，藉由新的技術方法創新工業，並在資本主義的組織結構中產生與茁壯；貴金屬不但影響經濟生活，從而形成資本主義的市場，並增強營利誘因與行為，和改進計算的方法。[4]

布勞岱爾(Fernand Braudel)則從「三層經濟活動」的概念，來探討 15 至 18 世紀的資本主義活動，經濟活動中的最底層是日常生活性的生產與交易活動，並無正式的組織，活動的地理半徑很短，通常只限於城鄉或稍大的區域之內；再上一

---

[2] Richard H.Tawney, *Religion and the Rise of Capitalism* (London: Penguin Books, 1954).

[3] Simon Kuznets, *Toward A Theory of Economic Growth* (N. Y. : W. W. Norton & Company Inc., 1968).

[4] Werner Sombart, 季子譯，《現代資本主義》（上卷），(上海：商務，1936 年)，頁 253。

層的經濟活動是較具規模的區域性商業體系是如何茁壯成長的，活動的地理半徑已擴大到各省或鄰近諸國之間；第三層的範圍再上推到國際與洲際的層面，以經濟世界為探討的對象。這三層的經濟活動之間並非相互排斥，而是併存共生的。第一層是各民族都早已存在，第二層是 15 世紀左右才在西歐有較具體的雛形，第三層是到 17、18 世紀才稍微完整。[5]

質言之，掌握行為者的經濟利益與政治權力的本質，即資本主義的本質是建立在追求政治權力與經濟利益基礎上，資本主義產業發展的治理機制，正如伊利爾特(John E. Elliott)指出，政治體制已變成一種經濟化過程，且是一個權威與權力系統；而經濟體制已變成一個權力系統，且是一種經濟化過程。[6]

資本主義體系即為國家和市場關係的建立，亦即政府與產（企）業分別是這兩種體系最主要的支配者。因此，資本主義的形成過程，必然經過某種突破（berakthrough），亦即國民經濟承受內外壓力，曾經適當的調整，以致不可逆轉。資本主義的成功，端賴它與國家互為一體，其意一方面是資本家掌握政府，一切以自身的利益為依歸，然這種方式未能持久；另一方面則是為資本主義的長遠著想，私人資本雖仍在政治中佔有特殊之比重，但這種體制能隨著各種社會問題的出現而自動調適。

黃仁宇指出，資本主義必須承認它有超越國界的技術性格，更要能看清其展開在世界各國有不同的時間表，它才能慢慢累積成果，資本主義才得以被視為是一種綿延好幾個世紀，至今尚未中斷的全球性龐大組織與運動，而所謂技術性格可歸納為：第一，資金廣泛的流通，剩餘的資本透過私人貸款方式，彼此往來；第二，經理人才的雇用不需考慮人身關係，因而企業發展與擴大超過其所有者能監視的程度；第三，技術資源如交通通信、律師事務，及保險業務等都能善加利

[5] Fernand Braudel, 施康強等譯，《15 至 18 世紀的物質文明、經濟和資本主義》(卷一)，(臺北：貓頭鷹，2001 年)，頁 VIII-IX。

[6] John E. Elliott, "The Institutionalist School of Political Economy." In David Whynes , ed. , *What is Political Economy ?*(Oxford：Basil Blackwell, 1984), p.74.

用。[7]

　　換言之，活用資金、雇用經理人，及生產技術等三大原則，是確立資本主義體制的因素。因此，資本主義是一種經濟的組織和制度，內中物品的生產與分配，以私人的資本結構經營，國家也採用這種制度來擴充民間資本，因而私人資本也能在政治體系中佔有特殊的比重，將經濟生活與政治生活聯成一氣。

　　世人如要向資本主義造成市場失靈(market failure)的造成社會不平等及環境問題的挑戰，國家及政府或其他某種代表公共利益的公權力形式，就更不可少。[8]因此，資本主義的推行，不論主權誰屬，只能在安全、有秩序和在法律保護的商業路線、交易市場和契約關係之下，利潤才能增值。[9]

　　綜合言之，資本主義是強調私人財產權創造了有效率的政治和經濟行為，並因應不同環境而調整的理論與制度。所以，韋伯(Max. Weber)將資本主義性質區分為五種：

　　第一，政治資本主義(political capitalism)，以戰爭及征服來取得利潤，冒險、殖民權力及掠奪為其特色。

　　第二，集團資本主義(pariah capitalism)，為若干邊際經濟集團，諸如猶太人及祆教徒等的經濟活動。

　　第三，財政資本主義(fiscal capitalism)，係若干古典社會的型態，通常係對農業課稅，如古羅馬帝國。

　　第四，帝國資本主義(imperialist capitalism)，係與政治擴張主義相結合者，如大英帝國。

　　第五，工業資本主義(industrial capitalism)，以固定資本投資為基礎，重視使

---

[7] 黃仁宇，《資本主義與二十一世紀》，(臺北：聯經，1991年)，頁32。

[8] Eric Hobsbawm，鄭明萱譯，《極端的年代：1941-1991》，(臺北：麥田，1996年)，頁848。

[9] Douglass C. North and Thomas, Robert Paul. *The Rise of the Western World: A New Economic History* (Cambridge: Cambridge University Press, 1973), pp.56-99.

用自由勞動(free labor)的工廠生產制度，乃係今日所特有形式。[10]

　　除外，資本主義亦有農業資本主義、商業資本主義、金融資本主義、國家資本主義（state capitalism）、社會資本主義（socialist capitalism）、資本社會主義（capitalist socialism）、黨國資本主義（party-state capitalism）等等不同的名稱，而包括許多不同的意涵，顯示使用資本主義的困難性與複雜性。[11]

　　而且，資本主義也不一定和社會主義、世界主義或人道主義對抗，如果給與適當的調整，它所代表的開明的私利觀可以在多方面適應時代的需要。資本主義當今雖為大家熟悉與使用，但正式出現這字眼可追溯 1860 年代。[12]

　　根據上述，資本主義的展開，既然在各國家產生劇烈變化，則對資本主義應當根據國別加以分析。[13]就生產要素理論而言，在前資本主義時期的封建社會中，土地是基本的生產要素；在早期資本主義中，資本是主要的生產要素，現代資本主義則是技術階層是最主要生產要素，其活動自與政府發生密切關係。因此，本文將資本主義依私有財產制的民間資本、動態創新的生產技術、企業組織的市場機制，及政府介入的國家政策[14]等四個面向，分析臺灣資本主義的產業發展。

　　在文章結構上，首先緒言，從政治經濟學觀點定義資本主義；其次，敘述西方資本主義的源起與發展；第三，針對臺灣在歷經不同政權統治下，探討前資本主義時期原住民階段的產業發展，而早期資本主義時期則探討荷治、鄭領、清領階段的產業發展，現代資本主義時期則探討日治，及國府階段的臺灣產業發展；

---

[10] Max.Weber, 于曉等譯，《新教倫理與資本主義精神》，（臺北：左岸，2001 年）。

[11] 「資本主義」名稱的使用極為廣泛，因不同內容而有不同方式的處理，在本文出現與資本主義有關的用法，如村落會議、重商主義、冊封體制、皇權體制、帝國主義，及威權主義都被廣義的定義為是資本主義的一種；另外，農業資本主義、工業資本主義、服務業資本主義，以及國際資本主義與臺灣資本主義的使用，亦因在不同地方，配合前後文字的內容而有不同的意涵，這是使用資本主義的複雜性與困難性。

[12] Eric Hobsbawm, 張曉華等譯，《資本的年代：1848-1875》，（臺北：麥田，1997 年），頁 3。

[13] Fernand Braudel, *Civilization & Capitalism 15th-18th Century Vol.1: The Structure of Everyday Life* (New York: Harper & Row, 1981).

[14] 政府的經濟職能有典章制度的建立、市場競爭的維護、所得分配的平均、資源運用的調整，及經濟穩定成長的謀求。施建生，《經濟學原理》，（臺北：大中國，1997 年），頁 225-226。

最後，結論。

二、西方資本主義源起與發展

　　1896 年美國第 26 屆總統羅斯福（Theodore Roosevelt），在美國從西班牙手中奪得菲律賓時指出，人類的歷史開始於地中海時代，接著大西洋時代，現在則進入了太平洋時代。[15]佐證國際強權最早出現在地中海的古希臘、羅馬、和中古世紀的前資本主義時期；繼之，十字軍至 18 世紀是大西洋時代的荷蘭、英國的早期資本主義時期；以及 19 世紀以後迄今橫跨大西洋與太平洋的美國是現代資本主義時期。

(一) 地中海時代前資本主義發展

　　前資本主義時期的希臘城邦，沒有大一統之理念，因人口增多而對外殖民，促進商業文明，農產品主要為橄欖油。在大希臘時代，以馬其頓、寒流息、和埃及等三個王朝版圖最大，經濟活動的層面也最廣，雖有私人財產所有權，但政府對各項商業活動強力介入，不重視企業組織與市場功能，只要求生產和剝削人民，終致經濟衰弱。

　　羅馬帝國則禁止元老院的議員及其子女直接參與商務，真正從事商業活動的是奴隸，但仍無法斷絕其從商業中擷取利益，社會普遍存在著嚴重的階級組織。羅馬帝國不但陸地上交通便利，海上船運更因為重視艦隊駐防和海盜的清除，海上貿易亦極為繁榮。帝國政府對國內工商業雖有諸多管制，特別是礦業，但對外則允許貿易，並以貨幣貶值，拓展出口貿易。過於強調財政資本主義性質的重稅與長期征戰結果，雖為羅馬帝國帶來了大量財富和戰利品，也因擴大領土而拓展

----

[15] Richard H. Collin, *Theodore Roosevelt, Culture, Diplomacy, and Expension: A New View of American Imperialism* (La.: State University Press, 1985).

了市場和取得的原料；相對的，也給羅馬資本主義社會帶來奢靡浪費、道德淪喪的負面效果。

中世紀歐洲爭戰不已，東羅馬帝國衰微，回教及基督教文化興起。封建體系維繫的是一種契約性的生產關係，勞役可用來交換，地方領主必須為國王提供兵役以保護王國。重視邊際集團經濟利益的莊園經濟，在社會底層是為社會生產商品和勞務的農奴和自由勞動者，農業經濟缺少移動性，市場規模小，只能以自給自足方式維持生計，加上受到倫理教條常含有抑制慾望的影響，阻礙了經濟生產。

然而，貿易利益越來越鼓勵於擴大範圍的經濟活動，形成漢薩同盟(Hanseatic League)的商業公會組織，以控制市場、壟斷貿易和確保會員利益。當時的威尼斯則以魚、鹽的利益在波河（Po River）及亞德里亞（Adriatic）近海建立交易市場，並逐步向東發展，商品的項目由食鹽的供應推展到食糧，成為地中海地區的商業中心，也是歐洲最大的奴隸市場，形成威尼斯(Venezia)是一個沒有領域的城市，純為商人的共和國，政府結構正如一家公司的企業組織，統領就是總經理，參議院就是董事會，人民就是公司的持有人。[16]

1252 年義大利佛羅倫斯(Firenize)首先發行金幣，成為世界金融中心。銀行以放高利貸獲取暴利聞名，導致 1343 年到 1383 年爆發佛羅倫斯借貸給英國國王，被愛德華三世(Edward III)賴債，所引起的經濟危機；加上，黑死病的侵襲，使整個城市的人口減少一半以上。

1453 年土耳其攻陷君士坦丁堡，1488 年葡萄牙人通航經過好望角，截斷紅海的交通與貿易，使遠東的產品環繞非洲進入西歐，因而結束地中海的興盛歲月。加上，十字軍東征，前後 7 次，歷時 200 年，造成教會權力的式微。然而，長期商業活動所建立完成的法律規章影響至今，仍為資本主義發展國家重要政策的參考文獻。

---

[16] 黃仁宇，《資本主義與二十一世紀》，(臺北：聯經，1991 年)，頁 57。

(二) 大西洋時代早期資本主義發展

近世歐洲早期的資本主義發展，由於具有優良的航海技術、個人主義興起、主權的擴張，以及充沛的物質條件，而能不斷的對海外發展，經濟活動的範圍和型態不再以城邦為主，而以國家為中心，活動範圍由地中海轉向大西洋。

加上，世界地理大發現，對商品航路的開闢、海外殖民地市場的開發等都對經濟發展有所助益。在重商主義方面強調經濟發展不再只是創造個人利潤與國內市場競爭，替代的是以國家為中心，及海外貿易的經濟發展。

張漢裕將重商主義分為財政性重商主義與產業性重商主義，前者強調掠奪利益和財政性目的，以致於無法促進近代資本主義的發展，如東印度公司；後者則以清教徒革命後的英國為代表，由於一連串重商主義措施的採行，符合當時英國政經體制的特質，促成近代資本主義快速成長。[17]而在重農學派方面，強調自由競爭及政府少干涉的原則，對促進農業發展具有正面意義。

近世歐洲的資本主義發展，荷蘭在順利擺脫君權和神權的控制之後，整體建設成為在資本主義體制發展下的一種組織與運動，政府政策隨著產業發展的生產趨勢，傾向於唯物主義、個人主義與自由主義，充滿冒險與投機性格，而與種族主義和帝國主義結下不解之緣。荷蘭的商業目標是接續葡萄牙挑戰地中海的貿易壟斷利益。

荷蘭不以暴力，而是以船舶和經濟組織效率的增進所引發價格競爭，摧毀了威尼斯在奢侈品的獨占地位，並將貿易利益從大西洋水域推展到印度。1602 年荷蘭籌組東印度公司經營東方的貿易，以國家武力為後盾，拓展海外殖民地的經濟發展；1609 年設立阿姆斯特丹銀行，接受各種貨幣存款，並給予存款人以自己所指定的一種等於荷幣的信用貨幣，登記於帳簿之上，存款人即以此信用與人交易，顯示歐洲初期信用貨幣的流通，達成重商主義國家以確實掌握金銀為保持國家財富與經濟實力的目標，而交易所將現代商業組織與技術的滲入，同時更是帶有政

---

[17] 張漢裕，《經濟發展與經濟思想》，(臺北：1984 年，作者自印)。

治資本主義的特性，向外擴展殖民地，包括統治臺灣。

　　然而，荷蘭的農業發展始終居於被動，因而人口的增加，荷蘭只得依賴由外輸入穀物，無法主導經濟和社會的發展。17 世紀荷蘭經濟的發生通貨膨脹，使勞動階級生活更苦，加上失業成為週期的現象，民眾生活苦不堪言，導致霸權地位為英國所取代，而英國更把資本主義體制更向前推進一大步。

　　當英國在農業發展有了基礎後，1651 年英國頒佈航海條例（Naviigation Act），規定對外的貿易貨物，必須雇用英國或對方的船舶載運，不許第三國的商船從中牟利，壟斷海上貿易。嗣後更廢除航海條例改提倡自由貿易政策，更在英國伊利莎白女王的刻意經營下，逐漸掃除國內貧窮，更由於農業的企業化經營，及海外市場開發成功等因素，使得英國資本累積急速上升，逐漸從自然經濟進展為金融經濟。

　　也就是說 17 世紀英國正由一個舊式農業體制轉入一個新式的商業體制，例如土地銀行（land bank）的組成，英倫銀行（Bank of England）與太陽火險公司（Sun Fire Company）的成立，以及陸續成立的倫敦保險公司（London Assurance ）和皇家交換保險公司（Royal Exchange Assurance ），象徵英國金融財政組織與制度的健全。

　　因此，英國的帝國資本主義形成，經過 1840 年代到 1860 年代自由競爭的全盛期，由於資本的集中和累積，到了 1870 年代漸漸形成壟斷資本和與之結合的金融資本，英國不但是世界的工廠、世界的運輸業者，同時也變成世界的銀行、世界的票據交換所。[18]

　　換言之，早期資本主義從小產業者自由競爭時代進入到公司企業，已使許多新興的廠家能夠勝過原來的舊廠家。產業革命造成英國都市人口增加、農業人口減少，而工業和服務業人口顯著的上升、工商業組織的改變，以及促使英國的貿易能獨步世界。同時，生產技術的改進與新能源的使用、工業產品的出現，以及大量生產的方式，促使商業朝專業化發展。政府主導的公共建設，大量貼補興建

[18] 許介鱗，《英國史綱》，（臺北：三民，1981 年），頁 189。

鐵路，帶動經濟發展。航運事業由木船、汽船到鋼鐵船的航行於大海，促進商業貿易的熱絡。

追溯資本主義的殖民歷史，最早起源於第一次十字軍東征的東地中海地區，透過傳教與貿易，由西歐國家向亞洲、美洲，及非洲地區展開殖民地的戰爭，終止於二次世界大戰結束後，許多殖民地國家的紛紛獨立。[19]在世界的歷史上，一小撮歐洲和歐洲資本主義勢力，在一直被稱為「達珈馬時代」（Age of Vasco da Gama）的四個世紀裡，建立起對整個世界的霸權統治。[20]

(三) 太平洋時代現代資本主義發展

英國在北美洲拓殖成功，並能在各處順利移植資本主義體制，其有幾項特別原因：第一，宗教上的寬容；第二，社會上的向上流動性（upward social mobility）大；第三，土地領有權的容易取得。[21]

二次大戰後，歐洲致力於經濟的重建工作，美國的企業開始直接投資，佔有當地市場而形成跨國企業。美國工業資本主義發展，開始於工業發展之後，不但使就業人口增加，產值日益增大，經營的規模也逐漸擴大，與越來越走向專業化，資金的流通大量化與自由化。

尤其是服務業中的零售業、批發業，及金融業，在生產技術改進、大規模生產，及大量行銷之下，使得以往的流通體系產生了變革，傳統的銷售組織，已被現代的大零售商，如百貨業、郵購服務、連鎖店，及購物中心所取代。廠商為了擴大經營規模和市場業績，不但採用合併經營或垂直整合的策略，而形成為人所詬病的卡特爾(Carter)聯合壟斷，控制價格和數量，以獲取獨占或較高的利潤。然而，過度強調自由競爭的結果，導致托拉斯(Trust)的嚴重市場失靈現象，這是以美國為代表的工業資本主義社會。

---

[19] John K. Galbraith, *The Age of Uncertainty* (Boston: Houghton Mifflin, 1977).

[20] Eric Hobsbawm, 王章輝等譯，《革命的年代：1789-1848》，(臺北：麥田，1997 年)，頁 38。

[21] 黃仁宇，《資本主義與二十一世紀》，(臺北：聯經，1991 年)，頁 178-180、268-270。

　　具體而言，西方資本主義體制的形成與發展，如何從古希臘、羅馬時代的商業活動，經中古世紀封建主義的解體，16、17世紀民族國家以後盛行的重商主義，與18、19世紀英國在產業革命以後形成自由放任的資本主義體制，最後，美國取代英國成為國際的霸權國家，期間亦曾面臨社會主義(socialism)、法西斯主義(fascism)、納粹主義(naziism)的嚴厲挑戰。

　　而美國之所以成為現代資本主義國家，除了得天獨厚的地理環境之外，則因其先有了資本主義性格，次構成國家，不但生產技術進步，資本雄厚與金融自由，農業早已與配合工商業發展，充分尊重市場機制，減少政府干預，造就當今美國在經濟上是實施市場經濟與政治上推行民主制度最先進的國家，是世界資本主義國家中的典範。[22]

三、臺灣產業發展

　　臺灣資本主義體制的產業發展，從農業、工業到服務業，在歷經不同政權的治理階段，在臺灣先後住民篳路藍縷的共同努力之下，才具有今日的規模。以下將分為農業資本主義、工業資本主義，及服務業資本主義等三個產業發展時期加以敘述。

(一) 臺灣農業資本主義發展時期

　　早期臺灣住民是在村落共同體的一家族長支配下，透過村落會議，決定了該村落的經濟、行政、祭禮及裁判等重要事項，特別是對於每年要定期提出農耕項目的商議，例如播種時間、改定耕地的分配等。

　　當時尚未開化的社會，是在屬於一血族的氏族內部共同生產。氏族共有的土

----

[22] Gary S. Becker and Guity Nashat Becker, *The Economics of Life* (New York: McGraw-Hill, Inc., 1997）.

地也就是早期臺灣住民賴以生產的工具與資產，氏族的成員只要互不妨礙，都可使用共有地的一部分，包括狩獵、開墾山林原野、開闢道路、砍伐竹木、採集天然物及建築自宅。

氏族產業的型態乃隨採集、打獵、漁牧逐漸向農耕的階段推進。[23]而當時臺灣尚處原始社會，農業發展主要受到資本短缺、生產技術落後、市場活動受限，以及村落共同體的束縛。所以，產業發展的地區，只限於西部平原，隨著部分是來自中國移民的開墾耕作，以及日本人出沒之外，以平埔族經營的幼稚農業為主。

1624 年大明國為了確保其領土澎湖，與荷蘭人議和，以同意荷蘭人佔領臺灣為條件，或言這是臺灣第一次被割讓給實施資本主義的強權國家。荷蘭開始藉由臺灣，作為與大明國及日本貿易的據點，尤其在 1628-1629 年平息了濱田彌兵衛事件之後，荷蘭完全排除日本在臺灣的商業利益和土地主權糾紛，而獨占與大明國之間的政商利益。[24]

荷蘭透過東印度公司(East India Co.)在印尼(Indonesia)成立巴達維亞(Batavia)總部，與在大員（臺南）設置商館的運作型態，經營臺灣。荷蘭政治資本主義性格，其經濟掠奪並非單純地侷限於東西方貿易，而是同時提供作為東亞國家之間商業活動網路的中間人。

同時，為發展臺灣的農業，東印度公司提供資金，獎勵大陸沿海居民移駐臺灣，並補助開築陂塘堤渠所需經費，提供耕牛農具與種籽，及改進耕作的生產技術。同時，為有效管理招來的農民，採行大、小結首與佃農所組成嚴密的層級關係，是一種市場機制與封建形式並行的資本主義體制。

然而，東印度公司在臺灣所出現嚴重的商業獨占和利益剝奪現象，導致 1652

[23] Friedrich List, *The National System of Political Economy.* Tran. Sampson S. Lloyd (New York: Longmans, Green, 1956).

[24] 濱田彌兵衛事件起因於荷蘭東印度公司不顧以往慣例，強行向在臺灣的明帝國與日本居留者，及其進出口貨物徵稅，引起激烈的反彈，日本人在濱田彌兵衛的率領下，拿捕了東印度公司長官諾伊次(Nuijts)，江戶幕府終止荷蘭人的貿易權。

年爆發農民郭懷一事件。東印度公司在部分原住民的援助下，徹底壓制數千名抗爭的農民。這一事件凸顯東印度公司在臺灣失控現象，不但導致臺灣農業蒙受重大損失，島上的經濟發展和社會秩序已難有效維持，荷蘭在臺灣的殖民地高峰期已經成為過去。[25]

1662 年鄭氏集團領臺，其主要目的是要「暫寄軍旅，養晦待時」，而接受大明國的冊封。對臺灣而言，中國血統和漢文化的大量進入是一件劃時代的事。鄭氏的集團資本主義體制，首先為解決因人口突增所發生糧食供給不穩定與能否持續的問題，必須首先確保土地的開墾與有效利用，改良生產技術，將依靠鋤耕工具的種植甘蔗，大量改為以犁耕為主的稻米種植。文武官開拓的官田，及屯田開墾的營盤田，形成貴族和官僚與佃人之間的層級關係，其總體生產與總勞動力，大部分為佃人的付出，出現猶如歐洲中古世紀封建莊園資本主義中支配者對被支配者的不平等現象。

當時臺灣農田開墾的耕地主要種植稻米，到了 18 世紀臺灣已成為福建的穀倉。1860 年以後臺灣被迫開港通商，英美國家的外商資本與本土郊商的資本結合，由於商業貿易利益競爭的結果，導致臺灣農業生產項目的改變，促成北部茶葉與南部糖業的興起。

清領臺灣初期，其主要目的是要以臺灣作為清朝「腹地數省之屏蔽」，強調財政資本主義特性，而將大一統的皇權體制延續到臺灣來。臺灣拓墾的正式化與規模化，係於 18 世紀後半期，而到 19 世紀初期始告一段落。主要地區先從臺灣的西部平原，再由南部而北部。土地結構則形成是移自大陸的墾戶為大租戶、佃戶為小租戶、現耕佃農，以及官廳的四層關係。

檢視清領臺灣的財政資本主義發展約可分為三個階段：第一階段是自康熙至乾隆之間的拓墾時期，大量開墾土地；第二階段是乾隆至道光末期，主要發展在農業精耕細作；第三階段是道光末期至臺灣被日本帝國主義佔據為止，西方資本主義列強的侵略，臺灣淪為半殖民地狀態，產業結構也配合政經體制的改變而出

---

[25] 程紹剛譯註，《荷蘭人在福爾摩莎（1624-1662）》，（臺北：聯經，2000 年），頁 xxxiii。

現明顯變化。[26]

(二) 臺灣工業資本主義發展時期

　　1874 年大清國開始在臺灣推行的自強新政，是臺灣早期工業資本主義化的契機。自強新政的求新、求強、求變的政經改革，由於臺灣地處大陸的邊陲，來自中央體制的羈絆較少，地方官員能放手推動建設，除了充分運用臺灣具備規模的經濟基礎，及累積商業利益的實力資本家，是內部支撐工業資本主義化運動的有利條件之外；善用臺灣具有先天地理海洋優勢的商業國際化，有助於臺灣產業的轉型。加上，發生日本出兵恆春事件，大清國為了擴充並確保東南七省的防務與安全，更是銳意興革，積極推動臺灣工業資本主義化的產業升級。

　　劉銘傳推動的臺灣農業資本主義轉型，清丈土地的結果，除了充裕臺灣財源與經濟自立之外，並解決長期以來存在的「一地二主」問題，單一地權在臺灣逐漸形成，有利於日後日本帝國主義在臺灣推動的土地政策。[27]土地調查統計的結果，全臺登錄的土地面積為 4,774,468 畝，比原來多出 400 多萬畝，多徵田賦 974,000 兩，比過去多出 570,000 兩。[28]

　　劉銘傳的擴大政府公共建設包括：設置商務局、成立企業公司、裝置電燈、興建海底電線、設立郵政總局、建設鐵路、拓建道路等等，將臺灣本具封建的社會經濟逐漸走向民族的資本主義經濟。尤其是鐵路的建造，熊彼得(J. A. Schumpeter)指出，歷史上第一個長期波動發生於 1781-1842 年，起因於產業革命；第二個長期波動發生於 1843-1897 年，繁榮的原因在於鐵路的普遍興築，是現代工業文明的特徵；第三個長期波動是 1898 年以後，其繁榮的來臨乃因電氣工業與

---

[26] 段承璞，《戰後臺灣經濟》，(臺北：人間，1992 年)，頁 38。

[27] 許雪姬，《滿大人最後的二十年──洋務運動與建省》，(臺北：自立晚報，1993 年)，頁 1-2。

[28] 戴炎輝，〈清代臺灣之大小租業〉，《臺灣文獻》(第 4 卷第 8 期)，(臺北：臺灣省文獻委員會，1963 年)，頁 20-36。

化學工業發展的結果。[29]然而，1890 年清政府改派邵友濂接替劉銘傳的職務，其保守策略延緩臺灣工業資本主義化的進程。

對於明清時期已有資本主義的萌芽，或許尚存有爭議。檢視當時一個商行缺乏與他人交易的對手，資金無法週轉，經理人才依賴血緣關係，則其經營將無從擴大。臺灣在 1662 年至 1683 年鄭氏王國的冊封體制，和 1683 年至 1895 年清朝的皇權體制時期，國家政策並未能提供一個資本主義完全發展的環境。

然而，從資本主義私人財產權的制度和存在市場經濟的萌芽而論，或許經濟上的已能勉強維持市場活動機制，但卻喪失了政治上自由民主在臺灣生根與成長的機會。所以，陶尼(Richard H.Tawney)指出，歌頌資本主義興起的人不是粗俗的唯物主義者，而是自暴君爭取新自由的鼓吹者。[30]

1895 年甲午戰爭之後，依據《馬關條約》的日本展開對臺灣殖民化統治，其殖民產業政策主要可以分為第一階段「農業臺灣與工業日本」，和第二階段「工業臺灣與農業南洋」的產業發展。

為有利於發展臺灣農業，殖民政府開始進行資源調查，除了人口調查之外，主要的資源調查包括農耕地和山林地。統治初期比較有效控制的農耕土地範圍僅限於臺灣北部地區，經過 1898 年 7 月至 1900 年約兩年半的時間，測定筆數約 387,149 筆，所測量的土地面積約 129,121 甲，且大部分仍集中在臺北、基隆、宜蘭地區。

當全島被武力掃蕩，局勢漸趨於穩定的 1902 年夏天，亦是土地調查的巔峰時期，總共投入的人力有 1,760,000 人，耗資金額達 5,220,000 元，測定累積的筆數約 653,526，土地累計面積約 256,531 甲，所涵蓋地區已由北部擴展至臺中、臺南，到了 1903 年，有關土地調查工作的完成，總測定筆數達 1,006,420 筆，總面積達

[29] J. A. Schumpeter, *Capitalism, Socialism and Democrary* (N. Y.:Harper and Brothers, 1942), pp.252-296, 325-346, 397-436.

[30] Richard H.Tawney, *Religion and the Rise of Capitalism* (London: Penguin Books, 1954).

459,107 甲，所涵蓋地區已包括高雄、屏東等全島。[31]

對於山林地調查工作的時間，主要分為兩階段：第一階段是 1904 年到 1914 年的 10 年間，依「無主地歸國有」的原則，在 167,054 件申告中，判定為官有地者達 753,091 甲，而核定為民有地者僅有 31,179 甲；第二階段自 1914 年起的 11 年間，殖民政府再將官有林地而不需保留地賣出，共賣出 204,912 甲，所獲收益 5,459,863 元巨款。這樣農耕土地和山林地的調查與整頓，同時將臺灣本地的主要經濟勢力限定在農業用途。[32]

農產品的生產與土地的所有權及經營權有關。殖民政府以發放國家債權的方式補償大租戶，確立小租戶為土地的唯一所有者，而佃農仍維持傳統的租佃地位，逐漸建立土地的所有權制度。然而，臺灣土地分割的零碎化，卻造成日資企業發展大規模農場的障礙。藉由土地所有權的確立，也提供本地大地主轉型投資與經營企業的機會，彰化銀行、嘉義銀行、臺灣製麻會社等本地的企業與金融行業，亦是配合殖民政策成立，其中彰化銀行、嘉義銀行，以及臺灣製麻會社也都有 25 萬圓不等的投資規模。[33]

臺灣傳統地主和佃戶家長式關係的沒落，加上農地價格取決於農民依附土地作為維生工具的程度，非以追求利潤為生產目的，又習慣不把自家勞動算入成本，導致臺灣高昂的地價，這也造成日本糖業資本家收購土地的障礙與企業經營的困難，並因透過官憲強行徵收土地，各地紛爭迭起，種下日後農民運動的主因。當殖民政府在完成臺灣土地和林地調查的基礎工程之後，便積極發展糖業。

殖民政府推動糖業發展，是以發放國家債權的方式補償「大租戶」，以簡化所有權，確立了「小租戶」為土地的唯一所有者，而佃農仍然維持傳統的租佃地位，逐漸建立土地私人的所有權制度；並依據無主土地「國有化」原則，沒收無法提出所有權證明的臺灣人的土地，由殖民地政府再將這些土地出售給退休的政府官

[31] 涂照彥，李明峻譯，《日本帝國主義下的臺灣》，(臺北：人間，1993 年 11 月)，頁 37。

[32] 涂照彥，李明峻譯，《日本帝國主義下的臺灣》，(臺北：人間，1993 年 11 月)，頁 40-41。

[33] 第一銀行編，《第一銀行七十年》，(臺北：一銀，1970 年)，頁 21。

員及日本公司,因而爆發 1925、1926 年農民的強烈抗爭事件,充分暴露帝國資本主義體制藉由政治力,強行剝削,以取代原臺灣人的土地資本。

同時,殖民政府為了推動近代製糖業,遂充分利用其優勢資本與生產技術,抑制臺灣原有傳統工業,並以犧牲臺灣舊式糖廍的利益為代價。殖民政府除了一方面推動近代製糖產業之外,一方面又鼓勵農民擴大種植蓬萊米外銷日本,於是產生了臺灣農業發展上嚴重「米糖相剋」的現象,並排擠了香蕉及其他經濟作物的生產。

米業與糖業的結構體系產生了外資與本地維生部門的發展有「相剋」的關係,導致外資出口部門急速擴張的機制有很大的一部分是建立在本地維生部門的相對落後上,形成結構上外資部門對本地維生部門採取敵對的態勢,並不斷透過政治力予以壓抑。

殖民政府移植新式製糖業一方面可以解除每年高達 1 千萬圓的砂糖進口,防止外匯流出,還可結餘近 1 千萬圓的殖民地經營費,以改善臺灣財政自主的問題。臺灣製糖技術在 1890 至 1895 年期間曾經拒絕採用鐵磨榨蔗的現代技術,仍延用石磨的傳統榨蔗技術。

但日治時期的製糖生產方式除了提升技術之外,並根據新式製糖廠的分糖法,蔗農可以取回固定比率的糖,不過糖廠並不是分給蔗農砂糖現物,而是依當時的市價折算現金給付。分糖法下,蔗農雖然要與糖廠一起承擔糖價波動的風險,但在糖價有利的時候卻得以分享利潤,這種分糖法不久就因為要防止蔗農分享,政府特惠保護下糖價所帶來的豐厚利潤,遂以瑣碎易生糾紛為由,改採直接收購的方式,並設置原料採集區,在劃定的甘蔗原料產區內,強制規定新式製糖廠為唯一的買主,賦予市場壟斷權。同時,殖民政府透過資金補助、確保原料供應、維持卡特爾(guild)價格、組織砂糖共同販賣組合,及關稅優惠的方式,來保護新式糖業發展。

1905 年臺灣舊式糖廍產業占臺糖產量的 95%,1911 年整個臺灣糖產量高達 4 億 5 千萬斤,創下歷史最高紀錄,滿足了日本國內 80%的需求,到了 1937 年舊式糖廍產量比重只剩 2%,臺灣糖業完全受到日本公司的壟斷與排擠,凸顯臺灣作為

日本資本主義的砂糖生產基地居於關鍵地位，締造了日本糖業帝國主義的企業王國，也提高了臺灣的製糖技術。

蓬萊米生產技術的移植臺灣，雖未直接受到殖民政府的積極保護，但透過增強水利設施，改善了臺灣種植稻米的環境。殖民政府投入稻米增產事業的資金，幾乎完全用在灌溉排水設施上。1934 年在其總投入資金 4,746 萬圓中，有關灌溉排水設施占 98%，近 4,662 萬圓。雖然在灌溉排水設施上的資金投入，並非全為稻米種植，其背後還夾帶有對糖業生產的獎勵，卻也對稻米產生附帶效果。[34]

1931 年發生九一八事件，臺灣成為日本向大陸華南及東南亞推進的主要基地，殖民政府遂將「工業日本、農業臺灣」的產業政策，轉為以發展「工業臺灣、農業南洋」的產業政策。臺灣的工業產品，為配合日本利益，開發以食品為主的加工出口業。

殖民政府發展臺灣工業，首先一定要盡速恢復明潭水力發電，以供給廉價電力，降低工業生產的成本。同時，殖民政府亦規定金融機關的貸款必須依照政府指示的投資用途，優先配合貸款給直接參與軍需工業有關的企業，以利政府發展工業的策略。

殖民政府為了達成擴充生產力目標，不但在資金、勞力、物資等方面實施統制管理，更在總督府內增設企劃部，負責抑制民生消費品的生產，並將重要設備、原料等物資優先配給軍需產業，並由經濟警察擔負戰時經濟統制工作。殖民政府亦進行企業合併策略，臺灣企業的組織與經營型態也跟著發生比較大的變動，　對於企業經營的利率和高投資回收率，主要得利於市場的壟斷與獨占。

臺灣企業經營的項目，大部分投資與殖民政府關係密切的獨占企業，如依據特別法創立的臺灣銀行、臺灣電力株式會社、臺灣青果株式會社，及嘉南大圳；另外，林業及鐵路完全由國家資本獨占；鴉片、樟腦、菸葉、酒等商品則透過專賣，與指定委託的利益輸送方式，給予民間獨占經營而獲取暴利。

特別是 1936 年由殖民政府出資成立臺灣拓殖株式會社，統籌拓殖技術與資

---

[34] 凃照彥，李明峻譯，《日本帝國主義下的臺灣》，(臺北：人間，1993 年 11 月)，頁 76。

金，對東南亞、大陸華南地區業務的拓展，其南進政策比較有具體成效的是對海南島投資與經營，預期將其建設為「臺灣第二」。

到了戰爭後期，為因應戰爭的需要，殖民政府更設立臺灣鐵工業統制會、臺灣戰時物資團，以及實施〈臺灣戰力增強企業整備要綱〉，加緊對各項工業物資、人力、資金的統制，全力發展軍需工業。1938 年更依據《戰時總動員法》，要求臺灣應發展鋼鐵、輕金屬等工業性產品。

殖民政府更將其本土淘汰或老舊的民間工業機械運來臺灣設廠生產，再將成品銷售到東南亞，並分別從印尼、大陸東北、緬甸、西伯利亞、越南、菲律賓，以及日本等地區進口工業用原料來協助發展臺灣的工業。當時臺灣工業所發展的製糖、蔗渣紙漿、酒精、蘇打、化肥、鋁、合金、煉鐵、機械、油脂、纖維、水泥等主要工業，到了 1930 年代末期臺灣的工業產值已超過了農業產值。[35]金屬工業在各種工業年平均所占的比率從 1921 年的 1.7%，至 1942 年已增加為 7.0%；化學工業則由 7.9%，增加為 12.1%；臺灣工業年平均增產比率從 1915 年的 38.8%，至 1942 年已增加為 47.4%。[36]

檢視殖民末期投資臺灣工業資本金額，1938 年至 1941 年日資、在臺日資與本地資本投資新設立的企業，大多由日本人出資，臺灣本地企業出資金額與比率，除 1938 年外，均未能超過 10%。[37]臺灣企業經營不但缺乏自主性還處處受到制約，但藉由與日本政府權力及日系在臺企業的利益共生，形成新的政商特權結構，特別是臺灣五大家族企業不但保存了舊有地主的勢力，也在臺灣農工轉型的過程中扮演關鍵性角色。

這股力量到了 20 世紀資本主義巨大的企業與銀行之間的關係，與 19 世紀有

[35] 川野重任，林英彥譯，《日據時期臺灣米穀經濟論》，（臺北：臺灣銀行經濟研究室，1969 年 12 月），頁 69。

[36] George W. Barclay, *Colonial Development and Population in Taiwan* (Princeton: Princeton University Press, 1954), p.38.

[37] 張宗漢，《光復前臺灣之工業化》，（臺北：聯經，1980 年），頁 211。

本質上的不同，其最主要表現在固定資本(設備資金)調度關係上形成新的資本關係，而形成這種新資本關係的金融資本(financial capital)，不但影響殖民政府在臺灣的政經作為，甚至到了國民政府接收臺灣之後，這五大企業集團的政經勢力仍迅速與新的政權結合或調整。

高隸民(Thomas B. Gold)指出，日本殖民統治對臺灣戰後發展的影響，在如何發展經濟方面，日本人已經做了示範。在擺脫了日本人的限制後，臺灣人便開始發展自己的經濟。[38]

戰後臺灣產業發展主要分為「農業培養工業與工業發展農業」，和「工業發展農業與貿易培養工業」的兩階段。

國民政府為順利完成接收臺灣的工作，早在 1944 年便在中央設計局內成立臺灣調查委員會，作為收復臺灣的籌備機構，並在 1945 年成立臺灣省接收委員會與日產處理委員會，將重要鐵公路運輸、電話電報通訊系統，及菸酒樟腦等專賣事業，併歸國營或省營，同時藉由銀行的公營與貿易的壟斷，控制臺灣較具規模的大企業及金融貿易等相關的發展。

政府強勢主導土地改革與四大公營企業的開放民營，解決土地改革需發給地主的補償金，耕者有其田的土地政策促成臺灣傳統地主從農業生產轉型為工業發展。政府揭出「以農業培養工業，以工業發展農業」的發展策略，並以發展消費性民生工業為最優先。

1950 年代臺灣原可供外銷的農產品米、香蕉與鳳梨等，已因日本與大陸市場的流失而無法獲得大量利潤；又由於大量軍民自大陸遷來，消費增加，可供外銷之產品數量減少；同時，基於剛發展中部分勞力密集的農工產品，又受制於日貨競爭；加上國際冷戰戰略，臺灣也由於接受美國的軍援與經援，積極推動進口替代策略，以自製非耐久性消費品代替進口貨，一方面節省外匯，另一方面可以保護國內幼稚工業(infant industry)的發展，尤其是加強對水泥與紡織業的輔導與經

---

[38] E. A.Winckler & S. Greenhalgh, 張苾蕪譯，《臺灣政治經濟學諸論辯析》，(臺北：人間，1999 年)，頁 19。

營，奠定臺灣勞力密集產業的發展。

1960 年代政府採取的產業發展政策是既保護又鼓勵的雙軌並行方式，而進口替代策略的最直接措施就是採用複式匯率，以變相徵收額外進口稅的方式，加重進口產品的成本，減少外國產品的進口，來保護國內產業；同時，採用高關稅稅率與外匯分配等方式，管制消費性產品進口，確保進口替代產業的國內市場；而且，透過公營金融機構對若干進口替代業的優惠資金融通，來促進企業投資的成長與減低經營成本；並且透過提供原料，保障工廠線的穩定生產。

尤其，政府更以「代紡代織」模式，解決資金及原料的難題，扶植了國內棉紡織業的發展。當時與臺灣同時發展輕工業的許多第三世界國家，在推行進口替代策略一段時間，同樣會面臨國內市場飽和的壓力，但政府政策選擇的不是深化進口替代，而是改採出口擴張策略。

為擴展臺灣對外貿易，政府進行〈外匯貿易改革方案〉，雖然有單一或是複式匯率的爭論，政府的確立單一匯率，也導致當時贊成使用多元匯率政策的財政部長兼外貿會主任委員徐柏園的辭職。單一匯率在 1958 年 11 月 20 日通過，但還有一個尾巴，就是買賣結匯證，本來訂兩個標準，一個是 24.78 元，一個是 36.38 元，把民生必需品定在低點的，其他東西訂定在高點的。如果要進口，必須有出口商把結匯證賣過來，才能結匯進口。公營事業不要結匯證，其他一般事業都要，名義上是一個匯率，事實上還是兩個匯率。直到 1960 年，出口成長非常穩定，才把匯率固定在 40 比 1。[39]

同時，繼續簡化退稅手續及放寬退稅條件，同時放寬外銷低利貸款項目；推動〈加速經濟發展方案〉；頒布〈獎勵投資條例〉；通過〈加工出口區設置管理條例〉，在港口都市附近興建標準廠房，提供電力、給水、通信等各種公共設施以及港口與倉儲設備，以簡化申請投資設廠、成品出口、原料進口、匯出入款等手續，來降低投資的管理成本，並藉大幅稅捐減免，配合優秀而廉價勞動力，吸引僑外

---

[39] 李國鼎，《經驗與信仰》，(臺北：天下，1991 年 6 月)，頁 14。

投資人來臺投資。[40]

因此,當期是在「以工業發展農業,以貿易培養工業」的新重商主義策略下,1961 年至 1972 年間臺灣經濟結構的變化已是工業成長率遠高於農業成長率。工業年成長率高達 16.7%,而農業成長為 4.7%;工業部門中,尤以製造業成長最為快速,年成長率高達 18.5%,礦業為 4.3%,公用事業為 13.6%。

1970 年代,政府更是積極採取凱因斯主義經濟政策。政府為了因應國際能源危機、國內通貨膨脹壓力,及解決產業結構的問題,加速臺灣輕工業的轉型為重化工業,開始推動十大建設,加強國家的基礎建設與工業發展,不但要求公營事業擴大投資生產,也廣邀國民黨的黨營事業,及民間企業參與,以彌補私經濟部門投資與有效需求的不足。到了 1976 年臺灣輕、重工業比率,首度由重工業的50.8%超過輕工業的 49.2%,臺灣多年來推動重工業要在工業結構中占比較重比率的目標終於達成。

臺灣發展重化工業的同時,政府注意到中小企業是處於政經權力核心體系的邊陲,並積極展開對中小企業提供整體性輔導,協助中小企業轉型,淘汰勞力密集的產業轉型為發展電子科技業等。換言之,政府更選擇了產業關聯效果大,技術密集高,有廣大市場的紡織、石化、電子、鋼鐵及機械等五大工業,作為策略性的產業,以帶動整體工業的升級。

由於繼續實施凱因斯經濟政策的結果導致到了 1980 年代,臺灣產業受到高度成長衍生問題的影響,出現貿易出超,外匯存底增加,新臺幣升值,熱錢流入及貨幣供給增加的影響,造成股票飆漲、房地產價格劇升、工資上漲,致使生產成本上升,競爭力減退,投資環境漸趨惡劣。加上,環保抗爭、勞資爭議、治安惡化,致使投資減少及產業外移。臺灣面對產業升級的困境,政府積極推動「自由化、國際化、制度化」的科技導向策略,以發展臺灣的高科技工業。

其實政府早在 1977 年就成立園區執行小組,1980 年正式成立科學園區管理局。1985 年政府訂定〈國家科技發展十年計劃(1986-1995)〉,1994 年再通過〈十

---

[40] 王作榮,《壯志未酬——王作榮》,(臺北:天下,1999 年 3 月),頁 593-600。

大新興工業發展策略及措施〉，並依《科學技術基本法》訂定國家科學發展計畫，提升臺灣成為「技術立國」的工業國家。同時，政府為解決國內投資意願低落的問題，政府推動〈振興經濟方案——促進民間投資行動計劃〉，加速產業升級及發展臺灣地區成為亞太營運中心。[41]

到了 1988 年臺灣產業結構有了很大轉變，服務業的 49.3%生產值首度超過工業的 45.7%。到了 2000 年臺灣工業與服務業產值占國內生產毛額之比重是 32.37%比 65.57%，農業更減至 2.06%，而服務業項目中，批發、零售及餐飲業占 19.16%，運輸業占 6.74%，金融保險及不動產業占 20.5%，其他服務業占 19.17%。

(三) 臺灣服務業資本主義發展時期

1990 年代以後，臺灣產業結構有了很大轉變，1988 年服務業的 49.3%生產值首度超過工業的 45.7%。到了 2000 年臺灣工業與服務業產值占國內生產毛額之比重是 32.37%比 65.57%，農業更減至 2.06%，而服務業項目中，批發、零售及餐飲業占 19.16%，運輸業占 6.74%，金融保險及不動產業占 20.5%，其他服務業占19.17%。[42]

但臺灣產業仍持續受到外貿順差所帶來的經濟外部不平衡，尤其政府長期為了穩定匯率，而在外匯市場的政策干預，與為了避免貨幣供給額成長過快所採取的沖銷措施，反而延長臺灣產業結構的調整。政府積極推動〈振興經濟方案—促進民間投資行動計畫〉，及〈發展臺灣成為亞太營運中心計畫〉，期將臺灣產業出走、資金外流的現象，轉化成積極為臺灣找尋新方向，建構臺灣產業競爭的新優勢。

特別是，面對中國大陸的改革開放，政經體制的標榜「中國特色的社會主義」，也逐漸朝向市場經濟靠攏，中國大陸已取代美國成為臺灣的最大外貿市場。杭廷頓(Samuel F. Huntington)提出「文明的衝突」(The clash of civilizations)，強調以儒

---

[41] 江丙坤，《臺灣經濟發展的省思與願景》，(臺北：聯經，2004 年 8 月)，頁 291-304。

[42] 行政院主計處，《中華民國統計月報》，(臺北：行政院，2001 年)。

家文明為主的「大中華經濟共榮圈」，共同文化促進了臺灣、香港、中國大陸、新加坡及其他亞洲國家的華人社會，在經濟關係上的急速擴張，如果文化的共同性是經濟整合的先決條件，那麼未來最主要的東亞經濟集團很可能會形成以中國為中心。[43]臺灣如何從全球資本主義發展趨勢中，因應越來被越看好的亞洲經濟發展，尤以中國大陸市場的崛起，以迎接太平洋資本主義時代的來臨。

四、結論

依上述研究面向，本文研究的結論：

(一) 民間資本的形成

有土斯有財的觀念，是臺灣財產權確立的源頭。從土地私有制度的形成到民間企業資本的累積，臺灣先民在歷經原住民的村落共有、荷治時期的王田、鄭領時期的屯田、清領時期的大小租戶、日治時期的確立單一所有權，到國府時期的耕者有其田，民間土地資本的活力帶動商業資本的累積，到了 20 世紀的 80 年代以後，臺灣產業的資本結構已走向國際化、自由化。

加上，許多國營事業的民營化，釋出國家資本轉由較具活力與效率的民間企業集團經營。對於民間資本市場的形成，臺灣歷經了原住民時期的土制資本、荷治時期的荷蘭資本、鄭領與清領的大陸資本、日治時期的日本資本、國府時期的美國資本，臺灣資本市場應該逐漸走出過度依賴外資的陰霾，建立以臺灣資本為主，外商資本為輔的資本市場。

(二) 生產技術的改進

繆達爾(Karl Gunnar Myrdal)指出，社會與經濟過程的發展，是由現代技術以

---

[43] Samuel F. Huntington, 黃裕美譯，《文明衝突與世界秩序的重建》，(臺北：聯經，1999 年)，頁 226-233。

及由其在文化、社會經濟與政治上所引起的影響，生產技術的改進是經濟與社會過程之演進的主要源泉。[44]

　　試觀第一波文明是人類與土地緊密結合在一起的農業革命所帶來的產物，歷經數千年才得以完成；第二波文明起源於牛頓的科學，蒸汽機首度被用於經濟發展，只用了三百年的時間；時至今日，同時存在的不同文明已不再是一分為二，而是二分為三，成為是三個相異而相爭的所謂第三波，人類電腦化的資訊社會很可能只需要數十年的時間就可以完成。

　　對照臺灣從捕魚打獵、粗略的鋤、犁耕作，到精緻的農業，進而轉型為工業，從民生工業、輕工業、重化工業到高科技工業，最後進入服務業的所謂第三波的人類文明。這是一條漫長的歷程，是臺灣產業的成長與變遷，臺灣經歷與荷蘭、日本、中國、英國和美國等國際強權周旋，臺灣產業技術的發展或許不如人意。然而，卻是臺灣先民共同奮鬥的成果。

　　國際貿易可以大幅減少小國所處的劣勢，臺灣只有國際化，在現代全球分工體系，各國透過貿易相互聯繫，因此國家規模下，反而是一種資產，小國在經濟上照樣能夠生存，甚至享有優勢。選擇對該國優勢又具本土特色的產業發展，在世界其他國家並不乏先例，這是永續臺灣產業發展的優勢策略。

(三) 政府與產業之間調整的關係

　　資本主義與國家之間的關係演變，從 1791 年國家與資本主義的對抗期，1891年國家對資本主義的制約期，到了 1991 年以後是資本主義取代國家的替代期。[45]

　　當威權政府推動經濟發展的時候，可能失去政治力，但資本主義要在民主政治下才能茁壯。就臺灣資本主義政經體制分析，不論是在原住民時期的村落共同體、荷治時期的政治資本主義體制、鄭治時期的集團資本主義體制、清領時期的財政資本主義體制、日治時期的帝國資本主義體制，及國府時期的工業資本主義

[44] Gunnar Myrdal, *An International Economy, Problems and Prespects* (N. Y.: Harper and Brothers, 1956), p.314.

[45] Michael Albert, 莊武英譯，《兩種資本主義之戰》，(臺北：聯經，1995 年)，頁 176-179。

體制，每一時期的執政統治者皆因政治因素而強調管制的產業政策，儘管政經體制的名稱有異，但政府對產業發展的干預心態皆同，只是介入的程度強弱不同。政府與產業之間的關係，臺灣產業發展是一直處在偏政府角色的管理資本主義光譜上。

從國際強權國家荷蘭、英國、美國的接續成長，充分佐證資本主義越是在民主政治下越能亮麗發展。傅利曼(Milton Friedman)指出，凡是享受政治自由的國家，其經濟活動大都是按市場原則加以調節，使每人享有相當的經濟自由；但享有相當經濟自由的國家卻不一定都能享受政治自由。[46]

經濟自由與政治自由之間的關係相當複雜，享有相當經濟自由的國家卻不一定都能享受政治自由，如二次世界大戰前的義大利法西斯政權，及德國納粹政權；但另一方面，有時享有政治自由的國家亦不一定都能享有很多的經濟自由，如二次世界大戰後的印度。檢視臺灣資本主義發展的軌跡，臺灣是先有經濟自由而後有政治自由。當臺灣威權體制轉型，政治越來越民主時刻，應該揚棄過去家父長式的管理心態，改以輔助方式而減少政府對產業發展的不當干預。

(四) 全球資本主義的迷失

熊彼得(Joseph Alois Schumpeter)指出，資本主義發展至最後因為大企業的形成，而大企業的形成一方面會遭致政治上的圍攻，另一方面又會促使企業家功能的喪失，代資本主義而興起的是社會主義。[47]不過這顯然對資本主義之存在的潛力估計過低；同時，對社會主義之運行的弱點也估計過低。

展望未來，當前全球資本主義體系結構，基本上存在地區層次資本主義、國家層次資本主義、區域層次資本主義，及全球層次資本主義。

地區層次資本主義主要是發展具有地區特色的產業，大多以中小企業為主體，依靠地方所獨有的優勢條件，並通常是在國家的保護政策或地方特殊利益情

---

[46] Miltom Friedman, *Capitalism and Freedom* (Chicago：Chicago University press, 1962), pp.9-10.

[47] J. A. Schumpeter, *Capitalism, Socialism and Democrary* (N. Y.: Harper and Brothers, 1942), pp.31-162.

況下發展；國家層次資本主義，在維護國家利益的前提下，發展國家經濟；區域層次資本主義是因從國家型經濟要進入全球一體經濟的跨度太大，區域性貿易集團扮演過渡角色，集團傾向於使每個集團內的貿易更自由，但與此同時，各集團之間卻出現了更多政府管理貿易的現象，至今停留在北美、歐盟，及東亞的三大貿易區；全球層次資本主義希望達成由超國界的地理經濟力來支配國家經濟政策的世界。

目前全球化資本主義體系至今仍待解決的爭議：

第一，現今高度國際化的經濟絕非史無前例，它只是國際經濟諸多特殊時機或狀態之一，自從 1860 年代現代工業科技奠定的經濟開始普及以來，始終存在於世，在某些方面，目前國際經濟的開放和整合程度，尚不及盛行於 1870 年及 1914 年的體制。

第二，名符其實的跨國公司似乎不多，大多數公司仍然立基於國家，利用一個主要國家地點的資本、生產和銷售優勢，以從事多國貿易，而且看不出有真正邁向全球化公司的趨勢。

第三，資本的可移動性，並沒有造成大量投資和工作機會從先進國家轉移到發展中國家的現象，相反的，直接外人投資仍然高度集中於先進工業經濟體。貿易、投資與金融流動仍然集中於歐洲、日本、北美三強地區。三大經濟區域體有能力向金融市場和其他經濟傾向施以強大的治理壓力，但治理範圍與目標仍屬有限。臺灣產業在目前發展中的區域定位，以及在全球資本主義體系中的角色扮演，如何尋求與中國大陸雙方利益的極大化，是臺灣執政者無可迴避的難題。

第四，建立儒家文化的敬業精神。資本主義尊重市場機制的精神，是由兩種基本精神混合而成，先具有企業精神（spirit of enterprise），次則有資產階級精神（bourgeois spirit）。前者使用暴力，深入各種投機及技巧，利用各種發明及貨幣之力量，造成莊園制度、國家、文官組織，及海外探險與商業公司；後者出於中產階級品德之發揮，主要的成分為勤苦、節儉，及精於計算。同時，也因強調種族主義（racism），促使歐洲民族都具備形成與發展資本主義的性格，只是有程度上的強弱而已。

　　而 16 世紀到 18 世紀中國思想界對商人及商業的看法，引證儒家的倫理觀點，駁斥韋伯(Max Webe)所稱中國人缺乏清教徒的倫理精神的觀點。韋伯(Max Webe)認為近代的理性資本主義不僅需要生產的技術手段，而且需要一個可靠的法律制度和依規章辦事的行政機關。沒有它，可以有冒險性和投機性的資本主義以及各種受政治制約的資本主義，但是絕不可能有個人創辦的、具有固定資本和確定核算的理性企業。這樣一種法律制度和機關，只有西方才處於一種相對來說合法的何形式上完善的狀態，從而一直有利於經濟活動，……為什麼資本主義利益沒有在印度、中國也做出同樣的事情呢。[48]

　　揆諸臺灣 400 年的政經發展史，從荷治時期的臺灣荷蘭化、鄭領與清領時期的臺灣大陸化、日治時期的臺灣日本化，以及國府時期的臺灣美國化，臺灣也一直要到 1996 年才出現總統的直選。之後臺灣又經歷了 2000 年、2008 年、2016 年的三次政黨輪替，當自由、民主在臺灣漸趨於健全的政治常軌時，儒家的敬業精神，乃是臺灣發展成為高度成熟資本主義社會的企業文化。

---

[48] Max Weber, 于曉等譯，《新教倫理與資本主義精神》，(臺北：左岸，2001 年)，頁 9-10。

兩岸經貿史的結構與變遷

一、 前言

　　戰後亞洲新興工業化國家(Newly Industrializing Countries, NICs)的威權政體(authoritarian regime)與經濟發展(economic development)之間的關係，獲得相當突出的經濟成長表現。然而，亞洲金融風暴的發生，以及日本經濟泡沫化之後，致使所謂「發展性國家」(development state)的特殊發展模式，遭到嚴厲的挑戰。

　　為了解決臺灣當前產業發展與兩岸經貿關係的困境，分別從政治層面或經濟層面對兩岸經貿關係的討論已汗牛充棟。然而，從比較宏觀的政治、經濟、社會及歷史文化整合性思考與觀點，是有待加強研究與努力的方向。基此，本文將依歷史結構分析(historical structural analysis) 臺灣產業結構、資本形成及兩岸互動，嘗試在歷史的變遷中，探討臺灣應該如何善用與大陸之間特有的條件與關係，以發揮臺灣產業發展的競爭優勢。

二、 原住民時期兩岸經貿關係

(一) 氏族式產業結構

　　臺灣最早住民與兩岸的關係，雖然部分史學家大多以為《尚書》的「島夷」，

《漢書》的「東鯷」，《三國志》的「夷洲」，和《隋書》的「流求」，都指涉或包括臺灣。因此，就有秦朝稱「瀛洲」、三國稱「夷洲」、漢朝稱「東鯷」、隋朝稱「流求」、唐朝施肩吾稱「島夷行」、宋朝稱「毗舍耶」的說法，惟目前仍未有定論。[1]

既有爭議，臺灣方面是將「臺灣史上溯三國」，不列高中課綱，而改為「探討臺澎早期歷史的文件紀錄」的定調方式。[2]而中國大陸對於早期有關兩岸來往的論述則偏向強調「閩臺同根同宗，血脈相連，骨肉相親，自周秦開始，閩越族人民渡過臺灣海峽，成為臺灣原住民的重要組成部分。宋元以後，閩、粵先民前仆後繼，移居臺灣。至清代乾隆嘉慶年間，移民活動達到高潮」。[3]乃至於主張「臺灣自古即為中國領土」之說。[4]

根據人類民族學者陳奇祿指出，在漢民族未移入臺灣以前，臺灣的住民是屬南島語系的人口所居住。平埔各族在漢人移入臺灣島以後，先後與漢人同化，現在絕大部分和漢人幾乎沒有分別，已被歸入漢人人口之中。另外，現在居住在臺灣中央山脈和東部峽谷和海岸地區的南島語系人口，根據他們所操語言和風俗制度，中央山脈自北而南為泰雅族、賽夏族、布農族、鄒族、魯凱族和排灣族，東部地區自北而南為阿美族和卑南族，蘭嶼為雅美族。[5]

臺灣在漢民族未移入以前，臺灣原住民族不論居住在比較平地的「平埔族」，和高山地帶「高山族」，他們幾乎過著與外界隔絕了一段很長的孤立歲月。臺灣原住民族的村落共同體乃是包含單獨家族的四至五組的一大血緣共同體，這家族通常在一家族長的支配下。

村落共同體的最高決議機關是村落會議，擁有命令與制裁權，出席者為各大

---

[1] 參閱：陳添壽，〈原住民時期臺灣經濟發展〉，收錄：陳添壽、蔡泰山，《臺灣經濟發展史》，(臺北：蘭臺，2009 年 2 月)，頁 17。

[2] 參閱：《中國時報》，(臺北：民國 100 年【2011 年】5 月 11 日)。

[3] 參閱：中國閩臺緣博物館編，《閩臺緣》，(福建：人民出版社，2009 年 7 月)，頁 12。

[4] 有關大陸學者陳孔立、楊彥杰、陳小沖、鄧孔昭等人的有關臺灣歷史論述，參閱：周婉窈，《海洋與殖民地臺灣論集》【臺灣研究叢刊】，(臺北：聯經，2012 年 3 月)，頁 151-162。

[5] 陳奇祿，《民族與文化》，(臺北：黎明，1983 年 6 月)，頁 36-38。

家族共同體的家長。村落共同體也常召開各成人階層的集會，議題包括村落的經濟、行政、祭禮及裁判等重要事項，特別是對每年要定期提出農耕經營項目的商議，例如播種時間、改定耕地的分配等，都會利用村落會議做出決定。同時，村落會議閉會後都會舉行餐會，盡情唱歌跳舞，費用則由不分割共有地的生產物所得共同開支。[6]

檢視未開化民族的社會生活，是在屬於一血族的氏族內部進行，這些生活的共同現象，可以說是共同生產。氏族共有的土地是臺灣原住民賴以生產的工具與資產，氏族的各員只要互不妨礙，都可使用共有地的一部分，即氏族的成員在共有地域內，可任意行獵、開墾山林原野、開闢道路、砍伐竹木、採集天然物及建築自宅。氏族產業的型態乃隨採集、打獵、漁牧逐漸向農耕的階段推進。

(二) 土著資本為主的兩岸閉塞關係

臺海兩岸的接觸，澎湖要早於臺灣。1371 年(明洪武 4 年)撤廢巡檢司以後，又採堅壁清海政策，以杜絕居民和倭寇勾引相結。大明國末期政局不安定，許多大陸漢人又開始移入澎湖、臺灣，這已是 17 世紀初，荷蘭積極東來並覬覦澎湖，而後轉佔臺灣的時期。

同在這一時間，日本的豐臣秀吉、德川家康亦先後有意經營海外商業活動，長崎商人也不斷的出現在臺灣海域及臺灣島上。然而，來臺的日本人與大陸漢人，目的僅限在以臺灣為根據地，掠奪通行臺灣海域的貿易商船，及臺灣島上住民的財物，極少願意留在島上從事農業耕作與商業活動。也因此臺灣原住民族得善用臺灣的天然資產與氏族土著(土地制)形成的資本，辛苦建立自己家園，開闢土地，累積資本，努力經營臺灣。

臺灣到了 17 世紀初才逐漸顯露出扮演東亞海上貿易的重要地位，特別是大明國禁止歐洲商船在大陸沿海港埠停泊，迫使葡、西、英、荷蘭等國遠道而來的船及護航艦隊，只能就近於澎湖及臺灣停泊補給，臺灣與澎湖遂成為各國競相爭逐

---

[6] 東嘉生，周憲文譯，《臺灣經濟史概說》，(臺北：海峽，2000 年 5 月)，頁 12-13。

的基地。

漢人在臺灣海域從事漁撈活動亦日趨頻繁，益顯臺灣海域的經濟與貿易利益而為歐洲海上強權國家所重視。爭奪結果，演變成西班牙短時間的佔據臺灣北部，與荷蘭先據有臺灣南部之後，再全面統治臺灣。

原住民時期雖有漢人與日本人不時在臺灣出沒，但是當時的臺灣仍然處在開闢土地及原始初級農業的耕作，主要依賴土著資本來累積財富。檢視當時兩岸的來往與商業活動尚處於閉塞的關係，臺灣一直要到 1624 年，荷蘭東印度公司開始經營臺灣以後，封閉社會才逐漸打開，被迫改變以土著資本為主的產業態，和接受荷蘭資本的進入。

三、荷治臺灣時期兩岸經貿關係

(一) 掠奪式產業結構

不管在什麼時期、什麼國家或何種特殊場合，重商主義者主張，財富是權力的基本因素，無論是為了防衛還是為了侵略；權力是獲取並保持財富的必要而且有價值的手段；財富與權力是國家政策的兩個極端，這兩個極端從長遠觀點來看是協調一致的，儘管在某些特殊場合下，為了軍事防衛的需要，也是為了長遠經濟繁榮的利益，有必要做出某種經濟犧牲。[7]

荷蘭來臺之前，除了鄭芝龍的團隊之外，臺灣還處在村落共同體的彼此不相統屬社會。1602 年荷蘭為拓展海外貿易，遂集資成立東印度公司(East India Co.)。這源起於荷蘭以商業建國，海外商業活動也是由民營企業衝鋒陷陣，為了避免各公司惡性競爭，政府遂強迫合併組成為單一公司，資金雖全屬民間，但是享有軍

---

[7] Jacob Viner, *The Long View and The Short: Studies in Economic Theory and Policy* (New York: Free Press, 1958), p.286.

事、外交等行政特權,在外代表荷蘭政府。東印度公司視臺灣土地為荷蘭國王所有,國王是董事長,議會是董事會成員,東印度公司則是代表經營權的總經理。

荷蘭重商主義的經濟掠奪,並非單純地侷限於東西方貿易,而是同時提供作為亞洲國家之間商業活動網路的中間人。荷蘭將臺灣視為只是提供原料,重視生產卻不能享受消費的角色,這與後來日本殖民臺灣略有不同。荷蘭統治臺灣只強調榨取而不重視投資,是殺雞取卵的不留後路做法,日本統治臺灣採先投資再剝削,是為不斷取卵而肥雞。所以,當東印度公司撤離臺灣後,並未留下任何重大建設,而日本卻為臺灣近代化建立了基礎。

(二) 荷蘭資本為主的兩岸獎勵關係

荷治時期對臺灣農業的經營,不論從大明國招民獎勵移住,開築陂塘堤渠所需費用,提供耕牛農具籽種,指導耕作方法,皆由荷蘭東印度公司主導與供應。荷蘭東印度公司獨占臺灣對大明國及對日本的貿易。荷蘭對日本輸出臺灣特產的鹿皮與砂糖;對大明國則輸出臺灣的米、糖、香料及荷蘭本國的金屬與藥材,而輸入品有生絲、黃金、瓷器、布帛等。

荷蘭東印度公司對於從事進出口的大明國與日本貿易商,課以貨物稅,獲取高額的商業利益。1650 年間臺灣砂糖輸出達 7.8 萬石,公司收益超過 30 萬盾。在鹿皮輸出方面,鹿皮運銷日本,鹿肉則加烘乾後與鹿骨運銷明帝國。鹿骨可用以雕琢器具,而鹿角則用以煎熬成膠。

檢視荷蘭東印度公司的組織與經營,其目的是在執行徹底的貿易獨占政策,以掠奪經濟利益及累積財富,是徹底重商主義的實踐者。荷蘭東印度公司將尚處農業社會的臺灣農產品輸出,增加關稅收入及貿易利潤,這完全是核心國家(core state)追求「權力」與「福利」的重商主義,其產業政策是對農業的獎勵與土地的開拓,漢人和原住民都是生產工具而已。掠奪式產業政策不但是要追求經濟上的目標,同時也追求區域與政治的強權。

檢視重商主義階段,代表荷蘭政府的東印度公司對臺灣產業的定位角色,是偏於重稅掠奪的汲取角色。尤其,荷蘭東印度公司又利用臺灣優越的地理位置,

不但促成兩岸經貿發展，更全力發揮臺灣轉口功能，成為大明國、日本、南洋、歐洲等地貨物的集散中心，使得臺灣在 300 年前實具備以出口為導向的商品經濟及對外貿易雛形。

四、明清時期兩岸經貿關係

(一) 君主式產業結構

傳統中國自周朝封建解體，秦始皇建立大一統以來，即是皇權體制的開始。權力完全集中在皇帝一人，「朕即國家」，皇帝是政權資源的獨占者，官僚體系也只是皇帝統治權力的工具，是君臣之間的君主式關係。

荷蘭據臺時期，由於東印度公司在臺灣與大明國貿易，常與海上集團鄭成功控制大明國貨物的供應起衝突；且在日本、東南亞各地的貿易又處處受制於鄭成功勢力而發生戰爭，導致鄭成功傾力進攻臺灣，取代荷蘭在臺灣的政權。

1662 年鄭成功領臺，係奉大明國為正朔，正式把皇權政體延伸到臺灣。檢視鄭氏領臺時期的土地制度，乃屬行屯田開墾，所延用荷蘭時代的王田，一律改稱官田；而文武諸官開拓的土地稱為文武官田，或稱司田；屯營所開之田稱營盤田。

營盤田的農業，目的在屯田的自給自足。不過，這些屯田與文武官田及府田的佃人不同，他們有特權，可免納租。通常佃人勞動所得的剩餘價值，全歸土地所有者；佃人的負擔，包括勞役及農產物的納貢。這時代的總體生產，社會的總勞動力，大部分為佃人的付出。然而，官田園的所有者為鄭氏，文武官田園的所有者，為鄭氏的宗黨及文武百官，這些貴族與官僚，對於佃人而言，都處在支配者的地位。

1683 年臺灣正式成為大清國版圖。清領臺灣雖仍是皇權體制勢力的延伸，但起初清政權並不想真正保有臺灣，嗣經施琅陳述臺灣的經貿與戰略價值，強調唯有臺灣納入大清國版圖之內，福建、浙江、廣東和江蘇的安全才得以保障。才有

日後大清國先後在臺灣設知府、知縣、同知及通制等行政組織。

　　檢視清領臺灣初期，以臺灣孤懸海外，容易成為奸民盜徒逃亡的處所，是以禁內地移民臺灣，但此禁令並未產生遏止作用，沿海地區私渡臺灣的人仍絡繹不絕。當時來自大清國對於臺灣的開拓，首以平地的臺北盆地及淡水溪平原為最多，前者為閩人所開，後者為粵人居多。

　　由於不能全然遏止移民來臺，到了 1871 年又發生琉球人被臺灣原住民殺害，引起日本向大清國交涉，大清國遂於 1875 年勉強開放移民臺灣全土。1885 年劉銘傳在臺灣接事，劉銘傳的銳意經營，加速臺灣資本主義化的開發，卻使政府支出費用增加；為充裕財源及力圖經濟自立，並解決土地佃人有大、小租戶所形成「一業二主」的雙重結構，藉由清丈土地，以廣增稅源。

　　實施丈田清賦，從規模、效果、意義上而言，可以說是臺灣歷史上一次重大的土地制度改革。丈田清賦就財政性質而言，可稱為臺灣史上第一次賦稅改革，造成社會巨大變動，卻也導致既得利益者的強烈反彈。

　　檢視臺灣漢人社會的真正確立，應在鄭成功逐退荷蘭之後，已由昔日分散的部落社會(tribal society)，進入定居且足以發揮文化特色的民間社會(folk society)。對臺灣的開發，也於由點擴展成面，由部落游牧狩獵社會確立為民間農業社會。迄清領臺時期，不但漢人社會得以迅速成長，實已達到市民社會(civil society)的程度。

　　皇權體制下臺灣的反清與民間械鬥事件，不但阻礙政治進步、影響產業發展、損傷勞動人力，及嚴重破壞地方秩序，致使臺灣社會停滯在落後的失序階段。尤其械鬥的結果，造成民變迭起、匪徒蜂起、社會秩序大亂。臺灣長期的民間械鬥也一直延續到 1895 年大清國割讓臺灣，結束自 1662 年明鄭以來，至 1895 年大清國在臺灣實施的君主式產業政策。

(二) 英美資本為主的兩岸隔離關係

　　中國傳統社會在明清以前，雖然已有很明顯的「重農抑商」現象，但是臺灣仍因與大陸經貿活動的來往頻繁，建立「郊」或「行郊」的團體。這是為了加強

相互團結，保持信用，增加利益以及從事公益事業，特別形成的商業組織。

「郊」分為「內郊」與「外郊」。內郊就如現在的同業公會(guild)，有米郊、糖郊、布郊、茶郊等；而外郊主要經營與清帝國的進出口貿易，如臺南「三郊」；而配運上海、寧波、天津、煙台的貨物則稱為「北郊」；配運金門、廈門二島，漳、泉二州，香港、南澳等處的貨物稱為「南郊」；負責臺灣各港的採購貨物稱為「港郊」。

郊商在商業經營及兩岸經貿互動的過程中，掌握臺灣與大清國之間的高度區域分工，不但壟斷商務，且進而成為地方政經領袖，這是不能忽略臺灣土著資本可能轉化為商業資本的一項重要面向。大清國與臺灣貿易據點一向嚴加設限，當時只同意三個對口貿易港，分別是廈門與鹿耳門、泉州的蚶口與彰化的鹿港、福建的五虎門與淡水的八里坌，一切買賣及進出港口都必須經商行的許可或保證才行。

1860年經過〈天津條約〉、〈北京條約〉的簽訂，政府又陸續開放了臺灣的安平、淡水、打狗、基隆等港口給英美列強，從此英美資本逐漸形成，英美資本可以不理會臺灣同業公會的牽制而自由通商，於是以前臺灣對岸的泉州、漳州的商行以戎克船(junk)經營的商業，全為以汽船經商的英美商人所宰制。

臺灣對外貿易，始於1858年香港的怡和洋行(Jardine Matheson & Co.)及寶順洋行(Dent & Co.)與臺灣貿易，當英美資本進入臺灣之際，外國商館與當地商人的之間，產生了仲介人士，這就是買辦(comprador)扮演的角色。買辦熟悉與掌握當地的風俗習慣及商情資訊，能替外國商人發揮企業應有的功能，成為英美資本在臺灣政經發展的先驅。

例如製茶業的「媽振館」(merchant)是由於當時製茶資金的主要來源是匯豐銀行，其提供資金給洋行，洋行就是政府特許的「行商」(hong merchants)或「公行」(cohong)，負責貸款給媽振館，媽振館再供應給茶館資金，最後轉借給生產者。媽振館不僅做融資，還將茶葉交給洋行外銷，頗似今日日本綜合商社的角色。也因為買辦及媽振館的功能發揮，更使外國的商業資本，尤其在1860年臺灣對外開港以後，英美資本直接通航通商，臺灣產業發展與大清國經貿起了結構性的變化。

　　英國在 18 世紀中葉工業革命以後，製造業與服務業逐漸取代農業所得，資金與技術也隨著向國外發展，臺灣由於英美商業資本的侵入，以高利貸形式利用買辦居間，對臺灣的農民投資。然而，巨大商業利潤向海外流出，島內的小規模生產，反而得不到資金的充裕供給，致使出口品由於生產不足而價格高昂，同時，進口品則因物美價廉而大量輸入，益使島內生產發生惡性循環，結果使臺灣經濟社會受到最殘酷的打擊。

　　英美資本為了進入臺灣，進而發展貿易。溯自鴉片戰爭以來，帝國主義不斷地侵略大清國與臺灣，與兩岸經貿有關係的戰役如：1841 年鴉片戰爭，英軍戰艦入雞籠、大安港；1860 年英法聯軍戰役，開臺灣之安平、淡水、打狗(旗後)、雞籠四港為商口，乃清領臺灣時期的臺灣首次對東亞、東南亞以外的國家開放通商，臺灣逐漸被納入國際經濟體系，主要以出口茶、糖、樟腦取代原來的米、糖，成為出口的大宗，臺灣不再光是扮演大清國貨物的集散中心，以及對大清國、日本、南洋各地貿易的樞紐；1867 年發生美船羅發號在臺灣南端七星岩觸礁，清政府承諾保護外船安全；1869 年英艦轟擊安平，要求撤銷樟腦官營。

　　檢視當時臺灣產業活動已非以自然經濟、自給自足一體制為主要基礎，幾乎所有的農產品皆以輸出國外或移出島外為目標，而且已有「郊」行商人資本家或從買辦地位另闢天地，並建立自家地盤的商人及商業資本家在臺灣出現，已逐漸擴充其勢力及活動範圍。

　　這些新興的商人、企業資本家已能逐漸脫離政府權力的保護，而獨立營運與穿梭於清政府及英美諸勢力的夾縫中。明鄭、清領臺灣期間，雖對臺灣產業發展有保護之責，奈何 19 世紀列強侵略接踵進逼，大清國自顧已不暇，縱再有心，實亦無能力保護臺灣。

　　然而，臺灣產業真正能夠發展起來，還是靠臺灣住民披荊斬棘、化地成田，以及由臺灣與大陸資本累積成華商所擁有的資本，雖在經濟民族主義的英美資本壓榨下，還得以生存的原因。

五、日治臺灣時期兩岸經貿關係

(一) 殖民式產業結構

　　19 世紀帝國主義出現的主要因素，起於美國、德國等國家新興敵對的政治、軍事與經濟力量，加上英國主導權的式微與現代民族主義思潮的興起。這股勢力近乎均等的國際關係與新興的民族主義，導致一個高度競爭的國際體系。帝國主義者之間的競爭，形成國際政經利益的衝突，加上科技與通訊交通的發展，有助於對海外殖民地的控制。

　　殖民主義體制是一個存在殖民母國與殖民地之間脈絡相連的結構，經由這個結構使殖民地的經濟、社會生產均從屬於殖民母國；而殖民結構的終極目的，就是依照殖民母國的需要對殖民地進行經濟剝削與社會剩餘侵吞。

　　日本佔領臺灣之初，其國內環境並不存在必須佔領臺灣的迫切因素，只是因歐美帝國主義列強，在競相奪取他國領土的熱潮中，誘使日本佔領臺灣的行動也具有帝國主義意義。過去日本勢力撤退讓荷蘭完全佔據臺灣的慘痛經驗，這回讓日本決心排除英美資本勢力，並移轉臺灣與大陸的經貿關係。同時，作為其帝國主義南進侵略的基地。

　　1895 年 6 月日本統治臺灣，即實施軍事統治，並依《六三法》賦予臺灣總督絕對立法權與行政權。這樣的集權統治，是為因應臺灣特殊政經情勢，以儘速讓臺灣殖民化。在行政上，包括廳和州、市和郡、街和莊，每個階層都指派一個日本官員負責監管。特別是延用清代的保甲制度，以為警察為補助機關。

　　如果不了解當時臺灣警察制度的特色，就不能理解臺灣殖民政策的特色，如果忽視當年警察所扮演的角色，就不足語臺灣經濟的發展。日本在臺灣推動的殖民是產業政策，可說有一半是得力於警察。前 25 年間，警察機關是產業政策的直接實踐者；後 25 年間，警察機關是產業政策的間接支持者與推進者。

　　日本對臺灣的統治，是典型殖民地的組織與做法。在政治上，採控制及壓迫方式；在經濟上，要求資本的臣屬；在文化上，採取歧視的態度。也由於臺灣資本主義化的進展，農民及勞動者的階級結合及其運動的發生，形成社會發展的必經現象。而臺灣地主紳士和資產階級致力發展經濟的受挫，無疑是造成政治運動抗爭的主要因素。

(二) 日本資本為主的兩岸轉移關係

　　日治以前，英美資本比較重視在臺灣沿岸從事貿易活動，雖然有助促成臺灣資本的成長，但是對於產業發展的改良生產結構與提高生產力，並未有具體的作為，這方面的努力則是到日治時代才真正開始。

　　日治初期，英美資本對於臺灣的經濟尚有支配力量，但要去除這股支配力量，唯有靠推動臺灣土地及林野的調查、確立貨幣金融制度等改革，才能一步步達成。日本政府資本及商業資本的大量進入臺灣，使臺灣產業發展完全依賴與日本的政經關係，臺灣一方面為日本供給消費食料品，一方面為日本推銷工業品，形成臺灣中、大資本家與日本總督府、日本資本家利益的融合且從屬，因而兩岸經貿佔臺灣整體對外貿易比重在日治時期顯著下跌。

　　日本除了要維持臺灣成為其附屬經濟區，並從中獲取利益外，就是要提昇米糖的生產量和輸出量。為了將臺灣的產業發產置於日本控制下，日本政府使用各種手段，極力防止臺灣金融產業的崛起，來保護、培育以日本資本為中心的企業。殖民地政府只允許臺灣經濟權集中於三井、三菱等與政府關係密切的日本資本家手中，藉此加強對臺灣產業的掌控，臺灣對外貿易完全受日本財閥控制。

　　臺灣的對外輸出，在 1902 年以前，以對中國大陸貿易為主；然自 1905 年之後，臺灣對日本的輸出急遽增加，並且集中在少數商品，如 1910 年的砂糖，及20 年代中葉以後的稻米與鳳梨、香蕉、酒精等農產品及其加工品。

　　1937 年日本向中國大陸發動戰爭，臺灣對中國大陸的貿易一時中斷，嗣後隨日本佔領東北、華北，受到佔領區的擴大及當地物價高漲的影響，以及為滿足戰爭的需要，輸往該地區的物資增加。中日交戰，也導致臺灣原在東南亞的茶市場

因當地華僑抗日而縮減,也因九一八事變、七七事變,使滿洲國不再買自己內地中國大陸的茶葉,而改向購買臺灣出產的茶葉。

臺灣也因對日圓流通區域輸出的增加,累積了外匯。鑑於臺灣與大陸貿易往來的興盛及外國洋行的滲透,必須建立完善貨幣與金融制度,因而透過設立以臺灣銀行為中心的金融體系,來與日本的金融制度相結合。[8]藉由日本政府的參與投資和保證虧損,臺灣銀行成為殖民政府的御用機關。1905 年金圓券的流通與 1911 年《貨幣法》的適用,使臺灣完全置於日本金本位制度的支配下,1927 年春爆發臺灣銀行對鈴木商店不良貸款的金融事件,導致臺灣銀行瀕臨破產。

檢視臺灣部分地主雖在積累農業剩餘資本之後,亟欲企業結構的轉型。1922 年基隆顏雲年與許梓桑等發起組成「基隆商工信用組合」,在 1930 年代吸收存款金額已達 100 萬圓。1926 年由地主林獻堂發起創辦的大東信託公司,是純臺籍人士組成的臺灣本土企業,在經歷初創時期殖民政府的介入之後,仍被視為潛在支持民族運動而被迫停止營業。

1944 年 5 月臺灣總督府以《信託法》將於 8 月起在臺灣實施,並因應戰時統制需要,開始籌畫將當時比較具規模的臺灣興業信託、大東信託與屏東信託合併,三家信託資本合計 455 萬圓,臺灣銀行等銀行再出資 545 萬圓,增資至 1 千萬圓,改名臺灣信託株式會社。[9]

殖民政府只允許臺灣企業集中於三井物產、三菱商事、杉原產業,及加藤商會等與政府關係密切的日本企業。早在日本明治維新時期,不管出兵臺灣或西南戰爭,都必須借用船隻運送軍隊,造就日本航海業的發達,政府委任岩崎瀰太郎主持的三菱公司,三菱商事就是在這時候成立,奠下經營的基礎。殖民經濟下臺灣企業的對外貿易完全受日本財閥控制。雖然殖民政府及日本資本家極力剷除臺灣本土家族企業,及其與外國洋行的關係,但以臺灣人為中心的資本仍逐漸累積中。

---

[8] 涂照彥,李明峻譯,《日本帝國主義下的臺灣》,(臺北:人間,1993 年),頁 42-45。

[9] 葉榮鐘等,《臺灣民族運動史》,(臺北:自立晚報社,1982 年),頁 333-335。

　　對照殖民主義體制時期臺灣企業的特色之一是家族企業，由於大企業多為日人所經營，臺灣人只能經營小規模手工業。惟自清末臺灣資本主義發展，較具規模的家族企業分別是經營米業、糖業的板橋林家，開採煤礦、金礦的基隆顏家，專營樟腦的霧峰林家，貿易起家的高雄陳家與鹿港的辜家等五大家族，資本集中於少數家族。

　　臺灣五大家族企業都曾被日本強迫合併或受日本支配，其領導階層仍以日籍幹部居多，其組織結構可謂與殖民母國政府和民間資本相結合而獲取政經利益的寄生性承包階級。例如基隆顏家成立的臺灣興業信託株式會社於 1944 年被併入臺灣信託，是被納入完全由殖民政府所控制的臺灣銀行關係企業。相對日本殖民的朝鮮人民具有經濟理性，只要利之所在，不必訴諸政治的驅迫，就願嘗試新的技術或經濟發展的機會。

　　1912 年臺灣本地企業投資的公司只有 34 家，不及總和 146 家的 5%，其中還包括受殖民政府指導而設立的林本源製糖會社，及彰化與嘉義銀行。從資本額分析，如果將總額 337.4 萬圓，減去林本源製糖會社的 115 萬圓，及彰化與嘉義兩家銀行的 47 萬圓，剩下只有 175.4 萬圓為本地人自發性成立的公司。[10]

　　1911-1912 年公司家數從 58 家急增到 93 家，增加率高達 60%，但實收資本額僅從 516 萬增到 635 萬，只增加 25%；合資公司從 34 家增加到 41 家，資本額卻從 484.3 萬圓減到 224.8 萬圓，減少率達 50%以上。公司家數亦出現停滯趨向，顯示臺灣本地資本受到殖民政府的強力介入，不是被日本資本所併購，就是暫時退出資本市場。[11]

　　殖民式產業，一方面包含著不均衡發展的結構，另一方面又包含著富於生產力的農業基礎，以及與農業相連性的基礎設施。而在工業發展方面，係以日本利益為考量，開發以食品工業為主的加工出口工業。到了殖民後期，才重視與軍備有關的工業規劃及開發。

---

[10] 臺灣銀行，《臺灣產業及金融統計摘要》，(臺北：臺灣銀行，1913 年)，頁 25-36。
[11] 臺灣銀行，《臺灣金融事項參考書第 12 次》，(臺北：臺灣銀行，1918 年)，頁 198。

對照日治時期的殖民產業政策與荷治時期的重商主義，雖同為被榨取的對象，但日本帝國主義的產業政策，寧可在謀臺灣財政的豐富收入之際，用之建設臺灣島內。同時，為滿足日本帝國主義的需索，臺灣產業發展不但可以增加日本投資利潤，累積日本資本，其結果將原本以英美資本為主的臺灣與大陸經貿關係，移轉為以日本資本為主的臺灣與日本經貿關係。

六、 國共內戰時期兩岸經貿關係

(一) 統制式產業結構

國共內戰不但發生於對日抗戰期間，更延續到戰後，甚至國民政府(國府)撤退到臺灣仍未停止。1945-1950 全國仍然瀰漫戰火，戰時體制下的產業政策仍然未能脫離完全配合戰爭需求的統制關係。

對日抗戰雖然勝利，但受到戰爭破壞的影響，有關產業發展，在中國大陸，特別東北地區於戰前就有部分工業遭到俄國的刻意破壞與拆遷；加上，戰後復員基金短缺，工潮時起，工資成本提高，造成貿易出口減少；同時，受通貨膨脹的影響，工業生產無法按計劃推展，民間企業寧可囤積獲取暴利而不願意投資生產；又因金融服務不發達，資金籌措更加困難，國共戰爭更是雪上加霜。國府所用在經濟發展的經費與軍事支出的比率，由 1946 年的 0.5%、1947 年的 0.43%、1948 年的 0.27%，逐年降到 1949 年的 0.17%。[12]

國共戰爭，對臺灣產業的衝擊，除了通貨發行急劇膨脹的影響之外，就是每月物價水準上漲率達 50%以上的所謂「超級物價膨脹」(hyper-inflation)。以當時上海惡化的程度為例，1945 年 9 月至 1946 年 2 月的躉售物價飆升為 5 倍，同年 5

---

[12] Chou Shun-hsin, *The Chinese Inflation, 1937-1949* (N. Y. : Columbia University Press, 1963), p.109.

月為 11 倍，1947 年 2 月為 30 倍。[13]而臺灣 1947 年物價上漲 776%，1948 年漲 1148%，1949 年漲 1189%。[14]

臺灣身處中國大陸邊陲，產業發展主要是外導型的(extra-induced)，而當時臺灣物價上漲原因就是受到大陸金圓券貶值的拖累，政府遂以上海運來的 200 萬兩庫存黃金、白銀作為準備，幣制改為新臺幣，限額發行 2 億元，每新臺幣 1 元合舊臺幣 4 萬元，每 5 元新臺幣合 1 美元，而且設發行準備監理委員會，每月終檢查新臺幣發行數額及準備情形予以公告，臺灣的物價才慢慢穩定下來。

(二) 國府資本為主的兩岸依存關係

1945 年 8 月到 1949 年 10 月間，臺灣與大陸有四年統一的經驗，這是百年來兩岸唯一的一次統一經驗，對於預期未來兩岸將再度統一的人士來說，這是彌足珍貴。尤其，臺灣自 1940 年代以後，對外的貿易就開始減退，特別是到了 1944 年的戰爭末期，日本在臺海領域已失去制海與制空權的優勢，造成該年臺灣的對外貿易金額只有 1940 年的 45.4%，出口金額降為 55.0%，進口金額則銳減為 34.2%。縱使到了 1947 年下半年出口金額只有 97 萬美元，1948 年出口金額則為 172 萬美元，其中砂糖占 74.3%，1949 年出口金額 339 萬美元，砂糖占 65.7%，這三年都沒有稻米的出口紀錄。[15]

臺灣光復初期，以 1946 年至 1948 年為例，對大陸出口金額由 2,308,703(舊臺幣千元)增至 187,120,253(舊臺幣千元)；對大陸進口由 1,046,698(舊臺幣千元)增至 170,761,975(舊臺幣千元)，都是順差。出口項目仍以米、糖、茶，及農產品加工為主；進口項目則是以原料、工業產品為主。這段期間，臺灣一直提供支援當時

---

[13] 根據 P. Cagan 指出，每月物價水準上漲率達 50%以上，稱為超級物價膨脹，參閱 Phillip Cagan "The Monetary Dynamics of Hyperinflation," *Studies in the Quantity Theory of Money, edited by Milton Friedman* (Chicago: Chicago University Press, 1956), p. 25. 及參閱 Lloyd Eastman, *Seeds of Destruction : Nationalist China in War and Revolution, 1937-1949* (Stanford：Stanford University Press, 1984), p. 174.

[14] 林滿紅，《四百年來的兩岸分合──一個經貿史的回顧》，(臺北：自立晚報，1994 年 3 月)，頁 41。

[15] 林鐘雄，《臺灣經濟經驗一百年》，(臺北：三通，1995 年 8 月)，頁 110。

中央政府正陷入國共內戰的需求，延續到大陸淪陷為止，凸顯當期兩岸經貿是定位以國府資本為主的兩岸經貿依存關係。

七、 蔣介石時期兩岸經貿關係

(一) 家父長式產業結構

　　蔣介石於 1950 年 3 月 1 日在臺灣復行視事，並希望能在很短時間內能重返中國大陸，雖受到主客觀因素的影響，但仍積極備戰，以致總統及中央民意機構都未辦理改選，形成近似戰時體制的硬式威權體制，在產業政策上以家父長式政府來主導產業的方向與發展。

　　家父長式產業政策乃是戰後政府強勢主導土地改革與四大公營企業的開放民營，促成臺灣傳統大地主從農業生產開始轉型企業經營，奠定臺灣產業在 50 年代發展勞力密集產業的基礎。

　　檢視當時臺灣原可供外銷的農產品米、香蕉與鳳梨等，已因日本與大陸市場的流失而無法獲得大量利潤；又由於大量軍民自大陸遷來，消費增加，可供外銷之產品數量減少。加上，初萌芽的一些勞力密集的農工產品，又受制於日貨競爭。因此，政府主導推動進口替代策略，以自製非耐久性消費品代替進口貨，一方面節省外匯，另一方面可以保護幼稚工業(infant industry)的發展。

　　進口替代策略的複式匯率，是一種變相的徵收額外進口稅，以保障國內產業競爭力；採用高關稅稅率、管制進口項目，及外匯分配，抑制消費性產品進口，確保進口替代產業的國內市場。

　　政府進行一連串的加強對外貿易政策，如〈外匯貿易改革方案〉，推動〈加速經濟發展方案〉的〈十九點財經改革措施〉；頒布〈獎勵投資條例」〉；通過〈加工出口區設置管理條例〉，凸顯政府扮演家父長式產業政策的推動經濟發展。

(二) 美援資本為主的兩岸對抗關係

1949 年 12 月底當國府遷臺，美國雖仍在表面上承認中華民國政府，但拒給與軍援，直到韓戰爆發，美國總統杜魯門(Harry S. Truman)認為中共軍隊若佔領臺灣，勢將直接威脅美國在太平洋區域的安全與利益。美軍在進駐臺灣之後，隨即恢復原已中斷的對華援助。

1953 年 2 月艾森豪(Dwight D. Eisenhower)宣布第七艦隊不再用來防禦中共免於臺灣國府軍隊的進攻，改變對臺灣海峽的中立政策，認為中華民國繼續存在於臺灣這一事實，不僅為大陸人民及廣大海外華僑之希望寄託，也是在圍堵政策上是美國一個最可靠的盟邦，共同為自由民主而奮鬥。

1954 年 12 月美國與中華民國簽訂共同防禦條約，並通過〈臺灣決議案〉(Formosa Resolution)，確認了中華民國的國際地位，完成美國西太平洋防禦體系的最後一環，鞏固美國在亞洲的圍堵力量。1957 年 8 月 23 日中共以猛烈炮火轟擊金門，造成臺海第二次危機，引起美國與國際輿論的關切與恐懼，美國政府開始醞釀改變對中共政策，不再視中共為一過渡性的政權。1961-1968 甘迺迪(John F. Kennedy)與詹森(Lyndon B. Johnson)兩位總統任內，在國內外姑息浪潮下，開始謀求改善與中共的關係。

美援是臺灣產業發展的重要源泉，1950 年代至 1960 年代中後期，日本在臺灣對外出口中的重要性大於美國，之後則美國領先日本；而進口方面，則大致在此之前美國領先日本，之後則日本領先美國。

1951 年至 1965 年，每年約達 1 億美元的美國對臺灣援助，對國民黨而言成為政權存活及經濟安定的重要支柱，獨自形成經濟圈的臺灣經濟，並未脫離殖民地遺制的結構，隨著與大陸市場間互補關係的喪失，從而被迫對美日經濟的依賴，加上冷戰結構下的軍事、政治依賴，同時決定性地影響了臺灣政治經濟。

而美援占外資總額的比例在 1960 年以前均維持在 97%以上，直至〈獎勵投資條例〉實施後才逐年降低，但在經援終止前仍維持 80%的高比例，凸顯當期的兩岸經貿關係定位以美援為主的兩岸經貿對抗關係。

八、 蔣經國時期兩岸經貿關係

(一) 大小夥伴式產業結構

　　蔣經國主政時期的推動本土化政策，弱化了蔣介石時期的硬式威權體制為軟式威權體制，硬式威權體制的調整在產業政策上，逐漸讓民間企業有機會參與國營事業經營，形成大小的夥伴關係。

　　大小的夥伴關係凸顯在政府為因應國際能源危機、國內通貨膨脹壓力，及解決產業結構的問題，1974 年推動〈穩定當前經濟措施方案〉。尤其，政府在逐步推動國家建設的同時，由於經濟的快速成長，許多基礎設施已不敷需求，形成產業發展的瓶頸；而且工業發展所需的基本原料日增，能源供應漸感不足，只能完全依賴進口。因此，政府推出十大建設，主要是加強國家的基礎建設與發展重化工業。

　　發展重工業的同時，政府體會到中小企業是處於政經體系中的權力邊陲，通過〈中小企業發展條例〉，及特別成立中小企業處，積極對中小企業提供整體性輔導，以改善經營體質，提高競爭力，並協助轉型。

　　許多中小企業得順利發展成大企業，由勞力密集產業轉型為發展電子業。另外，為解決中小企業融資困難，立中小企業信用保證基金，及臺灣中小企業銀行。政府透過對中小企業的輔導，創造許多就業機會，達成社會安定、所得平均分配，及城鄉平衡發展的社會目標。

　　臺灣中小企業幾乎占企業整體結構中的 97%以上，具有維持市場自由競爭的功能，中小企業與大企業之間的互補作用，大企業不宜生產的零件，垂直分工由中小企業來製造配合，發揮產業之間互利的結盟。

(二) 臺灣資本為主的兩岸對峙關係

1970 年代國際政治體系由兩元異質體系改變為鬆性多元體系，美國由於陷入越戰，欲早日脫身，改變亞太政策。1969 年尼克森(Richard M. Nixon)提出以「談判」(negotiation)代替「對抗」(confrontation)。

從 1971 年 10 月 25 日我國退出聯合國，1972 年 2 月尼克森到大陸訪問，簽署〈上海公報〉(Shanghai Communique)，到 1978 年底卡特(Jimmy Carter)宣布與中華民國斷交，國際間紛紛轉向承認中華人民共和國才是代表中國唯一合法政府，在「零和遊戲」(zero-sum game)的外交競逐中，中華民國不可能在現實國際政治受到長期的承認，政府雖受到國際外交孤立的影響，仍以彈性外交方式，發展與各國之間的實質關係，加強彼此之間的經貿往來。

尤其在對美國關係，更因 1979 年 3 月美國國會通過《臺灣關係法》(*Taiwan Relations Act*)，重申美國與北京建立外交關係是奠立在期待臺灣的未來以和平方式決定的基礎之上，任何試圖以非和平方式，包括杯葛或禁運，解決臺灣的未來之作為，將被美國視為對西太平洋和平與安全的威脅，構成美國嚴重關切，美國不理會中華人民共和國的觀點，將繼續提供防衛武器給臺灣，美國將抵抗針對臺灣的安全或社會經濟體制施加的任何形式之脅迫行徑。

1979 年至 1987 年間受到國際政經因素的影響，兩岸關係雖然總體形勢已經開始緩和，但是基本情勢卻仍然高度敵對。因此，當期兩岸經貿是定位以臺灣資本為主的兩岸經貿對峙關係。

九、 李登輝時期兩岸經貿關係

(一) 策略聯盟式產業結構

李登輝主政以後，繼續深化蔣經國晚期的開放改革政策，總統直選及中央民

意代表的全面改選。威權體制的轉型，促使臺灣產業發展走向自由化與國際化，形成政府與產業策略聯盟的互動關係。

1980 年代以後，臺灣產業受到高度成長衍生問題的影響，出現貿易出超，外匯存底增加，新臺幣升值，熱錢流入及貨幣供給增加的影響，造成股票飆漲、房地產價格劇升、工資上漲，致使生產成本上升，競爭力減退，投資環境漸趨惡劣。加上，環保抗爭、勞資爭議、治安惡化，致使投資減少及產業外移。政府採納經濟革新委員會的提議，加速產業的自由化、國際化及制度化。

為解決國內投資意願不振的問題，政府推動〈振興經濟方案——促進民間投資行動計劃〉，加速產業升級與發展臺灣地區成為亞太營運中心，吸引跨國企業及鼓勵本地企業將臺灣作為投資及經營東亞市場的平台，但仍持續受到外貿順差所帶來的經濟外部不平衡，尤其政府長期為了穩定匯率，而在外匯市場的政策干預，與為了避免貨幣供給額成長過快所採取的沖銷措施，反而延長臺灣整個經濟結構的調整期。

政府的積極推動〈振興經濟方案——促進民間投資行動計畫〉，及〈發展臺灣成為亞太營運中心計畫〉，期將臺灣企業出走、資金外流的現象，轉化成積極為臺灣找尋新方向，建構企業競爭的新優勢，臺灣降低蒙受 1997 年亞洲金融危機的衝擊與損失。然而，亞太營運中心的推動，隨著 2000 年 5 月的政黨輪替而為全球運籌中心所取代，臺灣高科技產業的未來發展將朝策略聯盟式的關係。

(二) 國際資本為主的兩岸調整關係

1988 年 1 月李登輝即任總統之後，開始強調「務實外交」，而逐漸取代「彈性外交」路線，同年 4 月與 5 月李登輝分別派中央銀行總裁張繼正與財政部長郭婉容參加在馬尼拉與北京的亞銀年會。1990 年 1 月政府以「臺灣、澎湖、金門和馬祖」關稅區名義申請加入 GATT。1990 年 5 月 20 日李總統在就職演說中宣布，將在一年內結束動員戡亂時期，同時要求中國大陸將中華民國視為對等的政治實體，而從事和平方式的競賽。

1992 年開始進行海基會與海協會的會談，1993 年發起重返聯合國活動，1994

年李登輝親自展開其「跨洲之旅」、1995 年前往美國母校康乃爾大學訪問、1997年訪問巴拿馬等國、1999 年接受德國之聲專訪，提出兩岸至少為「特殊國與國關係」，兩岸關係再陷低潮。

2000 年 1 月中國大陸發表〈一個中國白皮書〉，5 月陳水扁就任中華民國總統，提出「四不一沒有」的兩岸關係思維，大陸的回應是以「聽其言、觀其行」的冷處理，導致陳水扁喊出「中國與臺灣、一邊一國」的主張，兩岸關係更陷低潮，導致 2005 年中國大陸通過〈反分裂國家法〉。

檢視 2000 年 5 月 20 日陳水扁總統就職演說的「五不政策」、12 月陳水扁發表「政治統合論」，2001 年 1 月 1 日政府開放「小三通」，以及開放大陸人民來臺觀光，顯示政府誠意改善兩岸關係的做法。2008 年開始執政的國民黨馬英九政府強調發展兩岸的共生關係，以追求臺灣海峽兩岸的一個穩定、和平環境。2012 年5 月 20 日，馬英九總統在連任的就職演說中提出「一個中華民國，兩個地區」論述，強調中華民國是一個主權獨立的國家，根據《中華民國憲法》，「互不承認主權、互不否認治權」是對兩岸現狀最好的解釋，也是雙方正視現實、擱置爭議的最好方式，這與「九二共識、一中各表」，是互為表裡的理論，以維持兩岸的和平發展。

兩岸經貿的關係發展，當大陸已從世界工廠逐漸轉型成世界市場的產業結構，不但對臺灣，乃至於對全球市場產生巨大磁吸效應，政府應調整「戒急用忍」政策及加速「大三通」的時程，兩岸經貿應採貿易與投資並重方式，臺灣對大陸開放成品市場，進口大陸在國際市場上極具競爭力的中低檔產品，讓兩岸充分享受比較利益帶來的優勢，形成一種產業內與產業間並重、貿易與投資同行的分工合作關係，甚至形成「頭腦」國家設計產品，與「身體」國家製造產品的所謂「虛擬國家」(virtual state)之夥伴關係，臺灣在兩岸關係才能取得主導權。

臺灣的對外貿易發展至今，在核准及到達的外資中，出現約占全部外資的10%-15%，是本國公司先到國外投資，然後再以外人身分回到國內投資的現象。這是一則避稅，二則顯示臺灣經濟日趨開放與逐步走向國際化。

但是 2016 年 5 月 20 日甫上任的蔡英文總統提，臺灣經貿發展將先從國際再

走向大陸的兩岸，有別於 2008 年至 2016 國民黨馬英九總統任內所推動先由兩岸經貿再走向國際的經貿政策。蔡英文政府的兩岸經貿發展更加凸顯藉由國際資本為主的調整關係，未來發展將是令人關注的問題。

十、結論

本文研究發現，綜合如下：

一、原住民時期(-1624)，村落共同體是政治經濟中心，產業結構是氏族式型態在兩岸經貿上是還處在以土著資本為主的封閉關係。

二、荷蘭治臺時期(1624-1662)，荷蘭東印度公司在臺灣實施重商主義掠奪式產業結構，形成以荷蘭資本為主的兩岸獎勵關係。

三、明清領臺灣時期(1662-1683)，實行皇權主義君主式產業結構，形成以英美資本為主的兩岸隔離關係。

四、日本治臺時期(1683-1895)，國際間瀰漫帝國主義，日本實施帝國主義殖民式產業結構，形成以日本資本為主的兩岸轉移關係。

五、國共內戰時期(1945-1950)，日本歸還臺灣給中華民國，臺灣受到國共戰爭的影響，處於戰時政經體制的統制式產業結構，資本形成以國府資本為主的兩岸依存關係。

六、蔣介石主政時期(1950-1975)，實施硬式威權政經體制的家父長式產業結構，在資本形成以美援資本為主的兩岸對抗關係

七、蔣經國主政時期(1975-1988)，實施軟式威權政經體制大小夥伴式產業結構，形成以臺灣資本為主的兩岸對峙關係。

八、李登輝主政時期(1988-2000)，轉型威權政經體制的策略聯盟式產業結構，形成國際資本為主的兩岸調整關係。

展望未來兩岸經貿關係：

一、中國大陸經濟持續成長，極可能會經從「具有中國特色的社會主義」變

成「具有中國特色的資本主義」，並逐漸走向自由市場經濟體制；亦即如果將中國大陸 1979 年改革開放視為第二次革命、1990 年代開放市場經濟為第三次革命，當前經歷政治、經濟、社會交互變革則可以稱為正經歷第四次革命。而現在臺灣對大陸的依賴亦逐年升高，亦隨之分享其成長與繁榮。

二、中國大陸政治在經濟穩定發展的情形下，正朝向「中國的垂直式民主」的「初階段民主政治」發展；亦即政治不是由對立的政黨或政客在運作，而是由上而下與由下而上過程中得到的共識在運作。[16]而臺灣在政治民主化的經驗，可以發揮對中國大陸政治的民主催化作用。

三、中國大陸在意識形態上已從馬列共產主義逐漸回歸中華文化的人文精神；亦即由「原教旨民族主義」調整為「自由民族主義」。而臺灣也必須建立一個更高生活品質與尊重人命價值的社會，藉以贏得中國大陸對臺灣的尊重。

四、1996 年 11 月 18 日由當年執政的國民黨中央政策會為文呼籲《兩岸和平協議》的參考草案，建議兩岸分別以「臺北」、「北京」的名義簽定《和平協議》。至今的 2016 年已歷 20 個年頭，淪為在野國民黨主席洪秀柱又在黨代表大會中再提「在中華民國憲法的基礎上，深化九二共識。積極探討以和平協議結束兩岸敵對狀態的可能性，扮演推動兩岸和平制度化角色，確保臺灣人民福祉。」惟執政的民進黨政府蔡英文總統只承認「九二會談的這一歷史事實」，並不提及「九二共識」議題，未來兩岸經貿關係的發展有待進一步觀察。

---

[16] 奈思比(John & Doris Naisbitt)原著，侯秀琴譯，《中國大趨勢——八大支柱撐起經濟強權》，(臺北：天下文化，2009 年 10 月)，頁 55。

近代經濟思潮與臺灣經濟特色

一、前言

　　一般所謂「近代初期史」(Early Modern)，指的是 16 世紀到 18 世紀前期的歷史，亦即臺灣在 1860 年(清咸豐 10 年)開港以前的歷史。換句話說，臺灣在 1860 年以後的歷史，就稱之為「近代史」。

　　同時，本文參考海爾布魯諾(R. L. Heilbroner)[1]，和連雷茲(Harry Landreth)與郭連得(David C. Colander)[2]的近代西洋經濟思潮作分期，並論述其經濟觀點；其次，依其近代西洋經濟思潮的分期，來凸顯其與臺灣在不同歷史階段經濟發展的特色。

二、近代西洋經濟思潮分期及其理論

　　14 世紀以後，東西文明交會，商業活動更加頻繁。15 世紀初，神權又深受科學技術衝擊而漸失光環，尤其是 1453 年東羅馬帝國的解體，許多新的民族國家紛紛成立，諸如海洋邊緣國家的葡萄牙、西班牙、荷蘭等；比較內陸具有土地間優勝國家的法國、德國等。加上，新技術的出現和新航路的開拓，不僅擴展了人類

---

[1] Robert L. Heilbroner, *The Worldly Philosophers* (N. Y.: Simon & Schuster, 1980).

[2] Harry Landreth and David C. Colander, *History of Economic Thought* (Boston: Houghton Mifflin, 2002).

的視野，除了商業活動更加熱絡之外，資本累積、城市興起和自由經濟的盛行，使得資本主義(capitalism)的觀念逐漸萌芽，而到了 16、17 世紀有了重商主義(merchantilism)和重農主義(physiocrats)的經濟主張。

重商主義和重農主義的各領風騷，到了 18 世紀的 1776 年因為亞當‧史密斯(Adam Smith)的《國富論》(*The Wealth of Nations*)一書的出版，奠立了古典經濟學派的開端，經過了一百年的時間，因為 1890 年馬夏爾《經濟學原理》(*The Principles of Economics*)的吸納邊際效用理論而有別於古典經濟學派，是為新古典學派。

到了 1930 年代出現經濟大恐慌和大量失業人口，凱因斯的《一般理論》(*The General Theory of Employment, Interest and Money*)提出了解決就業問題，但是到了 1970 年代因為出現停滯性通貨膨脹(stagflation)，而有傅利曼(Milton Friedman)提出貨幣理論，進入所謂的後凱因斯主義的時期。

以下將依 16-17 世紀的重商主義及重農主義的經濟思潮，18-19 世紀的古典及新古典學派經濟思潮，以及 20 世紀以後的凱因斯(J.M. Keynes)及後凱因斯學派經濟思潮加以論述。

三、16-17 世紀重商主義與荷治臺灣時期經濟特色

(一) 重商主義的主要經濟理論

華勒斯坦(Immanuel Wallerstein)指出，1600 年至 1750 年這個時期之所以被稱為重商主義時代，是因為重商主義包括經濟民族主義的經濟政策，和圍繞著對商品周轉，不管是以金銀積累為形式，還是對建立雙邊或多邊貿易平行的結構為重要中心；而有關利潤與權力之間關係的基礎是什麼，是該時代的重商主義者和現代政經分析家爭論的問題；重商主義國家在激烈競爭所獲得成功的原因，首先是

標榜產業生產和國家政策執行效率的重要性。[3]

　　商人之所以有絕對的影響力，是因為要生存就必須比舊地主的後代更具智慧，而這種智慧延伸的觀念就是讓政府的措施符合他們的利益。重商主義是基於國家財富本於金銀，以及唯有透過貿易順差，才能為國家帶來金銀的觀念，在法國被稱為柯爾貝主義(Colbertism)，主要經濟思想是：第一，主張重金主義(bullionism)，狂熱地追求貿易順差，獎勵外銷，抑制非生產性商品的進口。第二，強調政府為本國廠商提供關稅保護，在國外則賦予其獨占經營的特許權，獨占殖民地市場。第三，鑄成君國主義，政府以國家財富來定義經濟福利，極力壓低國內消費。第四，重視人口增加論，盡量壓低工資，使生產成本極小化。第五，採取政策性壓低利率，以減少生產與存貨的成本。第六，全力要達成充分就業。第七，在經濟心態上，有別於十六世紀以前要求禁欲的傳統經濟。第八，偏重生產者，而忽略消費者。[4]

　　因此，越來越多的人民有機會擁有貨幣，也就有更強烈的動機為了貨幣而追求貨幣。黃金，多麼的美妙，誰擁有了它就是慾望的主宰，有了黃金，甚至可以讓靈魂進入天堂。[5]由於商人擺脫利用對社會的影響力或支配力攫取財富。追求財富不再意味著邪惡或飽受歧視，商人心安理得。新教徒(protestantism)和清教徒(puritanism)像往常一樣，不得不調整其宗教信仰，以適應經濟環境和需求的變遷。陶尼(Richard H.Tawney)指出，企業家精神自古有之，而不是像一般人認為源自清教徒主義，但後來清教徒在某些方面蘊含著這股活力並發揚光大。同時，深深影響歐洲近代資本主義社會的發展。[6]

　　儘管蓋瑞(Alexander Gray)指出，重商主義稱不上是一種制度，它主要只是當

[3] Immanuel Wallerstein, *The Modern World-System, Vol.2: Mercantilism and Consolidation of the European World-Economy, 1600-1750* (New York: Academic Press, 1980), pp. 38-39.

[4] 林鐘雄，《西洋經濟思想史》，(臺北：三民，1999 年 8 月)，頁 16-26。

[5] Eric Roll, *A History of Economic Thought* (N. Y.: Prentice-Hall, 1942), p. 61.

[6] Richard H. Tawney, *Religion and the Rise of Capitalism* (London: Penguin Books, 1954), p. 226.

時的政客、官員和金融商業領袖意見的產物。所以，從 15 世紀中葉到 18 世紀工業的三百年間，找不到一位知名的代言人，沒有像希臘時期的亞里斯多德、中世紀的阿奎納和約束封建時代道德的教會規範，也不見後來亞當史密斯、馬克思、凱因斯這類的代表人物。[7]

但該時期提出重要經濟政策而不是重要經濟學說或理論的思想家有孟恩(Thomas Mun)、佩悌(William Petty)、柴爾德(Jasiah Child)、斯圖亞特(James Steuart)、柯爾貝(Jean Baptiste Colbert)、洛克(John Locke)、休莫(David Hume)、諾茲(Dudley North)等人。主要實施的國家有葡萄牙、西班牙、荷蘭和英國等海洋國家。

(二) 荷治臺灣時期的經濟特色

對照 16-17 世紀盛行的重商主義理論，檢視統治臺灣第一個有完整組織權力系統運作的荷蘭，是以公司政府型態在 1602 年設立「荷蘭東印度公司」(Vereenigde Oost-Indische Compagnie, 簡稱 VOC)。1619 年荷蘭在印尼巴達維亞(Batavia)建立貿易館後，開始發展對亞洲市場的貿易。透過荷蘭東印度公司整合亞洲市場，建立具有競爭力的公司貿易網，發展各地的區間貿易。1621 荷蘭西印度公司(WIC)成立，相當於是大西洋上的東印度公司，壟斷了非洲及美洲的重要貿易市場。

荷蘭東印度公司作為荷蘭王室的特許公司，被賦予在它武力能克服的地區，執行政府最高權力的任務，公司海外的執行等於大帝國國際市場的開拓者，它不僅向亞洲國家市場展現了重商主義難以阻擋的擴張銳勢，也向亞洲各國宣示了以航海和產業技術的發展主導了西歐文明，正在建立國際市場新秩序，不單是為保護荷蘭在印度洋的市場，也同時協助荷蘭掙脫西班牙統治的獨立戰爭。

當時的荷蘭、英國、法國乃至於後進的北歐諸國，都採用特許公司方式來經營海外市場。特許公司在某種意義上可追溯及中古後期義大利的簡單合夥及海上夥伴，或漢撒同盟，或英國的冒險商人。因為，在這些中古貿易組織中，商人已

---

[7] Alexander Gray, *The Development of Economic Doctrine* (London：Longman Green, 1948), p.74.

學會聯合籌湊大筆資金、分攤風險及分配利潤的企業經營方式。

16-17 世紀重商主義的商人，已逐漸團結向地區君王爭取商業特權、分攤倉租、旅館費及旅行保護費的經驗。尤其對海外市場開拓更得以發展出先前所未有特許公司的貿易組織。從公司結構的組成，早期荷蘭公司的組織都屬於臨時性質，當商人冒險以發行公債方式籌組商船隊，每次航行回航及商品出售後，立即做利潤分配，而下一次航行時再行匯集資金，也由於資本與利潤實難徹底分開。這種「調節性公司」(regulated company)直到荷蘭東印度公司的成立，它是第一個真正的「股份有限公司」，是由股東投資，股東只分配每次的淨利，甚至獲利經常還要繼續投資而逐漸轉型為成永久性的股份公司。因此，公司制度的兩大特徵就是股票和有限責任。

除了特許之外，還有在商業利益的驅動下，不但政治也為公司服務。荷蘭的證交所成立於 1611 年，地點就在荷蘭東印度公司大樓的轉角。1612 年荷蘭東印度公司甚至要求對公司不滿的股東在證券市場出售其所持有的股份，以回收其資本，貿易公司的資金才得以穩定，資本與利潤也才開始分開，並由國王處獲得政治、軍事、外交等授權，來遂行其「無戰爭就無貿易」或「戰爭是為貿易」的優勢市場理論。

公司型態已從過去的「特許權」為主的爭取，轉為以市場為主的競爭，地理區域也擴及全球。荷蘭在 17 世紀國際市場是最具經濟實力的國家，到了 18 世紀初，荷蘭人已在英國和法國存進了大筆資金，投資英格蘭銀行、東印度銀行、南海公司股票。當荷蘭大筆資金開始流向英、法等國，這代表著當時投資在英、法國的投資報酬率高，也顯示兩國的國內需求逐漸增加，經濟成長速度快。相對之下，荷蘭的經濟發展也就逐漸失去競爭優勢。

1604、1622 年荷蘭東印度公司先後派人率艦東來貿易與傳教。1624 年大明國為了確保其領土澎湖，與荷蘭人議和，以同意荷蘭人佔領臺灣為條件。荷蘭開始藉由臺灣，作為與大明國及日本貿易的據點，尤其在解決濱田彌兵衛事件之後，荷蘭完全排除日本在臺灣的勢力，而獨占與大明國貿易的政商利益。所以，荷蘭東印度公司規劃臺灣作為軍事基地，以截斷葡萄牙的東南亞經澳門至日本航線，

與西班牙的南美經菲律賓至明帝國航線；其次，提供作為貿易基地以建立臺灣與明帝國貿易的轉運站，加速與世界貿易商業網絡的連結。

換言之，大明國的中業以後，各國工商業的發達使物品交流的需求更加提高，面對傳統中國朝貢制度的限制，雙方的經濟交流不能達到平衡，市場的供需在正常管道下不能獲得滿足，包括大明國和西方的生意人，就會以走私、海盜、武力的方式來尋求解決。走私的會合地，要轉移到靠近明帝國，又非大明國屬地的地方，臺灣遂在這情勢下為荷蘭所據，臺灣亦由此而凸顯出其特殊的地位。

荷蘭東印度公司的組織與經營，其目的是在執行徹底的貿易獨占政策，以掠奪經濟利益及累積財富，是徹底重商主義的實踐者。荷蘭東印度公司將尚處農業社會的臺灣農產品輸出，增加關稅收入及貿易利潤，這完全是核心國家(core state)追求權力與利益的重商主義，其產業政策是對農業的獎勵與土地的開拓，漢人和原住民都是生產工具而已。掠奪式產業政策不但是要追求經濟上的目標，同時也追求區域與政治的強權。不但充分凸顯荷蘭重商主義性格，其經濟掠奪亦非單純地侷限於東西方貿易，而是同時提供作為東亞國家之間商業網路的中間人。

如果對照荷蘭同時間在北美的殖民，特別是當時新阿姆斯特丹如何成為現今世界金融霸主的紐約。凱斯納(Thomas Kessner)指出，南北戰爭(1861-1865)前的美國大體上是個農業國家，與複雜的歐洲經濟體保持附庸關係，由於紐約恰好處於經營國際貨物與資本交流的良好位置，因此得以確實處理並傳遞歐洲城市與美國莊園之間的轉運業務，並以這份收益創建全國範圍的金融市場，雖然直到南北戰爭之前，這個市場的活力還仰賴英國資本的大量投注。[8]

可是 1662 年鄭成功軍團進駐臺灣，取得統治權，重商改為重農政策，使臺灣失去發展為重要轉運中心的機會。

----

[8] Thomas Kessner, 廖宜方譯，《金錢城市——紐約如何成為世界金融霸主》，(臺北：麥田，2004 年 12 月)，頁 64。

四、 17-18 世紀重農學派與明清時期臺灣經濟特色

(一) 重農學派的主要經濟理論

　　重農主義或稱之為重農學派,主要是重商主義的反動,其之所以被稱為學派,凸顯其主要經濟理論已蔚成一股風潮的被廣為流傳。重農學派主張:

　　第一,崇尚自然法則,反對封建與重商主義的政府干預,強調私有財產與私人獲利,只不過把附隨的責任盡歸地主所有,他們堅持這樣的分析是很「自然的」,主張立法部門和政府部門共同行事的方針應是「任其所行,任其所為」(Laissez fair, Laissez passer)的經濟自由主義。重農學派積極參與啟蒙運動探求自然法則的行列,但是不相信人可以完全的掌控大自然,他們只認為透過對大自然的了解,人類可以帶來繁榮。

　　第二,提出淨生產(net product)概念,土地和自然是財富的泉源,只有與自然結合的生產活動才能生產財富或淨生產,貿易與製造業就沒有這樣的收穫,這兩種行業固然是必要的,但其本身也是貧瘠的,貿易並無助於實質財富的增加。

　　第三,農業生產的盈餘能夠養活所有從事其他行業的人,農業就是基本工業的本身,是僅有的基本工業。

　　第四,同時將社會區分為從事農務耕作的生產階級(農人),地位卑微的是商人、製造商和工匠的不生產階級(工匠),及指導、監督或管理農業生產的地主階級(經營者)等三層;重視農業資本淨值的總體分析。[9]

　　簡言之,重農學派積極鼓吹兩個主要論點:第一,財富來自生產,而非像商人所想的來自對金銀的獲取;第二,只有農業能生產財富,而商人、製造者或其他勞工卻不能。主要的代表性人物如康梯龍(Richard Cantillon)、揆內(Francois

---

[9] 林鐘雄,《西洋經濟思想史》,(臺北:三民,1999 年 8 月),頁 8-40。

Quesnay)、杜果(Anne Robert Jacques Turgot)等人。主要的實施國家是法國和德國等內陸國家。

(二) 明清時期臺灣的經濟特色

在 1405 年至 1433 年間，當大明國決定結束派遣鄭和的七次遠航之後，就已經註定錯失了向海外發展的機會，甚是決定轉過身的去背對世界，而負責重要國政的官僚體系只熱衷於維護和追憶過去的輝煌歷史，已凸顯其無意藉向海外擴張和貿易開創國家的願景。檢視鄭成功率其宗族和部屬移住臺灣時，雖然並不單純為了殖民，但由於採取了寓兵於農的政策而奠定了一個純粹以為農業為主的漢人移民區。

鄭成功既受封延平郡王、鄭經受封東寧王，這種冊封體制顯然是明、清朝皇權體制的延伸。鄭氏受封政府在農本思想下的土地開墾區域，開始只是一種點狀的分布，主要開墾範圍包括西南沿海平原一帶。當赤崁一帶在荷治時期已經開墾完成，鄭氏新開墾的田園就集中在嘉義平原、鳳山北部平原。到了 1683 年即鄭氏受封政府向清朝投降後的一年，臺灣開墾登記的耕地總數是 17,898 公頃，其中 7,307 公頃是水稻，10,591 公頃是旱田，而農民因怕繳稅而往往還會有少報土地面積的現象。

1683 年清領臺灣，並不影響臺灣為漢人之移墾的事實，漢人實際已經取得了完全的控制權，臺灣只不過是大清國本土的延伸，一個海外的邊疆。而且，統治者的身份和權力來自閉關自守的農業國家，不再是重商主義的國家。清領臺灣，其主要目的是要以臺灣作為大清國「腹地數省之屏蔽」，而將大一統的皇權體制延續到臺灣來。對於臺灣土地的開發，是由有錢勢者向政府當局申請，取得開墾許可，將自己的資金投注於土地，而後再招募無佃農從事開墾。

清領臺灣時期的土地開墾地區和農業發展是先從西部平原，再由南部而北部。到了 1860 年代臺灣才逐漸從早期以聚落為主的移墾社會，發展成為以城鎮為主，具備宗族組織的農業社會型態。嗣因英法聯軍逼迫大清國簽訂《天津條約》、《北京條約》，列強達成臺灣開放淡水、安平、雞籠、打狗等港口通商的目的，嗣

後英美等國家的外商資本與本土商人為主的「行郊」商人資本結合，導致臺灣北部茶葉與南部糖業的興起，以及臺灣政治權力中心的北移。

尤其是到了 1874 年日本出兵圍攻牡丹社，清政府才感受到臺灣在國際經濟發展上的重要地位，遂改變以往對移墾臺灣的消極政策，而於 1875 年 2 月全面開放移民臺灣，以及 1885 年臺灣的建省，改福建巡撫為臺灣巡撫。接著劉銘傳在臺灣推行自強新政，並改採重視商業經營和發展工業的政策。然而，1890 年清政府改派邵友濂接替劉銘傳的職務，其實施的保守政策又再度延緩臺灣發展農業轉型工業的進程。

臺灣在鄭氏冊封體制與大清國皇權體制的推動重農產業政策下，中挫了荷蘭統治臺灣時期所實施的重商主義貿易成果，致使臺灣失去與西方同步產業革命的機會。然而，1860 年代的開港通商和 1870 年代的自強新政，也讓臺灣農業發展有了發展工商業的機會，但是 1890 年代的放慢腳步致使臺灣未能有如日本明治維新所帶來的成效，加上 1895 年以後日本統治臺灣初期的殖民經濟，臺灣產業發展又再度回到重農學派經濟政策的舊路上。

16-17 世紀的臺灣經濟發展，始終是處在重商主義和重農學派的政策之間擺盪不定。

五、18-19 世紀古典學派與日治時期臺灣經濟特色

(一) 古典及新古典學派主要經濟理論

一般研究現代主流的經濟思想，為什麼從亞當‧史密斯(Adam Smith)談起，主要是因為重商主義的論點出現了與時代不相符合的現象。第一，重商主義以錢幣及貴金屬來衡量財富，然而，史密斯認為，真正的財富應該以家戶的生活水準來衡量，一袋袋的金子不一定就能換為一袋袋的食物。第二，史密斯認為財富一定要從國家消費者的觀點來衡量，把錢交到政府官員與奉承的商人手中，不見得

有益於國民。第三，史密斯知道個人動機與發明創新能刺激經濟的發展，而重商主義政策的獨占與貿易保護只會造成國家經濟無法蓬勃，現代經濟學於是產生。[10]以下將分別敘述古典經濟學派和新古典學派的經濟理論。

古典學派(Classical School)是馬克斯(Karl Marx)創造的名詞，用來描述包括李嘉圖(David Ricardo)、彌勒(James Mill)和在他們之前的經濟學家，即在李嘉圖理論達到頂峰階段的經濟學者；而在凱因斯(J. M. Keynes)的《一般理論》(*The General Theory*)一書中使用「古典學派」一詞時，則包括李嘉圖的後繼者，及那些接受李嘉圖經濟理論並加以發揚光大的人，諸如彌勒(John Stuart Mill)、馬夏爾(Alfred Marshall)和皮古(A. C. Pigou)等人。

18 世紀後期，英國改良棉紡織業技術，並將動力蒸汽機逐漸推展到農業、工業、商業和運輸業，形成對產業技術大變革的「產業革命」(industrial revolution)。「產業革命」一詞是出自英國歷史學家湯恩比(Arnold Toynbee)在其 1884 年出版的《英國十八世紀的產業革命》(*Lectures on the Industrial of the Eighteenth Century in England*)中，而在「產業革命」一詞被大量引用之前，真正的產業革命運動早在一百多年以前便已在實際進行了。[11]

而將這種經濟活動及其影響作有系統的理論建立的，要屬在 1776 年史密斯(Adam Smith)的《國富論》(*The Wealth of Nations*)出版，他綜合了重農學派與重商主義的經濟理論，主張私有經濟的市場法則，充分代表產業革命時代的經濟思潮。因此，史密斯是謂古典學派(Classical School)的鼻祖，被尊稱為「經濟學之父」，不但宣告重商主義時代的結束，也開啟了近代自由經濟社會的經濟學發展的第一人。其他同時代的代表人物尚有馬爾薩斯(Thomas R. Malthus)、李嘉圖(D. Ricardo)、彌勒(J. S. Mill)、賽伊(Jean Baptiste Say) 等。

史密斯(Adam Smith)重要理論可分為勞動、價值、分配、資本和賦稅等幾部

---

[10] Todd G. Buchhotz, *New Ideas from Dead Economists* (N. Y.：Penguin Putnam 1989).

[11] 參閱：林鐘雄，《西洋經濟思想史》，(臺北：三民，1999 年 8 月)，頁 222。

分。[12]史密斯認為一個國家的財富是由全體國民每年消費的生活必需品所構成，而其主要來源是勞動，故勞動為國家財富之首，為了提高生產力必須藉由分工專業化的生產，在經由交換累積財富。

史密斯嚴謹區分貨幣(金銀)與國家財富的區別，強調金銀不是國家財富，勞動、土地和資本才是。而勞動決定一切財貨的交換價值，所以，史密斯的價值論實則就是支配勞動量的價值理論，而分配則決定於勞動者的工資、資本家的利潤，和地主的土地地租，而資本因儲蓄累積增加，致使消費減少，而所得的多寡和利潤的高低又決定於儲蓄，儲蓄構成了流動資本與固定資本。因此，儲蓄必然等於投資。

在賦稅觀點上，認為對地租收入的課稅對社會財富累積的妨礙最小，最適合於被作為課稅的標的。而利潤稅最容易轉嫁於消費者，並促使物價上漲，故不宜直接課稅。至於工資高低則可能導致勞動需求減少，經濟衰退。另外，若依納稅人財產或收入比例課徵的「人頭稅」(capitation taxes)，容易形成獨斷獨裁，故不宜向人民課徵民生必需品的消費稅，但得對奢侈品課稅。

馬爾薩斯的人口論是「兩性之間的激情」使得人口有如幾何級數增加；而在同時，糧食最多也只能算數級數增加，於是不可避免的結果是：如果缺乏道德的約束，人口的過分膨脹只有靠飢荒、戰爭和自然災害來節制了。所以，馬爾薩斯預言：人口過剩不但不會帶來喜悅，反而會造成了社會分裂和衰敗的危機。[13]

在李嘉圖經濟世界中，工人除了維持最起碼的生活必需之外，不應該再得更多，這就是所謂的「工資鐵律」(iron law of wages)。他認為對工人的同情不但是無濟於事，而且還會有害。因為，提高工資雖然可以暫時提高工人的收入和希望，但是如此一來也加速人口的增加，而人口的增加又使收入下跌，希望幻滅，政府和工會所有關於提高工資，和使人們免於貧困的努力都是與經濟法則相衝突，最

---

[12] Adam Smith, *An Inquiry into the Nature and Causes of the Wealth of Nations* (New York: Oxford University Press, 1993).

[13] Robert L. Heilbroner, *The Worldly Philosophers* (N. Y.: Simon & Schuster, 1980).

後必定會因為人口膨脹而遭到失敗。

史密斯因為貿易自由、私利追求和分工帶來的成果，而對人類充滿了樂觀的看法，但馬爾薩斯和李嘉圖使得經濟學變成「憂鬱的科學」(dismal science)。1848 年彌勒刊行的《政治經濟學原理》(*Principles of political economy*)被視為集古典學派之大成；而 1874 年，凱尼斯(J. E. Cairnes)《政治經濟學原理新論》(*Some Leading Principles of Political Economy Newly Expounded*)的出版，則被認為古典學派的終結。

因此，古典學派常被泛稱：自 1776 年至 1870 年代的一百年間，在著作上表達相同的經濟原則及運用相同的研究方法，導出有關財富之生產、分配、交換及消費之法則的經濟學家。他們大部分把經濟學視為研究及發現不受時空限制之經濟法則的科學。古典學派也稱為「經濟自由論」(economic liberalism)，係以自由放任學說所導出的個人自由、私有財產、個人創意及個人企業為基礎。

古典學派強調理性的市場價格機能，對市場採取自由放任(laissez-faire)的態度，並減少政府干預，使資源運用效益極大化；強調人人平等及個人自由，認為政府的存在是違背自然理性，雖然無法避免政治與政府提供的服務，但其職能不可超越維持社會秩序；在國際經濟方面，則強調國際資本主義的發達，加重國際間經濟依賴(interdependence)的程度，可藉由自由貿易的互利成長，而減少戰爭發生，有助於世界體系的和平演變。

然而，古典學派在經濟上強調自由競爭、生產分工及一切決定於市場價格機能的交換體系，和財富累積的正當性；也認為政府與企業之間是分離的，而忽略了生產與分配過程中弱肉強食的不平等現象，而深受馬克思主義所詬病；古典學派認為政府只不過是匯集民意，制定遊戲規則而立場中立的行政組織而已，又無視於國家尊嚴與自主性的存在。

古典學派受到漫無限制的世界經濟主義影響，既不承認各國皆有其特性，且未考慮各國利益的滿足；同時受到唯物主義影響，處處僅以物品的交換為主，而未顧及精神與政治層面，甚至於受到無組織的利己主義與個人主義影響，忽視其他團體利益。

　　古典傳統對於權力的議題未公開提出抨擊。對於所謂權力，就是認為有能力在這個經濟制度中，操縱或贏得他人順從與其中樂趣、榮耀和利潤，即使今天依然如此。追求權力和金錢的報酬與心理的滿足，還是和以前一樣，都是主流經濟學無底的論調。加上自由競爭所產生的社會勞動階級的問題，很難透過古典學派加以解決，這種對古典學派所產生的批評，才在資本主義經濟思想之外相繼出現了馬克思共產主義和德國歷史學派等不同的經濟思想。所以，古典學派的被稱之為「經濟自由論」，並成為 19 世紀殖民帝國資本主義的圭臬。

　　追溯殖民帝國主義的殖民歷史，最早起源於第一次十字軍東征的東地中海地區，透過傳教與貿易，由西歐國家向亞洲、美洲，及非洲地區展開殖民地的戰爭，終止於二次世界大戰結束後，許多殖民地國家的紛紛獨立。在世界的歷史上，一小撮歐洲和歐洲資本主義勢力，在一直被稱為「達珈馬時代」(Age of Vasco da Gama)的四個世紀裡，建立起對整個世界的霸權統治。[14]

　　具體而言，西方殖民帝國主義體制的形成與發展，如何從古希臘、羅馬時代的商業活動，經中古世紀封建主義的解體，16、17 紀民族國家以後盛行的重商主義，與 18、19 世紀英國在產業革命以後形成自由放任的資本主義體制，最後，美國取代英國成為國際的霸權國家，期間亦曾面臨馬克思主義(Marxism)、社會主義(socialism)、法西斯主義(fascism)、納粹主義(naziism)、共產主義(communism)和威權主義(authoritarianism)等非民主政體的嚴厲挑戰。

　　所以，馬克思(Karl Marx)對資本主義的批評是：隨著資本家數目的減少，只剩下極少數的人能夠壟斷生產的利益，並給群眾帶來痛苦、奴役與剝削。相對的來自於工人階級的反抗則是越來越強烈，這個階級被資本主義機械的生產過程訓練成為有組織的群眾，而且人數還不斷的增加。資本的壟斷在此時反而造成對生產方式的限制；生產工具的集中與勞動的社會化，最後發展成與資本主義外殼絕不相容的狀態，於是這個外殼一定會爆炸，資本家的私有財產制度的喪鐘響起，

---

[14] Eric J. Hobsbawm, 王章輝等譯，《革命的年代:1789-1848》，(臺北：麥田，1997 年 3 月)，頁 38。

而剝削者終必成為被剝削者,於是資本主義的社會就結束了。[15]資本主義經濟思想的主義代表人物有桑巴特(Werner Sombart)、韋伯(Max Weber)、顧志耐(S. S. Kuznets)、熊彼得(J. A. Schumpeter)、海爾布魯諾(Robert Heilbroner)等人。

傅利曼(David Friedman)指出,史密斯的《國富論》、李嘉圖的《政治經濟學及賦稅原理》*(On the Principles of Political Economy and Taxation)*和馬夏爾的《經濟學原理》(*Principles of Economics*),這三本書的區別很大,其中史密斯的書涉及最廣,也最有趣;李嘉圖的書最難讀,也最難懂;馬夏爾則是第一位對現代經濟學理論做了整理,最能體現現代經濟學的優點,適合於勤奮的讀者閱讀。[16]

因此,新古典經濟學派是以 1890 年承襲古典學派衣缽的馬夏爾為代表,因其所反映出英國產業革命成功之後的經濟思想,而被稱之為「新古典學派」(Neo-classical School),代表人物有皮古(A. C. Pigou)、海耶克(Friedrich August von Hayek)等人。

海耶克反對任何全體主義,反對任何獨裁,雖然希特勒主義(Hilterism)曾自稱為真民主主義(true democracy)和真社會主義(true socialism)。但在海耶克之前,一般人均認為列寧、史達林代表共產主義的極左翼,納粹主義、法西斯主義為極右翼,經過海耶克的論述,不管是共產主義、納粹主義、法西斯主義,本質上是同樣摧毀人權及自由。因為,在德、義兩國,納粹和法西斯所採用的瀰漫個人全部生活的新政治運動,是社會主義者老早介紹過的玩意。他們想組織一個囊括個人一切活動的黨,這個黨管制人們從搖籃到墳墓的一切;這個黨要指導個人對於一切事務的看法,並且喜歡把一切問題看成黨的世界觀點。[17]

1870 年代提出邊際效用分析的吉逢斯(William Stanley Jevons)、孟格(Carl Menger),及瓦拉斯(Mavie-Esprit Leon Walras)等三位,又稱劍橋學派(Cambridge

[15] Karl Marx, *Capital : A Critique of Political Economy Vol.I* (N.Y.：International Publishers, 1967), pp. 836-837.

[16] David Miltom, 趙學凱等譯,《傅利曼的生活經濟學》,(臺北:先覺,2007 年 2 月),頁 440。

[17] F. A. Hayek, *The Road to Serfdom* (London: Routledge Classics, 2001), pp.117-118.

School)。所以，在邊際學派大師馬夏爾以前，古典學派的經濟學一向被稱為「政治經濟學」(Political Economy)是含有價值的判斷，是規範經濟學；而馬夏爾將經濟學的研究中心放在個別的產業，及單一的廠商上，而與古典學派主張以全社會作為經濟研究的對象有別，而開創了「新古典學派」，重視經濟學的科學成分，意欲去除價值的判斷，建立實證經濟學。

馬夏爾指出，政治經濟學或經濟學乃是人類日常生活事務的一種研究，是要探討福祉的實現與物質的運用。新古典經濟學派也發現，並非所有的經濟活動都可以透過市場的運作來解決，例如外部性、公共財、資訊不對稱、生產規模報酬遞增等現象，都會造成市場失靈(market failure)。1920 年代當時美國幾乎到處呈現繁榮景象，美國總統胡佛(Herbert Clark Hoover)甚至於指出，感謝上帝之助，我們在可見的日子裡，將親自目睹貧窮從這個國家裡絕跡。

然而，在 1929 年 10 月那個可怕的最後一個星期，證券市場崩盤了，就連費雪(Irving Fisher)也免不了惑於繁榮的表象而宣稱，我們正邁向一個「永恆的高原」，但是樂極生悲的是，在他發表這個樂觀的論調之後的一個星期，股票都自那個高原的邊緣摔落下來。當時流行一個悽慘的笑話：高盛公司(Goldman Sachs)的每一股皆附送一支左輪手槍；另外一則笑話：當你要向旅館預訂房間的時候，旅館櫃檯會問你：「是要睡覺，還是要跳樓」。[18]

如果我們閱讀 1962 年獲得諾貝爾文學獎的史坦貝克(John Steinbeck)所寫的《憤怒的葡萄》(*Grapes of Wrath*)，其中對經濟蕭條給美國中南部乾旱地帶難民所造成的影響，有最詳實、最深刻的描述，我們就能夠感受在那個年代的悲慘遭遇，我們還能夠繼續說那些挨餓的失業者都是出於「自願」的嗎？[19]

因此，皮古將市場失靈的情況做有系統的整理與分析，及參考邊沁 (Jeremy Bentham) 的功利主義(utilitarianism)看法，引進政府干預的概念而高唱福利經濟學

[18] R. L. Heilbroner,*The Worldly Philosophers –The Lives, Times, and Ideas of the Great Economic Thinkers* (N. Y.: Simon & Schuster, 1980).

[19] Eric Schlosser, 張美惠譯，《大麻、草莓園、色情王國》，(臺北：時報文化，2005 年 6 月)，頁 84-85。

(welfare economics)和福利國(welfare state)。皮古的經濟思想正如馬夏爾為研究及
解決貧困問題而從事經濟學研究一樣,也是由失業及其他社會問題的刺激而產生
的,其在 1920 年的大作《福利經濟學》(*Welfare Economics*)主要針對生產和分配
的不調和進而深入探討國家的社會問題。

(二) 日治時期臺灣經濟特色

1895 年臺灣被迫淪為日本帝國主義的殖民地,檢視 19 世紀帝國主義出現的
主要因素,起於美國、德國等國家新興敵對的政治、軍事與經濟力量,加上英國
霸權的式微與現代民族主義思潮的興起。均勢的國際關係與新興的民族主義,導
致一個高度競爭的國際體系。

19 世紀殖民主義(colonialism)與 16 世紀中葉歐洲新興民族國家(nation-state)
的興起息息相關。在統治政權與商業資本家結成聯盟後,政府實行有利於商業及
資本家的政策,而為達成資本累積及擴大市場需求,殖民主義理論因應而生,實
為新興民族國家提供了發展資本主義的捷徑。

殖民主義國家利用船堅砲利的優勢,在亞、非等落後地區建立貿易據點,並
以公司(company)型態經營,積極進行「核心-邊陲」的移轉財富,增加母國及資
本家的快速經濟剩餘;資本家將經濟剩餘轉投資在工業上,又促成國家力量的提
昇。[20]這種由政府擔負強化國權、累積資本,以鞏固國家主權基礎的經濟策略,
自 16 世紀到二次世界大戰結束,可以統稱為殖民化歷程。

以英國資本主義為核心的世界體系,自 19 世紀中葉沒落,致使其他資本主義
國家之間展開新的競爭,開啟了帝國主義(imperialism)時代。霍布森(J. A. Hobson)
指出,帝國主義是導因於資本主義體系的失調,資本家把剩餘的資本轉投資於海
外賺錢的事業,以其在國內無法銷售或使用的貨品和資本,創造海外市場和投資,
使帝國主義國家變得更依賴海外市場。政府結合資本家,強勢運用公共政策、公

---

[20] Immanuel Wallerstein, *The Modern World-System, Vol.3: The Second Era of Great Expansion of the Capitalist World-Economy, 1600-1750* (New York: Academic Press, 1989).

共財力和公共武力，擴展投資地區及宰制政經利益。[21]摩爾德(Frances V. Moulder)指出，典型帝國國家(imperial state)即以專制君主為首、由中央協調，以及職能分化的行政和軍事體。[22]

這種勢力近乎均等的國際關係與新興民族主義導致一個高度競爭的國際體系；帝國主義者之間的相互競爭，造成國際政經利益的衝突，加上科技與通訊交通的發達，增強了對海外殖民地的控制力量。所以，帝國主義是資本主義的最高發展階段，不但要獨占專賣利益、壟斷財務與資本輸出，還要透過托拉斯(Trust)瓜分世界利益，掠奪土地資源與增加貿易和投資的機會。

帝國不是一個「主權」國家，而是擁有不同「治權」的結盟機構所組成的政治實體，其政策是由皇帝、選舉人和帝國議會(Imperial Diet)所決定。[23]帝國主義是資本主義的最高發展階段，不但要獨占專賣利益、壟斷財務與資本輸出，還要透過托拉斯(Trust)瓜分世界利益，掠奪土地資源與增加貿易和投資的機會。

具體而言，殖民主義體制(the mode of colonialism)是一個殖民母國與殖民地之間脈絡相連的結構(structure)，經由這個結構，使殖民地的經濟、社會均從屬於(subordination)殖民母國；而殖民的終極目的，就是依殖民母國的需要，剝削殖民地的經濟剩餘(economic exploitation)與社會剩餘(social surplus)。資本主義始終與帝國主義攜手，對於海外征服和工業化就像自然法則一樣不可抗拒。

殖民利誘也使得日本在明治維新後，積極參與世界殖民資本主義的競爭。為展現其在工業化與軍事化方面的成果，國內出現「國權皇張」的「脫亞論」主張，而殖民侵略的最佳目標就是鄰近的臺灣。臺灣正位在大清國與近代資本主義世界體系的交界處。1895 年中日甲午戰爭之後，依據《馬關條約》，日本取得開始對

---

[21] John A. Hobson, *Imperialism* (London: G. Allen and Unwin,1938).

[22] Frances V. Moulder, *Japan, China and the Modern World Economy* (Cambridge: Cambridge University Press,1977).

[23] J. H. Franklin, Sovereignty and the mixed constitution. in J. H. Burns ed., *The Cambridge History of Political Thought 1450-1700* (Cambridg: Cambridg University Press, 1991), pp. 309-328.

臺灣的殖民化(colonization)統治。

日本佔領臺灣之初，國會本有「臺灣賣卻論」，主張將臺灣以日幣 1 億元賣給法國，而後才有殖民地政府積極排除英美資本在臺灣的勢力，並強力扭轉臺灣與大清國關係，達到臺灣「去大陸化」，而強迫「日本化」的殖民目的。

日治殖民主義體制始於 1895 年 6 月即實施軍事統治，並依《六三法》賦予臺灣總督絕對立法權與行政權，這是為因應臺灣特殊政經情勢，以儘速讓臺灣殖民化。1898 年兒玉源太郎總督及民政長官後藤新平更積極確立警察制度，並衡酌修訂清領臺灣時期的保甲制度而訂定〈保甲條例〉，作為警察的補助機關，建構完成雙軌的警備體系。警察權依據〈臺灣住民治罪令〉，憲兵、將校、下士、守備隊長、兵站司令官、地方行政長官、警部(巡官)都可以行使檢察官的職權，罪行輕者交警察署長裁判即可，日警儼然就是「地下總督府」。臺灣的殖民體制成為世界殖民地中的稀有事例。

殖民主義體制強調國家資本主義系統的機制，但臺灣人對殖民體制的抗爭不僅是單純資本主義經濟的階級運動，也是殖民地民族對立所匯聚成臺灣抗日的民族運動，而追求更具有經濟實力的企業經營，成為臺灣人在殖民體制下發展資本主義經濟的目標。

然而，日治時期臺灣人深感在政治、經濟、社會上受到不公平的待遇，在不斷爭取政治民主與經濟自由的過程中，高漲了民族意識與凝聚了生命共同體，相對地凸顯臺灣人意識。

六、20 世紀凱因斯學派與國民政府時期臺灣經濟特色

(一) 凱因斯及後凱因斯學派主要經濟理論

凱因斯學派及後凱因斯學派主要出自於劍橋大學馬夏爾和皮古門下的凱因斯 (J. M. Keynes)於 1936 年出版《貨幣、利息與就業的一般理論》(*The General Theory of Employment, Interest and Money*)一書,以革命性的手法想突破 1930 年代世界景氣恐慌 (great depression)的藩籬,並在第二次世界大戰後的美國大放異彩。

又如從 1933 年開始,希特勒大量的借貸、開銷,把這些錢發在失業者身上,正如凱因斯的建議,把大部份借來的錢拿來僱用開闢鐵路、挖掘溝渠、建築國民住宅,和高速高路的工人,隨後由於人們的收入增加,花費於進口貨物的錢也隨之增加,因而不得不實施外匯管制,以防金錢外流,希特勒實施新經濟政策的結果,在 1935 年德國失業的現象已告一段落,到了 1936 年,個人收入的提高把物價拉起來了,同時薪資也隨之提高,政府不得不制定物價與薪水的最高限制,以免它無限制的高漲,到了 1930 年代末期,德國不再有高失業的現象發生,物價也非常穩定,這在當時的工業世界中是一件不容易的事。

希特勒在解決國內的失業問題之外,又因為發動第二次世界大戰,戰爭迫使政府採取凱因斯主義的經濟政策,希特勒可真是一位凱因斯思想的傳播者。難怪蓋布烈斯(John K.Galbraith)更指出,就某些觀點而言,凱因斯經濟理論與共產主義之間並沒有什麼差別。[24]

由於新古典學派無法解釋高失業率與生產過剩的經濟變化現象,亦無法根據其理論提出分析,也因為其理論無法有效解決當時經濟問題,一直要到凱因斯的大作出版,提出了解決的對策。雖然,皮古的《失業論》(*The Theory of Unemployment*)試圖以工會勢力太大,強制拉高實質工資水準,使勞動供需無法達到均衡,來解釋失業率之所以居高不下,而以有效需求理論代替古典學派的「賽伊法則」(Say's Law),並強調政府的力量來解決社會的經濟問題。

賽伊(Jean Baptiste Say)是 19 世紀法國經濟學家,該法則所主張的是「供給會產生需求」。換言之,即是生產過程中的每一個步驟,能夠產生足夠的收入,並得以在市場上購買財貨以及勞務,於是所有的產品便會自動流通,而充分就業便得以獲得保障。從 1929 年到 1939 年的 10 年中,因為經濟問題而社會問題,以及至於延伸到國家的安全問題,凱因斯經濟理論甚至於有「國防經濟學」之稱謂。

---

[24] John K. Galbraith, *The Age of Uncertainty* (Boston: Houghton Mifflin, 1977).

　　凱因斯主義或凱因斯學派(Keynesian School)代表人物尚有羅賓遜(J. Robinson)、韓森(A. Hansen)、哈里斯(S. F. Harris)、希克斯(Sir J. R. Hicks)、克萊恩(Lawrence Klein)及薩繆爾遜(P. M. Samuelson)等人。凱因斯對海耶克的經濟觀點縱使有許多不同，尤其是對經濟問題的解決，海耶克是位曲突徙薪的建議者，然而往往是救火英雄贏得掌聲，曲突徙薪的建議者反容易被忽視。所以，雙方前後筆戰 20 多年，但始終保持友誼，樹立了學人良好的風格。

　　由於新古典學派與凱因斯學派未從供給需求的共同觀點來分析總體經濟現象，尤其到了 1970 年代以後，又出現了兩次世界性經濟衰退，使得凱因斯學派理論遭受到批評。所以，曾任甘乃迪(John Kennedy)總統首席經濟顧問的韓勒(Walter Heller)指出，1960 年代是經濟學家顛峰的年代，1970 年代則是其聲望瀕臨破產的年代。

　　因此，開始進入所謂的後凱因斯學派(Post-Keynesian School, 又稱新古典綜合學派)時期，主要代表性的人物如傅利曼(M. Friedman)的唯貨幣學派(monetarist)、布坎南(James M. Buchanan)的公共選擇(public choice theory)及盧卡斯 (Robert Lucas)的理性預期理論(rational expectations theory)階段。

　　後凱因斯學派的經濟理論，簡要地說，就是要將新興的凱因斯理論納入古典的傳統之中，使整套經濟理論更能具體說明現象以解決相關的各種經濟問題，特別是利率影響所得，還是所得影響利率，亦或是相互影響，這種複雜的混淆現象是在凱因斯模型中無法解釋的。

　　因為，在凱因斯的理論模型中係由貨幣數量與貨幣需求決定利率水準，根據利率水準與資本邊際效率決定投資，由投資函數和消費函數決定所得水準。但另方面，貨幣的需求包括活動性的現金餘額需求與閒置性的現金餘額需求，前者為所得的函數，後者受利率的影響，因此要決定貨幣的需求必須先決定所得水準。所得水準可以決定活動現金餘額的需求量，也就是若要經由貨幣的供需來決定利率水準，則必須先確定所得水準，如此便會產生所得與利率如何產生的問題。

　　新古典綜合將彌補總合的總體經濟學與傳統的個體經濟學之間的裂縫，將它們合為相互補充的整體。如果現代經濟學將其任務達成了，使民主社會不再蒙受

失業與通貨膨脹的病症，那麼，它的重要性就會消失，而傳統經濟學中所受爭議的充分就業問題，就可真正發揮其功用。而現代經濟學就是特別指出，須由政府去推行適當的總體經濟政策，如財政政策與貨幣政策，以調節總合需求，而達成充分就業的水準。[25]

古典學派認為個人自由只有在自由企業的社會才能滋長，但經濟自由與政治自由二者之間並無一定的關聯，試看海耶克提出福利國家必會導致自由之喪失的夢魘，然而，至今瑞典等北歐國家的人民所受的自由仍絲毫未減。所以，1970年代，當工業先進的民主國家，由於世界性的能源危機，在經濟上出現停滯性通貨膨脹(stagflation)等嚴重問題後，也就是物價持續上漲，就業與產出反而減少的情形。

此種通貨膨脹與失業同時增加並存的現象，致使政治經濟學又重新受到經濟學者及政治學者的肯定。公共選擇學派認為，如果將政治、經濟或社會現象，分別孤立於其他領域的相互影響之下，實在無法充分理解及掌握各領域中的現象與問題。因為，唯有透過整體性的研究方法，以科際整合的方式，才能真正探究政治、社會與經濟現象，尤其是對公共部門的研究，或針對政府如何從事決策的思考。[26]

雖然傅利曼認為一個社會要求安定，其中必須建立透過自由市場交易而產生的共識，以及唯貨幣學派認為總體政策短期對市場還可奏效。[27]但是理性預期理論者對新古典綜合的批評則相當嚴厲。理性預期理論的基本思想，還是強調大眾的自利心理，與古典學派的主張無異。但該理論強烈反應出一項事實，認為人們不僅依直覺反應，而且還依循著預期行動，認為政府不要干預市場，想要預估政策的效果，簡直是自欺欺人，雖然盧卡斯認為，政府的干預行為仍將存在，人們

[25] P. A. Samuelson and W. D. Nordhaus, *Economics* (N. Y.: Mcgraw -hill, 1985), p.11.

[26] 施建生，《經濟學原理》，(臺北：大中國，1997年8月)，頁228-235。

[27] Milton & Rose D. Friedman, 林添貴譯，《兩個幸運的人：經濟學獎得主傅利曼自傳》，(臺北：先覺，1999年4月)。

已習慣在某些事情不對時，會要求政府有所行動。

所以，理性預期理論亦稱為「新興古典學派」(New Classical Schools)，或稱為「新古典總體經濟學」(New Classical Macroeconomics)。理性預期理論認為勞動市場中並無凱因斯模型中所假設貨幣工資的僵固性，其認為勞動市場和商品市場及貨幣市場一樣，會因貨幣工資率的迅速而快速地達到均衡狀態。由於人們能準確地預測未來物價的變動，因此，預測的通貨膨脹率總是等於實際的通貨膨脹率，故勞動者總是會要求將貨幣工資提高至維持實質工資不變的水準。

因此，政府的貨幣政策若已為社會大眾所預期，則不會影響實質產出，亦即只有未被預期的貨幣供給變動才會產生實質效果，故理性預期學派對於貨幣中立性的看法與古典學派的結論極為類似，咸認為政府的貨幣政策應循一定的法則，而不宜採用權衡性措施。

因為，權衡性的貨幣政策往往在社會大眾的預期內，在此情況下，不僅不會產生實質效果，而且還會導致物價的波動。根據理性預期學派的看法，只要人們對於經濟變動的預期是理性的，而且政府的政策可以被人們信賴預料的，則可以在不影響產出的情況下，達成穩定物價的目標。

(二) 國民政府時期臺灣經濟特色

威權主義主要特徵：少數菁英控制政府決策，但並不試圖控制社會大眾生活的所有面向，政治以外的經濟、社會、宗教、文化與家庭事務通常不在政府的管制範圍之內。[28]

威權體制的特質是界定在：第一，軍警的角色格外吃重，統治集團通常由社會上不同精英團共同組成，他們以公開或非公開的方式聯合遂行寡頭統治，以保障其自我權益並維護統治權；第二，大眾參與通常很低，公民權利即使存在，也受到相當程度的限制；第三，通常欠缺用以動員民眾的政治意識形態，威權政體壓制社會團體以及利益團體，不過，其對社會的滲透卻非全面而廣泛，其目的也

---

[28] 周育仁，《認識政治》，(臺北：臺灣書店，1997 年 1 月)，頁 45。

不在於重新改造該社會。

　　1945 年日本戰敗，將臺灣政權轉移國民政府，而臺灣當時受到國共內戰的連累，通貨急劇膨脹，每月物價上漲率達 50%以上的超級通貨膨脹(hyper-inflation)。1949 年底中華民國中央政府正式撤退來臺，開始實施威權體制的推動「計畫性自由經濟」。「計畫性自由經濟」的特有經濟體制，與過去蘇聯共產主義的經濟計畫不同，也與北歐國家所推動的福利經濟有異。臺灣的計畫性自由經濟是由政府事前設定，而北歐國家則是事後引發出來的。[29]

　　換言之，戰後亞洲新興工業化國家(Newly Industrializing Countries, NICs)大部分採取軍、經援助或國際之間軍產複合(military-industrial complex)策略，及關稅、非關稅障礙、配額等對外貿易政策，與財經、公共投資，以及科文教等國內的政策。[30]在政策的規劃、制定與執行的過程中都充滿政府介入的支配角色，只是程度上的強弱差異，也就是上述所論的凱因斯主義經濟理論，或將 1945 年二次大戰結束，臺灣歸於中華民國政府(簡稱國府)統治，1949 年底國府來臺所推動的「計畫性自由經濟」，又可稱之為「新重商主義」，或「威權主義」經濟。簡單地說，也就是以政府主領導，但以自由企業為主要動力的經濟政策。

　　李國鼎稱 1950 年代臺灣採行的是「計畫性自由經濟」制度，是以市場機能為基礎，但政府可視實際需要，另做必要而合理的干預。因此隨著經濟發展階段的不同，自由與計畫的相對成分會有所變異。縱使臺灣經濟的自由化一直到 1980年代中期，也只能算是局部自由化(partial liberalization)。[31]

　　檢視國府從 1945 年至 2000 年實施的近似凱因斯式經濟政策經驗，在這其間曾經有過三次的調整為古典經濟自由化經濟政策的關鍵，分別是第一次在 1950年代尹仲容時期，但隨著尹仲容 1963 年的過世，經濟自由化的步伐就停了下來；

---

[29] Gunnar Myrdal, *Beyond the Welfare State* (New Heaven: Yale University Press, 1960), pp.33-34.

[30] R. J. Barry. Jones, *Conflict and Control in the World Economy: Contemporary Realism and Neo-Mercantilism* (Great Britain: Wheatsheaf Books, 1986), pp.150-223.

[31] 康綠島，《李國鼎口述歷史——話說臺灣經驗》，(臺北：卓越，1993 年 11 月)，頁 74。

第二次是 1980 年代中期的經濟自由化、國際化、制度化的「經濟三化」時期；第三次是 1995 年被稱為跨世紀工程的亞太營運中心的自由化經濟政策，但隨著 2000 年的政黨輪替，亞太營運中心的重商主義政策中挫，古典自由經濟在臺灣的後續發展面臨嚴峻的挑戰。

七、結論

上述重商主義、重農學派、古典學派、新古典學派、凱因斯學派及後凱因斯學派是經濟思想史上的主流學派。綜合而論，重商主義說他們政府有能力幫助國家經濟，重農主義強調土地資源的生產，以創造經濟成長；古典學派和新古典經濟的理論則指出，政府事實上傷害了經濟；凱因斯說政府有助經濟；至於後凱因斯學派之一的唯貨幣主義認為政府可以有助於經濟，但是經常帶來傷害，而公共選擇理論說政府通常傷害經濟，理性預期理論則聲稱政府的介入只是幻覺，就像魔術師的戲法，無法真正改變事實現況。[32]

如果將其綜合分為古典(含新古典)與凱因斯(含後凱因斯)兩大主流學派。其主要經濟理論的不同見解，古典學派主張：第一，在經濟思想上，強調自由放任；第二，在經濟方法上，強調個體靜態分析的價格理論；第三，在經濟理論上，強調充分就業的供需均衡；第四，在經濟政策上，強調均衡預算。

凱因斯學派主張：第一，在經濟思想上，強調政府介入的必要性；第二，在經濟方法上，強調總體動態分析的所得理論；第三，在經濟理論上，強調不充分就業之供需均衡的可能性，強調在不同利率下，個人意願將其財富以現金保有的比率之流動性偏好(liquidity preference)；第四，在經濟政策上，強調預算赤字正當化，低利率政策，積極公共支出的必要性。

總歸納言之，古典學派經濟理論重視市場機能，凱因斯學派經濟理論重視政

---

[32] Todd G. Buchholz, *New Ideas from Dead Economists* (N. Y.：Penguin Putnam, 1989).

府角色,而兩者皆被稱是資本主義市場經濟。

當人類進入 21 世紀之際,首先迎來的是 2008 年全球的金融海嘯,許多經濟學家都無法漠視真實世界與經濟學理論之間所呈現的落差,不論崇尚市場機能的古典學派經濟理論,或重視政府角色的凱因斯學派經濟理論,我們都要承認社會普遍面臨經濟市場失靈和政治失能的現象。

誠如 2001 年諾貝爾經濟學獎得主史迪格里茲(Joseph E. Stiglitz)在他 2013 年出版的《不公平的代價:破解階級對立的金權結構》一書中指出,經濟和政治體系運轉失靈,而且兩者根本不公平。政府承諾會去做的事和實際做到的事,兩者天差地遠到了不容忽視的地步。而且,政府並沒有設法解決關鍵的經濟問題,包括失業率居高不下,以及因為少數人的貪婪而犧牲掉「公平」這個普世價值。儘管話都講得很漂亮,老百姓確實感到不公平,感覺遭到背叛。[33]

無可諱言,過去三十年來,即使有基本的經濟力量在運作,但是政治塑造了市場,而且是將市場塑造成「不惜犧牲多數以圖利少數」。史迪格里茲針對上述經濟危機曾有多本專書來嚴厲批評,儼然讓他成為與 2008 年諾貝爾經濟學獎得主克魯曼(Paul Krugman)同列為「新凱因斯總體經濟學派」的要角。

克魯曼指出,1990 年代景氣過熱,多頭市場鼓勵及隱瞞企業胡作非為的程度,令人髮指。誰會想到在商學院被奉為典範的知名大企業,竟然和老鼠會相去不遠。更頭痛的是,我們赫然發現,政治體系不如想像中成熟,我們一向認定政治領袖會為此負責,後來才發現那是偶然的例外。[34]

無獨有偶,2014 年法國經濟學家皮凱提(Thomas Piketty)出版了《二十一世紀資本論》指出,資本報酬率大於經濟成長率的結果,導致財富成長的速度要比產出和所得更快。[35]全球化與自由化導致先進國家薪資向下看齊,工作機會大量流

---

[33] Joseph E. Stiglitz, 羅耀宗譯,《不公平的代價:破解階級對立的金權結構》,(臺北:天下,2013 年 1 月),頁 19-20。

[34] Paul Krugman, 齊思賢譯,《克魯曼談未來經濟》,(臺北:時報,2003 年 12 月),頁 24。

[35] Thomas Piketty, 詹文碩、陳以禮譯,《二十一世紀資本論》,(臺北:衛城,2014 年 11 月),頁 32。

失，極端的收入不平均所造成的貧富差距越大，和經濟政策的越不平等，嚴重侵蝕民主價值。

　　金融財富與知識資本利得的集中於極少數人金字塔狀，造就了索羅斯(George Soros)、巴菲特(Warren Buffett)的強調資本利得的投資金錢遊戲，而且有越來越惡化出現「雙重經濟」結構的趨勢。[36]於是皮凱提強烈主張政府應該採取徵收富人稅政策，卻被保守經濟學家批評他是個左派學者，所看到的問題全與馬克思(Karl Marx)所出版《資本論》(*Capital*)的經濟觀點無異。

　　承上所論，對照近年來臺灣經濟發展不也正是面臨失業率提高、中產階級薪資沒有增加、財富越來越集中於資本利得者，以及國民所得差距越來越拉大的現象。同時，臺灣也寄望於民主方式選舉出來的政府能夠解決這些經濟問題，卻也同樣遭遇政治體系的失能。政治體系的大幅向有錢階級傾斜，經濟分配不均因此提高，使得政治權力失衡更加嚴重，於是政治和經濟交互形成惡性循環。

　　無法避免地，全球化與自由化經濟發展潮流已逆不可轉，這是我們要深切體認的事實，臺灣不能走反全球化與反自由化的自我閉鎖之路，這也是當前臺灣政府應重視史迪格里茲、克魯曼等「新凱因斯總體經濟學派」所提出的政經改革大計，再造臺灣第四次走向經濟自由化發展的歷史性課題。

----

[36] Alice Schroeder, *The Snowball: Warren Buffet and the Business of Life* (N. Y.: Random House, 2008).

近代臺灣地方自治與治安關係

一、前言

　　2014 年是臺灣地方自治(Local Self-government)選舉首次地方「七合一」的選舉，投票日期政府已經決定在 11 月 19 日舉行。「七合一選舉」包括直轄市長、市議員、縣市長、縣市議員、鄉鎮市長、鄉鎮市民代表、村里長等。如果目前的直轄市臺北市、新北市、臺中市、臺南市、高雄市的五都，再加上桃園縣於 2014 年 12 月 25 日升格為直轄市的桃園市長選舉之後，成為「五加一」的六都直轄市長選舉，不但是國家發展新契機，也是臺灣的政治民主化歷程又向前邁進一大步。

　　對於臺灣實施地方自治的意義而言，更能符合「國家特定區域內的人民，基於國家授權或依據國家法令，在國家監督之下，自組法人團體，以地方之人及地方之財，自行處理各該區域內公共事務的一種政治制度」的宏旨。[1]

　　基此而論，近代國家之所以實施地方自治，乃因地方自治具有鞏固國權、保障民權、溝通中央與地方之意見、融和人民與政府、實現全民政治等政治面功能；以及發展經濟事業、調和經濟利益、紓減國家對於地方經濟之負荷等經濟面功能。[2]亦即每次地方行政劃分除了影響中央與地方權限的關係之外，也都牽動地方政治

---

[1] 薄慶玖，《地方政府與自治》，(臺北：五南，2010 年 3 月)，頁 8。

[2] 管歐，《地方自治概要》，(臺北：三民，1993 年 1 月)，頁 70-72。

權力板塊的重組與治安(policing, 或稱警政)的發展。

二、 地方自治的界說

　　檢視近代臺灣地方自治歷史，最早可溯至原住民時期村社(落)共同體的基層組織，其具有地方自治精神的源流，歷經荷鄭時期，尤其臺灣自 1683 年受封於大明國的鄭氏政權，在投降大清帝國之後，當時社會結構的組成，尤其是在地方的基層組織，基本上，是根據漢人移住來臺所建立的聚落，營建庄廟、宗祠，開路造橋，堅壁的用竹圍庄，設隘門，安於家室；即人民定著，而地緣的團體之庄，便被形成。

　　惟目前保存比較完整與探討臺灣地方自治與治安的檔案史料，當自 1683 年以後的大清領臺時期。鄭氏王國治理臺灣時期(1662-1683)的相關史料，或許在受封於南明的鄭氏投降大清國之後，已大部分被燒毀。這也凸顯在政權交替的關鍵時刻，檔案文獻的資料極容易遭受到淹滅，致使「歷史失真」的現象往往會出現。

　　清代姚瑩嘗謂：「臺灣大患有三：一曰盜賊，二曰械鬥，三曰謀逆。」[3]尤其是從地方基層組織的角度，來探討這時期的地方自治與治安關係尤具意義。

　　主要的研究文獻如：中文本戴炎輝的《清代臺灣之鄉治》、日文本伊能嘉矩的《臺灣文化志》。[4]至於英文本蕭公權的《中國鄉村——論 19 世紀的帝國控制》，該書最早出版於 1960 年，是由當時蕭氏任教的華盛頓大學印行單行本，本文所採用的版本係由中國北京師範大學歷史系張皓、張升二位教授合譯，2014 年 1 月由臺

---

[3] 姚瑩，《中復堂選集》，(臺北：臺銀，1960 年 9 月)，頁 39。

[4] 有關清領臺灣時期戴炎輝《清代臺灣之鄉治》和伊能嘉矩《臺灣文化志》的文獻介紹，請參閱：陳添壽，〈論檔案與文獻的整合應用——以研究臺灣治安史為例〉，《2013 年海峽兩岸檔案暨微縮資訊學術交流會論文集》，(臺北：中華檔案暨微縮資訊管理學會編印，2013 年 7 月)，頁 9-19。

北聯經出版社,列為蕭公權全集之六。[5]

　　陳其南指出,臺灣鄉村社會組織型態就是先從一個移民社會,到了 1860 年代轉成土著社會,清政府對於臺灣鄉村社會的控制,也自此開始加強。[6]

　　承上所論,本文將根據此一命題,分別引介戴氏、蕭氏,和伊能氏對大清帝國地方自治的界說。

(一) 戴炎輝的界說

　　戴炎輝針對清領臺灣時期的鄉治特性指出,街、庄及鄉自然形成的地方自治團體,有其自然被推戴的領導者,如紳衿(士)、耆老、義首、約長或族長等,為街庄的頭人,使其依街庄例,處理街庄事務。而街庄正(副)或數街庄或數庄聯合而推舉的總理。總理經知縣核定後,執行治理區內民事、戶籍、保安及諸般地方事務。

　　總理本為地方自治團體的首席,且為其執行人,以辦理地方自治事務為其專責。至於地保即是差役,乃負責執行官治體系的業務,尤其執行地方治安的業務為其本職。特別是地保有時亦干預地方自治的事務,因而出現總理地保化與地保總理化的現象。[7]

　　總理地保化與地保總理化的雙重交互關係,凸顯了清領臺灣時期皇權體制下地方自治與治安關係的特殊性。[8]

(二) 蕭公權的界說

　　蕭公權在論述 19 世紀清帝國控制下中國鄉村時指出,地方自治的概念與鄉村

---

[5] 為何蕭氏該書在英文版出版後的 40 年,才有中文繁體版的曲折過程,在該書汪榮祖所寫的〈蕭著《中國鄉村》中譯本弁言〉,有詳盡的敘述。

[6] 陳其南,《臺灣的傳統中國社會》,(臺北,允晨,1997 年 10 月),頁 25-26。

[7] 戴炎輝,《清代臺灣之鄉治》,(臺北:聯經,1979 年 7 月),頁 11-14、22。

[8] 陳添壽,《臺灣治安史研究——警察與政經體制的演變》,(臺北:蘭臺,2012 年 8 月),頁 81-91。

控制的體系是相不相干的。村莊裡展現出來鄉約的自發或社區性的生活，能夠受到政府地包容，要嘛是因為它可以用來加強控制，要嘛是認為沒有必要去干涉。在政府眼裡，村莊、宗族和其他鄉村團體，正是能夠把基層控制深入到鄉下地區的切入點。[9]

因此，蕭氏進一步指出，即使在採取鎮壓手段時，只要符合方便或可靠，政府都會利用當地人的幫助，保甲體系和某種程度上的宗族組織，被政府用來幫助登記居民情況、監視居民日常行動、報告可疑的人物和違法行為、逮捕在逃的罪犯等。當地居民被任命充當官府耳目和警長時，他們可能會被動勸說要謹慎從事，即使沒有政府官員到場。這樣，想在鄰里找到藏身之處的罪犯，或者，想在偏遠的村莊醞釀煽動造反計畫的潛在反叛者，其可能性就會減低了。[10]

(三) 伊能嘉矩的界說

日人伊能嘉矩指出，清制，凡縣及州、廳以下之地方行政，慣例皆委諸自治之設施。臺灣之下級地方行政，雖在一般組織上依此項慣例，但實際上與內地[11]不同軌，於其間存有多少之變通，此是在海外島地統治上自然之趨勢也。伊能嘉矩認為，清領臺灣時期地方自治區劃，基本上分為二種：第一種是里、堡、鄉、澳；第二種是街、庄、鄉兩種。里、堡、鄉、澳，指的是包括一以上至數十街庄或鄉的名稱。

舊慣上，「里」在曾文溪流域以南至恆春地方一帶，「堡」在曾文溪流域以北至宜蘭一帶，又「鄉」限於臺東地方，「澳」限於澎湖各島，使用上雖有別，但其性質相通而同軌也。「街」係指以人家稠密的街市，「庄」係指以街為中心而存在的村落，「鄉」在澎湖使用於街、庄之總稱。[12]

....

[9] 蕭公權著，張皓、張升譯，《中國鄉村：論 19 世紀的帝國控制》，(臺北：聯經，2014 年 1 月)，頁 7。

[10] 同上註。

[11] 這裡所指的「內地」，應是臺灣相對於中國的內地，而非相對於日本的內地。

[12] 伊能嘉矩，國史館臺灣文獻館編譯，《臺灣文化志》(上卷)，(臺北：臺灣書店，2012 年 1 月)，頁 395。

另外，稱為城市之臺南，1684(康熙 23)年沿襲明鄭之制分為四坊，後增為六坊、二堡。1851(咸豐元)年另分內、外七段，更在其下包括廛屋毗連之處的街與民家散在之處的境。在各坊、堡或各段置總簽首，其下之街、境便宜分合置簽首。總簽首之職掌略與總理相同，在地方自治與治安的功能上扮演相近的角色。

承上述三位對大清國時期地方自治的界說，蕭氏所指出，大清國控制下的地方自治概念與鄉村控制的體系是相不相干的，雖未如戴氏和伊能氏的針對清領臺灣地方自治與治安關係的特殊性提出論述，但接受大清國時期保甲體系和宗族組織的參與地方治安事務。

分析戴氏和伊能氏所指出清領臺灣時期的總理地保化與地保總理化現象，乃至於地保(在城市稱為坊保，在鄉村稱鄉保) 的權限如同總簽首。總理、地保與總簽首是清領臺灣時期獨特的地方自治與治安關係，尤其是所賦予的自主精神，相較於蕭氏所指大清國在大陸內地社會體系權力的控制上，乃強調以治安功能為主，而根本不具有，或是欠缺賦予地方自治的自主精神。

承上論，凸顯清領臺灣以前的地方自治概念，尚未真正具現代民主化意涵的地方自治制度。臺灣發軔於於 1920 年代日治臺灣的中期，儘管當時臺灣的地方自治是殖民母國對殖民地消極弛禁以鞏固其在殖民地統治正當性的手段，凸顯官治主義和從屬性色彩的地方制度特性，以及行政官員實承奉上級機關的指揮與監督，以執行法律命令和管理行政事務，缺乏自治權和自主性。但確實是臺灣史上首次施行法制化的地方自治制度，在往後臺灣落實具現代化民主意涵的地方自治具有重大的開端意義。[13]

本文對於日治臺灣地方自治團體的認定，是以州(縣、廳)和街庄社為主要分析對象；臺灣光復後的地方自治分析對象則依《地方制度法》所指的直轄市、縣（市）、鄉（鎮、市）為地方自治團體。同時，根據《地方制度法》第 14 條規定，直轄市、縣（市）、鄉（鎮、市）為地方自治團體，依本法辦理自治事項，並執行

---

[13] 趙永茂，〈我國地方制度的改革工程〉，《研考雙月刊》(第 33 卷第 4 期)，(臺北：行政院研考會，2009 年 8 月)，頁 44-59。

上級政府委辦事項。

地方自治團體係地方團體的一種，必須具有法人資格才得以實施自治，亦即包括該地方的立法機關和執行機關，公職人員多由地方人民選出。又依《地方制度法》第18條(和19條)第十一款關於公共安全事項有三項：直轄市(縣、市)警政、警衛之實施；直轄市(縣、市)災害防救之規劃及執行；直轄市(縣、市)民防之實施。「地方制度法」第20條第七款關於公共安全事項只有二項：鄉(鎮、市)災害防救之規劃及執行；鄉(鎮、市)民防之實施。

準此，本文將戰後臺灣地方自治團體聚焦直轄市、縣（市）、鄉（鎮、市）的政府和民意機關來探討警政發展。至於警察角色則依據警察在國家發展中具有：一、戰時軍人與國家安全的「維護政權」，它是從稅收、徵兵來從社會汲取資源；二、秩序維護與打擊犯罪的「執行法律」，它是預防犯罪、消防救災的維護社會安定；三、福利傳輸與效率追求的「公共服務」，它是服務人民、傳達信息以促進社會利益等三大功能來加以定位。

三、 近代臺灣地方自治與治安關係的分期

本文將論述1683年至1895年清領臺灣、1895年至1945年日本統治臺灣，乃至國民政府於二次大戰後迄今的長達333年，採取政治經濟學理論針對臺灣地方自治與警政關係的發展，而將其過程分為清領時期臺灣皇權體制的地方自治與治安發展(1683-1895)、日治臺灣殖民時期軍國體制的地方自治與治安發展(1895-1945)、戰後臺灣戒嚴時期黨國體制的地方自治與治安發展(1945-1987)，以及解嚴後臺灣轉型期體制的地方自治與治安發展(1987-迄今)等三個時期，來檢視臺灣地方自治與治安發展，並從中釐清警察在國家發展過程中所扮演的角色，提供當前臺灣推動國家民主化與服務性導向警政發展的參考。

四、清領時期地方自治與治安關係(1683-1895)

　　清領臺灣時期的地方自治與治安關係，主要分為消極理臺(1683-1860)和積極治臺(1860-1895)的兩個階段，加以檢視。

(一) 消極理臺階段地方自治與治安關係(1683-1860)

　　清領臺灣消極理臺階段主要是指，從 1683 年起至 1860 年的這一段期間。清領臺灣時期的地方官制組織，以省為最高機關，下分設布政使和按察使；兩使之下有道。臺灣在未建省以前，臺廈兵備道的道臺為治理臺灣的最高行政首長。[14]臺灣道臺下轄府、直隸州；府設知府、同知、通判；直隸州設知州。府下轄縣、州、廳級行政單位。縣的首長為知縣，設縣丞、巡檢；又縣通常設有典史，此等佐雜官另設衙門，其衙內亦設若干差役以供驅使。[15]

　　以下，將透過總理和保甲制度的實施，分析清政府消極理臺階段(1683-1860)的地方自治與治安關係。

1. 總理的治安角色

　　清領臺灣時期地方官治組織，在衙內稱胥吏和差役，在衙外為地保。[16]政府

---

[14] 臺灣設省之前，雖隸屬福建省；但來往不便，致稽遲案件的審判，故特對在臺巡道，加按察使銜；而設省後，仍舊以臺灣道行使按察使的職務。陳添壽，《臺灣治安制度史——警察與政治經濟的對話》，(臺北：蘭臺，2010 年 2 月)，頁 46。

[15] 在臺灣並無普通州，僅分省後置有臺東直隸州，在其下設州同及州判。呂實強、許雪姬，《臺灣近代史(政治篇)》，(南投：臺灣省文獻委員會，1995 年 6 月)，頁 4-5。

[16] 清代中央及地方衙門，皆由官員、胥吏及差役三者所組成。胥吏的地位介於官員與差役之間，係衙門用以掌理案牘，而各治其科房之事務者。大小衙門皆有胥吏，為其供役的衙門不同，其名稱有異。在中央於宗人府等供役的胥吏，稱為供事；在地方於總督、巡撫等任役者，稱為書吏；於司、道、府、州、

將廳、縣城外地方，劃分為里或堡，各命差役分擔該管里堡分，又派地保常駐於里堡為官之耳目、手足，此等人為地方警察；另設管事以經理賦稅及夫役。地保本質上係駐鄉警察，負責受投、傳訊、捕犯、看管及保候審理、押放及押還、諭止、勘驗、相驗、巡查、執行、管束等工作。由於地保因住在街庄之故，官責成其轄區內治安事務。故實際上，地保不但干預司法、治安警察的事務，而且亦干預地方自治的事務。[17]

檢視清領臺灣時期總理的參與地方自治與治安工作上，除了擔負屬於政府行政性質的事務如：官署諭告的傳達，公課的催徵，保甲組織及戶口普查，清莊聯甲，團練壯丁，分派公差，路屍報處，命案、盜案及民刑案情之稟報，人犯追補等等之外。[18]

屬於地方自治性質的事務如：約束及教化街庄之民，取締不肖之徒，對不聽約束者加以懲罰；維持境內治安，監視外來之可疑人物，捕拿盜匪，且因此而團練壯丁，必要時並聯合相近里、保團練；接受人民投訴爭執而予以排解；稟請董事、街庄正、墾戶、隘首等鄉職的充任與斥革；乃至於建造寺廟，開路造橋，設義塾、義冢、義渡、義倉，或其他公共之社會福利事業。

地保係官治組織的最末端；反之，總理乃地方自治團體的首席。地方自治事務乃於各莊村鎮設置總理、董事、莊(里)正、莊(里)副等鄉治幹部。鄉治中地位最重要的總理一職，因其不僅由地方紳耆推選而出，本即具有一定的聲望，且經過地方官的考評，認為適任，而後予以核准，並發給諭帖與戳記。[19]

當時另一個影響治安因素的就是社會分類械鬥。清領臺灣時期的民間組織與活動，大都是同鄉、同宗等聯誼性質，雖不具強烈的政治意識，但因為臺灣移民

縣等任役者，稱為典史；服役於州縣的左貳官、雜官之下者，稱為攢典。參閱：戴炎輝，《清代臺灣之鄉治》，(臺北：聯經，1979 年 5 月)，頁 631。

[17] 戴炎輝，《清代臺灣之鄉治》，(臺北：聯經，1979 年 5 月)，頁 672-674。

[18] 戴炎輝，《清代臺灣之鄉治》，(臺北：聯經，1979 年 5 月)，頁 21-43。

[19] 諭帖即為其職位與權力的憑證，戳記即為其行文印信例如開拓北埔一帶姜孝鸞家族，政府委任姜家辦理地方稅收，及維護治安，總理地方大小事物。

社會的多樣性與族群特性，臺灣社會分類械鬥的結果不僅是族群的紛爭，最後，其鄉里或姓氏不同者也都捲入，其為私利而鬥的不和情況相當嚴重，造成對臺灣實施地方自治與治安的重大影響。

2. 保甲的治安角色

伊能嘉矩指出，保甲之制，在清朝係屬掌理下級地方行政自治機關之原動力，為遂行自衛警察之目的而設之特別設施，原來以古代《周官》之所謂比閭族黨為淵源，而大體上承襲明代完成之團保之法，其設施之奠基早在 1644(順治元)年。[20] 換言之，保甲係官為治安警察之目的，命街庄舉辦的組織，非自然形成者。

戴炎輝根據《淡新檔案》內的實例指出，保甲職員的職務，仍分為自治的與官治的兩種。自治的職務，主要在於維持治安而編造戶口及稽查街庄內外之人。[21] 檢視保甲的職掌，主要分為治安、戶籍、收稅三件，就中治安最重，戶籍業務僅附隨治安及收稅二項而行。雖然嚴查戶口，固便於糾察盜賊奸宄，並得按戶催科，收稅無遺漏。但徵地收稅，亦多係州縣衙門胥役辦理，故一保甲內有滯納者，保甲則不過負共同責任；有時上諭免一地方保甲收稅事務者，凸顯收稅工作並非保甲的重要工作。

承上論，保甲職員本為自治的治安警察而設，不應以差役視之；但地方官每視同僕隸，致稍有身家者，不屑居此職位，其到官充任者，無非市井無賴。即在保甲職員，亦如總理、街庄正，有地保化傾向。回溯臺灣保甲制度更早可自鄭氏領臺時期，即係官府為了治安目的而設，但在 1795 年乾隆以前臺灣的保甲功能，也因為政府對臺的採取消極理臺政策，加上官府虛應故事成習，遂使保甲制度的組織極為散漫。

保甲制度所體現出來的地方自治目的，亦即在社群中所有成員須為善良的社會秩序負責，和罪犯的鄰居朋友都須連帶受罰，成為大家共同承擔地方治安的責任。尤其是保甲制度在強調其對鄉村社會的分化效果，使保甲之頭人成為政府執

[20] 伊能嘉矩，國史館臺灣文獻館編譯，《臺灣文化志》(上卷)，(臺北：臺灣書店，2012 年 1 月)，頁 409。
[21] 戴炎輝，《清代臺灣之鄉治》，(臺北：聯經，1979 年 5 月)，頁 83-84。

行治安的工具，而非為地方利益的代表。所以，政府勢必要將保甲的治安角色，加之於原來固有的地方自治組織上，使之形成官民組織的雙軌制。

至於，以加強保甲治安防衛力為主軸的團練組織，伊能嘉矩指出，團練係淵源於古代寓兵於農之遺義，為清朝使其與保甲制度相表裏之設施，地方之壯丁團結，組織為一隊，屬於自治警察兼一種之民兵特殊防備機關，除擔任土匪之警戒，冬防之出勤等外，凡一旦有兵亂，執干戈從軍，以補兵勇之不周，無事即散而歸隴畝。[22]

團練係聯庄體系內之另一種組織。臺灣辦理團練應始於 1721(康熙 60)年朱一貴事平之後，政府為急於訓練鄉壯，連絡村社，以補兵防的不足。家家戶戶，無事皆農，有事皆兵，使盜賊無容身之地。到了 1786(乾隆 51)年，林爽文之變，郡治戒嚴，各鄉多辦團練，出義民，以資戰守。但此僅為一時權宜，隨後立即撤裁。換言之，團練並非一種常設官治組織，多僅以應付戰亂而舉辦，事平則無形中止。就官府肩負治安責任而論，團練對兵防不周及治盜雖有所裨益，但仍須對其懷有戒心，必須防止其被利用於反抗政府、分類械鬥或武斷鄉曲；又須預防執事人藉以苛斂庄民。

團練這一民兵組織的治安功能，相對於地方民間的立場，團練既須服役，又須捐費；自不甚踴躍，陽奉陰違。遂使團練組織到了 1821(道光元)年以後，形成與清庄、聯庄及保甲，居於不即不離的關係。[23]1862(同治元)年在戴潮春起事前，亦曾集紳商籌議保安總局，「勵行保甲，組織團練」期以「聯保甲以彌盜賊」，達成地方上守望相助的功能。但保甲制度的滲入聯庄及團練之內，其固有機能雖已不易顯見，但是清政府為要掌握臺灣漢人社會的控制權，仍舊需要依賴保甲的治安角色。

到了 1874(同治 13)年，日軍侵略臺灣，沈葆楨負責臺灣防務時，乃重新編制保甲，成為一種官民混合的治安體系，在府城內設保甲局，城外設保甲分局，其

---

[22] 伊能嘉矩，國史館臺灣文獻館編譯，《臺灣文化志》(上卷)，(臺北：臺灣書店，2012 年 1 月)，頁 419。
[23] 戴炎輝，《清代臺灣之鄉治》，(臺北：聯經，1979 年 5 月)，頁 90。

委員皆由雜職吏役後補者充任，其任期本來不定，但分局委員以四個月為期，互相交替。1885 年臺灣建省後，劉銘傳決定先行編審保甲，為清理田賦做準備，並設保甲總局於臺北城內，以維持保甲的治安角色。

(二) 積極治臺階段地方自治與治安關係(1860-1895)

臺灣溯自荷蘭、鄭氏到清代，海上貿易都是臺灣經濟發展的動脈，但是由於清領臺灣初期的採取消極理臺政策，尤其是在 1821 年道光以後，臺灣土地幾乎已開發殆盡，而由內地渡臺者陸續不已，但民因無工作可做，而淪為「羅漢腳」(遊民)，他們為飢寒所迫，或煽惑分類械鬥。

清領臺灣到了 1860 年代，因英、法及日本的海船入侵，海防更為吃緊，政府必須肅清所謂「內奸」，於是官令街庄辦理清庄，以管束遊民。由於清庄並非防治盜匪的根本辦法，且實際上官民均虛應故事；又清庄僅肅清「內奸」，不能防備外賊，加上已實施的保甲制未能收到防治盜匪的效果，於是官命街庄舉辦清庄聯甲。[24]

清政府一直要到 1860 年代臺灣的被迫開港以後，終於警覺臺灣海防的重要，才下定決心從「消極理臺」政策調整改為「積極治臺」政策。以下將透過行會和墾首制度的實施，分析清政府積極治臺階段(1860-1895)的地方自治與治安關係。

1. 行會的治安角色

1860 年英法聯軍後，依據《天津條約》與《北京條約》的協定，臺灣開放臺灣府城(安平)、淡水(滬尾)、雞籠(基隆)、打狗(高雄)等港口對外貿易。由於與西方列強的接觸頻繁，糾紛易起，治安工作除了傳統刑名的重賞陸師，使其擔當剿捕洋盜責任以外，因通商與傳教而新起的涉外事務，猶如扮演現代的外事警察工作。

檢視 1860 年以後的地方自治與治安關係，由於對外的港口通商，英美等國家的外商與本土商人為主的行會(郊)相結合，而行會的同業公會組織性質，商人雖

---

[24] 戴炎輝，《清代臺灣之鄉治》，(臺北：聯經，1979 年 5 月)，頁 61。

不受入郊之強制，但實際上均加入郊，以謀求群己利益。郊員稱為爐下、爐丁，或稱爐繳，須遵守郊規。執掌該郊事務者圍爐主，有時或以董事(俗稱頭家)兼之，有如地方自治團體，其資金來自入會費，有的行會所還擁有房地產，能有大筆租金收入。

甚而有行會可以藉發行債券融資。各行會公布並執行有關的行規，行會可以發起抵制行動，也會調停爭端。另外，行會基於熱心公益和照顧自家利益的動機，行會就會在容易發生火災的城鎮裡，設立具有防火功能的瞭望台和消防隊，在當地港口則設置救生船，扮演現代水上和消防的警察角色。

行會在地方自治與治安功能上，通常都會捐助善款、在飢荒時施放米粥、出錢雇用巡夜負責打更的人，甚至於有能力組織鄉勇民兵，協助維護社會治安。卓克華指出，臺灣行郊(會)以自治為基礎，具有獨立性與實力，但此實力仍屬經濟之特性，而非政治勢力，因此不具有法定特權地位。

在官方眼中行郊恐始終僅為保護商人、發展商務之職業團體，至多承認其為一社會領導階層，擁有社會地位而已。[25]1874 年日本出兵圍攻牡丹社，清政府更感受到臺灣涉外性治安的重要，不得不於 1875 年全面開放大陸人民可以自由移民臺灣。

2. 墾首的治安角色

清領時期消極理臺就是以防堵政策為主，為了避免臺灣出現重大反亂的治安事件，除了制定嚴厲禁令限制漢人來臺外，同時還採取：不允許在臺居民深入山地，以避免「番」漢衝突和漢人入山作亂；管制鐵器使用；不許臺灣建築城垣；設置班兵制度，不在當地招募久住，而採由福建綠營抽調而來，三年更換一次；官吏駐臺三年，任滿即調離，而且早期還規定家眷必須留在內地，使其在臺不敢有二心。[26]

探討這階段政府為整頓臺灣防務所推動的開山撫「番」政策，就是要解除海

---

[25] 卓克華，《清代臺灣行郊研究》，(臺北：揚智，2007 年 2 月)，頁 188。
[26] 薛化元，《臺灣開發史》，(臺北：三民，2008 年 1 月)，頁 54-55。

禁和山禁，有計畫的從大陸招募內地人民，前往山區及山後地帶(花東地區)開墾，並設隘來保障墾民的安全。這階段地方自治與治安關係除了行會的治安功能之外，就是招墾局下「百長」的治安角色。招墾局採取官費方式招募閩粵人民來臺開墾，其獎勵辦法如：免其航費，以十人為一組置「十長」。百人置「百長」，「百長」由招墾局選任。

開墾仍以十人(戶)為單位，除提供各項實質的糧食、農具、農籽、織機和減租等補助方案之外，還發給「百長」槍械火藥等武器，俾墾民自衛，並在重要所修道路沿線的移墾據點，派駐軍隊保護。[27]

隨著移民開墾，逐漸形成「墾首制」的組織。「墾首」對其墾佃不但有收租權，同時他們也是官府徵稅的汲取對象。尤其「墾首」大戶挾資本和勢力，得到官方的協助與保護，割據一方。「墾首」仰仗官威而維持權勢，政府也都責成墾戶負起維護社會治安的義務。[28]

根據墾首制所形成的地方自治型態，墾戶與佃戶的關係有一部分已超出純粹土地租佃的經濟關係，而具有行政和司法的主從關係。墾首對內不但具有警察權，對外亦有防「番」的治安功能。

伊能嘉矩指出，向來「番」人之部落「番」社，尤其歸附「熟番」的「番」社，由理「番」機關之下掌管。到了 1875(光緒元)年的改歸地方官之轄下時，依舊存有社之稱呼，但均參照街、庄之例加以約束，又依其舊慣之「土目」(後來改之頭目)給予與街、庄之總理約略相同之權限。[29]

自 1860 年代以後的積極治臺政策，先有丁日昌的建議將臺灣建設為南洋海防的中心，沈葆楨推動新式的輪船，行駛於臺灣與福建之間。1884 年法軍開始進攻基隆，以及 1885 年 3 月的派艦佔領澎湖，益發使清政府加強對臺灣的防務，旋即於閩海地區實施戒嚴。

---

[27] 李國祁，《臺灣近代史(政治篇)》，(南投：臺灣省文獻委員會，1995 年 6 月)，頁 159-160。

[28] 陳其南，《臺灣的傳統中國社會》，(臺北：允晨，1997 年 10 月)，頁 47-52。

[29] 伊能嘉矩，國史館臺灣文獻館編譯，《臺灣文化志》(上卷)，(臺北：臺灣書店，2012 年 1 月)，頁 401。

由於臺灣缺乏有戰力的水師戰船，在治安上只能改採以陸師為主的鄉勇策略，並由林維源擔任全臺團練大臣，但綠營仍未完全裁撤，主要是分布在塘汛，也就是在隄岸附近駐防武職人員，擔任類似今日國境警察的角色。

1885 年 9 月臺灣建省，政府任命劉銘傳為首任福建臺灣巡撫，1888 年臺灣與福建正式分治。但是劉銘傳的積極治臺政策導致過重的財務負擔。1890 年邵友濂接替劉銘傳職務，遂改採回復消極理臺的施政措施。更因其消極態度導致吏治嚴重腐化，社會混亂也因此助長武員及班兵的跋扈，影響了地方自治與治安的發展。

五、 日治時期地方自治與治安關係(1895-1945)

日本從 1895 年 6 月 17 日統治臺灣開始，即以確立殖民地軍國體制的治安制度，一直到 1945 年 8 月 15 日日本無條件投降為止。日治初期(1895-1920)透過《六三法》、《三一法》的公布實施，在臺灣採取中央集權式統治，到了日治中期(1920-1931)為因應日本內地政經情勢的變化，才不得不改採取地方分權式，藉由《治安警察法》、《治安維持法》等重要法律的施行，以有效推動殖民統治，並隨著 1931 以後戰爭的爆發，公布實施《國家總動員法》而進入戰時體制。特別是從1920 年起在地方制度中實施介於州與街庄的中間機關郡，此模式一直延續到戰後國民政府來臺的 1950 年才被裁撤。

承上所述，以下將殖民時期臺灣的地方自治與治安發展分為中央集權式地方自治與警政合一(1895-1920)，和地方分權式地方自治與郡警一體(1920-1945)兩階段來論述。

(一) 中央集權式地方自治與警政合一(1895-1920)

日本在臺灣舉行始政典禮之後，即根據早在 5 月 21 日通過〈總督府臨時條例〉發布〈臺灣人民軍事犯處分令〉，以唯一死刑的嚴酷手段來維護社會秩序；7月 18 日內閣總理伊藤博文更決定將總督府改組為軍事組織，一直到全島平定為

止。[30]

　　8 月 6 日發布的〈臺灣總督府條例〉即設有民政局內務部警保課，而且一切措施必須根據總督府的軍令施行。然而，當時在臺灣人民強烈反抗下，實際上日軍僅佔領基隆、滬尾(淡水)、臺北三個地區，臺北以南的武裝抗日，仍方興未艾。因此，總督府發布〈警察分署設置及職員命免要件〉規定：民政局長在總督的認可之下，得在各重要地區設置警察署和警察分署，以及民政支部的警察部長。亦即地方的三縣一廳，臺北縣保持警察部，內有警務、保安、衛生、監獄、刑事五課，下屬支廳則設警察署、分署；尚未靖定的臺灣縣、臺南縣改稱民政支部，由第三課負責相當縣警察部的事務，其下設出張所；澎湖島廳設警察署、分署。[31]

　　換言之，1895 年 8 月開始實施的軍政統治以來，11 月又軍令頒布〈臺灣住民刑罰令〉的嚴刑重罰，和軍警參與司法檢察及審判的〈臺灣住民治罪令〉。亦即採取中央集權式來凸顯軍政、警政、行政的「三政合一」機制。

　　因此，初創時期的警察重要任務之一，是強調協助憲兵進行搜查、逮捕等維持治安工作。依據〈內臺憲兵條例共通時代〉規定，將臺灣憲兵分為若干守備管區，其下設憲兵警察區派置分隊，執行軍事、司法、行政警察業務。

　　軍政統治的軍令立法，一直要到臺灣的武裝抗日行動漸趨平息時，才配合 1896 年 3 月 30 日公布法律《第六三號》實施民政統治的律令立法，並陸續公布實施〈臺灣總督府地方官官制〉、〈地方縣島廳分課規程準則〉、〈警察規程〉等相關地方制度法規。[32]

---

[30] 臺灣總督府警務局編，《臺灣總督府警察沿革誌(一)》，(臺北：臺灣總督府警務局，1933 年 12 月刊行，南天書局 1995 年 6 月重印)，頁 15。

[31] 臺灣總督府警務局編，《臺灣總督府警察沿革誌(一)》，(臺北：臺灣總督府警務局，1933 年 12 月刊行，南天書局 1995 年 6 月重印)，頁 21-24、39。

[32] 法律第六三號簡稱《六三法》的條文如下：第一條，臺灣總督得於其管轄區域內，發布具有法律效力的命令；第二條，前條命令應由臺灣總督府評議會議決，並經拓殖大臣呈請敕裁。臺灣總督府評議會的組織以敕令定之；第三條，臨時情況緊急，臺灣總督府得不經前條第一項手續，直接發布第一條所規定的命令；第四條，依前條發布的命令，於發布後直接呈請敕裁，且向臺灣總督府評議會報告。未獲得敕裁

隨著軍令立法改以律令(委任)立法的警察業務也有了較大幅度的調整，在總督府內務部警保課下分設高等警察、警務、保安、戶籍四股，課長為警部長，可指揮監督下級警察機關，縣廳則設警察課，內有警務、保安、衛生三股，並可視事務繁簡程度，增設高等警察主任，支廳的警察組織與縣同，但是成員須由其下的警察人員兼任。地方警察權由支廳長執行，可指揮轄區警察，警部長則負責監督。[33]

1896 年調整後的警察業務包括：行政、司法、警察、監獄、出版、報紙雜誌、船隻檢疫、鴉片與藥品販賣、衛生、地方醫療人員管理等事項，因而逐漸分奪軍、憲權限，加上總督府內部也出現了文官與武官系統之間的矛盾，導致 1897 年 3 月總督乃木希典決定實施三段警備制，並於 6 月將地方行政區域由三縣一廳改為六縣三廳，同時廢除支廳，而將警察署、辦務署與撫墾署三署同級並立，直接受縣警察部長指揮，同時將以往各地自行其是的最基層單位設置街、庄、社，作為縣廳之行政輔助機關，形成地方行政制度的三級制區劃。

而實施三段式警備制主要強調將臺灣各地分為三級，未曾確立治安的地方為一級區，派駐憲兵及警備，以警備隊長兼任地方行政官；山岳及平原緩衝區為第二級，憲警聯合共同負責治安行政；臺北、臺南等社會治安已經確立的為三級區，由警察擔當治安責任。

雖名稱實施民政，但軍人總督乃木希典卻依據 1897 年 10 月發布的〈臺灣總督府官制〉第十四條、第十五條，在總督之下設置總督官房、陸軍幕僚、海軍幕僚、民政局、財政局等五個系統。[34]實際上是削弱了民政局的權限。

核定時，總督應立即公布該命令無效；第五條，現行法律及將來發布的法律，其全部或部分要施行於臺灣，以敕令定之。第六條，此法律自施行日起滿三年即失效。臺灣總督督府警務局編，《臺灣總督府警察沿革誌(一)》，(臺北：臺灣總督督府警務局 1933 年 12 月刊行，南天書局 1995 年 6 月重印)，頁 353-360、371-372。

[33] 許介鱗，〈日據時期的政治措施〉，《臺灣近代史》，(南投：臺灣省文獻委員會，1995 年 6 月)，頁 256-257。

[34] 臺灣總督府警務局編，《臺灣總督府警察沿革誌(一)》，(臺北：臺灣總督府警務局，1933 年 12 月刊行，南天書局 1995 年 6 月重印)，頁 83-84。

到了 1898 年已經實施的〈匪徒刑罰令〉，總督兒玉源太郎更基於治安與殖產的雙重需要，制定〈臺灣保甲條例〉，還廢止三段警備，並將警察署、撫墾署併入辦務署。1901 年 11 月鑑於總督府、縣廳、辦務署等三級區劃的行政制度在事務處理上有欠靈活，乃改為二級制，廢縣、辦務署而置廳，全臺分設 20 廳，廳下改設支廳，作為廳長的輔助機關，以警察事務為其主要任務，街、庄、社一仍其舊。[35]

亦即警察業務配合殖民政府體制改革的需要，總督府增設統理全臺灣警察的警察本署，設警視總長，並在地方行政涉及警察業務時，有權指揮各廳長。全島又分為南北二警察管區，設置警察區長監督地方警察事務，地方各廳的警務課長由警部擔任，廳以下的行政組織，支廳長須為警部，屬員須為警察，加上警察派出所，基層行政工作完全成為警察的工作。[36]

承上論，1902 年殖產局為將所管轄的「番人」、「番地」事務移由警察本署管理，遂配合 1904 年發布〈犯罪即決例〉，並於 1906 年在警察本署中獨立設置「番務課」，警察成為總督府「理番」政策的執行者，同時實施〈臺灣浮浪者取締替規則〉。1909 年 10 月總督佐久間佐馬太以治安已有改善為由，小區制的地方廳已無必要，乃併 20 廳為 12 廳，廳下仍設支廳，同時廢街庄社長制，在原街庄社或合數街庄社設區。

區與街庄社相同，都是地方行政區劃，區長在法律上並不代表其街庄社，只有在廳長的指揮監督下協助執行行政事務罷了。上述地方行政制度的組織雖然略有變動，惟始終未享有自治權和自主權。[37]同年在警察組織方面特別新設「番務本署」，並廢除警察本署，由警視總長兼任內務局長並在內務局增設警察課、衛生課。

1911 年 10 月總督府廢除內務局，重設警察本署。特別是到了 1915 年的平定

[35] 吳文星，《日治時期臺灣的社會領導階層》，(臺北：五南，2012 年 2 月)，頁 184。
[36] 許介鱗，〈日據時期的政治措施〉，《臺灣近代史》，(南投：臺灣省文獻委員會，1995 年 6 月)，頁 259。
[37] 吳文星，《日治時期臺灣的社會領導階層》，(臺北：五南，2012 年 2 月)，頁 184-185。

「余清芳事件」之後，遂廢「番務本署」，所管事務移交警察本署，地方廳的「番務課」也併入警務課為「番務股」。[38]至此，臺灣無論平地或山地，漢人或原住民都納入警察政治的管轄下。1919 年更藉由內地同化政策的實施，特將直屬於總督府的警察本署改隸屬民政部為警務局。

　　檢視這階段影響臺灣的地方自治與警政發展的還有一項重要因素，就是溯自 1896 年賦予臺灣總督委任立法的《六三法》和其延長問題以來，一再遭支持內地法延長主義的國會議員抨擊。

　　具體而言，《六三法》除了賦予臺灣總督絕對立法權、行政權和設置臺灣總督府評議會之外，規定以海陸軍大將或中將出任總督，統帥海陸軍；總督得經敕准、或必要時，不經敕准公布命令，以代替法律，並得頒發總督府令；總督得處理關稅、鐵道、通信、專賣、監獄及國家財政等政務。[39]

　　殖民地的委任立法問題其實是日本藩閥、軍閥對抗議會、政黨的策略。因此，臺灣的地方自治也必須要在前者政治勢力消退後，日本的殖民地才可能從武力統治轉為文化統治的改採對臺灣人的安撫策略，並實施行政上的分權制度。

　　換言之，1920 年以前臺灣人為抗爭殖民政府的結束軍國體制，極欲爭取廢除《六三法》的努力並未成功。1902 年當帝國議會三度有效延長《六三法》，亦即在 1906 年 12 月《六三法》」有效日屆滿之時，發布第三一號法律，簡稱《三一法》。

　　而《三一法》在歷經 1911 年和 1916 年的各延長五年，到了 1921 年為因應國內外政經環境變遷而改以《法三號》代之，並根據〈臺灣總督府評議會官制〉恢復評議會，同時廢止律令審議會。

[38] 徐國章譯，《臺灣總督府公文類纂官制類史料彙編(明治四十二年至明治四十四年)》，(臺北：國史館臺灣文獻館，2004 年 11 月)，頁 23-24。

[39] 臺灣總督府警務局編，《臺灣總督府警察沿革誌(一)》，(臺北：臺灣總督府警務局 1933 年 12 月刊行，南天書局，1995 年 6 月重印)，頁 238-248。

(二) 地方分權式地方自治與郡警一體(1920-1945)

　　1920 年以前臺灣在警察政治的氛圍下，警察與地方行政實為一體兩面。1920 年 10 月總督府宣稱為順應時勢及臺人實況，乃改革地方制度，於是改廳為州，廢支廳，設郡、市，廢區、堡、里、澳、鄉改設街庄。將臺灣西部 10 廳廢除，改設臺北、新竹、臺中、臺南、高雄等五州，東部的臺東、花蓮港廳仍保留舊制；州、廳之下共設 47 郡、3 市、5 支廳、260 街庄、18 區等，開啟所謂準地方自治制度。[40]

　　同時標榜地方分權主義原則，制定州、市、街庄制度，使州、市、街庄不僅是行政區劃，同時亦是地方公共團體，具有獨立的法人資格。選派官吏出任州知事、市尹、街庄長，代表各州、市、街庄，受官府監督，處理委任事務。並於州、市、街庄各設協議會，作為諮詢機關；各級協議會分別以州知事、市尹、街庄長為議長；州協議會員由總督就該州居民選任，市協議會員由州知事選任；街庄協議會員由州知事或廳長選任；協議會員為名譽職，任期 2 年。檢視州知事、市尹、街庄長的人事皆屬官派，且明訂各級協議會為諮詢機關，各級協議會員完全官選，亦無議決權、行政監察權及建議權等，雖謂實施地方自治，其實只不過是徒具形式的民意代表機關而已。[41]

　　1920 年的改革雖強調民政與警政分離，但偏又創出郡警合一的畸型結構，故實際上地方行政的實行仍須處處與警察系統協調、保持聯繫。就郡制本身而論，由於臺灣不存在公共團體法的郡制，故郡役所僅為施行地方行政的地方政府；然而為地方政府未必是地方團體，亦不能以此認定郡役所為虛級的地方政府。

　　所以，在州與街庄分別具有地方團體資格的同時，郡作為純粹施行地方行政

---

[40] 吳文星，《日治時期臺灣的社會領導階層》，(臺北：五南，2012 年 2 月)，頁 185。

[41] 參閱：井出季和太，《臺灣治績志》，(臺北：臺灣日日新報社，1937 年)，頁 630-635。http://jdlib.ntl.gov.tw/cgi-bin/browse.cgi?bookid=bjn00443&fttype=pdf&root=NTdata(數位圖書館——日文舊籍數位典藏 資料庫檢索系統 2014.01.24 瀏覽)

的中間機關，實以國家官廳職能，在地方自治中扮演關鍵角色。[42]在警察組織上，州設警務部，郡設警察課，市設警察署與分署，廳設警務課與支廳，以利於將警察政治隱形在地方分權的民政制度下。[43]

1920 年 12 月林獻堂等人聚集東京，為避免與總督府正面衝突計，不即標榜臺灣完全自治，而採取要求自治主義中最重要的民選議會的設置運動。[44]換言之，臺灣議會設置請願運動的發軔於《六三法》的撤廢運動轉變而來，主旨乃是在把臺灣人當作是日本帝國臣民的規定下，欲保存臺灣人的自主性，只是歷經 15 次的請願失敗，總督府除了設置評議會、律令審議會及協議會的花瓶式組織之外，是不可能會同意民選議會制度的實現，該運動不得不遂將目標朝向爭取地方自治，和配合 1921 年成立的臺灣文化協會，以提高文化之名，行農民與勞工運動之實，喚醒具有民族意識的臺灣人對抗日本殖民統治。

1923 年在蔣渭水等人根據 1900 年日本制定的《治安警察法》，向臺北警察署提出臺灣議會期成同盟會的結社申請，遭拒後即改在東京重新成立，導致臺灣的臺灣議會期成同盟會會員被捕。1925 年 2 月三審宣判，蔣渭水、蔡培火被判刑四個月，陳逢源等人被判三個月，史稱「治警事件」。

換言之，警察業務並沒有隨著臺灣人爭取地方自治的實施，在本質上並未有所改變，尤其是在高等警察和特高警察的業務上更加嚴格執行。[45] 1925 年日本內地為取締反對日本天皇制與私有財產制的活動，通過《治安維持法》，同年在臺灣

---

[42] 藍奕青，《帝國之守：日治時期臺灣的郡制與地方統治》，(臺北：國史館，2012 年 7 月)，頁 13、24。

[43] 許介鱗，〈日據時期的政治措施〉，《臺灣近代史》，(南投：臺灣省文獻委員會，1995 年 6 月)，頁 260-261。

[44] 葉榮鐘等，《臺灣民族運動史》，(臺北：自立晚報社，1982 年 2 月)，頁 108。

[45] 中央警察機關依據〈警務局處務規程〉第三條，在警務局保安課下設置了高等股、特別高股、保安股、司法股四個單位。高等股職掌：1.有關集會結社及言論事項；2.有關執行保安規則事項；3.有關宗教取締事項；4.有關不屬於其他單位主管的高等警察事項。特別高等股職掌：1.有關取締危險思想及其他機密事項；2.有關外國人的保護取締事項；3.有關朝鮮人事項；4.有關勞動爭議事項；5.有關報紙雜誌其他出版物及著作物事項。臺灣總督府警務局編，《臺灣總督府警察沿革誌(五)》，(臺北：臺灣總督府警務局，1933 年 12 月刊行，南天書局，1995 年 6 月重印)，頁 53。

實施，以防範政治性犯罪活動。

　　這階段高等警察與特高警察職權的調整，由以前的長官直屬轉而設置成為獨立單位，業務上更從以前主管政治結社、執行保安規則，擴大到主掌宗教、勞工、外籍人士、報紙雜誌出版物等事項。同時，更隨著臺灣政治和文化運動的展開，到了 1928 年 8 月將〈警務局處務規程〉第三條保安課下的組織修改為分設高等、特別高等、圖書三股，尤其是圖書股的設置凸顯警察還須負責出版、取締危險思想，以防範共產主義與民族自決的言論，肩負對於政治文化思想全面性監控的業務。[46]

　　由臺灣議會設置請願逐漸轉成的臺灣民族運動，到了 1927 年由於部分左翼民族主義者不贊同無產階級路線，導致蔣渭水、林獻堂、蔡培火等人退出臺灣文化協會，這是臺灣文化協會的第一次方向轉換，終結了標榜民族主義的啟蒙文化團體時期。蔣渭水等人為了規避《治安維持法》，於是先組織臺灣民黨，再過渡組成臺灣民眾黨，並在蔣渭水的領導下主張民族自決，致使與主張殖民地自治的林獻堂、蔡培火決裂，並於 1930 年 8 月另組臺灣地方自治聯盟，此聯盟是欲謀求透過自治制度的改革而提高臺灣人的地位。

　　到了 1935 年 4 月，總督府為因應臺灣地方自治聯盟的訴求，除了明定州、市、街庄為法人及其公共事務之範圍，以及擴大自治立法權範圍之外，同時廢除州、市預算的認可制度，惟街庄因無議決機關，故其預算仍須經廳長或郡守認可；將街庄長或助役由名譽職改為有給職；廢除州、市協議會，改設州、市會作為議決機關，議決州、市各項經費及依法屬於其權限之事項；廳及街庄仍設協議會作為諮詢機關；確立選舉制度，規定市會議員、街庄協議會員中半數由州知事官選，半數民選，選舉方式採有限選舉，凡年滿 25 歲以上男子、營獨立生計、居住該市街庄 6 個月以上、年納市街庄稅 5 圓以上者，及具有選舉和被選舉權；州會議員半數由臺灣總督任命，半數由市會議員及街庄協議會員間接選舉選出，任期 4 年；

----

[46] 臺灣總督府警務局編，《臺灣總督府警察沿革誌(五)》，(臺北：臺灣總督府警務局，1933 年 12 月刊行，南天書局 1995 年 6 月重印)，頁 69。

州、市仍各設參事會，由州知事、市尹主持，議決州、市會委任事項，或於州、市會未成立或休會時取代其職權以議事；此外，強調監督機關職權，而州知事、市尹、街庄長仍舊官派且兼任州市會、街庄協議會議長，亦即州知事、市尹、街庄長仍直接或間接由總督授權及向總督負責處理轄內的行政事務。[47]

　　1935 年 11 月臺灣雖然首次爭取到象徵性地方選舉行使投票權，臺灣地方自治聯盟推薦的候選人也有多人當選，但是這樣半數官選、半數由市會及街協議會員間接選舉的有限制式選舉制度，實與臺灣地方自治聯盟的改革理想相去甚遠，致使唯一獲准在臺灣推動地方自治的組織，也僅持續到 1937 年就因戰事再起而宣布解散。

　　1939 年 11 月雖然還有州、市會議員、街庄協議會員的選舉，但州知事、市尹、街庄長始終維持官派任命，自治機關的組織和職權亦未再有所修訂。換言之，日治臺灣除了在 1936 年將南進政策列為國家發展目標之外，更為了防止中國國民黨統一中國，於是開始徵用臺灣人赴中國戰場，1937 年 8 月更進一步宣布臺灣進入戰時防衛體制，並在 1939 年宣布加速臺灣的皇民化、工業化及南進基地化政策。

　　1944 年日本太平洋戰線失利，臺灣軍司令官安藤利吉自兼臺灣總督，復行軍政。而美其名為了打開臺灣人及朝鮮人的參與國政之道，遂於 1945 年 3 月分別通過貴族院與眾議院議員選舉法的修正案，但也只是限制選舉的虛幻國政參與。緊隨著 8 月 15 日日本昭和天皇在廣播中宣佈戰敗消息，隔年 5 月日本政府以第二八七號令廢除臺灣總督府。[48]

　　溯自 1937 年 7 月盧溝橋事變後，日本為了從民間汲取大量物質，遂於 1938 年公布《國家總動員法》，規定政府可以命令與統制民間經濟活動，並實施經濟警察制度，在總督府警務局及州警務部增設經濟警察課，市警察署與郡警察課增設經濟警察股，專司取締違反各種統制令的行為，1939 年以後更因應戰爭需要在總督府分設防空課與兵事課。

---

[47] 吳文星，《日治時期臺灣的社會領導階層》，(臺北：五南，2012 年 2 月)，頁 189。

[48] 黃昭堂，黃英哲譯，《臺灣總督府》，(臺北：前衛，2002 年 5 月)，頁 257。

1941 年 4 月對應日本大政翼贊會，成立臺灣皇民奉公會，要求其組織配合警察業務的需要全民動員。到了 1945 年總督府隨著戰事的節節失利，除了宣布廢止自 1898 年實施以來的〈保甲條例〉、1922 年的〈保甲規約〉，和取消兵事、防空、防空等單位之外，相對地增設了等待國民政府來臺灣接收的調查與警備課。惟當時以維持治安為首務的特高警察，為掌握臺灣人民對回歸祖國、爭取獨立仍大肆舉發叛亂份子。[49]

檢視日治臺灣的地方自治和警政發展，在實施地方自治上實基於中央集權的意圖強制推行的，並不將實施自治是為落實地方民主的手段，反而強調官治的效用，州、市、街庄分別受上級機關強有力的監督，以致自主權和自治立法權均極其有限，仍深具軍國主義體制中央集權的官治性格，其所導致畸型化的結果，與其說所謂的自治團體，不如稱之為官治團體。[50]

但從另一角度而論，雖然 1920 年的地方自治被批評為假自治制，表面上對地方住民的從屬性更為要求；但隨著地方人士參與地方事務的管道增加，居民的自主性也有所提高。[51]而警政發展的配合地方自治所實施的殖民式警察政治，亦相當程度地凸顯了軍國主義體制的以軍領警而有別於落實地方自治的民主體制警察。

六、 戒嚴時期地方自治與治安關係(1945-1987)

1945 年二次大戰日本戰敗後，國府接收臺灣後，即進行籌辦地方自治，12月臺灣行政長官公署公布〈臺灣省各級民意機關成立方案〉，作為臺灣省各級議會

---

[49] 寺奧德三郎，《臺灣特高警察物語》，(臺北：文英堂，2000 年 4 月)，序言。陳添壽，《臺灣治安史研究：警察與政經體制關係的演變》，(臺北：蘭臺，2012 年 8 月)，頁 59。

[50] 辻清明，王仲濤譯，《日本官僚制研究》，(北京：商務印書館，2010 年 10 月)，頁 132。

[51] 藍奕青，《帝國之守：日治時期臺灣的郡制與地方統治》，(臺北：國史館，2012 年 7 月)，頁 11。

成立的依據。全省村里民大會首先成立，選舉鄉鎮市區民代表，組成鄉鎮市區民代表會，再由鄉鎮市區民代表及職業團體，選出縣市參議員，成立省參議院。惟上述選舉的方式，除鄉鎮區民代表及村里長外，均為間接選舉。

自 1911 年中華民國建國以來，儘管憲法對省、縣地方自治係採制度保障說加以明文規範，但憲法委託之省縣自治通則，不但行憲伊始即因政治情勢特殊，而延宕制定。雖然國民政府在對日抗戰期間決定籌備憲政，推動自治，先後成立國民參政會、省縣市臨時參政會、鄉鎮民代表會等一套民意機構，雖然不是真正民意機關，但是這些機構對於抗戰期間輔助政令的功勞固不可沒，而宣達民意，鼓勵自治的工作也未嘗無深遠的效果。[52]

省以下各級民意機關，直到 1950 年 4 月 24 日行政院公布實施〈臺灣省各縣市實施地方自治綱要〉之後，縣長、議員、以至鄉長、代表、村里長，才改由人民直接秘密投票選出。但處在當時的政治氛圍下，憲法無法正常運作，政府並未依據《中華民國憲法》第 108 條第 2 項第 1 款制定〈省縣自治通則〉，以作為實施地方制度的準據法。[53]

亦即 1945 年至 1994 年完成地方自治法制化以前，臺灣一直是以行政命令的方式辦理地方自治，雖有自治之名，但實質上憲法所賦予的自治權卻遭受重大的限制。省以中央代理人的身分，是當時的施政中心，省、縣市定位不明，縣市地位低落，不足以向中央抗爭。

溯自 1944 年 4 月國民政府成立臺灣調查委員會，派陳儀為該會主任委員。主要草擬〈臺灣接管計劃綱要〉和決定訓練大批行政幹部備用，包括訓練臺幹學生、學員班及初幹班官警。

1945 年 3 月政府依據〈臺灣接管計畫綱要〉，並以臺灣為省，接管時正式成立省政府，省政府應由中央政府以委託行使的方式，賦予較大的權限，並應積極

---

[52] 蕭公權，〈地方民意機構的初步檢討〉，《迹園文存(二)政論與時評》，（臺北：寰宇，1970 年 11 月），頁 356-379。

[53] 紀俊臣，《直轄市政策治理》，（臺北：中國地方自治學會，2011 年 10 月），頁 23。

推行地方自治。然而，從「復臺」到「復省」的規劃，因〈臺灣接管計劃綱要〉改由〈臺灣省行政長官公署組織條例〉。9 月 1 日陳儀被任命為臺灣省行政長官兼警備總司令，奉命編組接收臺灣。10 月陳儀代表政府完成臺灣總督府的接管工作，其中包括胡福相率領臺幹班師生來臺灣接管警政；隔月 1 日起並依序接收地方的州政府和警察機關。

　　政府鑒於日本投降以後，迄於葛敬恩所率領前進指揮所人員又未抵臺灣之前，一時臺灣情勢幾乎陷入無政府狀態，幸賴有心人士，紛紛起而組織自衛團體，用以維持治安，但由於組成份子複雜，名稱不一，如糾察隊、自衛團、勞動同盟會正義隊、北投自衛團、三民主義青年服務隊、忠義社等等，期間亦有些不良份子藉口聚眾，藉機荼毒鄉里，導致社會秩序益形紛亂。[54]因此，1945 年 11 月 17 日政府頒布〈人民團體組織臨時辦法〉，增訂社會團體的規定，並且勒令戰後成立的所有民間團體必須解散。

　　政府為有效控制地方治安，和重組行政體系，乃於 1946 年 6 月實施《內政部警察總署組織法》。1947 年 1 月 1 日政府公布《中華民國憲法》，不幸於 2 月 28 日發生的「二二八事件」，雖然起因於警察查緝私菸的紛爭，然而事件卻一發不可收拾，警備總司令部宣布臺北市臨時戒嚴。

　　「二二八事件」後，政府實施以國防中心主義的建警方針，配合整軍計畫，制定〈建警方案暨建警試行警員制方案〉。5 月臺灣省政府成立，但是國共內戰持續延燒。1948 年 5 月政府公布〈動員戡亂時期臨時條款〉，凍結《憲法》，旋復修正公布實施《戒嚴法》。

　　承上所述，以下將戒嚴時期地方自治與警政發展分為硬式威權體制與警政一元化，和軟式威權體制與警政現代化兩個階段加以論述。

---

[54] 參閱：臺灣省行政長官公署新聞室，《臺灣暴動事件紀實》，(臺北：臺灣省行政長官公署新聞室，1947 年 4 月)。另吳新榮在其回憶錄中就曾提到「忠義社」的青年團自衛組織。參閱：吳新榮，《震瀛回憶錄》，(臺北：前衛，1989 年 7 月)。

(一) 硬式威權地方自治與警政一元化(1949-1974)

1949 年 5 月 19 日臺灣省政府主席兼警備總司令陳誠,依《戒嚴法》第三條規定,宣告臺灣省全境的戒嚴,並自翌(20)日零時起實施,臺灣進入戒嚴時期。隨即制定〈防止非法的集會、結社、遊行、請願、罷課、罷工、罷市、罷業等規定實施辦法〉、〈新聞、雜誌、圖書的管理辦法〉,和〈臺灣省警務處戒嚴時期維持治安緊急措施方案〉;並頒布〈動員戡亂時期懲治叛亂條例〉,和在全省成立山地警察所,以及通過〈臺灣省統一警察系統實施辦法〉;9 月成立臺灣省保安司令部,臺灣省警務處及保警總隊改隸保安司令部指揮,建置完成以軍領警的警政一元化模式,並於 1950 年 4 月開始進行綏靖與清鄉,維護地方的社會安寧和秩序。1951 年通過〈共匪及附匪份子自首辦法〉及〈檢肅匪諜獎勵辦法〉,以維護臺灣內部政局的安定。

1950 年 3 月蔣中正在臺灣復任總統之職,成立國防部總政治部,擔負重建軍隊的政工制度,同時,遴選警員參加政工幹校戰地政務講習的方式,以黨的組織建制一元化掌控軍警思想和活動。1953 年政府制定《警察法》,凡警察之組織、職權、人事、教育、經費、設備,警察權由中央與地方行使的事項,皆訂有規範可循,並通過工礦、森林、外事等專業警察的相關組織規程。1954 年政府實施〈臺灣省警察政訓工作綱領〉,要求警政配合政治要求,促進警民合作,完成戰時革命警察的特質。

警政一元化更凸顯在軍人轉任警政首長的人事運作,以及 1968 年臺北市改制直轄市,省、市分治,行政系統雖各不相屬,但當時仍以省警務處長兼臺北市警察局長,又 1972 年內政部成立警政署,仍出現警政署與省警務處的署處合署辦公型態,以後陸續成立出入境管理局、刑事警察局、航空警察局等單位,亦在警政一元化的思維下,配合戡亂戒嚴時期以軍領警模式,透過警備總部統合指揮調查、警察機關、憲兵等單位以收統合治安之效。

溯自 1949 年 5 月 1 日零時起,開始實施全省戶口總檢查。戰後臺灣戶政制度延續日治時期的作法,仍由警察機關辦理。但為配合憲政的實施和推動地方自治,

同時鑑於 1946 年修正完成《戶籍法》的實施戶籍行政與戶口查察的戶警雙軌分工制，並未能達成政府關注人民生活動態，統制戰時經濟，和維護社會安定的目標，遂於 1969 年頒布〈戡亂時期臺灣地區戶政改進辦法〉，將戶政業務移交警察機關辦理，並於 1973 年修正完成《戶籍法》及其〈實行細則〉亦於隔年 7 月公布實施，戶警合一的工作才告完成，凸顯戶警合一是在配合戡亂戒嚴時期警察有效的掌握犯罪人口、防治犯罪和維護治安等任務，但也相對地造成警察業務的加重負荷。

(二) 軟式威權地方自治與警政現代化(1974-1987)

溯自 1972 年 5 月蔣經國出任行政院長時，就將政治體制調整和警政現代化列為推動國家發展的重要目標。除了在 12 月實施定期地方自治的選舉之外，特別開放舉辦臺灣地區增額中央民意代表選舉。所以，當 1977 年因地方公職人員選舉所引發警民嚴重衝突的「中壢事件」，以及 1978 年美國與中共建交，政府發布緊急處分命令，延期了當時即將舉行的中央民意代表選舉，卻不幸於 1979 年 12 月 10 日發生「美麗島事件」。

然而，「美麗島事件」的發生，反而加速推動臺灣政治體制調整和警政現代化。政府以修正〈動員戡亂時期臨時條款〉的方式，擴大選舉名額，容納更多政治精英參與中央決策。同時，為了彰顯政府推動政治改革的決心，政府在審理「美麗島事件」上更是採取公開方式的開明作法，也凸顯警察在治安事件上以打擊犯罪、維持秩序的執行法律角色，亟欲避開戡亂戒嚴的以軍領警色彩。

當 1986 年 9 月 28 日政府對於參與組織成立民主進步黨的「黨外人士」，乃採取以溝通協調的包容方式處理。臺灣威權體制調整和警政現代化的發展，到了 1987 年 7 月更因為政府根據《動員戡亂時期國家安全法》而解除長達 38 年的戒嚴，以及 1988 年 1 月 1 日的解除黨禁、報禁。同月 13 日蔣經國總統過世，李登輝副總統依法繼任總統，隨著臺灣政治自由化，警察業務發展亦隨之調整。

檢視警政發展的現代化除了積極推動〈改進警政工作方案〉之外，1985 年先後通過修正〈警械使用條例〉、〈槍砲彈藥刀械管制條例〉，和〈動員戡亂時期檢肅流氓條例〉等相關法令，凸顯政府在維護治安及保障人權方面皆具積極的意義與

作用。

　　但是以 1943 年即公布實施以來的《違警罰法》為例，警察仍屬擁有極大權限的機關，其不僅擁有法規制定權，如頒布一些職權命令，且依據「違警罰法」，掌理警察司法裁判權。警察行政權之範圍，仍擁有一些衛生、消防、工商、安全以及風俗等警察之事務，此種警察權，包括行政、立法以及司法裁判權等，非常類似警察政治國家的警察權而受到批評。《違警罰法》隨著警察業務的調整也在 1991 年 7 月 1 日廢止，改由《社會秩序維護法》取代。

七、 解嚴後地方自治與治安關係(1987-迄今)

(一) 轉型期地方自治與軍警分立

　　1987 年政府宣布解除戒嚴，嗣後陸續通過《人民團體法》、《集會遊行法》、〈第一屆中央民意代表退職條例〉、《選罷法(修正案)》等多項攸關體制轉型的重大變革法案。1991 年 4 月更通過《中華民國憲法(增修條文)》，廢止長達 43 年的〈動員戡亂時期臨時條款〉，全國〈戒嚴令〉同時失效。

　　接著才有 1994 年通過的《省縣自治法》，與《直轄市自治法》在 1999 年 1 月《地方制度法》公布後廢止。《地方制度法》自實施以來迄今，歷經多次修正，尤其是在精省後，省由地方自治團體變更為非地方自治團體，成為行政院之派出機關，除了直轄市之外，縣市也成為第一級地方政府，直轄市、縣市、鄉鎮市為地方自治團體。亦即省籍虛級化，臺灣省議會也改制為「臺灣省諮議會」，沒有實行地方自治或監督施政的權力。

　　檢視解嚴後警察業務的調整，1989 年首次由警察系統出身的莊亨岱出任警政署長，以及警備總部逐漸結束部分階段性任務，改由警政署成立安檢組，掌理機場、港口沿海地區安檢業務，加上實施〈五年警政建設方案〉後，警察法制、警察組織與業務已迅速調整完成，尤以增加保安警察的工作來因應解嚴後社會變

遷，警政發展更因為戒嚴體制的解除而「脫軍人化」。

回溯 1972 年起政府採取的行政革新，特別於 1976 年通過〈警察人員管理條例〉，對於建立警察人事自主性制度，減少軍職人員轉任警察的人數和素質的提升，是推動軍警分立的重要基礎。公布〈警察人員管理條例〉的同時廢止〈警察官任用條例〉，到了 2007 年 7 月修正更名〈警察人員人事條例〉之後，警察的人事制度更趨完備。

警察業務也隨著體制轉型廢止〈懲治叛亂條例〉、通過「國安三法」、修正《刑法(一百條)》。諸如「國安三法」中《人民團體法》的對於政黨解散改由憲法法庭處理，《國家安全法》的放寬了對異議人士返臺的限制，《集會遊行法》的刪除不得違背憲法的規定，以及《刑法》第 100 條的排除思想叛亂入罪等政治民主化工程。尤其是 1994 年 1 月 1 日才正式完成法制化的《國家安全會議組織法》，和國家安全局的立法工作。特別是 1996 年總統、副總統的直接民選，1999 年 1 月的廢止《出版法》，2002 年廢止〈懲治盜匪條例〉皆牽動警備總部與警察執行業務上的調整和移轉。

軍警分立不但隨著 1992 年警備總部的裁撤，另成立海岸巡防司令部，以及 2000 年依據《海巡法》成立行政院海岸巡防署，軍管與海巡的分置政策，正式確立軍警的分立。

2003 年通過的《警察職權行使法》，明定警察勤務程序與職權賦予，更落實了依法行政之法律保留的原則；加上，自 1998 年以來陸續通過或修正通過的法規諸如：《刑法》、《刑事訴訟法》、《訴願法》、《行政執行法》、《行政程序法》、《行政罰法》等警察法制逐漸落實正當程序原則、周延保障人民權益和促進民眾參與的民主法治精神。

到了 2005 年更因為《內政部入出國及移民署組織法》的通過，其相關警察業務的調整，諸如消防、水上、移民、外事、保安等也都已完成「除警察制服化」，凸顯這階段臺灣從解嚴、國會全面改選到總統直選，遞次完成了國家體制和軍警分立的轉型工程。

(二) 民主化地方自治與警察專業化

臺灣地方自治到了 2010 年 12 月有了劃時代的發展。蓋 2009 年 6 月内政部縣市改制直轄市審查小組，通過臺北縣單獨、臺中縣(市)合併，以及高雄市與高雄縣等改制直轄市，依時間臺灣由兩個直轄市，增加為四個直轄市；復因該小組又建議臺南縣(市)是否合併由行政院定奪，以至同年 7 月行政院會正式通過上揭的地方自治團體改制直轄市，連同臺北市，臺灣出現五個直轄市，此乃臺灣地方區劃 60 年最大幅度的變革。

此一重大變革溯自於 1996 年底的國家發展會議，決議達成「提升行政效率，加速推動政府再造，建立小而能的新政府」、「檢討並簡化政府層級，落實分層負責，縮短行政程序」、「明確規定中央與地方政府之權責區分」、「調整精簡省府之功能業務與組織，並成立委員會完成規劃及執行，同時自下屆起凍結省自治選舉」等共識。

在歷經連戰和蕭萬長兩位閣揆，先後成立了政府再造推動委員會與政府再造諮詢委員會，以及 2000 年的政黨輪替，到了 2004 年立法完成《中央行政機關組織基準法》。2008 年第二次政黨輪替，2009 年政府完成《行政院組織法》，並於同年 6 月實施《公務人員行政中立法》，明確規定公務人員不得為支持或反對特定之政黨、其他政治團體或公職候選人從事如站臺、拜票、主持集會、發起遊行或領導連署等高度政治性活動。警察是國家公務人員體系的一環，因此，警察執法的中立化和警察的專業化得以進一步落實。

警察業務的法治化工作隨著軍隊國家化和民主法治化而落實，而國家民主法治化的其中一項重要元素，就是貫徹臺灣地方自治的實施。地方警察預算歸屬地方政府作業、地方警察首長人事的改採取尊重地方首長職權，和考量地方治安的需要，這有助於警察專業化和法治化的發展。在警察業務的保障人權方面，不但將沿用多年的戶警合一措施改採取戶警分立制，至於戶口查察的作法，也改保護資訊隱私或自決權的家戶訪查方式來進行。

檢視 1985 年 7 月公布施行的〈動員戡亂時期檢肅流氓條例〉，在歷經 1992

年與 1996 年的修正，並於 2009 年正式廢止爭議多年的〈檢肅流氓條例〉，對於人民權利的保障更確實。尤其是政府 2009 年 5 月 14 日的簽署〈公民與政治權利國際公約〉及〈經濟社會文化權利國際公約〉(簡稱「兩國際公約」)，同時堅持徹底揮別非法監聽，要求情治機關確實遵守通訊保障及監察法的相關規定。2014 年 1 月 14 日立法院通過《通訊保障及監察法》修正案，就檢察官調閱通聯記錄，和監聽條文的權限亦更趨於嚴謹。

警政署亦於 2009 年 10 月 1 日起，要求警察單位作筆錄不再按捺指紋，以示尊重人權，彰顯民主法治化讓警察專業執法的功能得以發揮，真正實現警察法治化是為保障人權執法，遂行警察權的人權保障與治安任務的雙重目標。2012 年 10 月開始實施的《個人資料保護法》，更是警察執行業務為保障基本人權的法治化具體作為。

八、結論

本文研究發現，臺灣清領時期地方自治與治安的關係，不論是消極理臺階段總理和保甲的地方自治與治安關係，或是積極治臺階段行會和墾首的地方自治與治安關係，正猶如 1920 年代日治臺灣的地方自治與治安關係，儘管地方自治是殖民母國對殖民地的消極弛禁，但係以鞏固其在殖民地統治正當性的手段為主，並不具備近代國家實施地方自治與治安關係的意義。

質言之，清領時期臺灣地方自治與治安的交互糾葛，凸顯「官治主義」與「從屬主義」下的地方自治性組織與功能，以及受制於行政官僚指揮與監督的治安體系，也因而缺乏地方自治權和自主性意涵，乃至殖民時期(1895-1945)和威權時期(1945-1994)臺灣地方自治史上，實施所謂「半吊子式」的徒具虛名，以至於影響國家近代民主化與警政發展的進程。

從日治臺灣殖民時期軍國體制的中央集權式與地方分權式地方自治權限，配合警察業務的調整進行殖民統治，就警察扮演的角色而論，日治初期臺灣頻頻發

生抗日運動和民族運動，警察功能主要扮演「軍事警察」角色；到了 1920 年日治中期，隨著臺灣新文化運動與警察業務調整，警察功能轉而偏重扮演高等警察的「政治警察」角色；1931 以後的日治末期，由於日本發動大東亞戰爭，臺灣地方自治與警政發展隨著臺灣成為南進化工業基地與戰爭動員的影響，警察功能又轉以偏重社會資源統制的「經濟警察」角色。整體而言，日治臺灣地方自治與警政發展，警察在國家發展中主要偏重維護政權和執行法律的功能，而忽視了公共服務的角色。

　　1945 年之後的臺灣地方自治與警政發展，在戒嚴時期不論是硬式威權體制與警政一元化，和軟式威權體制與警政現代化的階段，警察業務配合國家發展的需要，在「以軍領警」的體制下，這一階段警察功能偏重以維護國家安全和鞏固政權的角色為主。1987 年解嚴之後，隨著臺灣威權體制轉型和政治民主化，軍警業務的調整與分立，警察功能因而「脫軍人化」。

　　臺灣真正落實的地方自治發展，一直要等到解嚴之後的 1994 年通過《省縣自治法》、《直轄市自治法》，乃至 1999 年改以實施《地方制度法》，並再歷經多次修正，才正式完備了直轄市、縣市、鄉鎮市為地方自治團體的法制化工程，而負責治安的警政發展才得以走向專業化、中立化和法治化。

　　展望未來臺灣地方自治與警政發展，尤其是地方自治團體所依據的〈地方制度法〉不能仍然停留在「地方政府」、「地方議會」的觀念，而只是以政府或議會的本位主義來處理地方公共事務，更應注入「地方治理」新觀念來提升地方自治的效能；而在警政發展方面亦應隨著地方自治團體職能的自主性考量「新公共服務」的思維，扮演專業執法的中立性角色，以及達成民主法治社會的公共服務效率與福利傳輸的功能。

臺灣警察法制歷史的省察

一、前言

(一) 警察與我、我與警察

　　我的母親出生於 1918 年，當時臺灣還在日本統治下。如果仔細往前計算一下時間，1895 年臺灣是在清光緒皇帝 21 年割讓給日本，這時候明治的天皇已經在位第 28 年。巧的是，當大正 1 年時正是民國 1 年，亦即 1918 年是大正 7 年也是民國 7 年。前些日子我的返鄉掃墓，還向她求證有關她少女時期的一段往事。

　　我的母親在她還是青少女以前，曾經在我們家鄉後壁的一個派出所幫忙照顧日本警察的小孩。這是我母親非常難得的一段與警察淵源，她的人生體驗也深深影響了我們陳家的小孩，後來我的二哥和堂弟也都在警界服務。而我在求學的階段，雖未能進警官學校就讀，但對警察的工作極為嚮往，和對警察的服務精神極為敬佩。所以，2000 年 2 月當我有機會到警察大學服務時，我是何等地幸運，我樂在教學、研究與書寫的工作環境中。

　　「警察與我、我與警察」的用語使我想起大學時期的「國父思想」的授課老師黃季陸教授的一則逸事，內容大概是這樣的：黃教授上課的第一堂課會在黑板上寫：「國父與我」，過了期中考後，則會改寫成：「我與國父」。我們知道他在 19 歲那一年，也就是民國 13 年由國父孫中山領導的中國國民黨在廣州召開第一次全國黨代表大會，他代表海外的加拿大黨部回廣州開會。黃教授他往後的際遇，1949

年隨國民政府到臺灣來，曾經擔任過教育部長和中國國民黨黨史委員會的主任委員。從黃教授顛沛流離一生的經歷中，他是有資格在「國父思想」課程的前半段回憶講述他追隨國父革命的歷史；後半段則因為國父已經過世，而他已位居要津的參與國是，當然授課的內容就改為「我與國父」的精彩內容了。

(二) 歷史制度學的研究途徑

歷史制度學源自於政治經濟學領域，而政治經濟學的最早出現是在研究如何利用國家力量來管理經濟活動的社會現象，被視為「國家」與「市場」的同時存在，及二者之間存在互動的關係。因此，檢視政治經濟學的發展過程，其歷史制度學的源起可以溯自 17、18 世紀古典和新古典經濟學的強調自由貿易理論之後，所引起德國政治經濟學家李斯特(Friedrich List)的主張保護幼稚工業(infant industry)發展，他認為透過一定期限的施行保護關稅，待幼稚工業的充分發展之後，即行解除保護措施，如此才能與先進國家從事自由貿易的競爭。

因此，德國歷史學派排除了古典學派的靜態論，而重視歷史研究方法，並且基於個人主觀的價值判斷，代替個別的經濟利益，考慮社會全體一般的福利，隱含著社會改良主義的政經哲學。由於歷史是對過去所發生過程的事實記載，又可以提供大量發展事實的相關資料，故主張經濟學的研究方法不宜採用抽象的演繹法，而應利用歷史所提供的事實資料加以歸納並導出理論，是強調以經濟史作為研究經濟活動的基礎，其所衍生出來的理論與政策推動的整體性論述。

20 世紀初，歐洲歷史學派理論的發展到了美國產生了變化，芝加哥大學教授寇斯(Ronald H. Coase)發表了有關「交易成本」(transaction costs)的重要概念，發展出各種組織和典章制度都可以看成是處理交易成本的經濟活動，法律規章的制度(institution)也是經濟活動不可分割的一部分。制度既是社會的遊戲規則，是人類設定來限制其行為互動的約束。制度一旦建立，就決定政治與經濟活動的機會與成本。因而，什麼樣的制度組合最能降低成本促成交易，制度與組織之間的互動，又如何影響了制度演進，這些都是制度分析要探討的對象。

因此，經由「交易成本」、「制度」概念的重新分析歷史議題，因考慮交換過

程的交易成本勢將修改經濟理論，並且產生關於經濟成果非常不同的含意，而建立了制度學派完整理論的研究途徑。亦即制度理論是從人類行為理論加上交易成本理論而建立起來的，當這兩種理論結合起來就能深入洞悉制度的功能，以及制度在社會體系中的運作，如果再整合生產理論更能分析制度在經濟體系的成就表現上扮演什麼角色。

然而，在複雜的社會中導致市場失靈(market failure)的普遍現象依然存在，而一個有強制力的政府是必要的。因此，締造有效的第三者執行的最好方法是靠建立一套制度，而這個制度模型就包含非正式限制(informal rules)、正式規則(normal rules)和執行(enforcement)的結構特性，以及它們如何演變的過程。但政府的施政受限於交易成本和來自內外的競爭，因此如何建立能促成政府與社會合作模式，諸如警民之間的關係；或是設置避免政府失靈(government failure)的機制，乃是成功制度的關鍵。

所以，歷史制度學理論不僅是政治學的、經濟學的，也是社會學的。政治學的強調權力的擴大化，重視職位的配置；經濟學的強調創造利潤的極大化，重視資本的積累；社會學的強調均等的公平化，重視正義的倫理。檢視這三大典範理論之間的關係，既是可以分別論述「政治學」、「經濟學」、「社會學」的學理，然其動態的實務運作卻又是呈現相互的糾葛，形成是一門整合性的學科。研究歷史制度學的有如政治經濟學的精彩之處在此，然而被批評是一門不夠嚴謹的學科亦於此。

二、歷史警學與臺灣警察法制的演進

(一) 歷史警學的意義

「歷史警學」顧名思義就是研究警察歷史的一門學問。「歷史警學」的建立是要從歷史文獻中探討有關警學發展的過程或案例，諸如經由警察組織、警察政策、

警察教育、警察業務、警政科技、犯罪預防，和警察法制等制度性的發展歷史，來檢視警學的演進。換言之，在我們的現實生活中，為了影響制度所做的是建立或撤銷一個機構，修訂法律，更換人事等等，我們通過制度辦事，對制度的選擇，重要的指標是衡量其實際效果，也就是對這些制度的改進，及由此在現實世界中實際造成的效應。在這一點上，制度學派從它與法律領域的聯合中獲益匪淺。因此，警察法制的融入政治經濟學的歷史制度性結構，既迫使政治經濟學家們分析現實的多種選擇，又使他們認識到可供選擇的制度方案的豐富性。

換言之，警察法制的歷史制度演進既是政治經濟學的，也成就了研究「歷史警學」的結構性內涵，成為警察在國家發展項目中的重要一環。「歷史警學」的透過對警察法制演進的歷史性結構分析，呈現了政治、經濟和社會與治安議題之間結構性關係的多元面向，相對地也導致經由現實治安環境所賦予制約條件中除了正式法律之外，風俗、慣例、規則等非正式法律存在於警察法制演進的歷史性結構因素。

(二) 臺灣警察法制演進的歷史分期

從民族認同的角度而言，血緣、歷史、文化上的認同，有所謂的「原生論」和「建構論」之分。但是對於國家(政府)、政治、制度、法律等認同在內的國族認同，均係建構出來的。檢視荷蘭人之於原住民是建構的，鄭氏家族之於荷蘭人是建構的，清國滿族之於鄭氏漢族是建構的，日本人之於清治臺灣是建構的，以後國民政府來臺之於日治臺灣是建構的。

因此，政府或警察與社會之間的相互關係就存在三種特性：汲取性、保護性和生產性。亦即警察在國家發展中具有：第一，戰時軍人與國家安全的「維護政權」，它是從社會汲取資源，例如稅收、徵兵；第二，秩序維護與打擊犯罪的「執行法律」，它是維護社會安定，例如預防犯罪、消防救災；第三，福利傳輸與效率追求的「公共服務」，它是促進社會利益、服務人民、傳達信息等三大功能。

同時，就警察組織型態、權力大小、業務內容和服務程度等影響警察法制的結構性因素進行比較分析，凸顯海洋派警察和大陸派警察法制有以下的顯著不同

點：第一，在組織上，海洋派警察採地方分權形式；大陸派警察則採中央指揮監督的統一性組織。第二，在職權上，海洋派警察的權力僅止於行政權；大陸派警察除行政權外，尚有發布警察命令之立法權，及執行與裁決的秩序罰法之司法權。第三，在業務上，海洋派警察除安寧秩序之維護及交通管理外，其他行政業務均分屬於其他行政機關；大陸派警察除安寧秩序之維護及交通管理外，並包括消防、衛生及執行其他有關行政業務；第四，在服務上，海洋派警察重視民眾服務；大陸派警察以執行法律為主。第五，在職務上，海洋派警察認為警察來自文官體系；大陸派警察則將警察軍隊化。第六，在法律上，海洋派警察較重視人權的保障；大陸派警察較重視犯罪的控制。

因此，本文根據上述影響警察法制的結構性因素，將臺灣治安歷史演進區分為：臺灣傳統治安時期(-1895)、臺灣軍管治安時期(1895-1987)和臺灣警管治安時期(1987-迄今)等三個時期加以省察。傳統治安時期又可分為原住民、荷治、鄭領和清領臺灣等四個階段的法制發展；軍管治安時期又可分為日治臺灣和國治臺灣戒嚴等兩個階段的法制發展；警管治安時期又可分為轉型政體和民主政體等兩個階段的法制發展。

三、臺灣警察法制的傳統治安時期(-1895)

金鋐主修《康熙福建通志》〈臺灣府卷一建置〉指出：「臺灣府，本古荒裔之地，未隸中國版圖。明永樂間，中官鄭和舟下西洋，三泊此地，以土番不可教化，投藥於水中而去。嘉靖四十二年，流寇林道乾穴其中，專殺土番，擾害濱海。都督俞大猷征之，道乾遁走。天啟元年，漢人顏思齊為東洋甲螺，引倭彝屯聚於此，鄭芝龍附之。未幾，荷蘭紅彝由西洋來，欲借倭彝片地暫為棲止，後遂久假不歸；尋與倭約每年貢鹿皮三萬張，倭乃以地歸荷蘭。崇禎八年，荷蘭始築臺灣、赤崁二城。臺灣城，即今安平鎮城也；赤崁城，即今紅毛樓，名城而實非城也。荷蘭又設市於臺灣城外，漳泉之商賈皆至焉。」

金鋐，他的祖籍是順天府宛平(今北京)人，曾於康熙 22 年(1683)3 月至 25 年 4 月擔任福建省巡撫。當他甫上任即奉命纂修《福建通志》，但此時，也就是纂稿的初期，臺灣雖已收歸大清國版圖，但設置臺灣府的議案卻遲至康熙 23 年(1684)的 4 月才定案，而且當時編纂中的《福建通志》並未將臺灣納入書寫範圍。所以，有關臺灣府誌的部分，其內容大抵承襲蔣毓英所纂寫的《臺灣府志》而於同年(1688)補刻入《福建通志》。

(一) 原住民村社治安法制的階段(-1624)

人類學家所作關於原始社會的大量文獻清楚地論述，許多的部落社會中並沒有國家和正式法規，而是密集的社會網絡導致非正式結構高度穩定地發展出來。換句話說，17 世紀以前的臺灣史前歷史，直到最近的五百年止，臺灣原住民族仍然沒有出現較複雜的政府體制，都不曾有過統一政權「國家」(nation-state)的法制歷史。

高拱乾《臺灣府志》：「土番之性，與我人異者，無姓字、不知曆日」。換言之，原住民族時期過的是「無曆日文字」生活。1603 年曾隨沈有容將軍追剿海寇抵達大員，而寫下〈東番記〉的陳第指出：「東番夷人不知所自始……種類甚蕃，別為社，社或千人、或五六百，無酋長，子女多者眾雄之，聽其號令。」

原住民村社或許曾經存在過比「村社」組織規模更大的政治實體，例如位於南方偏遠地區，荷蘭人曾經遭遇一個雛形王國，其領袖稱之為「瑯嶠君主」的組織。其「君主」下轄幾十個村落，每個村落本身都有特定的首長，領地原則上是透過繼承而得來。「瑯嶠王國」的法制或許是福爾摩沙島上政治權力最集中的體制。另外，在其他地區也有相同超村社的政治實體存在，如臺灣中部平埔族所建立的「大肚王國」，其持續存在直到滿清政府採取「以番治番」的武裝制壓方式後，大肚王家族才在雍正(1723-1735)以後完全衰亡。

然而，這些都尚未找到比較具體的歷史考證作為依據，所謂的「大肚番王」(Quantawong)，其實也只是極為鬆散的部落聯盟，沒有具體的組織和有效率的統制形式，當然就未能出現正式的法令規章。換言之，臺灣原住民族村社共同體的

社會網絡形成，乃是包含單獨家族的四至五組的一大血緣共同體，是家庭組織的一種延伸結果。

因此，臺灣原住民族法制觀念的組成，乃依聚落形成村社所組成共同體的「村社意識」。以此村社法制的治安階段對照於當時統治臺灣的西班牙人或荷蘭人而言，其在臺灣土地墾殖的地方，或權力行使範圍的臺南安平或基隆和平島，恰巧都不在這些政治權力較集中的區域內。

因此，原住民族村社法制治安的執行，只能從極有限的文獻中檢視，例如西拉雅人對於犯罪行為的盜竊、殺人與姦淫等案件，慣例是由個人直接求償與報復。根據陳第〈東番記〉指出，「盜賊之禁嚴，有則戮於社，故夜門不閉，禾積場，無敢竊。」換言之，臺灣土著社會犯罪很少採「刑罰」方式，大抵以「罰物」(贖財)為主，殺人、姦淫、傷害、竊盜都可以用物品賠償解決，這與日治臺灣時期所做的《番俗慣習調查報告書》有關泰雅族的紀錄，在「贖財」部分也提到「番社鮮少發生竊盜，主要是因為制裁嚴厲之故」。

(二) 荷治商社治安法制的階段(1624-1662)

回溯原住民族法制觀念的演進，對於維持社會秩序和保障族民生命財產安全的治安工作，到了 17 世紀荷蘭人統治臺灣以前，已經發展而形成以村社會議，和執行會議決議的族長號令為依據。高拱乾《臺灣府志》：「土官有正、有副，大社至五、六人，小社亦三、四人。隨其支派，各分公廨。有事，咸集於廨以聽議；小者皆宿外供役。」。

而荷蘭在 1930 年代解決「濱田彌兵衛事件」或稱「大員事件」之後，得以專心經營臺灣。所以，從 1624 年荷蘭人開始統治臺灣以後的到 1636 年止，由於荷蘭長官開始與各村社首(酋)長締結具有領主封臣關係的「領邦會議」。1636 年之後更以分區召開「地方會議」的方式確認權力關係。亦即「領邦會議」著重於確立首(酋)長個人對長官人身的關係，而「地方會議」則趨向於將這種關係衍生為荷蘭當局和臺灣本島屬民(原住民和漢人)兩個群體相互之間締結的契約。

因此，所謂「地方會議」，即歐洲當時封建政體下「等級會議」的一種型態。

簡單地說,對於這個「領地」來說,領地等級團體不是單單對領主表達服從而已,還要以人際之間的情感和政經利益的結合,在與領主相互誓約的基礎上,建立一個特別共同體;他們因此和不參與地方事務的「屬民」截然不同。而由於領主的宣誓,也必須遵守自古相傳權利與自由的約定的這種意識。

因此,荷蘭東印度公司為了維持村社居民的秩序,透過「地方會議」的運作,集合各社族長或長老討論各村社的重要情事,如長老任期、長老與教師的工作分工、村社之間關係的維繫、繳稅規章,以及和漢人的相處原則等等。東印度公司代表荷蘭政府賦予這些長老在自己社內的司法權,並授與奧倫治親王的三色旗、黑絲絨禮袍和鑲有東印度公司銀質徽章的藤杖等信物,作為法律與權力地位的威權表徵。

換言之,荷治時期臺灣商社治安的法制治安,荷蘭聯邦共和國的法制決定了荷蘭東印度公司,而荷蘭東印度公司的法制又決定了印尼巴達維亞和臺灣(福爾摩沙)的法制。因此,當 1580 年 4 月 1 日實施於荷蘭諸邦的「永久詔令」是為司法體系和治安法制運作的準則,而「公司法庭」的設置正是執行「永久詔令」中的治安法制,扮演了商社法制的治安功能。

尤其是荷治時期為解決長期以來存在的財政問題,開徵「人頭稅」遂成為支付維持社會治安、工事、興建醫院等開銷的主要手段,但早在 1629 年(崇禎 2 年)發生的「麻豆溪事件」,即潛在發生於政府設關收稅,並強力取締走私,引發麻豆社人用計殺死荷蘭兵。更何況屢屢戰爭費用的龐大開支亦不斷隨著砲兵、軍械、戰船、常備軍和堡壘修築的需要而不斷增加人民的稅負。

到了 1652 年(永曆 6 年)爆發漢人頭目「郭懷一事件」。蔣毓英撰修《臺灣府志》指出,「甲螺郭懷一預謀逐紅彝,紅彝覺之,召土番擒懷一,戮於赤崁城。」亦即「郭懷一事件」最後雖在原住民族武裝的協助下弭平戰事而暫時穩住了政權,但這一治安事件也凸顯臺灣社會秩序的失控徵兆。

據稱郭懷一當時是居住於現今臺南市永康區,原本代表的就是鄭芝龍所屬漢人利益集團在臺灣的政經勢力,鄭成功的轉向臺灣發展更受到這事件的影響,導致 1662 年(康熙元年)自廈門率軍攻臺灣。荷蘭守軍無力也無政治意志力,來抵擋

鄭家軍的登陸。戰事終在九個月之後結束，荷蘭守軍交出熱蘭遮城離開臺灣。

(三) 鄭領軍屯治安法制的階段(1662-1683)

高拱乾《臺灣府志》：「……荷蘭大敗，然終無降意。成功使人告知曰：『此地乃我先人故物；今所有珍寶聽而載歸，地仍還我，兵始罷。』荷蘭知勢不敵，爰棄城歸。」鄭氏政權除了承認先來漢人和已開化原住民對於土地既得權益，先確立了財產權的方式以安撫居民之外，乃實施「軍屯為本、佃屯為輔、寓兵於農、展拓貿易」的政策。這種「軍兵屯墾」制度，平時則化兵為農，使能自食其力；戰時則化農為兵，期為征戰之用。

檢視鄭成功實施屯田政策後，軍隊點狀集團性的屯田建營，其營盤田在臺灣南部有很廣闊的分佈，以後擴展到新竹附近，並在鄭經時期更遠至基隆附近，同時將該地視為流放政敵和犯人的地區。

鄭領時期亦如荷蘭時期同樣感受原住民族是影響臺灣內部安定與治安的重要因素，乃在原住民族村社設正副土官，以管理住民，其地位有如里長、保甲，但能發揮的治安功能極為有限。所以，在進行軍事屯田或官紳招民開墾時，也要求不得侵奪原住民的土地。

而當時漢人只能在其附近營建庄廟，或用竹材圍庄，設置「隘門」，以維護家室安全，並定居下來，且逐漸依地緣關係而聚落化。當時的「隘門」係防止原住民侵入的安全設施，同時在鄭政權創設屯田的時候，在與原住民活動或居住的交界處，設有「立碑」、「土牛線」，以防止彼此之間的侵犯。

所以，鄭領時期的治安法制主要是當鄭成功出兵來臺後，雖擊敗荷蘭當局，但其政權的行政中心仍設於廈門。直到鄭經在 1664 年退守臺灣，才正式將權力重心遷移臺灣，並仿明制設立吏、戶、禮、兵、刑、工六部。鄭經接掌政權，改東都為東寧，分都中為四坊，曰東安、曰西定、曰南寧、曰鎮北。坊置簽首，理民事，制鄙為三十四里，置總理。里有社。十戶為牌，牌有長，十牌為甲，甲有首，十甲為保，保有長。理戶籍之事。凡人民之遷徙、職業、婚嫁、生死，均報於總理。仲春之月，總理彙報於官，考其善惡，信其賞罰，勸農工，禁淫賭，計丁庸，

嚴盜賊,而又訓之以詩書,申之以禮義,範之以刑法,勵之以忠敬,故民皆有勇知方。此即所謂鄭氏封建的「王即是法律」的主要治安法制依據。

如果整體上比較,荷蘭與鄭氏治理臺灣時期的治安法制,其時就當時的漢人而言,在防範竊盜、海上治安的問題、管制武器、禁賭、禁酒、改建石屋以及限制砍伐鄰近森林以利來往船隻補給,並設衡量所,規定市場內秤量以交易等等,和明帝國沿海城市的情況區別並不大,漢人居民可以很容易的視此為當地治理者維護治安的命令而予以遵守,漢人居民不必然將此類措施當成是應由法律保障的「法定權利」,而可能認為這是統治者應當承擔的道義責任。

(四) 清領移墾治安法制的階段(1683-1895)

1683(康熙 22)年大清國皇權政府體制開始在臺灣實施,所謂「普天之下,莫非王土」。然而,臺灣位處邊陲。檢視 1723 年(雍正元年)、1788 年(乾隆 53 年)、1875 年(光緒元年)三次的臺灣行政區變動,都歸因於治安的因素而「添官分治」。

換言之,皇權政府在臺灣權力結構的重大改變,是凸顯在清政府由「消極防臺」的轉為「積極治臺」政策上。意義上不僅是帶有強烈的經濟動機,更是為整頓防務和治安的需要。所以,政府的目標是希望「以一隅之施,為全國之範」,將「臺賊多自內生,鮮由外至」的「臺灣兵備方針改以外備為重」,這是治安法制的重大改變。

檢視清領臺灣初期,先後發生了 1696 年(清康熙 35 年)吳球、1701 年(清康熙 40 年)劉却等在諸羅縣集眾攻汛的重大治安事件。然而,臺灣辦理團練,應始自為因應 1721 年(清康熙 60 年)朱一貴與 1732 年(清雍正 10 年)吳福生在鳳山縣、1786 年(清乾隆 51 年)林爽文在彰化縣、1800 年(清嘉慶 5 年)蔡牽在臺灣縣初犯鹿耳門、1823 年(清道光 3 年)林泳春在噶瑪蘭、1832 年(清道光 12 年)張丙在嘉義店仔口(白河)、1862 年(清同治元年)戴潮春在彰化縣,和 1888 年(清光緒 14 年)施九緞在鹿港等民變的重大治安事件。

換言之,邊陲政府在移墾治安法制上除了要解決民變的治安事件之外,還要處理其所演變成的分類械鬥,亦即藉由當時移民來臺所實施的「墾首制」,賦予墾

戶治安的責任。墾首對其墾佃不但有收租權，而且更具備替官府執行監督之權，對外可以防「番」，對內則握有治安權。

　　加上清政府早期實施的一禁一弛渡海禁令，不但造成偷渡和賄賂的有禁無阻現象，也增加汛兵的軍隊駐守工作量。到了 1840 年鴉片戰爭、太平軍的崛起之後，更導致各地督撫藉由圍剿太平軍而擁兵自重，地方派系爭權形成督撫權勢大增，也影響到皇權政府治安法制的實施，和派至臺灣職官權力的行使。因此，在治安上凸顯臺灣建省初期勇營的駐地、軍力和布署，彼此牽制軍力而削弱維護社會治安的效果。

　　特別是 1860 年臺灣被迫開港、1884 年(清光緒 10 年)法軍進攻基隆，以及 1885 年(清光緒 11 年)的派艦佔領澎湖，益發清政府對臺灣治安與防務的重視，旋於閩海地區實施戒嚴。由於臺灣缺乏水師戰船，只能改採以陸師為主的鄉勇策略，雖然主力的綠營軍仍未完全裁撤，主要是分布在塘汛，也就是在隄岸附近駐防武職人員，其性質猶如現在的水上警察角色。但是清、日甲午海戰結果，1895 年簽訂的〈馬關條約〉，臺灣、澎湖割讓給日本，淪為殖民地。

四、 臺灣警察法制的軍管治安時期(1895-1987)

(一) 日治殖民治安法制的階段(1895-1945)

　　日治臺灣的第一任至第七任總督皆具軍人職務，自第八任始至第十六任才改由文人擔任，軍權則分由增設的軍司令官接管，而從第十七任開始，又恢復軍人總督，直至戰爭結束。依其出身和職業背景分析，在歷任重要職位的總督、行政長官(總務長官)，及軍司令官之中，一共有樺山資紀、大島久滿次、明石元二郎、田健次郎、伊澤多喜男、後藤文夫、川村竹治、河源田稼吉、石塚英藏、大田正弘、高橋守雄、森岡二郎、齊藤樹等重要幹部都曾擔任過與警察職務有關的工作。

　　日本從 1895 年 6 月 17 日統治臺灣開始，即以確立殖民地國家的警察體制，

一直到 1945 年 8 月 15 日日本無條件投降為止。亦即日治在臺的總督中，從樺山資紀至明石元二郎，屬於前期武官總督；從田健治郎至中川健藏，屬於文官總督；從小林躋造至安藤利吉，屬於後期武官總督。

警察法制配合殖民政府權力結構的演變，基本上可以分為日治初期的《六三法》、《三一法》與中央集權警察法制、日治中期的《治安警察法》、《治安維持法》與地方分權警察法制，和日治末期《國家總動員法》與戰時警察法制。

1.《六三法》、《三一法》與中央集權警察法制

日本正式對臺灣的殖民化統治，儘管在 1895 年 5 月 21 日發布的〈總督府臨時條例〉的第十四、十五條就已有民政局內務部警保課的編制和職權規定，警政人事由民政局長官水野遵、內務部長牧朴真、警保課長是千千巖英一擔任，並於 1895 年 6 月 17 日舉行始政典禮。7 月樺山發布〈臺灣人民軍事犯處分令〉，以唯一死刑維持統治權，但是在臺灣人民強烈反抗下，實際上日軍當時僅佔領基隆、滬尾(淡水)、臺北三個地區，臺北以南的抗日怒潮，仍方興未艾。以劉永福、丘逢甲、林朝棟、吳湯興等人所領導的武裝抗日一直要到這一年的 10 月才正式宣告結束。

早在 7 月 18 日內閣總理伊藤博文就決定將總督府改組為軍事組織，一直到全島平定為止。同時，8 月 6 日發布的〈臺灣總督府條例〉第三條規定亦設有內務部警保課，但一切措施必須根據總督府的軍令施行，警察人員的正式派出，一直要到 9 月份以後千巖英一從內地招募警察的工作已經有結果才上路。依據 10 月總督府發布的〈警察分署設置及職員命免要件〉規定：民政局長在總督的認可之下，得在各重要地區設置警察署和警察分署，以及民政支部的警察部長。

1895 年 8 月開始實施的「軍政統治」，除了在 11 月又軍令頒布以〈臺灣住民刑罰令〉的嚴刑重罰，和軍警參與司法制度檢察及審判的〈臺灣住民治罪令〉來統治，即是採取中央集權式軍事警察法制，凸顯在軍政、警政、行政的「三政合一」機制。初創時期的警察主要任務是協助憲兵維持治安，協助憲兵進行搜查、逮捕等工作。依據〈內臺憲兵條例共通時代〉的憲兵條例，將臺灣憲兵分為若干守備管區，其下設憲兵警察區派置分隊，執行軍事、司法、行政警察任務。

　　同時，在總督府民政局的內務部設有警保課，地方的三縣一廳，臺北縣則保持警察部，內有警務、保安、衛生、監獄、刑事五課，下屬支廳則設警察署、分署；尚未靖定的臺灣縣、臺南縣改稱民政支部，由第三課負責相當縣警察部的事務，其下設出張所；澎湖島廳設警察署、分署，建構以軍事性警察為主的中央集權式體制。

　　當臺灣社會的抗日行動漸趨平息之時，「軍政統治」的「軍令立法」警察法制到了 1896 年 4 月配合總督府實施「民政統治」的「律令立法」，根據 3 月 30 日公布的法律第六三號，簡稱《六三法》之外，陸續還有〈臺灣總督府地方官官制〉、〈地方縣島廳分課規程準則〉、〈警察規程〉等法規的實施。

　　《六三法》的條文：第一條，臺灣總督得於其管轄區域內，發布具有法律效力的命令；第二條，前條命令應由臺灣總督府評議會議決，並經拓殖大臣呈請敕裁。臺灣總督府評議會的組織以敕令定之；第三條，臨時情況緊急，臺灣總督府得不經前條第一項手續，直接發布第一條所規定的命令；第四條，依前條發布的命令，於發布後直接呈請敕裁，且向臺灣總督府評議會報告。未獲得敕裁核定時，總督應立即公布該命令無效；第五條，現行法律及將來發布的法律，其全部或部分要施行於臺灣，以敕令定之。第六條，此法律自施行日起滿三年即失效。

　　由「軍令立法」改以「律令(委任)立法」方式，確立司法常態制度，但實際上是日本國內承認委任殖民地制定法律的臺灣特殊化總督專制。確立殖民地統治體制，警察法制有了較大幅度的調整，在總督府內務部警保課下，分設高等警察(政治警察)、警務、保安、戶籍四股，課長為警部長，可指揮監督下級警察機關，縣廳則設警察課，內有警務、保安、衛生三股，並可視事務繁簡程度，增設高等警察主任，支廳的警察組織與縣同，但是成員須由其下的警察人員兼任。地方警察權由支廳長執行，可指揮轄區警察，警部長則負責監督。

　　調整後的警察職權幾乎包括：行政、司法、警察、監獄、出版、報紙雜誌、船隻檢疫、鴉片與藥品販賣、衛生、地方醫療人員管理等事項，逐漸分奪軍、憲權限，加上總督府內部也出現了文官與武官系統之間的矛盾，導致 1897 年 3 月乃木總督決定實施三段警備制，並於 6 月將地方行政區域由三縣一廳制改為六縣三

廳制,同時廢除支廳,而將警察署、辦務署與撫墾署三署同級並立,直接受之縣警察部長指揮。

而實施的三段式警備制,主要強調將臺灣各地分為三級,未曾確立治安的地方為一級區,派駐憲兵及警備,以警備隊長兼任地方行政官;山岳及平原緩衝區為第二級,憲警聯合共同負責治安行政;臺北、臺南等社會治安已經確立的為三級區,由警察擔當治安責任。

換言之,雖名稱實施民政,但軍人總督乃木卻依據 1897 年 10 月發布的〈臺灣總督府官制〉第十四條、第十五條,在總督之下設置總督官房、陸軍幕僚、海軍幕僚、民政局、財政局等五個系統,實際上是削弱了民政局的權限。乃木為鎮壓武裝抗日,推動三段警備制,並從「熟番」中招募護鄉兵。

1898 年除了已實施的〈匪徒刑罰令〉,兒玉總督基於治安與殖產的需要,除了制定〈臺灣保甲條例〉做為警察機關的輔助單位,其性質有如「自治警察」;加上保甲幹部與基層員警的人事交流,形成臺灣特有警察和保甲的治安雙軌制。保甲制度配合警察職權調整,成為行政系統的末端組織。

此外,兒玉廢止三段警備制,並將警察署、撫墾署併入辦務署。1901 年更配合殖民政府體制改革的警察法制,總督府增設統理全臺灣警察的警察本署,設警視總長,領導警察本署,並在地方行政涉及警察業務時,有權指揮各廳長,署內則有警務、衛生、保安三課與高等警察。

地方則廢除縣廳制度與辦務署制度,將全島分為 20 廳,其下設支廳。全島又分為南北二警察管區,設置警察區長監督地方警察事務,地方各廳的警務課長由警部擔任,廳以下的行政組織,支廳長須為警部,屬員須為警察,加上警察派出所,基層行政工作完全成為警察的工作。

檢視民政階段警察法制的特色在於恢復高等警察的功能。根據 1895 年 6 月公布的〈地方官臨時官制〉第二十一條規定:「警察部掌理高等警察、行政警察、監獄衛生及相關刑事案件司法審判的事務。」但由於很快的實施軍政,根據另行的〈民政支部處務細則〉改由第三課掌理「關於高等警察、司法行政警察事務」。攸關高等警察的工作項目並無詳細規定,也因初期臺灣警察事務主要由憲兵主持,

是故高等警察並未受到十分重視。

實施民政的高等警察職掌，根據〈民政局內務部處務細則〉第二章第四條：「警保課下設置高等警察股、警務股、保安股、戶籍股及主計股」，其高等警察股掌理「1.有關集會結社與其他國是警察事項；2.有關報紙雜誌圖書及其他出版事項；3.有關偽造變造貨幣事項；4.有關保安及預戒命令事項；5.有關爆炸物事項；6.有關警察機密費事項。」。

特別是在1901年廢除警保課改設警察本署後，依據〈臺灣總督府官房暨民政部警察本署及各局分課規程〉第七條：「警察本屬直轄警務課、保安課、衛生課，但有關高等警察事務由警察本署專屬」。而在「警察本署處務規程」第二條詳細說明了署長專屬部分設置庶務股、高等警察股，有關署員的身份事項直接受命於署長；並在第四條規定高等警察的職掌：「1.有關政治結社、集會、報紙、雜誌與其他出版事項；2.有關土匪事項；3.有關施行保安規則事項；4.有關其他高等警察事項。」高等警察業務隨著臺灣政治情勢的變化，充分發揮特殊偵查和思想監控的功能。

1904年發布〈犯罪即決例〉，並於1906年在署中獨立設置「番務課」，殖產局遂將其管轄的「番人」、「番地」事務，移由警察本署，警察成為總督府「理番」政策的執行者，同時實施〈臺灣浮浪者取締替規則〉。1909年10月總督府成立「番務本署」並廢除警察本署，由警視總長兼任內務局長並在內務局增設警察課、衛生課。

1911年10月總督府廢除內務局，重設警察本署，下分為警務課、保安課、衛生課。而為充實基層員警人力，放寬臺灣人擔任巡查的資格限制，以及納入隘勇、隘丁，改稱警手。到了1914年太魯閣戰役成功「討番」，和1915年平定噍吧哖事件，大規模武裝抗日已近銷聲匿跡，因此廢「番務本署」，將其事務移交警察本署，地方廳的「番務課」也併入警務課，達成臺灣無論平地或山地，漢人或原住民完全納入警察體系的目標，也逐漸弱化軍事性警察的角色。

1919年6月更藉同化政策，將警察本署改為警務局，隸屬民政部，總督只能在認為須保持安寧秩序時，得以請求在其管轄區域內的陸軍司令官使用兵力維

持秩序,亦即隨著臺灣軍司令官制度的建立,軍事指揮權已從總督轉移到軍司令官。10 月臺灣總督更改派文人田健治郎出任。1920 年地方官制配合改為五州二廳,州設警務部,郡設警察課,市設警察署與分署,廳設警務課與支廳,以利於將警察政治隱形在地方分權的民政制度下。

所謂的內地同化主義與殖民地自治主義是日治臺灣後就一直爭論不休的殖民地統治議題。所以,1896 年賦予臺灣總督委任立法的《六三法》和其延長問題,一再遭支持內地法延長主義的國會議員抨擊。殖民地的「委任立法」問題其實是日本藩閥、軍閥對抗議會、政黨的策略,因此必須在前者政治勢力消退後,日本的殖民地才可能從武力統治轉為文化統治。

日治中期殖民政府在臺灣政經情勢稍有穩定之後,對臺灣人改採安撫策略,並進行行政上的分權制度。這階段歷經九位總督,分別是代表內地政黨派系勢力消長的政友會田健治郎、政友會的內田嘉吉、憲政會的伊澤多喜男、憲政會的上山滿之助、政友會的川村竹治、民政會的石塚英藏、民政會的太田政弘、政友會的南弘、民政會的中川健藏。

這些文官總督的任職之所以都會很長的原因,凸顯臺灣總督人事派定完全受到日本內地政治力量的制衡與分贓的結果。當時日本的國力已經可以成為第一次世界大戰後東亞國家的強權,代表西方強權國家都極力拉攏日本,希望將其納入成為世界經濟、軍事體系的一員,並促進其政治民主化。

回溯 1918 年一次世界大戰後,日本國內受「大正民主」的民本主義激盪,和美國總統威爾遜(Woodrow Wilson)民族自決、共產國際社會等情勢變化影響,加上在日的臺灣留學生、仕紳因受中國辛亥革命和五四運動鼓舞,相繼在東京發起《六三法》撤廢運動。

鑑於民主風潮,臺灣總督府遂於 1920 年 8 月展開政府體制的變革,不得不削減總督府權限,降低對臺灣的高壓統治,轉而設立臺北帝國大學等教育機構,加強殖民化思想教育。並改地方為五州二廳,州設警務部,郡設警察課,市設警察署與分署,廳設警務課與支廳,並由警部兼任支廳長,將中央集權式權力結構調整為地方分權體制。

根據 1919 年修正的〈臺灣總督府官制〉第三條內容指出，總督只能認為必須保持安寧秩序的時候，得以請求在其管轄區域內的陸軍司令官，使用兵力來維持秩序。換言之，隨著臺灣軍司令官制度的建立，臺灣軍的指揮權從總督手上轉移到臺灣軍司令官，總督再也沒有指揮臺灣軍的權力。

具體而言，《六三法》除了賦予臺灣總督絕對立法權、行政權和設置臺灣總督府評議會之外，規定以海陸軍大將或中將出任總督，統帥海陸軍；總督得經敕准、或必要時，不經敕准公布命令，以代替法律，並得頒發總督府令；總督得處理關稅、鐵道、通信、專賣、監獄及國家財政等政務。

所以，1921 年以前的臺灣人為抗爭殖民政府結束軍國體制，極欲爭取廢除《六三法》的努力並未獲致成功。1902 年當帝國議會三度有效延長《六三法》，並在結束日俄戰爭後的 1906 年 12 月底，亦即在《六三法》有效日屆滿之時，發布第三一號法律，俗稱《三一法》。基本上仍維持「律令立法」時期引入日本國內法律體系的嚴刑峻法為主。

《三一法》第一條與第五條內容雖規定總督的命令位居本國法律及敕令之下，總督的命令不得違反施行於臺灣的法律及特以施行於臺灣為目的而制定的法律及敕令；惟第六條又規定臺灣總督所發布的律令仍然有效。而《三一法》在歷經 1911 年和 1916 年的各延長五年，到了 1921 年為因應國內外政經環境變遷而改以《法三號》代之，並根據〈臺灣總督府評議會官制〉恢復評議會，同時廢止律令審議會。

2.《治安警察法》、《治安維持法》與地方分權警察法制

從 1896 年 4 月《六三法》實施，到 1920 年底《三一法》廢止的 25 年間，回溯 1918 年林獻堂在東京以「撤廢六三法」為目標組成的啟發會，後改名新民會並與臺灣青年會於 1920 年在東京共同刊行機關雜誌《臺灣青年》來支持《六三法》撤廢運動，以及後來形成的臺灣議會設置請願運動。

由於臺灣議會設置請願運動進行的並不順利，臺灣人民自覺在異族殖民統治下，除了在總督府所設置評議會、律令審議會及協議會的花瓶式單位之外，是不可能會同意民選議會制度的實施。臺灣人遂將目標朝向爭取地方自治，和配合

1921 年成立的臺灣文化協會和發刊的《臺灣民報》，以提高文化之名，行農民與勞工運動之實，喚醒具有民族意識的臺灣人對抗日本殖民統治。

1923 年在蔣渭水等人根據 1900 年日本制定的《治安警察法》，向臺北警察署提出臺灣議會期成同盟會的結社申請，遭拒後即改在東京重新成立，導致在臺灣的臺灣議會期成同盟會會員，依 1923 年開始實施於臺灣的《治安警察法》而被捕。1925 年 2 月三審宣判，蔣渭水、蔡培火被依《治安警察法》判四個月徒刑，陳逢源等被判三個月，史稱「治警事件」。

政府的基本警察法制性質一直都沒有改變。中央警察機關依據〈警務局處務規程〉第三條，在警務局保安課下設置了高等股、特別高股、保安股、司法股四個單位。高等股職掌：1.有關集會結社及言論事項；2.有關執行保安規則事項；3.有關宗教取締事項；4.有關不屬於其他單位主管的高等警察事項。

特別高等股職掌：1.有關取締危險思想及其他機密事項；2.有關外國人的保護取締事項；3.有關朝鮮人事項；4.有關勞動爭議事項；5.有關報紙雜誌其他出版物及著作物事項。

1925 年日本內地為取締反對日本天皇制與私有財產制的活動，通過《治安維持法》，同年在臺灣實施，以防範政治性犯罪活動。這階段高等警察與特高警察職權的調整，由以前的長官直屬轉而設置成為獨立單位，業務上更從以前主管政治結社、執行保安規則，擴大到主掌宗教、勞工、外籍人士、報紙雜誌出版物等事項。

更隨著臺灣政治和文化運動的展開，到了 1928 年 8 月將〈警務局處務規程〉第三條保安課下的組織修改為分設高等、特別高等、圖書三股。高等股職掌：1.有關集會結社及言論事項；2.有關執行保安規則事項；3.有關宗教取締事項。特別高等股職掌：1.有關取締危險思想及其他機密事項；2.有關外國人(支那人除外)的保護取締事項；3.有關支那人留在本島的身分調查事項；4.有關支那人及支那勞動者取締事項；5.有關朝鮮人事項；6.有關團體爭議事項。圖書股職掌：1.有關報紙雜誌其他出版物及著作物事項；2.有關電影、影片活動的檢查事項；3.有關御紋章、御肖像、勳章及記章的取締事項。

　　高等警察的增設專任和圖書警察股的增設，凸顯警察除了治安等經常性工作之外，還須負責出版事務、取締危險思想，以防範共產主義與民族自決的言論，對於政治文化思想採取全面性的監控。

　　由臺灣議會設置請願逐漸轉成的臺灣民族運動，到了 1927 年由於部分左翼民族主義者不贊同無產階級路線，導致蔣渭水、林獻堂、蔡培火等人退出臺灣文化協會，這是臺灣文化協會的第一次方向轉換，終結了標榜民族主義的啟蒙文化團體時期。

　　蔣渭水等人為了規避 1925 年實施的《治安維持法》，於是先組織臺灣民黨，再過度組成以確立民本政治為其三大綱領之一的臺灣民眾黨。這是臺灣第一個合法政黨，並在蔣渭水的領導下主張民族自決，致使主張殖民地自治的林獻堂、蔡培火決裂，並於 1930 年 8 月另組臺灣地方自治聯盟，繼續推動臺灣議會設置的請願。

　　臺灣地方自治運動發展到 1931 年，由於臺灣民眾黨受到 1928 年 4 月甫成立的臺灣共產黨及其階級意識和民族矛盾的思想鼓動，公開鼓勵階級運動和民族運動，到了 1931 年 2 月總督府以該黨違反《治安警察法》，迫其解散，8 月蔣渭水去世，臺灣民眾黨的畫下休止符。

　　由於臺灣共產黨自 1932 年以後已逐漸掌控了臺灣文化協會的主導權，臺灣共產黨藉由農民組合、文化協會內黨員組織成立的臺灣赤色救援會，與在年底同臺灣文化協會幹部也遭到檢舉之後，事實上勢力已消滅。至於臺灣議會設置運動亦有感於長期受到政治警察壓抑，1934 年宣布中止請願運動。

　　1935 年臺灣雖然首度爭取到象徵性地方選舉行使投票權，臺灣地方自治聯盟推薦的候選人也有多人當選，但是這樣半數官選、半數由市會及街協議會員間接選舉的有限制選舉制度，實在與臺灣地方自治聯盟的改革運動相去甚遠，臺灣唯一獲准存在的臺灣地方自治聯盟，也僅持續到 1937 年就因戰事再起而宣布解散。隔年，臺灣地方自治聯盟雖推派候選人參選，但是這種不會影響權力結構，採半數官選、半數由市會及街協議會員行使的間接選舉，實與該聯盟的理想相去甚遠。

　　而 1930 年發生的「霧社事件」，除了原住民與日人所謂「內緣妻」的婚姻問

題，及馬赫坡社頭目莫那·魯道不滿的因素之外，主要還是勞役剝削，舉凡建築、修繕工事，勞役即使有償，亦遠低於應得，且勞役過重；加上，警方帳目不清，引起不滿而爆發。

「內緣妻」就是日本領臺之初，為了了解「番情」，以利統治，鼓勵警察迎娶社頭目或有地位者之女兒為妻。這些警察往往在「內地」已有妻子，因此就近而娶的高山族妻子就成為「內緣妻」，法律上不承認，但有婚姻之實的妻子。此類結婚難得善終，女方常常無故被拋棄。

領導霧社事件的馬赫坡社頭目莫那·魯道的妹妹，也嫁了日本巡佐近藤儀三郎，數年後丈夫因故行蹤不明。貴為頭目之女，竟遭人拋棄，族人莫不憤恨。尤其參與霧社事件的人員甚至包括曾被總督府表揚模範青年而任命為巡查的花岡一郎、花岡二郎兄弟。

在特高等警察的雷厲風行之下，嚴格箝制臺灣人的言論和出版自由。對於由臺灣人具名發行的報紙，須獲得總督府的核可。早期在東京發行的《臺灣青年》初期是以月刊發行，1922 年 4 月改稱「臺灣」，翌年改為漢文半月刊的報紙型態《臺灣民報》，同時 10 月改為旬刊，1925 年 7 月改為週刊，1927 年 8 月才核准把發行所遷回臺灣。

1930 年 3 月《臺灣民報》改稱《臺灣新民報》仍以週刊發行，到了 1932 年 1 月得以日刊發行，還導致木下總務長官及井上警務局長的被勒令停職。《臺灣新民報》得以成為日治臺灣唯一由臺灣人所辦，而且是持續刊行最久的日報，對臺灣新文學運動的影響更是深遠。

然而，到了 1937 年受制於皇民化政策，《臺灣新民報》的中文版面也遭遇被廢止的下場。臺灣無論是政治性、社會性或文化性的運動已先後遭受到 1936 年日本爆發「二·二六事件」的宣布戒嚴，和 1937 年對中國戰爭的影響而被禁止一切活動。

檢視這時期的政治性警察職權，因應臺灣政治和文化活動的抗爭，特別將保安課的組織擴大，分設高等警察、特高警察、圖書警察三股，改設獨立單位，強調警察業務為取締危險思想，防範共產主義與民族自決的言論，以及負責監督出

版事務，以加強對政治文化思想的監控。

但到了 1937 年，受到日本國內反制「大正民主」，和發動戰爭的影響，不但臺灣地方自治聯盟解散，也導致政治性警察與地方分權體制隨著調整。此時期的重要業務措施尚包括：管理特種營業、執掌衛生行政、加強消防組織及設備、整理戶籍、治理「番族」、取締流氓、刑事偵查科學化等。

3.《國家總動員法》與戰時警察法制

日治臺灣自 1937 年 8 月殖民政府為因應戰爭的需要，宣布臺灣進入戰時防衛體制。這階段歷經小林躋造、長谷川清、安藤利吉等三任武官總督。其實分析 1930 年代中葉以後國際局勢，由於世界體系缺乏一個共同的霸主，導致整個世界分裂為若干地區性集團。

日本有感於自己被孤立，在安全上陷入困境，除了在 1936 年將南進政策列為國家發展目標之外，更為了防止中國國民黨統一中國，1937 年 7 月發動侵略戰爭，開始徵用臺灣人赴中國戰場，也在臺灣實施米穀管制政策。並在 1939 年宣布加速推動臺灣的皇民化、工業化及南進基地化政策。

此時期值二次世界大戰期間，警察納入戰時體制，警政特點有二：一為警察權極度擴張，舉凡刑事、兵事、防空、經濟等都為警察管轄；二為機構與人員增添。戰時動員體制主要透過 1939 年實施的《國家總動員法》，確立經濟性警察的統制經濟和安定戰時國民生活。特別是在總督府警務局，及州警務部增設經濟警察課，市警察署、郡警察課則增設經濟警察股，專司取締違反統制令的業務。同時，為因應戰爭總動員的需要，以及加速推動臺灣皇民化、工業化和南進基地化政策，在總督府分設防空課與兵事課。

1941 年總督府更為了對應日本國內的大政翼贊會，在臺灣成立皇民奉公會，要求其配合各地經濟警察的統制戰備物資。1942、1943 年先後實施陸軍與海軍志願兵制度，和高砂義勇隊。隨著 1944 年日本太平洋戰線失利，長谷川清的總督職位不保，臺灣軍司令官安藤利吉策動日本內閣准其自兼臺灣總督，復行軍政。除了宣布廢止自 1898 年實施以來的〈保甲條例〉、1922 年的〈保甲規約〉，和取消兵事、防空、防空等單位之外，相對地增設了等待國民政府來臺接收的調查與

警備課。

當時以維持治安為首務的特高警察(思想警察)，為掌握臺灣人民對回歸祖國、爭取獨立大肆檢舉叛亂份子。但是為了打開臺灣人及朝鮮人共同參與國政之道，於 1945 年 3 月分別通過貴族院與眾議院議員選舉法的修正案，只是這種聊備一格限制選舉的虛幻國政參與方式，對於增進臺灣人的權力行使毫無意義可言。

1945 年 8 月 15 日日本昭和天皇宣布戰敗，戰時動員時期被徵調南洋軍伕的臺灣人紛紛遣返回臺。9 月 1 日國民政府任命陳儀為臺灣省行政長官兼警備總司令，奉命編組接收臺灣。1946 年 4 月 13 日總督府臺灣官兵善後聯絡部解散，5 月 30 日天皇敕令第二八七號廢除臺灣總督府。

檢視日治臺灣警察法制的演進，雖然以從日本引進現代警察法制，也釐清了軍人與警察的不同角色，但是實施殖民式警察政治，凸顯了以軍領警而有別於民主體制的警察法制。亦即日治臺灣軍管治安警察法制的實施，特別是警察的高級幹部都由日本人擔任的氛圍，是從臺灣人不斷對抗帝國主義軍國體制的爭取政治民主與經濟自由過程中，高漲了臺灣人民族意識與凝聚了生命共同體。

對臺灣人而言，臺灣與日本的政治統一，以及臺灣的經濟現代化，是透過各地的日本警察嚴密控制，他們兼具平民憲兵與現代化普及者的雙重身分，事實證明，這種安排極為有效，它既可以強迫民眾順從日本的殖民統治，又可以強行將臺灣經濟納入日本的殖民資本主義系統。

日本統治臺灣 51 年，建立了以警察法制為重心的統治體系，戰後國民政府亦採取特別法制的《戒嚴法》延續「軍管治安」的警察法制繼續在臺灣實行。

(二) 國治戒嚴治安法制的階段(1945-1987)

1. 〈臺灣省行政長官公署組織條例〉與重建警察法制

國民政府於 1944 年 4 月在中央設計局成立臺灣調查委員會，派陳儀為該會主任委員。主要草擬〈臺灣接管計劃綱要〉和決定訓練大批行政幹部備用，包括訓練臺幹學生、學員班及初幹班官警。然而，〈臺灣接管計劃綱要〉後改由〈臺灣省行政長官公署組織條例〉取代，陳儀為臺灣省行政長官兼警備總司令，並於公署

內設置警務處,任命中央警官學校臺幹班主任胡福相為首任警務處處長。臺灣省行政長官公署及警備司令部分別於 9 月在重慶成立臨時辦事處,和聯合成立前進指揮所;10 月胡福相率領臺幹班師生來臺接管警政,進駐於當時臺灣總督府警察官、司獄官訓練所。

為順利完成接管各地警察機關,根據〈臺灣省州廳接管委員會組織通則〉,警務處先後於臺北、基隆、高雄、臺中、臺南、新竹、彰化、嘉義、屏東等九個市設市警察局;於臺北、新竹、臺中、臺南、高雄五個縣設縣警察局;於花蓮港、臺東、澎湖三縣設縣政府警察科。同時,根據〈臺灣省行政長官公署警務處警察大隊組織規程〉,於警察訓練所短期集訓員警,其工作重點在保護倉庫工廠及學校安全,與宵小竊盜的偵緝,以及協助各工廠處理工潮等案件。

日本投降以後,當國民政府接收官員又未完全抵臺,一時臺灣情形,幾成無政府狀態。有心之人,紛紛起而組織自衛團體,份子複雜,名稱不一,如糾察隊、自衛團、勞動同盟會正義隊、北投自衛團、三民主義青年服務隊等等,期間雖有少數正義人士,用以維持治安,而不良份子藉口聚眾,荼毒鄉里,致治安情形益形紛亂。因此,政府依據《非常時期人民團體組織法》,勒令戰後成立的所有民間團體必須解散。同時,政府肩負執行警察法制重建,乃於 1946 年 6 月實施《內政部警察總署組織法》。

2. 〈動員戡亂時期臨時條款〉、《戒嚴法》與一元化警察法制

1947 年 1 月 1 日政府公布《中華民國憲法》。當處臺灣警察法制重建的重要時刻,不幸於 2 月 28 日發生的「二二八事件」,雖然起因於警察查緝私菸的紛爭,然而事件卻一發不可收拾,警備總司令部宣布臺北市臨時戒嚴,而成立的「二二八事件處理委員會」更因為排除政府代表,自演變為一非法團體,又有襲擊機關等不法行動相繼發生,故中央決定派軍隊赴臺,維持治安。

「二二八事件」後,臺灣省行政長官公署警務處長改由王民寧接任。同時,實施以「國防中心主義」的建警方針,配合整軍計畫,制定〈建警方案暨建警試行警員制方案〉。5 月臺灣省政府成立,魏道明出任臺灣省政府委員兼主席和臺灣省警備總司令。但是國共內戰方興未艾,1948 年 5 月政府公布〈動員戡亂時期臨

時條款〉，凍結《憲法》，旋復修正公布實施《戒嚴法》。

1949 年 1 月政府改派陳誠接任臺灣省政府主席兼臺灣省警備總司令，彭孟緝為副總司令。5 月 19 日臺灣省政府主席兼警備總司令陳誠，依《戒嚴法》第三條規定，宣告臺灣省全境的戒嚴，並自翌(20)日零時起實施，臺灣進入戒嚴時期。隨即制定〈防止非法的集會、結社、遊行、請願、罷課、罷工、罷市、罷業等規定實施辦法〉、〈新聞、雜誌、圖書的管理辦法〉，和〈臺灣省警務處戒嚴時期維持治安緊急措施方案〉；並頒布〈動員戡亂時期懲治叛亂條例〉，和在全省成立山地警察所，以及通過〈臺灣省統一警察系統實施辦法〉；9 月成立臺灣省保安司令部，派彭孟緝為司令，臺灣省警務處及保警總隊改隸保安司令部指揮，並於 1950 年 4 月開始的綏靖與清鄉工作。1951 年通過〈共匪及附匪份子自首辦法〉及〈檢肅匪諜獎勵辦法〉，以維護臺灣內部政局的安定。

1950 年 3 月蔣介石在臺灣復任總統之職，成立國防部總政治部，擔負重建軍隊的政工制度，同時，遴選警員參加政工幹校戰地政務講習的方式，以黨的組織建制一元化掌控軍警思想和活動。

1953 年政府制定《警察法》，凡警察之組織、職權、人事、教育、經費、設備，警察權由中央與地方行使的事項，皆訂有規範可循，並通過工礦、森林、外事等專業警察的相關組織規程。1954 年政府實施〈臺灣省警察政訓工作綱領〉，凸顯臺灣省警政工作配合反共抗俄的需要，及符合政治改革的要求，以堅持三民主義革命政策統一警察人員思想，團結警察人員精神，激發工作情緒，改變警察氣質，養成優良紀律，促進警民合作，完成國民革命第三期任務，凸顯戰時革命警察的特質。

1960 年政府頒行〈警察教育條例〉，積極建立警察教育制度，以培養具有專業知識的警察。一元化警察法制更凸顯在軍人轉任警政首長的人事運作，以及 1968 年臺北市改制直轄市，省、市分治，行政系統雖各不相屬，但當時仍以省警務處長兼臺北市警察局長，又 1972 年內政部成立警政署，仍出現警政署與省警務處的署處合署辦公型態，以後陸續成立出入境管理局、刑事警察局、航空警察局等單位，亦在一元化警察法制的思維下，配合戡亂戒嚴時期以軍治警模式，透過

警備總部統合指揮調查、警察機關、憲兵等單位以收統合治安之效。

溯自 1949 年 5 月 1 日零時起，開始實施全省戶口總檢查。因為，臺灣光復之初，戶政制度延續日治時期的作法，仍由警察機關辦理。但為配合憲政的實施和選舉的順利進行。

鑑於 1946 年修正完成《戶籍法》的實施戶籍行政與戶口查察的戶警雙軌分工制，並未能達成政府關注人民生活動態，統制戰時經濟，和維護社會安定的目標，政府乃於 1969 年頒布〈戡亂時期臺灣地區戶政改進辦法〉，將戶政業務移交警察機關辦理，並於 1973 年修正完成《戶籍法》，〈實行細則〉亦於隔年 7 月公布實施，戶警合一的法制工作才告完成。

戶警合一是在配合戡亂戒嚴時期警察有效的掌握犯罪人口、防治犯罪和維護治安等任務，但也相對地造成警察勤務的加重負荷。因此，政府配合解嚴和終止動員戡亂，遂於 1992 年修正通過《戶籍法》，將戶政業務劃歸民政機關辦理，但規定戶口查察，素行、失蹤或行方不明人口及流動人口等業務仍由警方辦理。

3. 〈檢肅流氓條例〉、《違警罰法》與現代化警察法制

溯自 1972 年 5 月蔣經國出任行政院長時，就將政治自由化和警察法制現代化列為推動國家發展的重要目標。所以，當 1977 年因地方公職人員選舉所引發警民嚴重衝突的「中壢事件」，以及 1978 年美國與中國大陸建交，政府發布緊急處分命令，延期了當時即將舉行的中央民意代表選舉，卻不幸於 1979 年 12 月 10 日發生「美麗島事件」。

然而，「美麗島事件」的發生，反而加速推動臺灣政治自由化和警察法制現代化。政府以修正「動員戡亂時期臨時條款」的方式，擴大選舉名額，容納更多政治精英參與中央決策。同時，為了彰顯政府推動政治自由化的決心，政府在審理「美麗島事件」上更是採取公開方式的開明作法，也凸顯警察在治安事件上以打擊犯罪、維持秩序的執行法律角色，亟欲避開戡亂戒嚴的以軍治警色彩。

1984 年蔣經國、李登輝的當選中華民國第七任總統、副總統，1986 年 9 月 28 日政府對於參與組織成立民主進步黨的「黨外人士」，乃採取以溝通協調的包容方式處理。臺灣政治自由化和警察法制現代化的發展，到了 1987 年 7 月更因為

政府根據《動員戡亂時期國家安全法》而解除長達 38 年的戒嚴，以及 1988 年 1
月 1 日的解除黨禁、報禁。同月 13 日蔣經國總統過世，李登輝副總統依法繼任總
統，隨著臺灣政治自由化，警察法制發展亦隨之調整。

　　檢視 1980 年代的現代化警察法制，特別彰顯於 1985 年先後通過修正〈警械
使用條例〉、〈槍砲彈藥刀械管制條例〉，和〈動員戡亂時期檢肅流氓條例〉等相關
法制，凸顯政府在維護治安及保障人權方面皆具積極的意義與作用。

　　但是以 1943 年即公布實施以來的《違警罰法》為例，警察仍屬擁有極大權限
的機關，其不僅擁有法規制定權，如頒布一些職權命令，且依據《違警罰法》，掌
理警察司法裁判權。警察行政權之範圍，仍擁有一些衛生、消防、工商、安全以
及風俗等警察之事務，此種警察權，包括行政、立法以及司法裁判權等，非常類
似日治臺灣時期「警察政治」國家的警察權而受到批評。《違警罰法》一直要到
1991 年 7 月 1 日才廢止，正式改由《社會秩序維護法》取代。

五、 臺灣警察法制的警管治安時期(1987-迄今)

(一) 轉型治安法制的階段(1987-2008)

1. 國安三法與轉型警察法制

　　1991 年 4 月通過中華民國憲法增修條文，廢止長達 43 年的〈動員戡亂時期
臨時條款〉，完成了第一階段修憲任務。因此，1992 年 7 月通過的國安三法，包
括《人民團體法》的主要在政黨解散改由憲法法庭處理，《國家安全法》的放寬了
對異議人士返臺的限制，以及《集會遊行法》的刪除不得違背憲法的規定。

　　換言之，政府自 1991 年至 2000 年的進行六階段修憲，凸顯轉型警察法制的
政治民主化。因此，1991 年 5 月終止〈動員戡亂時期臨時條款〉、6 月廢止〈懲治
叛亂條例〉，以及 1992 年修正《刑法》一百條，排除思想叛亂入罪等影響國家體
制和警察法制的轉型。

　　尤其是 1994 年 1 月 1 日才正式完成法制化的《國家安全會議組織法》、國家安全局的立法工作。回溯「國家安全會議」的設置源自於 1952 年政府設立「國防會議」，和 1955 年在該會議之下設國家安全局，負責協調並監督各警政、情治機關。所以，當時臺灣保安司令部即由國防部督導改受國家安全局指導。1967 年政府依照〈動員戡亂時期臨時條款〉第四項的規定，設置「動員戡亂時期國家安全會議」並自其成立之日起撤銷「國防會議」，原隸「國防會議」的國家安全局及戰地政務委員會改隸「國家安全會議」。

　　接著 1996 年總統、副總統的直接民選，顯示臺灣已從戡亂戒嚴體制的轉型中，成功地完成強調主權在民的政治民主化過程。換言之，這階段臺灣從解嚴、國會全面改選到總統直選，遞次完成了國家體制和警察法制轉型工程。

2. 《警察職權行使法》與分立軍警法制

　　1987 年 7 月 15 日政府宣布解除戒嚴、1989 年首次由警察系統出身的莊亨岱出任警政署長，以及警備總部逐漸結束部分階段性任務，改由警政署成立安檢組，掌理機場、港口沿海地區安檢業務，加上實施〈五年警政建設方案〉後，警察法制、警察組織與業務已迅速調整完成，尤以增加保安警察的工作來因應解嚴後社會變遷，警察法制發展更因為戒嚴體制的解除而「脫軍人化」。

　　因此，回溯 1972 年起政府採行的行政革新，特別於 1976 年通過〈警察人員管理條例〉，對於建立警察人事制度，減少軍職人員轉任警察的人數和素質的提升，是警察法制現代化的重要建樹。另外，公布〈警察人員管理條例〉的同時，廢止〈警察官任用條例〉，〈警察人員管理條例〉歷經多次修正，到了 2007 年 7 月修正更名〈警察人員人事條例〉。

　　1996 年通過〈組織犯罪防制條例〉，1997 年 4 月 14 日臺灣發生駭人聽聞的「白曉燕分屍命案」，導致自 1944 年即開始實施的〈懲治盜匪條例〉於 1999 年再行修正，並於 2002 年 1 月廢止〈懲治盜匪條例〉。特別是於 1999 年 1 月的廢止《出版法》，皆牽動警備總部與警察執行業務上的調整和移轉。

　　因此，2003 年通過的《警察職權行使法》，明定警察勤務程序與職權賦予，更落實了依法行政之法律保留的原則；加上，自 1998 年以來陸續通過或修正通過

的法規諸如：《刑法》、《刑事訴訟法》、《訴願法》、《行政執行法》、《行政程序法》、《行政罰法》等，警察法制終於朝向落實正當程序原則、周延保障人民權益和促進民眾參與的民主法治精神邁進。

亦即隨著 1992 年警備總部的裁撤，另成立海岸巡防司令部，以及 2000 年依據《海巡法》成立「行政院海岸巡防署」，軍管與海巡的分置政策，正式確立軍警的分立。到了 2005 年更因為《內政部入出國及移民署組織法》的通過，其相關警察法制與業務的調整，諸如消防、水上、移民、外事、保安等也都朝向「除警察制服化」調整。

(二) 法治治安法制的階段(2008-迄今)

1. 《公務人員行政中立法》與專業化警察法制

2009 年 6 月實施的《公務人員行政中立法》，源自於 1996 年底「國家發展會議」決議，達成「提升行政效率，加速推動政府再造，建立『小而能』的新政府」、「檢討並簡化政府層級，落實分層負責，縮短行政程序」、「明確規定中央與地方政府之權責區分」、「調整精簡省府之功能業務與組織，並成立委員會完成規劃及執行，同時自下屆起凍結省自治選舉」等共識。在歷經連戰和蕭萬長兩位閣揆，先後成立了「政府再造推動委員會」與「政府再造諮詢委員會」，從組織再造、人力及服務與法制再造等三方面，進行全面性政府再造工程。

然而，2000 年民進黨執政後，依「政府再造」而改名稱進行「政府改造」。比較具體的結果是 2004 年立法完成《中央行政機關組織基準法》，並於 2008 年部分條文修正通過有關增列警察及檢調排除適用的特別規定。

2008 年國民黨馬英九、蕭萬長當選中華民國第十二任總統、副總統，2009 年政府完成《行政院組織法》，同年 6 月實施的《公務人員行政中立法》，其中第九條規定公務人員不得為支持或反對特定的政黨、其他政治團體或公職候選人從事如站臺、拜票、主持集會、發起遊行或領導連署等高度政治性活動，而被批評箝制講學自由及剝奪政治權利等違反人權的質疑。亦即言論自由受到憲法保障，不得立法侵犯。警察是國家公務人員體系的一環，因此，警察法制的專業化得以

進一步落實。

2. 兩國際公約與法治化警察法制

警察法制的法治化工作隨著軍隊國家化和民主法治化而落實，而國家民主法治化的其中一項重要元素，就是貫徹臺灣地方自治的實施。地方警察預算歸屬地方政府作業、地方警察首長人事的改採尊重地方首長職權，和考量地方治安的需要，這有助於警察專業化和法治化的發展。在警察法制的保障人權方面，不但將沿用多年的戶警合一措施改採取戶警分立制，至於戶口查察的作法，也改保護資訊隱私或自決權的家戶訪查方式來進行。

檢視 1985 年 7 月公布施行的〈動員戡亂時期檢肅流氓條例〉，在歷經 1992 年與 1996 年的修正，並於 2009 年正式廢止爭議多年的〈檢肅流氓條例〉，對於人民權利的保障更確實。尤其是總統馬英九於 2009 年 5 月 14 日簽署〈公民與政治權利國際公約〉及〈經濟社會文化權利國際公約〉(簡稱「兩國際公約」)，同時堅持徹底揮別非法監聽，要求情治機關確實遵守通訊保障及監察法的相關規定。

另外，警政署亦於 2009 年 10 月 1 日起，要求警察單位作筆錄不再按捺指紋，以示尊重人權。換言之，民主法治化讓警察法制和專業執法的功能得以發揮，真正實現警察法治化是為保障人權執法，遂行警察權的人權保障與治安任務的雙重目標。2012 年 10 月開始實施的《個人資料保護法》，更是政府為保障基本人權的警察法制化具體作為。

六、 結論

省察臺灣警察法制演進的歷史，不禁令人想起日前應邀來臺訪問的哈佛大學政治倫理學教授桑德勒(Michael J. Sandel)講的一段話：「如果我們能為自己的歷史自豪，就是要看清楚我們的道德責任，我們不是要對當年的警察做什麼，而是身為他們後代的我們，扛起這份超越時間、延續好幾代的集體道德責任。」

今天我們有幸集聚一堂，探討臺灣四百年來的治安史，我們更感受到責任的

重大。我們深入分析當年的警察到底為國家和人民做了什麼？或是社會對警察的角色仍有所誤解？乃至於觀感不佳。如果經過思考，仍然覺得模糊，是不是藉助於警察歷史文物古蹟，能夠讓社會能夠清晰地了解警察的作為。展望未來：

一、檢視過去臺灣警察法制的演進，我們似乎見到許許多多前人留下的史事和古蹟。就以臺南治安為例，荷治臺灣時期的「郭懷一事件」，如果郭懷一曾居住現在永康區，是不是我們可以在詳加考證之後，列入治安事件，而將其經過情形陳列在「臺南市警察史蹟文物館」。

再如清治臺灣康熙年間進逼臺灣府城的「朱一貴事件」，嘉慶年間侵犯鹿耳門的「蔡牽事件」，和道光年間發生於現在白河區(店仔口)的「張丙事件」，亦是治安議題；又如日治臺灣發生的羅阿頭「六甲事件」、現在玉井區(噍吧哖)的「余清芳事件」等治安事件，都可以嘗試與興蓋於日治時期臺南警察署的建築史蹟文物做連結，成為警察與國家發展的重要歷史傳承和擔負社會教育的功能。

二、從警察法制思潮的演進而論，有海洋派警察和大陸派警察之分，而臺灣警察法制除了荷治治安階段歸屬於海洋派警察法制之外，鄭領、清領、日治和國府戒嚴階段治安均屬於大陸派警察法制，以及到 1987 年解嚴之後，才逐漸從大陸派警察法制過度到海洋派警察法制。

三、省察臺灣傳統治安和軍管治安時期的警察法制發展，或許國家法制是過度強調特別法的重要性，相對忽略社會的自主性，導致忽視自由、民主而受到批評；到了警管治安時期的警察法制發展時期，社會普遍又過度解讀自由、民主，在警管治安當然是要尊重自由、民主，但更不能忽略了法治的重要性。

法家韓非子說：「法與時轉則治，治與世宜則有功」。法制的內容是要與時俱進，才能更好地為治理國家服務；治理國家的手段要與世道民情相融合，才能治理出好的效果。現代世界警察法制有朝海洋派警察與大陸派警察法制整合性發展的趨勢。

四、面對當前臺灣警察法制發展，我們要藉由鑒往反省和惕勵未來，充分發揮警察法制歷史的教育功能，深切體認警察人員在國家發展中的重要角色，積極配合國家的整體發展來達成：「依法維持公共秩序、保護社會安全、防止一切危害、

促進人民福利」的目標，亦即堅守「行政中立」、確實「執行法律」，和發揮「警
察專業」的現代警政服務準則。

第二部分

臺灣政經發展斷代史

明清時期漳商的「在臺落業」

一、前言

2011 年 7 月我有機會和我的學生隨同北臺灣科學技術學院(今升格改名為臺北城市科技大學)與漳州市人民政府等相關單位舉辦的「2011 兩岸青少年漳州夏令營」來到漳州，也因為這一機緣促成我這論文的發表。

我首先要感謝漳州師範學院(今升格改名閩南師範大學)的鄭鏞和鄧文金教授的引薦；其次，要感謝這次舉辦論壇的單位，雖然我從 2008 年起，就已先後應閩江學院、廈門大學之邀，走訪和考察了福州、湄洲、泉州、廈門等地，而這次因為有論壇發表論文的準備，更讓我有機會深入了解明清以來福建與臺灣發展的歷史關係，探究 16、17 世紀以來穿梭在東亞海面上的閩南人，如何將臺灣變成了溝通東西兩個世界的重要橋樑。

我的祖籍是泉州安溪縣，我內人的祖籍在漳州長泰縣，因此漳泉兩地，對我而言，除了地緣、血緣關係的備感親切之外，另外一項因素，就是我的教學與研究領域側重在政治經濟學、臺灣政治經濟發展史，和兩岸關係等領域，特別是明清時期與臺灣經貿發展的關係方面。我對它的感受就如同漳州月港作為明朝中後期中國唯一合法的始發港，在「海上絲綢之路」發展史上具有不可或缺的重要歷史地位和作用。

近年來，廣州、泉州通過參與「海絲」申遺，古代中國的廣州港、泉州刺桐港聲名鵲起，廣為人知。然而，由於種種原因，漳州古月港，這個明清時期有著

同樣輝煌的、最活躍的外貿港口之一,在過去卻鮮為人知。月港是古代中國第一個民間貿易港口,它的興起和繁盛承先啟後地結束了明代前期維持了近 200 年的海外朝貢貿易,與掀開了中國海外貿易史新的一頁。儘管其歷史短暫,但它所具有的民間性、唯一性、合法性,是國內其他貿易港口無法替代的發展經驗。

基於此,本文特別將透過明清時期臺灣產業結構與發展,來檢視這時期兩岸經貿關係的發展如何?漳商又如何「在臺落業」,又如何從土地墾殖、商業經營,到「行郊」「洋行」組織結構的轉型與發展國際貿易,而漳商又如何能在「海上絲綢之路」的發展史扮演重要角色,這些都引發本文的研究動機。

這裡所指的「漳商」,採取廣義的定義,舉凡漳州人移民來臺,無論是從事單純土地墾殖的農人、或是生意買賣的商人、或是兩岸商業交易的貿易商、或是海上運輸工作的船商,乃至於「偷渡過臺」,或從事「亦盜亦商」行為的海商等等。也就是泛指只要是來自祖籍漳州,而飄洋過海曾經在臺灣停留過,特別是事業經營有成者,都是本文探討的對象和論述的重點,期望透過對這些重要人物或其家族的在臺灣政治經濟活動,檢視漳商與臺灣產業發展關係,佐證漳州海商在東亞海上活躍的歷史重要角色。

二、 本文的研究途徑與結構說明

臺灣產業發展深受國際經濟的影響,17 世紀以前,就已經有來自閩粵地區的漢人在島上與附近海域,從事海上商業活動。所以,迨至 17 世紀之初,活躍於東亞、東南亞貿易圈的漢族大商人,主要人物仍然為漳州、廈門與同安籍。荷蘭人東來之後,只能與這些地區的大商人搭上線,且在與明朝政府交涉過程中,不斷地諮詢這些人。最後,荷蘭人接受他們的建議,撤退到臺灣,在臺南附近建立商業據點,以期建立與這些來自九龍江流域商人的運貨前來交易。

檢視這時期也正是西方國家大舉向東方殖民的年代。大航海時代浪潮提供了東西產業技術的交流;而改變了人類千年農業生產的結構,繼之而起的是工業技

術，但它象徵發展的時間只有三百年，到了 20 世紀人類就逐漸進入知識性服務業的時代，凸顯這產業發展的革命性關鍵都決定於產品生產技術的不斷創新。

根據熊彼得(Joseph A. Schumpeter)經濟發展理論(The theory of economic development)的「創新」(innovation)因素的影響產業發展。[1]熊彼得將創新和經濟循環連結而建構的基本模型是：在一般均衡情況下，企業引進技術創新，均衡受到破壞，創造經濟繁榮，形成新舊企業並存的市場，導致競爭更加激烈，創新者的成功獲得巨額利潤，引起多數的模仿者，市場新商品充斥，物價下跌，景氣衰退，新的均衡出現。[2]

所以，本文將透過影響經濟發展因素中的國內外市場，和生產要素的土地、勞動、資本、技術和企業家精神的投入，來檢視臺灣自明清時期以來產業發展的結構變遷，並聚焦在該時期移民來臺，占臺灣人口結構比率非常重要的漳州人為主要研究對象。

在結構安排，首先將論述漳州海商移民臺灣，如何透過其對土地墾殖與商業交易的經營，產生漳商資本轉化成臺灣資本的「在臺落業」現象，促成漳商資本「在地化」的商業資本形成與積累。其次，將深入分析臺灣漳商與郊商的資本結構，和商業貿易的網絡；尤其探討到了 19 世紀中葉，臺灣產業如何受制於國際因素而被迫對外開放，導致商業結構的轉型，洋行取代了行郊。第三部分，主要論述清政府在臺灣推動近代化的前因後果，以及漳商對臺灣產業在農業轉型工業發展過程中的影響如何。最後部分，提出明清時期漳商的「在臺落業」，與當前臺商「投資漳州」的角色轉移為結論。

---

[1] Joseph A. Schumpeter, *The Theory of Economic Development* (Cambridge, Massachusetts: Harvard University Press, 1934).

[2] Joseph A. Schumpeter, 朱泱等譯，《經濟分析史(卷一)》，(臺北：左岸，2001 年 11 月)，頁 VI。

三、漳商「在臺落業」與農業發展

根據約 1548 年(明嘉靖 27 年)巡撫朱紈〈奏請增設縣治以安地方事〉，和約 1592 年(明萬曆 20 年)巡撫許孚遠〈請疏通海禁〉，以及明人張燮《東西洋考》的記載，均在在證明了東西兩洋航陸上漳州籍福佬人佔優勢的事實。除了 1554 年(明嘉靖 33 年)漳州人陳老「結巢澎湖」，1580 年(明萬曆 8 年)廣東曾一本「屯澎湖」之外，「在臺落業」出自乾隆中葉福建巡撫鍾音的「臺灣一郡孤懸海外，人民煙戶，土著者少，流寓者多，皆係閩之漳泉，粵之惠潮，遷移赴彼，或承贌番地墾耕，或挾帶資本貿易，稍有活計之人，無不在臺落業，生聚日眾，戶口滋繁。」[3]

換言之，明清時期大量到臺灣移墾的閩之漳泉，粵之惠潮拓荒者，在臺灣建立了農業聚落和商業市集。「在臺」遂有「旅臺」之義，「落業」則有落地生根，建立基業之義。「在臺落業」的完整意涵便有從「旅臺」、「移民」開始，而後有了「在臺」墾殖謀生，乃至於在地化的成家立業，於是擁有自己的龐大田產與企業。漳商移墾的「在臺落業」即是最具代表性。

同時，檢視早期臺灣移民都有「再移民」的傾向。分析明清時期漳商在臺灣南部、中部、北部，和東部的墾殖先後和地區分布狀況如下：

(一) 在臺灣南部地區的墾殖

(1)來自漳州海澄的顏思齊在雲林北港、嘉義新港。根據鄭芝龍部屬江美鰲的兒子江日昇，從他父親口述在康熙年間所寫的《臺灣外記》中提到，顏思齊在家鄉漳州海澄曾遭受權勢者的欺壓，一怒之下打死官家奴僕，亡命海外，後來在臺灣魍港從事與日本平戶的轉口貿易。

在顏思齊登路北港的前一年(1620)，同時間是載運英國移民「五月花號」在

---

[3] 國學文獻館主編，《臺灣研究資料彙編》，(臺北：聯經，1993 年)，第 35 冊，頁 15350。

北美普列茅斯港的靠岸。荷蘭人佔領安平的 1624 年，亦有另一群荷蘭人也開始在北美哈德遜河口的曼哈頓定居，命名為「新阿姆斯特丹」。鄭成功收復臺灣、病逝臺南之後的兩年(1664)，英國人趕走曼哈頓島上的荷蘭人，改地名為「紐約」。

(2)來自漳州龍溪的連橫先祖在臺南馬兵營的現今臺南市體育館、地方法院一帶。根據連橫的記載，連家昔日渡海來臺，原始目的是反清、爭自由，因此世代相傳，不應科試，不做清朝的官，且死時都要穿著明朝的服裝，以示「生降死不降」。這樣的文字記錄，如果回顧臺灣先民「唐山過臺灣」的歷史，連氏家族可以稱得上早期移民的代表之一。連家在明末時期最早來臺的先祖名字連興位，連橫的父親連得政，連橫的兒子連震東、孫子連戰在臺灣政壇上甚為人所敬仰。連家祖業到了日治時期曾遭徵收，連橫曾留下「馬兵營外蕭蕭柳，夢雨斜陽不忍過」詩句。[4]

同是來自漳州龍溪的名人還有林鳳在臺南林鳳營，陳錦在臺南安定，楊巷摘和陳士政在嘉義六腳，楊正公、楊苗等在臺南大內，蔡振隆在嘉義。

(3)來自漳洲平和的劉求成在臺南柳營，林寬和林虎在嘉義，吳珠、吳鳳父子在嘉義竹崎。

(4)來自漳浦的藍廷珍參與平定朱一貴事件，墾號藍興堡於現今的臺中市一帶、藍鼎元在屏東里港，陳天楫在嘉義六腳，朱孝生在高雄前鎮。藍鼎元生於 1680 年(康熙 19 年)，卒於 1733 年(雍正 11 年)，漳浦長卿里人。1721 年(康熙 60 年)隨族人藍廷珍入臺鎮壓朱一貴起義。有關藍廷珍的軍務、善後、備防等文移書檄多出自他手，最早提出對臺灣進行綜合治理，促進臺灣走向「文治」社會的十九條具體措施，成為後來臺灣官員的治臺依據。著述甚豐，與臺灣有關的著述包括《東征集》、《平台紀略》等。藍廷珍則年輕時追隨族人藍理從戎守衛海疆，曾任臺灣鎮總兵。藍理則是曾於 1683 年(康熙 22 年)隨福建水師提督施琅征伐臺灣。

(5)來自漳州府詔安縣的廖而嫡在雲林西螺，沈參在臺南新營。

(6)來自漳州府南靖縣的賴國鳳等在臺南後壁。

---

[4] 陳鳳馨，《遇見百分百的連戰》，(臺北：天下，1999 年 8 月)，頁 4。

(7)來自漳州長泰縣的朱一貴在高雄岡山一帶、徐朱南祖先一族在臺南後壁新港東。

(二) 在臺灣中部地區的墾殖

(1)來自漳州府龍溪縣的戴神保、戴潮春在彰化縣四張犁庄，林天來在南投縣草屯鎮、魚池鄉。

(2)來自漳洲平和縣的林爽文在臺中縣大里鄉。

(3)來自漳州府漳浦縣的謝達在南投二水，林良在臺中縣龍井鄉，張泉源、張丙等在臺中大雅、大里，林興、林三父子在臺中龍井，洪戒、洪大斌等在南投草屯。

(4)來自漳洲府詔安縣的黃端雲、黃國帖等在彰化溪湖。

(5)來自漳洲平和縣的林甲寅在臺中縣霧峰鄉。

(6)來自漳州府南靖縣的蕭輝賢、蕭仕盛等在彰化社頭、田中。

(三) 在臺灣北部地區的墾殖

(1)來自漳州府龍溪縣的林應寅、林平侯父子在臺北縣新莊、桃園大溪。

(2)來自漳州府的林永躍在關渡，王錫祺在北投石牌。

(3)來自漳州府平和縣的楊國策、楊君略在臺北士林。

(4)來自漳州府南靖縣的郭元汾在臺北市，呂廷玉在桃園蘆竹。

(5)來自漳州府詔安縣的游文郭、游士恨等在桃園大園，何士蘭在臺北內湖士林。

(6)漳州府海澄縣的鄭維謙在臺北士林。

(7)來自漳州府漳浦縣的林成祖在板橋。

(四) 在東部地區的墾殖

主要來自漳州府漳浦縣的吳沙，在家鄉本是醫生，到臺灣後，先到雞籠(基隆)，後到蛤仔難的宜蘭地區，與原住民做生意，並招募開墾土地，因為他們怕原

住民或外人侵入墾地，便在周圍築起柵圍，所以現在宜蘭有頭圍、壯圍、四圍等地名。吳沙就這樣憑本事成為「開蘭第一人」，吳家最後落腳的地方在現今的宜蘭縣礁溪鄉吳沙村，那裡還留有一座「吳沙大厝」。

臺灣農業發展從鄭成功領臺的「屯田」政策開始，社會已逐漸從土地墾殖的過程中，導致市場範圍的不斷擴大，促進商人買賣及民間資金的加速流通，從而顯現商業活動的熱絡。臺灣的土地開墾地區也從西部平原，再由南部而北部，到了 1860 年代臺灣已從以聚落為主的移墾社會，發展成為以城鎮為主，具備宗族組織的農業社會型態。農業結構也從土地粗墾，經由農業精耕細作，而轉為重商貿易和發展近代化工業。

檢視這階段的發展過程中，各漳商家族在土地墾殖和累積資本的「在臺落業」，最具塑立典範的要屬霧峰林甲寅家族，和板橋林應寅家族，渠等遷臺始祖於立業成家之後，歸鄉展墓「奉骸骨而東遷」的顯示植根臺灣的決心。

霧峰林家譜系，從渡臺始祖林石於 1754 年(乾隆 19 年)自漳州府平和縣到臺灣墾荒，經幾代人在農業、伐木燒炭、樟腦業等方面的辛勤經營，並在政界發展，成為臺灣具有影響力的大戶——霧峰林家。[5]

特別是到了林甲寅之後，下傳定邦、定國，定邦譜系下傳文察等，文察譜系下傳朝棟等，朝棟譜系下傳祖密(又名季商)等；而在定國譜系下傳文欽等，文欽譜系下傳獻堂等。而林甲寅生於 1782 年(乾隆 47 年)，卒於 1838 年(道光 18 年)，這時候的林家即擁有 2,600 甲的土地，絕大部分都是稻田，在食有餘米的情況下，林家也經營食米的外銷生意。

板橋林家譜系在林平侯隨父林應寅於 1778 年(乾隆 43 年)自漳州來臺，平侯下傳國華等，國華譜系下傳維讓、維源，維讓譜系下傳爾康等，爾康譜系下傳熊徵等，熊徵譜系下傳明成；而在維源譜系下傳爾嘉、祖壽、柏壽等。最先林應寅家族是設籍在新莊，也開始在臺北、桃園、宜蘭等地開墾，並打通淡水到噶瑪蘭的古道。

---

[5] 中國閩臺緣博物館編，《閩臺緣》，(福建：人民出版社，2009 年 7 月)，頁 93。

　　由於當時新莊地當要衝，每為漳、泉兩族必爭之地，林應寅乃舉家遷往大嵙崁(今桃園大溪)，首先收買別人的墾權，成為「大租戶」，再出巨資開鑿圳埤，引水灌溉，並擴大墾殖面積，遠至今天的新北市、宜蘭地區；另一方面，利用淡水河水運，經營米、鹽生意，樟腦出口，和錢莊的銀錢放貸。

　　林平侯在自立商號有成之後，即與竹塹林紹賢合辦鹽務，購買商船，經營華南沿岸北至天津、營口的近海貿易，已是一方富紳，並得「同知」官銜，分發到廣西省優先補用，在經歷公職後，於 1816 年(嘉慶 21 年)稱病回臺，卒於 1844 年(道光 24 年)。三子國華，家號本記，五子國芳，家號源記，而以「林本源祭祀公業」為其公號，對外的代表性投資活動，大都以「林本源」具名。

　　而在林國芳繼林平侯開鑿可灌溉 800 餘甲的「永豐圳」之後，買下土城、板橋地區，灌溉面積達 1,800 多甲的「大安圳」之後，便遷居板橋。林平侯之孫林維源於光緒年間還曾出任臺灣墾務大臣，為收租方便，林家在板橋先建「弼益館」，做為居住與存放租穀之處，後又建起「板橋林家大厝」。板橋林家也就成為漳商中在清領臺灣時期，事業規模以農為本，以商為輔的頗具代表性意義。

四、 漳商行郊與洋行的商業結構轉型

　　臺灣到了嘉慶年間以降，開始出現臺灣本土資本。所謂「臺灣本土資本」是指商人經商的資本由臺灣本土所產生，擁有這種資本的人也可以稱為本土資本。換言之，漳商在臺灣的從事墾殖與經商的「在臺落業」之後，經過世代的積累土地資本，以逐漸順利地轉化成郊商的商業資本。

　　清領臺灣初期直接自大陸來臺灣地區經商營生的大陸商人，尤其是漳商，依賴其所攜帶的資本開店經商，經「在臺落業」導致大陸資本轉成在地資本，並購置田宅，將商業盈餘轉投資於土地經營或是其他產業上。這些原來創業商號，除了成為百年以上老商號之外，也因子孫分別繼承經商事業，而分化出更多商號，而所成立的郊舖已是在地資本的型態出現。到了清領臺灣中期大型「墾號」組織

的形成，更帶動了商業市場圈的蓬勃發展。[6]

當時最能代表商業組織的「郊商」，商人的批發商稱為「行」，同行所組成之公會稱為「郊」。這些商家的既聯合又競爭，尤其是行商發展建立的「行郊」組織。著名的「臺南三郊」，「三郊」又分是配運寧波、上海、天津、煙台的貨物，與中國大陸的中、北部海港城市進行交易，稱為「北郊」；而配運金門、廈門二島，漳、泉二州，香港等處的貨物，以中國大陸南部的各海港城市從事貿易，稱為「南郊」；而負責臺灣東港、旗後、鹽水港、朴子腳、基隆等各港的採購貨物稱為「港郊」。

而在臺灣重要的港口大都與漳州有貿易往來，如基隆港與漳州、鎮海(海澄)、銅山(漳浦)，淡水港與鎮海(海澄)，安平港與拓林(漳浦)，打狗(高雄港)與拓林(漳浦)、南澳(詔安)，東港與拓林(漳浦)、下蓁(海澄)、古螺(漳浦)。

檢視臺南「南郊」、臺北「頂郊」，和宜蘭「行郊」與漳泉地區的貿易往來，臺灣在 1860 年(咸豐 10 年)開港前，從漳泉地區運來的商品主要有：絲線、漳紗、剪絨、紙料、烟、布帛、草蓆、磚瓦、小杉料、鼎鐺、雨傘、柑、柚、青(乾)果、橘餅、柿餅、陶瓷器、金銀紙、鹹魚等。從臺南「南郊」、臺北「頂下郊」，和宜蘭「行郊」運去漳泉地區的商品主要有主苧麻、豆、木材、樟腦、菁仔、米穀、筍乾、青糖、魚膠、魚翅帶、豆糟、油糟等。亦即臺灣在開港之前，主要輸往大陸的是以米、糖農產品為大宗；而大陸輸往臺灣的是以手工業製品為大宗。[7]

特別檢視從漳泉地區輸入臺灣，不論從臺南「南郊」、臺北「頂郊」和宜蘭「行郊」的眾多產品項目中都有瓷器這一項，縱使荷蘭佔領臺灣期間，部分閩南海權被鄭芝龍所壟斷，荷蘭人無法直接從大陸進口青花，只好經由閩商把青花運到臺灣，再從臺灣北上轉賣日本，或經印尼的雅加達轉運回歐洲市場。就如同葡萄牙人將青花經由澳門再帶往歐洲銷售。而漳、泉的閩商更將青花賣往馬尼拉，再由佔領該地的西班牙人運往墨西哥，轉賣歐洲，更是凸顯 16、17 世紀漳商與臺灣之間在國際貿易中的樞紐角色。

---

[6] 林玉茹，《清代竹塹地區的在地商人及其活動網絡》，（臺北：聯經，2000 年 5 月），頁 104。

[7] 卓克華，《清代臺灣行郊研究》，（臺北：揚智，2007 年 2 月），頁 79、87、90。

　　1860 年(咸豐 10 年)臺灣開港以後，傳統郊商的企業經營模式逐漸沒落，取而代之的是與從事洋務有關的「新臺商」。「新臺商」是相對於行郊郊商的「臺商」而言。明清時期臺灣的漳泉械鬥、閩客械鬥，乃至於省下的各縣械鬥，顯示臺灣的多元文化背景。

　　然而，日本統治下的臺灣，為了與日本帝國本土的區別，遂將臺灣地區的居民區分為內地人的日本人、本島人的土著化漢人和番人的先住民，各有不同的統治對待方式，本島人的土著化漢人，也就是指本島的漳、泉和粵人都已自覺自己是與日本人不同的臺灣人，而逐漸形成「臺灣人意識」、「臺灣意識」。至於，戰後國民政府來臺，社會雖然出現「本省人」、「外省人」之分，但是現在的臺灣人已不再有刻意強調漳、泉和粵人之分的族群觀念，而將臺灣人的對外投資或經商，統稱之為「臺商」。

　　「新臺商」例如北部地區李春生、黃祿等；南部的許遜榮、陳福謙等。李春生曾擔任洋行買辦，黃祿和許遜榮經營的樟腦業是透過怡和洋行的交易；陳福謙則是如同板橋林維源、霧峰林朝棟等家族企業都是從本土商人轉型對外貿易的「新臺商」。特別是板橋林家與霧峰林家因經營茶葉及樟腦業所推動的開山撫「番」活動，亦為漳籍社會地位提升的一個動力。[8]換言之，清領臺灣中期這些在地的商業資本結構，主要是以傭工資本、土地資本、高利貸和借貸資本，以及官僚資本的傳統金融型態出現。

　　臺灣開港後，洋行的主要角色是扮演代理外商進出口業務、承保與代繳稅、授權管束外商，和經辦官府與外商聯繫事宜。當英美資本進入臺灣之際，洋行與本地商人之間就需要買辦的轉介功能。例如寶順洋行在買辦李春生的協助下，1869 年(同治 8 年)首次把福爾摩莎烏龍茶銷售到紐約，致富的李春生被尊稱為「臺灣茶葉之父」。因為，買辦熟悉當地的風俗民情與掌握商業資訊，因而成為英美企業在臺灣獲取經濟利益的主要管道。當時洋行的輸出茶葉作業程序，主要是由匯豐銀行提供資金給洋行，洋行貸款給媽振館，媽振館供應茶館，再轉借生產者。

....

[8] 林滿紅，《茶、糖、樟腦業與臺灣之社會經濟變遷》，(臺北：聯經，2000 年 5 月)，頁 178。

外商資本經由洋行、買辦及媽振館與臺灣商人交易，降低了郊商和行郊扮演臺灣與大陸經貿的角色；從而也間接促進了臺灣島內商品經濟的國際化發展。洋行導致臺灣市場結構的部分受制於外商資本，但是進入臺灣的外商資本，由於僅具商業性質，而未具直接與生產者交易的產業性掠奪，並沒有打破本地既有商業底層交易體系的功能。然而，外商企業的積極參與臺灣市場經營，相對也有助於臺灣本地商業資本市場的形成。

因此，清領臺灣晚期透過洋行運用大量資金和先進生產技術，經濟作物已取代食糧作物，樟腦、茶、糖等經濟作物徹底改變了臺灣在地資本的結構，促使臺灣原本依賴土地開墾型態的地主式農業家族，轉型為商人式產業家族，臺灣企業也學習採用獨資、合股、或族系資本的現代公司經營模式。配合臺灣產業結構的調整，霧峰林家為了經營樟腦業，由林朝棟與林文欽共同出面，設立了名為「林合」的公司行號，專賣全臺樟腦，林家由此遂成鉅富。板橋林維源家族組成「建祥號」，資本額高達 12 萬圓，主要經營茶業生意，另外創立「建昌」公司，與李春生等人在臺北貴德街合建洋樓，出租給經營茶、樟腦等洋商，這是林家從傳統農業轉向都市房地產投資的重大演變。

五、 漳商與臺灣近代化工業的推動

所謂「近代初期史」(Early Modern)指的是 16 世紀到 18 世紀前期的歷史，亦即臺灣在 1860 年(咸豐 10 年)開港以前的歷史。換句話說，臺灣在 1860 年以後的歷史，就稱之為「近代史」，而臺灣近代化工業推動的契機，主要建立在沈葆楨和劉銘傳的積極作為上。

1874 年(同治 13 年)日本派兵攻打臺灣的原住民部落牡丹社，清廷調派福建船政大臣沈葆楨，以「欽差大臣」、「辦理臺灣海防兼理各國事務大臣」來臺。1884 年(光緒 10 年)清法戰爭結束，劉銘傳保臺有功，1885 年(光緒 11 年)劉銘傳擔任臺灣首位巡撫，展開臺灣近代化工業的建設。

　　檢視沈葆楨廢除內地人民渡臺的禁令，開放民間買賣鐵、竹器類產品，並於廈門、汕頭及香港設「招墾局」，政府提供船費、口糧、耕牛、種仔等，招募閩粵居民來臺墾殖，板橋林維讓的配合屯墾，造就了林家以大地主身分崛起的契機，林維讓的孫女林慕安還成為沈葆楨的媳婦。沈葆楨為探勘基隆河沿岸煤礦，採取招募大陸商民來臺開採的策略。劉銘傳則為解決土地大、小租戶所形成「一地二主」的結構問題，進行丈田清賦，設立「撫墾局」，局長即由霧峰林朝棟擔任。劉銘傳更設立「商務局」，促進臺灣與香港、上海和南洋的通航和通商，同時招募上海、蘇州及浙江地區的富紳對臺投資，而且透過「官商總局」、「礦務總局」，贊助商人向德國購買先進的製糖機器。

　　另外，劉銘傳推動近代化工業所採行的官僚資本主義制度，則是一種公私營交互投資的官督商辦企業。當臺灣商務局募集股金購買駕時、斯美兩船時，板橋林家的林維源認股三分之一，其餘三分之二則由盛宣懷所主持的招商局認定，二人合資經營，林維源的二兒子林爾嘉還曾受聘清末度支部(財政部)審議員，參與盛宣懷籌辦的大清銀行。林維讓孫子林熊徵則投資盛宣懷主持的漢冶萍公司，還成為盛宣懷的女婿，凸顯了漳商兩大林氏家族與沈葆楨、劉銘傳推動臺灣近代化工業的政商關係。

　　日治臺灣後，縱使日本企業和資本大量進入臺灣，漳商的板橋和霧峰兩大家族仍然具有相當的政經實力，而與北部基隆經營礦業的顏欽賢家族、臺灣中部鹿港經營鹽業的辜顯榮家族、臺灣南部高雄經營米業的陳中和家族，並列為戰後初期「臺灣五大家族」。同時，與戰後國民黨接收臺灣的重要政治人物中，祖籍來自漳洲漳浦的渡臺始祖謝達的後裔謝東閔，祖籍來自漳州府龍溪縣渡臺始祖連興位的後裔連震東、渡臺始祖林天來的後裔林洋港都維持非常好的政商關係。

六、結論

　　檢視臺灣明清時期漳商的「在臺落業」經營，從墾號、行郊、洋行，和官督

商辦的產業結構與變遷，不論是農業的土地墾殖，商業的郊商與洋行企業，乃至於近代化工業國家資本的官營企業，其經營企業的創業精神已不單純是外在於經濟的行為。對於財富的欲求並非就是資本主義精神，它充分代表的是現代文化構成之一的「以職業觀念為基礎的理性的生活經營」。

而在 18、19 世紀臺灣移墾的特殊環境中，團民結眾的領導力、精湛的武藝與任俠精神，以及經營農商事業的優越能力，成為個人上升流動與形塑企業文化的重要條件。

漳商與兩岸經貿發展的再度受到重視，乃歸因於近年來中國大陸經濟的崛起，和對世界全球化衝擊所形成區域性經濟的發展，兩岸經貿關係是東亞區域發展中的重要一環，而當今中國大陸推出陝西經濟區的建構與發展更凸顯了區域經濟發展中的臺商角色。臺商現在投資漳州的角色，猶如明清時期漳商「在臺落業」所扮演的重要角色，臺商與漳商物換星移意義提供了兩岸經貿文化交流的最佳借鏡，「漳州臺灣經濟區」或「漳州海峽兩岸文化交流基地」的設置有其必要性，和共創企業商品品牌的互補性。

從歷史發展而論，7 世紀「開漳聖王」陳元光的建設漳洲和閩南地區，要比 17 世紀「開臺聖王」鄭成功的建設臺灣，整整早了 1 千年。明清時期漳商帶著人力、財力、技術千里迢迢，飄洋過海的從事臺灣移民墾殖，可以充分佐證當時漳州月港的民間貿易功能與角色。

本文的研究結論除了彰顯漳商對早期臺灣開發的重要性之外，亦佐證 16 世紀至 17 世紀前期，漳州月港成為當時從中國大陸經馬尼拉(呂宋)至美洲的「海上絲綢之路」的主要啟航港，由北到南形成的鏈條中重要的一環。「海絲」申報世遺，如果缺少了漳州月港，那麼特定的明代中後期近 100 年海運的輝煌史也就成了空白。

荷鄭時期臺灣經濟政策與發展

一、前言

　　2006年陳水扁總統在元旦致詞中提出有關兩岸經貿的「積極管理、有效開放」政策，是繼「戒急用忍」和「積極開放、有效管理」的兩個階段政策之後，政府在兩岸經貿政策上的重大改變，不論稱之為修正或轉折，其政策的最後結果，莫非是想為臺灣創造利益的極大化。然而，卻也仍是繼續讓臺灣經濟與安全陷入兩難的困境。

　　「積極管理、有效開放」或是「積極開放、有效管理」政策，不論是管理的多、開放的少，或是管理的少、開放的多，都是關係到政策的連續性，尤其發生在具有敏感性、又是複雜性的兩岸發展上。

　　為了對此議題能有效釐清，不至於理還亂，遂引發本文從臺灣經濟發展過程中，深入探討荷蘭統治臺灣時期所厲行對外出口為主的重商主義政策，為何到了鄭氏政府時期卻產生重大的轉折，導致重商主義政策在臺灣的中挫，以致於改為強調內需為主的農業生產政策。希望透過對本文的研究能有助於達成政府在制定政策上的思考，以追求市場利益的極大化。

二、 制度理論與本文結構說明

(一) 制度變遷理論

　　相關社會科學的研究，都不會預先告訴我們社會將沿著哪條路線前進，所有重要的變革都是漸進的，社會制度不是由某些有靈感的天才的一時努力創造出來的，而是依靠「自身」的成長與變化。我們不會在意臺灣歷史發展洪流中的哪一個政權的存在，我們在乎的是在哪一個階段的政府，實際為臺灣這塊土地的發展付出了心力。

　　任何類別的文明和穩固的社會欲得以維繫，絕對需要存在一個對某一特定地域內的所有人和事，行使司法權力的權威機構，如果沒有這樣的機構，個人就不可能有所作為。如果沒有一個組織來防範作惡者，來明確規定惡行的內容，個人就不可能和平地追求自己的利益，私有財產權也不可能得到有效的保障。

　　從歷史角度而言，經濟的成長是發生於有強制力量政治體系的架構之中；另一方面，政府的強制權力在歷史上多半被用在不利經濟成長的作法上。政府雖然經常是財產權的保護者和執行者，但也常是造成不安和交易成本的來源。然而，在複雜的社會中，投機、欺騙和推諉職責的利益依然存在著，一個有強制力的政府是必要的，造成有效的第三者執行的最好方法是靠建立一套制度，而這個制度模型就包含非正式限制(informal rules)、正式規則(normal rules)和執行(enforcement)的結構特性，以及它們如何演變的過程。[1]

　　非正式限制如風俗習慣、慣例與禮儀等；正式限制如人類制定的憲法、法律等；執行的結構所指的是組織，包括了政治體(political bodies)如政黨、國會或地方議會、行政機關等，經濟體(economic bodies)如廠商、工商會、農場、合作社等，

----

[1] D. C. North, *Structure and Chang in Economic History* (N. Y.: W. W. Norton,1981).

社會體(social bodies)如教堂、社團等，以及教育體(educational bodies)如大學、訓練中心等。組織乃是造成制度改變的主要角色，制度變動所涉及三者的互動，使得制度的變動總是逐步而且緩慢的，同時也呈現一定的連續性，制度運行的關鍵之一就在於判定犯規的成本以及處罰的輕重。

市場經濟不是由單一個人設計出來的，而是社會制度、政治制度和經濟制度經過幾百年、甚至幾千年同時演變的產物。在原始的交換時期，極大化的活動不會引發知識技能的增加，或是修改制度架構促進生產力，但在近代西歐演進的過程，是由促進生產力的組織與制度變動所追求私人利益，而引發的長期逐步的變遷。我們有必要將西歐的變遷連結上知識存量與其應運的全面演進方式，以及對經濟政治結構的互動方式，這樣的做法有待檢視政治單位之間競爭方式、教會智識權威的瓦解，以及軍事技術的演進，這些都與知識技能的發展與應運有互相影響。[2]

本文即依據制度變遷的理論，描述荷蘭統治臺灣時期重商主義(merchantilism)政策的實施，除了排除戰爭和重大天災等不確定因素之外，將從制度的本質及制度變遷的特性，依制度結構中的正式限制、非正式限制與執行的各自所受不同程序所做的決定，進而分析重商主義政策的實施，為何到了鄭氏統治臺灣時期，因為政府體制、農業發展，以及貿易市場的產生重大改變，導致重商主義政策的中挫，改朝向重視農業產品的增產政策。

(二) 本文結構說明

歷史是人類的集體記憶和共同文化資產，可是記憶卻往往是選擇性的，甚至對歷史的定義也可能因人不同而異。臺灣的歷史當然不是從荷蘭開始，但卻是有正式文字記錄的開始，雖然他們未到臺灣以前，這裡已經有許多不同族群的原住民生活了上百千年之久。「存有」的歷史和「言語」的歷史是有落差的，就像「發

---

[2] John Kay, *The Truth about Markets: Why Some Nations Are Rich but Most Remain Poor* (London: Penguin Books, 2003).

現臺灣」或「發現美洲」一樣，在地理大發現的時代以前，這些地方和這裡的人類早已就存在許久，「歷史」和「發現」之說的確有知識論的主體性問題。

針對上述的目的，除了第一部分的前言和第二部分的研究方法外，第三部分將說明近代臺灣經濟發展如何與世界體系接軌，第四部分將對重商主義政策的緣起與發展做敘述，第五部分深入分析荷蘭統治臺灣所實施重商主義政策的內容，第六部分將探討重商主義中挫的原因，最後是簡單的結論。

三、荷鄭時期臺灣經濟發展與世界體系的接軌

(一) 17 世紀的西方經濟思潮

華勒斯坦(Immanuel Wallerstein)指出，即在近代世界體系的早期，至少始於16 世紀並延至 18 世紀，國家始終是歐洲世界經濟中的主要經濟因素。16 世紀「歐洲奇蹟」(european miracle)是歐洲經濟史上的一個重要時期，象徵著已經建立的經濟秩序是以何種方式促使新生的力量形成，而且在歐洲世界經濟體系出現的同時，也興起了西歐絕對君主制。[3]

同時，也凸顯當時商業的擴張、資本主義農業的崛起，以及國家機關本身就是新型資本主義制度的主要經濟支柱。正如布勞岱爾(Fernand Braudel)指出，國家是那個世紀最大的企業經紀人，也是商業的主要顧客；國家是政治權，也是經濟權，15 世紀的義大利威尼斯就是如此，17 世紀的荷蘭，18 和 19 世紀的英國，以及今天的美國，都是「中心國家」的政府。[4]

---

[3] Immanuel Wallerstein, *The Modern World-System, Vol.1: Capitalist Agriculture and the Origins of the European World-Economy in the Sixteenth Century* (New York: Academic Press, 1974), p.173..

[4] Fernand Braudel, *Civilization & Capitalism 15ᵗʰ-18ᵗʰ Century vol.3: The Perspective of the World.* Trans. Sian Reynolds (N. Y.: Harper & Row, 1984).

由於 17、18 世紀，尚處在一個多元的非絕對霸權體系，尤其 1659 年，當西班牙在庇里牛斯條約(Treaty of Pyrenees)簽字承認失敗之時，歐洲政治的多元化宛如一條雜色布拼湊成的被單，這條被單上的圖案在每一個世紀都有所不同，但是從來沒有任何單一的顏色能用來代表一個統一的帝國。[5]

競爭結果顯然有利於國際市場的發展，在沒有絕對霸權的複雜國際環境下，主張重商主義(mercantilism)的競爭，和民族主義(nationalism)的政策掌控了國際政經利益。這樣的世界體系要一直到 1815 年拿破崙戰爭(Napoleonic War)失敗為止，以及英國作為自由主義的國家崛起之後，世界才正式進入了自由貿易時代。

然而，17 世紀的經濟活動已從私人生活層面轉而重視國家整體利益的發展。國際貿易活動大半為國家貿易的經營者，每家公司在取得經營特許證之後，等於就保障它在指定的地區享有特殊的貿易利益，如東士公司(The Eastland Company)在斯干底那維亞(Scandinavia)與波羅的海沿岸(The Baltic region)、俄羅斯公司(The Russian Company)在俄國、商人冒險團(The Merchant Adventurers)在尼德蘭(Netherlands)、東方公司(The Levant Company)在地中海沿岸、幾內亞或非洲公司(The Guinea or African Company)在非洲、東印度公司(The East India Company)在亞洲，以及其他公司在美洲各地貿易的特權。[6]

東印度公司在亞洲的貿易，主要是 1600 年英國集資 3 萬英鎊成立了東印度公司(East India Company，又名 John Company)。而荷蘭也集資 650 萬弗羅林(荷幣)，在 1602 年設立荷蘭東印度公司(Vereenigde Oost-Indische Compagnie，簡稱 VOC，又名杰安公司)。尤其是荷蘭於 1619 年在印尼巴達維亞(Batavia)建立貿易館後，積極整合亞洲市場，建立貿易網，發展各地的區間貿易。1621 年荷蘭又成立了西印度公司(WIC)，壟斷了非洲及美洲的貿易利益。

17 世紀的荷蘭聯合省(united provinces)，不僅上端是七個各自保有獨立主權的

---

[5] Paul Kennedy, *The Rise and Fall of the Great Powers: Economic Change and Military Conflict from 1500 to 2000*(N. Y.: Random House, 1987).

[6] Clive Day, *A History of Commerce* (N. Y.: Congmans, Green & Co., 1907), pp.204-220.

小國家併合而成，包括菲仕蘭、荷蘭、吉德蘭、格羅寧根、上艾塞、烏特列支，以及西蘭等，而且下方每一個小單位之內仍有不少市鎮保留著若干獨立自主的性格，例如海軍是由 5 個不同的海軍樞密院(admiralty colleges)掌握，阿姆斯特丹城自組郵局向海外通郵，共和國無外交部或外務首長，遇有全國性的事務才由全國會議受理。

作為荷蘭王室的特許公司，被賦予在它武力能克服的地區，執行締結條約、遂行戰爭、建築城寨、鑄造貨幣等等廣泛的政治、財政、司法、行政的國家最高權力的任務，企業公司的海外代表是執行帝國殖民地的開拓者，它不僅向亞洲世界展現了新興資本主義和殖民主義難以阻擋的擴張銳勢，也向亞洲各國宣示了以航海技術和地理知識為主導的西歐文明，正在建立世界新秩序，不單是為保護荷蘭在印度洋的貿易，並協助荷蘭掙脫西班牙統治的獨立戰爭。[7]

當時的荷蘭、英國、法國乃至於後進的北歐諸國，都採用特許公司方式來經營海外貿易。特許公司在某種意義上可追溯及中古後期義大利的簡單合夥及海上夥伴，或漢撒同盟，或英國的冒險商人。在這些中古貿易組織中，商人已學會聯合籌湊大筆資金、分攤風險及分配利潤的企業經營方式。16 世紀商人甚至吸取中古商人團結向地區君王爭取商業特權、分攤倉租、旅館費及旅行保護費的經驗。因此，在海外貿易發展時期得以發展出先前所未有特許公司的貿易組織。

從貿易組織結構的角度，早期荷蘭公司的組織都屬於臨時性質，當商人冒險以發行公債方式籌組商船隊，每次航行回航及商品出售後，立即做利潤分配，而下一次航行時再行匯集資金，也由於資本與利潤實難徹底分開。這種「調節性公司」(regulated company)直到荷蘭東印度公司的成立，它是第一個真正的「股份有限公司」，是由股東投資，股東只分配每次的淨利，甚至獲利經常還要繼續投資而逐漸轉型為成永久性的股份公司。

1612 年荷蘭東印度公司甚至要求對公司不滿的股東，在證券市場出售其所持有的股份，以回收其資本，貿易公司的資金才得以穩定，資本與利潤也才開始分

---

[7] 程紹剛譯註，《荷蘭人在福爾摩莎(1624-1662)》，(臺北：聯經，2000 年)，頁 XII。

開，並由國王的權力中獲得政治、軍事、外交等授權，來遂行其「無戰爭就無貿易」或「戰爭是為貿易」的強烈主張。

(二) 17 世紀臺灣的經濟情勢

　　從 16 世紀開始，大明國國力已逐漸衰落，其整個東南沿岸融入大明國的條件也在逐漸發生變化。沿海貿易日益脫離政府的管制，東南海岸也成為海盜攻擊的目標，當然這種情勢也就導致東南沿海民眾的商業化與軍事化。當時，臺灣尚為一「自由世界」，對於商人既無限制，亦無任何稅收。荷蘭人佔領臺灣的目的主要有二：首先是戰略的目的，將臺灣作為軍事基地，以攻擊葡萄牙和西班牙在附近海域的貿易船隻，阻止大明國商船航行到馬尼拉貿易。第二個是商業的目的，將臺灣作為大明國貿易的轉運站，並將此項貿易納入東印度公司的貿易網絡之中。

　　荷蘭來臺灣之前，除了鄭芝龍的團隊之外，由於臺灣尚處在村落共同體彼此不相統屬的社會。1602 年荷蘭國務會議(States-General)賦予東印度公司特許權，透過集資成立公司的商業組織，並且享有軍事、外交等行政特權，只要公司在履行利益職能上比政府更有效，它們就給予貿易特權和保護，在外可以代表荷蘭政府，其目的無非除了可以避免荷蘭企業彼此之間的惡性競爭之外，也是為企業的投資者提供一個穩定的市場，以順利掌握商業利益。

　　1604、1622 年荷蘭東印度公司先後派人率艦東來貿易與傳教，並於 1624 年離開澎湖轉進臺灣，在北線尾設置東印度公司商務辦事處。1630 年興建赤崁城，加強海防軍備。1650 年建赤崁樓為行政中心，規劃臺灣作為軍事基地，以截斷葡萄牙的東南亞經澳門至日本航線，與西班牙的南美經菲律賓至大明國航線；其次，提供作為貿易基地以建立臺灣與大明國貿易的轉運站，加速與世界貿易商業網絡的連結。

　　大明國中業以後，各國工商業的發達使物品交流的需求更加提高，面對大明國朝貢制度的限制，雙方的經濟交流不能達到平衡，市場的供需在正常管道下不能獲得滿足，包括大明國和西方的生意人，就會以走私、海盜、武力的方式來尋求解決。走私的會合地，要轉移到靠近大明國，又非大明國屬地的地方，臺灣遂

在這情勢下為荷蘭所據,臺灣亦由此而凸顯出其特殊的地位。[8]

自羅馬時代以來,亞洲一直是歐洲王室、貴族等階級收納貢珍品的供應者,從而也由歐洲換走了大量的貴重金屬。歐洲和東方貿易的結構性失衡強烈地刺激歐洲政府和企業,採取透過貿易或征服的途徑,以恢復正不斷由西方向東方流動的購買力,充分象徵控制亞洲貿易就可以向整個商業世界發號施令。[9]

西班牙、荷蘭等歐洲國家發現能控制一條直接通往東方路線的預期利益,要比當時大明國發現能控制一條直接通往西方的路線的預期利益大得無法估算。所以,哥倫布(Christopher Columbus)的發現美洲大陸,正是因為他和他的資助者在東方找到可以回收的可觀財富,相對比較之下當時鄭和的處境就沒有那麼地幸運。

四、重商主義的緣起與發展

重商主義或稱商人資本主義(merchant capitalism)的思想,約起源於 15 世紀中期,時間綿延 300 年,一直到 18 世紀中期工業革命萌芽、美國革命和史密斯(Adam Smith) 在 1776 年出版《國富論》(*The Wealth of Nations*)之後,重商主義才逐漸沒落。[10]石慕勒(Gustav Schmoller)指出,重商主義是探討歐洲各國國家經濟的發展、區域經濟、城市經濟、部落經濟,與家庭經濟的逐漸演變;每種類型的經濟發展代表著歐洲文化史上的某一階段,顯示不同政經環境的演變,而具有完備權力的政府機關往往戰勝了散漫的商業組織。[11]

重商主義不是一個教條,也非一套既定的規則,重商主義只是一個政治經濟

---

[8] 曹永和,《臺灣早期歷史研究續集》,(臺北:聯經,2000 年),頁 447。

[9] Eric Wolf, *Europe and the People without History* (Berkeley: California University Press, 1982), p.125.

[10] Adam Smith, *An Inquiry into the Nature and Causes of the Wealth of Nations* (New York: Oxford University Press,1993【1776】).

[11] Gustav Schmoller, *The Merchantile System and Its History Significance* (N.Y.: Macmillan, 1896).

管理的配方，不論怎麼做，只要能強化國家的，都是好的。所以，重商主義不僅
在於貨幣或貿易均衡的原理，也不僅在於保護關稅或航海條例，而在於更遠大的
事務，即社會與國家組織的整個改造。經濟發展改變了舊時封建制度，並以民族
國家的經濟政策代替了比較狹隘的區域經濟政策。商業資本主義的寡頭統治集團
牢牢地控制著政府權力。歸根到底重商主義就是民族主義，也就是重金主義
(bullionism)。

　　重商主義興起以前的歐洲國家，早已認為對外貿易所獲得的利益是要比在國
內從事商業經營，更具有吸引力，因此特別加強往外擴大範圍的探險、開發與貿
易，以及向新發現的地區和東印度群島的移民。擴張的結果也加速其他地區和西
歐國家的結成為一體，雖然短期目標只是為了擴大市場，增加獲利機會，卻也因
不斷地調適政經結構的轉變，創造了過去 3 個世紀裡以來，重商主義國家經濟成
長的條件。

　　重商主義的市場經濟，主要還是透過所謂三種傳統經濟交換形式，儘管這些
傳統交換形式從未單獨存在過，但都曾一時分別扮演重要角色。第一種傳統經濟
交換形式是區域性交換經濟，這種經濟形式至今還是許多低度開發國家的主要經
濟特徵，這種交換形式最易受到財貨的供應不足以及地理範圍的限制；第二種交
換形式是命令式經濟交換形式，例如羅馬帝國時期，或者是社會主義國家的經濟
形式，在這種計劃經濟中，生產、分配與商品價格一般都由國家機關一手控制；
第三種經濟交換形式是珍貴商品的長途販運，出現在亞洲和非洲商隊的貿易，雖
然這種貿易可以擴及的範圍很廣，但所涉及商品的種類卻極為有限，諸如香料、
絲綢、奴隸及珍貴材料等。[12]

　　從 1640 年起，西班牙各口岸四分之三的貨物都是荷蘭貨船負責載送。以 1786
年進入阿姆斯特丹(Amsterdam)的船隻總數 1,504 艘來說，其中荷蘭船隻占有 1,460
艘，比率高達 97%。阿姆斯特丹原只是荷蘭北部的一處小漁村，在 1567 年時的人

---

[12] Robert Gilpin, *The Political Economy of International Relations* (N. J. : Princeton University Press, 1987), p.19.

口約只有 13,000 人；但到了 1620 年時已增至 10 萬人以上。阿姆斯特丹原以北海
漁業為主要產業，在 16 世紀末，為了因應捕魚及輸送波羅的海穀物的需要而改進
造船技術，發展精良而低成本的船隻，才有發達的機會。在 17 世紀又因國際貿易
需要而發展金融業務，取代葡萄牙安特衛普(Antwerp)及義大利佛羅倫斯
(Florence)，而一躍成為國際商務、倉儲、造船與金融中心，被譽為「北方的威尼
斯」。

　　正如加爾布雷斯(J. K. Galbraith)指出，阿姆斯特丹佔有萊茵河、馬士河、須耳
河等三條河的地利，與所有發達的商業城市一樣，它是一個大鎔爐，一個想賺錢
的人，最好是到這個沒有種族、信仰及國別歧視的地方來謀求發展。阿姆斯特丹
一部分的繁榮是靠雨格諾(Huguenots)教徒、葡萄牙和西班牙的猶太商人建立的。
這個城市因為提供有志於經商人的機會而馳名，甚至於包括要與荷蘭人競爭生意
的對象，並且由銀行提供融資。[13]

　　荷蘭資本主義寡頭統治集團的財富和權力，更多地依賴於它對世界金融網
絡，而不是單純商業網絡的控制。因此，沒有統一的現代國家做後盾，能以一個
真正的貿易和信貸帝國竟得以存在，這是最後的一次。該地域創造新財富的優勢，
充分藉由穀物貿易和海運服務的提供；尤其當發生飢荒、戰爭，以及不斷更新的
戰爭技術，所需要更多、更強大火力的槍砲；海上的冒險也需要及武器裝備更好
的船隻，大大提升阿姆斯特丹具備海上安全，和提供武器與戰爭物資的重要地
位。[14]

　　特別是從 1614 年起，在銀行業務開山鼻祖阿姆斯特丹銀行(Bank of
Amsterdam)的支持下，當地開設了第一家商業性貸款的銀行，到了 1640 年左右，
這家銀行更增加經營信託業務，流通私人資本，荷蘭的勝利是信貸的成功，即使
外國商人在荷蘭也容易取得貸款。這一段輝煌歲月一直要到了 18、19 世紀，才又

[13] J. K. Galbraith, *The Age of Uncertainty* (N. Y.: Houghton Mifflin,1977).

[14] Violet Barbour, *Capitalism in Amsterdam in the Seventeenth Century* (Michigan: Ann Arbor Paperbacks, 1963), pp.35-42.

由倫敦取代阿姆斯特丹，而將國際金融與貿易的中心，開始從地中海轉移大西洋。

然而，凱因斯(John M. Keynes)指出，實行重商主義的結果所能取得的利益也僅限於一國受惠，而不可能澤及世界。[15]而荷蘭霸權的形成要素是靠國家和資本所結合的資本主義優勢，而將世界劃分為「一個上帝偏愛的歐洲和一個他擇性行為的殘餘地帶」。因此，重商主義是一種政治經濟體系，它隱含著政府對產業之間的特定關係。[16]

重商主義不僅是國家的政治主張，也是國家的經濟政策。重商主義政策強調貿易順差，獎勵外銷，抑制非生產性商品的進口；主張國家機關為本國廠商提供關稅保護，並在國外賦予獨占經營的特許權；主張政府以國家財富來定義經濟福利，極力壓低國內消費；主張人口增加論，儘量壓低工資，使生產成本極小化；主張採用政策性降低利率，以減少生產與存貨的成本；主張政府應以達成充分就業為目標；在經濟心態上，也顯然有別於以前要求禁慾的傳統經濟。

從重商主義的時空條件下討論，重商主義可分為財政性和獨占性的重商主義，以及產業性重商主義兩者。前者曾實行於法國、德國、西班牙，以及清教徒革命前的英國；而後者則實行於清教徒革命後的英國。前者導致絕對王權的擴張，但近代資本主義卻無法發展；而後者的近代資本主義卻因而快速發展。

因此，國家是商業資本主義急功近利下的產物，如果未能認清其本質，就無法理解何以在這段長時間中，重商主義支配的國家政策的制定與執行。實現商業資本主義商人的唯一目標，是在能操縱政府維持既得利益的前提下，支持一個強有力的國家機關。加上，重商主義明顯的重視地理政治上的權力，重商主義會產生國家主義，而國家主義則會產生管制經濟與獨占利潤的追逐。[17]

---

[15] John M. Keynes, *The General Theory of Employment Interest and Money* (N. Y.: Harcourt Brace and Co., 1936).

[16] Giovanni Arrighi, *The Long Twentieth Century: Money, Power, and the Origins of Our Times* (N. Y.: Oxford University Press, 1999).

[17] 賴建誠，《重商主義的窘境》，(臺北：三民，1992 年)，頁 70。

同時，市場經濟具有地理上擴張的傾向，它超越政治邊界，並將越來越多的世界人口納入其影響範圍。市場對廉價勞力及資源的需求造成了經濟發展的擴散。各國政府為戰爭籌措資金，有了錢，官員才能支付軍火商、糧食供應商、造船商和軍隊的薪水，這種金融貨幣流通的體制就像個風箱，為西方資本主義制度和民族國家的發展產生助長效用，而荷蘭正是當時資本累積與軍事技術合理化的領導者。

布勞岱爾(Fernand Braudel)更進一步指出，推行重商主義的君主或國家無疑在迎合一種時尚，但在更大程度上承認國家遭遇發展上的劣勢，需要扭轉或彌補。首先，荷蘭難得實行重商主義政策，但每逢實行必定是發生在有外來的威脅時，如果沒有勢均力敵的挑戰對手，它通常就可以實行自由競爭，這對它只會更有利；其次，英國於 18 世紀不再堅持重商主義，足以證明世界的時鐘已敲響大不列顛強盛的鐘聲，尤其在 1846 年以後，英國能夠開放自由貿易，為國家帶來更大的利益。[18]

五、 荷治臺灣重商主義的政策分析

(一) 公司型態的政府體制

東印度公司亞洲的貿易基地總部，設在巴達維亞(Batavia)城，由總督在巴城掌理一切事務，同時藉由東印度評議會的協助，主導東印度公司在亞洲各地的事務，總督與評議會必須定期就東印度在亞洲的活動提交報告。該報告首先記述一般事務，特別是進出巴城的船隻，然後就 20 多個東印度公司的活動地區分別陳述。

先是印度尼西亞群島東部的香料群島，包括美洛居、安文、班達等地；其次

---

[18] Fernand Braudel, *Civilization & Capitalism 15ᵗʰ-18ᵗʰ Century vol.3: The Perspective of the World.* Trans. Sian Reynolds (N. Y.: Harper & Row, 1984).

是重要港口所在的沿海地區，主要包括印度尼西亞群島西部地區，如亞齊、舊港、占碑、滿剌加、蘇門達臘西案等地，特別集中於滿剌加海峽；另外，在印度洋地區，包括科羅曼德爾海岸、孟加拉、錫蘭、果阿、馬拉巴爾海岸和蘇拉特；在波斯灣地區，如波斯、默查；在中國海地區，如中國沿海、福爾摩沙(臺灣)、日本、東京、廣南、暹邏、柬埔寨；有關東印度公司在東印度總部巴達維亞、馬拉塔姆和萬丹活動的部分分別置於報告的末尾。由於福爾摩沙和日本兩地貿易往來密切，因此有關福爾摩沙的部分常與日本的部分放在一起。[19]

　　東印度公司本身自成一個政府，而它行政體系之下的每一個成員皆極力想擺脫國家的控制，只要利之所趨，且是它能力所及，它將毫不猶豫地將它全部的財產獨占，即使它的國家將遭受天災地變，它亦毫不在意。荷蘭東印度公司不只是資產階級與近代國家的依存關係，也具公司經濟體與國家政治代表性的互換作用。

　　布勞岱爾(Fernand Braudel)指出，荷蘭東印度公司的結構非常複雜與特別，公司共設 6 個獨立分公司(荷蘭、吉蘭、台夫特、鹿特丹、荷倫、恩克華生)，在這之上，由 17 個董事的共同領導，其中 8 名董事來自荷蘭分公司，城市資產階級經由各分公司的媒介，得以加入這個獲利豐厚的大企業。[20]

　　既然公司的海外執行人等於大帝國殖民地的開拓者，東印度公司當然視臺灣土地為荷蘭國王所有，國王是董事長，議會是董事會成員，東印度公司派駐此地商館的負責人則是代表經營權的總經理，也就是所謂臺灣的「長官」，即是荷蘭國營事業的公司政府型態。換言之，荷蘭商人是政府的一部分，希望用管理股份公司的財政原理來管理國家事務，扮演既是政府性質，又是企業性質組織的強大「公司政府」的角色。

　　在臺灣的荷蘭東印度公司政府是荷蘭資產階級用以鞏固其經濟霸權的重要工具，這種霸權最初表現在生產領域，再擴展到商業、貿易和金融企業。也就是說

---

[19] 程紹剛譯註，《荷蘭人在福爾摩莎(1624-1662)》，(臺北：聯經，2000 年)，頁 XII-XV。

[20] Fernand Braudel, *Civilization & Capitalism 15th-18th Century vol.2: The Wheels of Commerce*. Trans. Sian Reynolds (N. Y.: Harper & Row, 1982).

荷蘭人是建立在主權國家的過程中獲得一個這樣的空間，於是投資土地和其他能收租金的資產，是荷蘭資本主義初期的一個特點。

荷蘭商人由於想把東方的一切都抓到手裡，結果反而鑄成大錯，限制生產造成土著商人破產，導致居民陷入貧困和死亡，這些做法無異殺雞取卵，哪怕取得的是金蛋。荷蘭霸權時期的經濟掠奪，並非單純地侷限於東西方貿易，而是同時提供作為亞洲國家之間商業活動網路的中間人角色，扮演的是全球市場利益的掠奪者。

威爾遜(Charles Wilson)指出，荷蘭資本主義經濟發展能在戰爭和立國活動中崛起，並把鞏固本地區和向世界範圍擴張荷蘭貿易和金融兩個目標結合起來，他們是扮演貿易商的中間人、歐洲的代理商和經紀人，他們買進是為了再次賣出，在他們規模巨大的貿易中，最大部分是經略行銷世界各地。[21]

由於歐洲人在亞洲大陸幾乎沒有長期定居的打算。所以，荷蘭將臺灣視為只是提供原料，光是作為重視生產卻不能享受消費的殖民地，這與後來日本殖民臺灣略有不同。

(二) 王田與初級農業培育政策

荷蘭的經濟實力基礎深深地根植於貿易、工業和金融方面，尤其是一個最有戰鬥力的海上強國。荷蘭佔領印尼，以巴達維亞為設防的根據地，禁止他國商人進出香料群島，印尼的土人也受到他們宰制，酋長被任為攝政階級(regents)，以封建方式接受荷蘭東印度公司的管理，土著的供應某些時候甚至成為一種朝貢制度。

分析荷治臺灣時期的政府與產業發展之間的關係，有偏重掠奪經濟說，認為荷治政府的臺灣產業的發展是偏重於汲取經濟利益[22]；有偏重複合社會說，認為荷蘭人、漢人與原住民之間有互相共存與衝突的複雜政經關係所形成的複合社會；[23]

....

[21] Charles Wilson, *The Dutch Republic and the Civilisation of the Seventeenth Century* (N.Y.: McGraw-Hill,1968),p.22.

[22] W. G. Goddard, *Formosa: A Study in Chinese History* (London: Macmillan, 1966), p.55.

[23] 曹永和，《臺灣早期歷史研究》，(臺北：聯經，1979 年)，頁 66-67。

有共構殖民(co-colonization)說，認為荷蘭與中國利益相依，共同殖民臺灣。[24]

　　根據上述三種觀點，東印度公司視臺灣土地為荷蘭國王所有，謂之為「王田」。所以，荷治時期臺灣土地制度受到大明國漢人逐漸越入原住民的獵(鹿)場，並將之開墾為稻田或蔗園的影響，形成公司政府、原住民與漢人開墾者三者，透過不斷衝突與順應而調合出來的最佳共處方式，佐證曹永和所指出的複合社會。

　　特別是荷蘭東印度公司以在大員(臺南)設立「商館」的機制，認可原住民利用想繼承其祖傳土地的權利、公司頒授土地所有權給大明國移民，及公司頒授土地使用權與土地所有權給官員的方式，形成既有封建形式與市場機制並存的土地制度，以發展臺灣農業。

　　臺灣當在歐洲移民抵達澳洲時，帶來有經濟價值的動物，他們飼養牛和羊，以供應食物，以馬匹作運輸工具，以貓和狗為寵物。他們把這些動物運來澳洲，因為這樣既合法又合情，他們也能掌控這些動物。犁的使用，實代表著趨向現代化農耕的過渡。荷蘭東印度公司治臺初期，原住民族尚未使用鎌刀，而僅使用簡陋的鍬、小刀，作為割稻使用的工具。所以，就由牧師向荷蘭東印度公司貸款，引進印度耕牛，在新港、蕭壠等地開墾耕作。

　　荷治時期對臺灣農業的經營，學習爪哇依靠大明國人民從事產品的生產、收購和集中的方式，大量獎勵大明國人民移住，其措施包括補足開築陂塘堤渠所需費用，提供耕牛、農具與種籽，指導稻米和蔗糖的耕作方法，皆由荷蘭東印度公司主導與供應，奠定臺灣農業發展的基礎。

　　荷蘭東印度公司的經濟政策，在其所有領地內，實施旱田種和水田種的稻米輪耕方式。旱田生產量較少，水田種植乃於耕地築隄圍繞，在其內部劃分為各個的部分，以防止其所引的水或貯藏的雨水被流出。凡耕種水田者，有世襲的所有權，在旱田方面，則採用野草經營的方式實施游牧化的農耕，全村落共同開墾，但個別去耕種，個別的各自收穫。開墾的土地，在 3 至 4 年間可有收穫，但自此以後，即任其荒蕪。村落為開闢新的土地起見，即移轉其場所。荷蘭東印度公司

---

[24] Tonio Andrade(歐陽泰)，鄭維中譯，《福爾摩沙如何變成臺灣府》，(臺北：遠流，2007 年)，頁 22。

只有依靠掠奪及暴力方式，才能實施重分配，這種由國家強制而非自然農業共有制的方式，極類似傳統中國農村的氏族經濟。[25]

荷蘭東印度公司為便於統治招來的農民，特別施行「結首制」的組織體系，合數十個人為一結，選一人為首，名「小結首」；數十「小結首」選一人，名「大結首」。「大結首」擁有領導與管理的權力與責任。當時荷蘭東印度公司職員為與漢人或原住民接觸，必須透過通事，通事則透過商人、團體打獵的領袖、大地主、翻譯人員、得標者、媒介者等各業界領袖，與荷蘭當局建立良好政商關係，以利從事各種行業。這種「大結首」、「小結首」與佃農組成的階層關係，深深影響日後臺灣土地制度的結構與變遷。

地理條件決定了臺灣農作物種類和農作的方法，更注定了土地的使用和財富的分配方式，而這些深深地關係著經濟發展的步調和性格。蘭迪斯(David S. Landes)指出，當一個社會只有少數大地主和大批貧困、依賴地主、甚至沒有自由的勞動力時，這種懶惰、自我沉溺和抵抗暴政的勞動力，是無法激勵工作的動機，人民更不想努力去改善生活。[26]

荷蘭為鼓勵原住民與漢人耕作生產，到了 1647 年臺灣開墾種植稻米的面積為 4,056 摩肯(Morgen)、蔗糖為 1,469 摩肯，總面積由 3,000 增至 10,469 摩肯。至於勞動人口結構，到了 1648 年，中國成年男子的人數已增至 20,000 人，成為荷蘭的心頭之患，而嚴重威脅到荷蘭在臺灣的統治基礎，不得不斷地殷切盼望巴城派兵增援。[27]

荷治初期臺灣的食糧主要是來自日本與東南亞，而砂糖則來自華南。在鼓勵生產之後，到了 1656 年臺灣開墾種植稻米的土地面積已為 6,516 摩肯，種植蔗糖

....

[25] Max Weber, 鄭太朴譯，《社會經濟史》，(臺北：商務印書館，1991 年)，頁 42-44。

[26] David S. Landes, *The Wealth and Poverty of Nations: Why Some Are So Rich and Some So Poor* (N. Y.: W. W. Norton).

[27] 摩肯(Morgen)為荷蘭舊時的面積單位，1 摩肯相當於 8,159 平方米，程紹剛譯註，《荷蘭人在福爾摩莎 (1624-1662)》，(臺北：聯經，2000 年)，頁 XXX–XXXI。

的面積為 1,837 摩肯。到了荷蘭統治臺灣的末期，開墾土地更以臺南為中心，向北擴展至北港、麻豆、新港等地，南至阿公店，田地面積達 8 千 4 百甲。

臺灣糖業到了 1697 年，年產糖為 20 萬至 30 萬擔(1 擔等於 100 斤)，乃至 50 萬至 60 萬擔，而當時臺灣土地開墾面積已達 9 千 8 百甲。臺灣糖業的基礎主要還是靠荷治時期奠定下來，隨著漢人人口的增多，稻作也被推廣，不過此後近百年間，米的生產還不是很充足，臺灣米有規模的出口，一直要到 1720 年代以後。[28]

(三) 全球市場為導向的貿易政策

當歐洲人進入印度洋時，他們發現亞洲之內，從東到西形成一個貿易網，從日本、中國起，經菲律賓、巴基斯坦、黎巴嫩、敘利亞、東非，有許多蓬車和港口。荷蘭東印度公司的組織與經營，其目的是在執行徹底的貿易獨占政策，以掠奪經濟利益及累積財富，是徹底重商主義的實踐者。荷蘭東印度公司在亞洲的貿易行為主要以促進地域產品的交換為主，是將尚處農業社會的臺灣農產品輸出，以增加關稅收入及貿易利潤，並將臺灣經濟嵌入全球市場中。

歷百年來，貿易稅收一直是重商主義國家最重要的財源，重商主義國家選擇以貿易起家而拓展海外，並且為了控制亞洲、非洲和中東的貿易戰線，彼此大動干戈。遠程貿易也是創造商業資本主義及商業資產階級的一個主要工具。貿易戰線的變更與控制是人類歷史發展的關鍵。因此，追求貿易上的利潤符合荷蘭統治臺灣的首要目的，其次目則是增強對海上商業競爭對手的物質掠奪，以及確立作為支配者的所得，而建立了租稅制度。

布勞岱爾(Fernand Braudel)指出，遠東貿易長期處在荷蘭東印度公司的壟斷下，一般商人便轉向法國、丹麥、瑞典尋找資本，唆使這些國家成立東印度公司，這也說明 18 世紀末和 19 世紀初英屬印度的情形，那裡的商人當時群起反對東印度公司的特權，這特權一直要到 1865 年才廢除。他們不僅得到公司當地職員的暗中支持，也積極從事對中國(大明國)、南洋群島的走私貿易，和歐洲販運白銀的

---

[28] 曹永和，《臺灣早期歷史研究續集》，(臺北：聯經，2000 年)，頁 37-97。

歐洲其他各國商人的從中相助。[29]

　　荷蘭東印度公司獨占臺灣對大明國及對日本的貿易，荷蘭對日本輸出臺灣特產的鹿皮與砂糖；對大明國則輸出臺灣的米、糖、香料及荷蘭本國的金屬與藥材，而輸入品有生絲、黃金、瓷器、布帛、茶等。荷蘭商館藉由臺灣是大明國與日本貿易的轉口站，加強課徵貨物稅，獲得豐厚的商業利益。[30]永積洋子指出，單是1641 與 1643 年由鄭芝龍出口到日本的生絲數量就占了所有大明國船輸入量的62%-79%、絲織品占了 30% -80%。[31]

　　當時，荷蘭東印度公司主要是取得大明國絲織品，以換取日本的白銀，另一方面還可以出口黃金，日本白銀和大明國黃金都被用來購買印度棉布，棉布則可以換取東南亞所生產的胡椒、丁香與荳蔻等香料。在大明國，白銀被用作貨幣，而黃金只被拿來製造飾品，因此金銀的相對價值比鄰近的國家低，在大明國 4、5 兩銀子就能換到 1 兩黃金，但在日本與大部分亞洲國家經常要 10 兩銀子以上才能換到 1 兩黃金，因此拿日本銀子交換大明國黃金是一件十分有利的交易。

　　荷蘭東印度公司為發展全球貿易，一共開闢五條航線：大明國至臺灣；日本至臺灣；巴達維亞經臺灣至日本；馬尼拉經臺灣至日本；大明國經臺灣至日本。荷蘭時期大明國商人運到臺灣的黃金數量在 1636-39、1643-44、1648 年都有 300錠以上，代表大明國與臺灣有著頻繁貿易往來，1640-42 都沒有大明國船隻輸入黃金到臺灣的紀錄，而在 1645 年以後黃金輸入情形也不如以往，這可能與大明國沿海受鄭芝龍控制，而導致航行船隻到臺灣數量減少有關。

....

[29] Fernand Braudel, *Civilization & Capitalism 15th-18th Century vol.3: The Perspective of the World.* Trans. Sian Reynolds (N. Y.: Harper & Row, 1984).

[30] 人類歷史上大多數的時間，硬幣的主要金屬成分是銀而不是金，特別是哥倫布航行以後，新大陸尤其是墨西哥發現了蘊藏豐富的銀礦。16 世紀時，銀大量流入歐洲，1606 年荷蘭議會宣布了貨幣交換手冊，一共列出 848 種銀幣、金幣，其中有很多在純度與重量上差異極大。品質問題造成阿姆斯特丹商人極大困擾，於是積極建構銀行體系，以解決貨幣問題。

[31] 永積洋子，許賢瑤譯，〈荷蘭的臺灣貿易〉，《荷蘭時代臺灣史論文集》，(宜蘭：佛光大學，2001 年)，頁 249-326。

至於白銀的流入，主要以日本銀為主。荷蘭人使用銀在臺灣收購大明國貨物，另外巴達維亞的荷蘭東印度公司為了與大明國貿易，而頻頻向荷蘭母國要求增加資金，於是從荷蘭開始有白銀輸入。尤其在 1635 年後由日本運來的白銀大量增加，這與臺灣對大明國貿易極需資金有關，直到 1650 年代大明國戰亂造成荷蘭人對大明國貿易的不穩定，日本輸出白銀的數量才呈現下降趨勢。

荷蘭人收購大批大明國生絲的主要目的是要轉銷歐洲和日本等地。不過由於荷蘭購買大明國生絲的資金來源為日本的白銀。因此在臺灣收購的大部分大明國生絲還是以銷往日本為主，而歐洲方面生絲的需求主要由波斯來供應。從 1635 年大明國輸出到臺灣的生絲開始增加，到 1641 年以後大量減少，1655 年以後再也沒有大明國生絲輸到臺灣。大明國生絲輸出到臺灣的數量關係荷蘭人從臺灣轉運日本的生絲數量，從 1650 年代輸入日本的大明國絲織產量沒有減少的跡象分析，代表著原由荷蘭人運到日本的生絲已被大明國人接手。

荷蘭東印度公司經營臺灣糖業可比是 20 世紀臺灣糖業公司的前身，1650 年間臺灣砂糖輸出達 7.8 萬石，公司收益超過 30 萬盾(guilders, 舊荷蘭或印尼金幣)。主要輸出的地區除了大明國、日本之外，更遠至波斯地區。16、17 世紀各國的殖民地競爭，金銀之外，乃以嗜好品為目標，當時砂糖最被歡迎。在重商主義下的殖民地經濟活動，可稱為「砂糖時代」，而 19 世紀的殖民地經濟活動可名為「棉花時代」，20 世紀兩次世界大戰前後的殖民地經濟活動可稱之為「石油時代」。

在鹿皮輸出方面，鹿皮運銷日本，鹿肉則加以烘乾之後，隨同鹿的骨頭被運往大明國銷售；鹿的骨頭不但可以被雕琢成器具，而且鹿角也可以煎熬成具有膠質的補品。荷蘭固定運送鹿皮到日本是從 1633 年到 1660 年，每年平均的輸出是 71,840 張，1638、1639 年是臺灣輸出鹿皮的高峰，最多高達 15 萬張，從 1642 年開始鹿皮輸出量持續降低，原因是鹿隻的數量減少，導致鹿皮減產，東印度公司遂採用保育措施，到了 1650 年代鹿皮的輸出量再度攀升。

六、 鄭氏臺灣重商主義政策的中挫

(一) 冊封體制取代公司政府型態

持有中日混血的「國姓爺」(Koxinga)鄭成功，其統治臺灣是啟動在大明國東南海上，逸出大陸上五千年華夏格局的一段新的文化，恰是與外來文明，包含中國文化、日本文化，以及西方文化的複合型態。鄭氏領臺時期的「土著化」(indigenization)發展，是先認定初期的漢人移民心態是中國本土的延伸和連續，以後才逐漸認同臺灣本地的現象。

臺灣自明鄭以至 19 世紀，一直存在「中國」概念與國際經濟特色的雙重意義。大清國領臺以後，「中國」概念日益加強深化，臺灣經濟體融入中國經濟圈，再以此參與國際性經濟活動。日本治臺，臺灣又融入日本經濟圈。戰後國民政府統治臺灣的「中國」概念，又使臺灣擺脫日本經濟圈，論其發展經驗，由中國大陸來臺的政權，挾東南沿海的發展經驗及人才，配合在地人才在日治時代從日本學到的經驗，再加上美國經濟的影響，遂能迅速發展經濟，而在中國大陸的改革開放之後，捲入中國大陸的經濟發展，「中國概念」與「國際概念」竟成同步的開展。

當大明國戰亂的社會失序現象蔓延到了東南海岸，也對臺灣造成很大的變化。1659 年鄭成功正面攻擊南京，慘遭軍事重大挫敗，大清國大軍逼臨廈門。1661年鄭成功率軍從金門經澎湖，於鹿耳門溪，在北線尾附近登陸，以圍攻策略逼降荷蘭，建立鄭氏王國，所代表的是南明流亡政府在臺灣建立的第一個中國漢人政權，卻是近代史上歐洲人在東方海上的一次重大挫敗。

承上論，臺灣漢人社會的真正確立，應在鄭成功逐退荷蘭之後。遷移常常伴隨著向外擴張的軍事力量，偶爾是由傳教士、商賈或農民帶頭遷移，不過大部分還是與軍事征服同時發生，或是跟隨其後。

荷蘭時期東印度公司的歲收金額主要是取自大明國移民臺灣者，最初數年每

年收入額至少超過 3,000 利爾，由於福建內地社會紛亂所促成的移民臺灣浪潮，將大部分家屬帶至臺灣，截至 17 世紀中葉對荷蘭的歲收金額約達 40,000 利爾，而東印度公司必須再上繳荷蘭聯合省各項稅賦。

換言之，國家機關在作為商業活動基地的市場分配和保障優惠權，任何公司都以納稅作報答，而稅率又與國家的財政關係息息相關，東印度公司當然不例外，而且每年上繳國家大筆款項是股東利益的 3 倍之多。

1600 年左右是大明國移民來臺灣的重要起點，檢視自 1654 至 1658 年，由大明國來臺灣的人口數 24,606 人多於從臺灣至大明國的 19,988 人，而且從大明國來到臺灣乘客中的特別註明女性乘客人數，表示船客渡海來臺的目的不只是單純的商業行為，凸顯許多船客是具有開拓精神(pioneer spirits)的移民，尤其臺灣相對於大明國是發展的邊疆(the frontier)。邊疆臺灣的存在，對福建、廣東地區的大明國人民與社會賦予新意義，代表著重新來過以及尋求新機會的空間。

大明國為抵抗滿族和蒙古族的入侵邊界，放棄了因有長江之利而對航海開放的南京，並於 1421 年遷都北京。在大航海時代的意義上，喪失了利用大海之便發展經濟和擴大影響的機會，預告大明國以後在爭奪世界權杖的比賽中輸了一局。1662 年鄭成功治理臺灣，雖奉大明國為正朔，自己未稱帝，大明國的未實質統治臺灣，但鄭氏王國仍把大明國權力體系的支配機制延伸到臺灣，更代表鄭氏在臺灣實際上已確定具有統治臺灣的史實。

溯自秦始皇建立大一統以來，即是皇權體制的開始。權力完全集中在皇帝一人，「朕即國家」，皇帝是政權的獨享者，官僚體系也只是皇帝的工具，是君臣之間的君主式關係。大明國在洪武 13 年廢了宰相胡惟庸以後，皇帝除了是國家元首之外，又是事實上的行政首長，直接領導並推動庶務，皇權和相權合一，軍隊指揮權，再加上司法權、財政權等等，可謂集大權於一身，又可不對任何個人和團體負責，這種權力的集中是極為特例。

15、16 世紀的東亞，是一個以大明國為盟主的冊封朝貢體系所構成，包括了琉球、安南、暹羅、朝鮮、日本等 17 個亞洲國家。在這體系中，大明國從朝貢國家獲得的貢品其實不多，反而回報的賞賜價值往往超出更多。大明國強調的應該

是從這個政治禮儀中對內和對外建立統治權威的宣示。

參加這個體制的各國也透過這種冊封關係，鞏固其在本國內部的統治地位。彼此之間並無直接經濟剝削與政治干預的重大問題，有的話只是貿易利益的談判。鄭成功既受封延平郡王、鄭經受封東寧王，這種冊封體制顯然是明、清時期皇權體制的延伸，在東亞世界所建構起政經關係的具體形態。

這種冊封體制便隨著傳統中國各朝代的起落、勢力的盛衰，而有數次分裂、瓦解，乃至於重編的現象；同時，也隨著傳統中國與周邊諸國，彼我情勢的變化，呈現種種不同的面貌。例如高麗與大明國關係(1368-1392)，朝鮮與大明國關係(1392-1636)，朝鮮與大清國關係(1636-1894)，在這五百年來的關係，則被稱是典型的「納貢關係」。[32]

鄭氏的治理臺灣是以大明國移民北向爭傳統中國正統，又南向以奪取海上商業的經濟資源，是結合了冊封與納貢(tallage)為一體的政經體制。鄭氏一直奉大明國為正朔，也都以孤臣的心態，希望能恢復大明國。冊封體制在國家的某種意義上被視為是國王的私有財產，就如同采邑或莊園(manor)是封臣的私有財產，但是市場經濟的正常交易制度並未遭到破壞。

換言之，鄭氏三代雖建立政權於臺灣，卻是標榜以延續大明國政權，而領受不同的封號。鄭氏時期的冊封體制有如日本藩鎮制度，是封建政治，崇尚專制政體，主張要對君主盡忠，強調家族主義、國體主義、傳統主義，及型式主義，強烈形塑當時社會支配意識的冊封體制。[33]

檢視西歐封建化的過程，是始於4到5世紀日耳曼民族對羅馬帝國的征服，尤其是屬於西日耳曼民族一支的法蘭克部族，侵略羅馬帝國的屬地高盧。481年克羅維斯(Clovis)統一這些部族建立法蘭克王國的時代開始，法蘭克王為統一國內，將掠奪來羅馬帝國屬地的公有土地私有化，經賞賜給臣下、首長、軍事領袖，使他們成為王國的貴族及騎士，以形成統治集團，並透過以封土授受為媒介，建

[32] 全海宗，《韓中關係史研究》，(漢城：一潮閣，1983年)，頁51。
[33] 東嘉生，《臺灣經濟史研究》，(東京：東都書籍，1944年)，頁60-61。

立起君主與家臣的主從緊密關係。[34]

　　布勞岱爾(Fernand Braudel)指出，封建社會至少是五種不同的社會，不同階級的共存，最基本的以及最古老的是支離破碎的領主社會，其次是由羅馬教會堅持不懈地建造的神權社會，第三種是以領土國家為中心組織起來的社會，第四種是封建社會，第五種社會是城邦，總體來說，這些社會不但共存，而且互相攪和，帶有一定的整體性，但從縱向觀察，特權者或治理國家精英的人數仍屬少數。[35]

　　然而，從原住民族、荷蘭人、漢人的相互主體性概念而言，其中正如英國移民北美洲的「逐走土著人」(removing the natives)，以便為不斷增加的移民人口騰出空間。鄭成功王朝政權來臺亦是漢人血統，和中華文化有計劃與開始引進臺灣社會的一件歷史大事。

(二) 農業生產取代商品經濟模式

　　中古世紀晚期的歐洲，既沒有世界帝國，也沒有世界經濟，只有基督教文明；歐洲大部分地區都是封建的，也就是說由相對自給自足的小經濟單位組成。這種經濟單位的剝削基礎，是因為占人口比率很少的貴族階級相對於莊園內部生產大量農產品的所有權者。

　　確切地說，傳統中國封建制度只實行於商周，到魏晉南北朝，雖仍有若干封建因素，但已完全非封建制度。[36]鄭氏時期視臺灣土地為國王的私有財產，就如同采邑是封臣的私有財產；君主和封臣對司法權的延伸，及以武力所征服來的土地，都視為有利可圖的冒險事業。

　　桑巴特(Wanner Sombart)指出，這是一種創造一個富人階級的經濟體制，其目

---

[34] 後藤靖，〈序章：經濟學的基礎概念〉，後藤靖等，黃紹恒譯，《現代經濟史的基礎——資本主義的生成、發展與危機》，(臺北：經濟新潮社，2003 年)。

[35] Fernand Braudel, *Civilization & Capitalism 15ᵗʰ-18ᵗʰ Century vol.2: The Wheels of Commerce.* Trans. Sian Reynolds (N. Y.: Harper & Row, 1982).

[36] 黃仁宇，《資本主義與二十一世紀》，(臺北：聯經，1991 年)，頁 17。

的是在自足的經濟中，由別的勞動者生產物品去滿足他們的需要。[37]鄭氏統治臺灣初期為解決人口增加所帶來的糧食問題，首先必須進行土地利用的動態調查，以確保土地的有效利用，何況鄭氏政權最擔心軍糧供應的不穩定與持續性。所以，土地制度除了承認先來漢人和已開化原住民對於土地既得權益，以安撫居民之外，乃行屯田開墾，延用荷蘭時代的王田，改稱官田；而文武官開墾的土地稱為文武官田，或稱司田；屯營開墾的土地稱營盤田，到了鄭氏政權末期，開墾的田園面積已達約 18,400 甲。

鄭氏政府在農本思想下的土地開墾區域，開始只是一種點狀的分布，主要開墾範圍包括西南沿海平原一帶。當赤崁一帶在荷治時期已經開墾完成，鄭氏新開墾的田園就集中在嘉義平原、鳳山北部平原。到了 1683 年即鄭氏向大清國投降後的一年，臺灣開墾登記的耕地總數是 17,898 公頃，其中 7,307 公頃是水稻，10,591公頃是旱田，而農民因怕繳稅導致有少報土地面積的現象。檢視 1684 年的耕地有20,000 公頃，那麼 1650 年以來的耕地面積大約增加 3 倍，其增加的百分比大約和人口數相同。

就全臺灣土地的總面積而言，尚不足稱道，但已是荷治時期的 2.2 倍，由於臺灣內部開發的進展，開始形成以漢人為主的聚落，縱使到了 1683 年的投降大清國之後，政權已控制在滿族人居多，但漢人在臺灣的經濟實力已經確立，臺灣的漢人社會於焉形成。

營盤田在臺灣南部有很廣闊的分佈，例如後營、大營、新營、小新營、中營、五軍營、查畝營、舊營、下營、林鳳營、左營、營前、營後、中協、本協、後協、左鎮、後鎮、前鋒、三軍等等，都是鄭氏營盤田的舊址，鄭氏的寓兵於農政策，真正奠定了漢族在臺灣落地生根的基礎。營盤田的農業，主要目的在屯田農業經濟的自給自足。不過，這些屯田與文武官田及府田的佃人不同，他們享有特權，可免除納租。

鄭氏時期的文武官田是納稅重於繳租，當鄭氏政府在海上貿易利益銳減以

---

[37] Wanner Sombart, 李子譯，《現代資本主義》（第一卷），(上海：商務，1936 年)，頁 46。

後，不得不依賴這些租稅來支撐龐大的軍費開銷。同時，亦延續荷治時期為確保臺灣沿岸操業漁船的稅收，也開始在港口碼頭上設置監視所，並且將漁業稅的徵收採用包稅制度。

荷治時期管制土地私有，在鄭氏時期即使限於特權階級，但因其充分開發利用，有助於資本累積及產量提昇；加上，政府為解決農業生產力的困擾，在勞動人力資源上，仍積極透過招納流亡，及開放將士的眷屬遷臺，特別是將金廈，及其他戰區中的罪犯放逐到臺灣，並且將這些罪犯的勞動力充分運用在墾殖，這是強制性移民的方式之一，以協助解決缺少勞動力的問題。

鄭氏時期為提高稻蔗產量，更加強水利設施，以採用築堤儲水與截流引水的方式進行。這些重要工程主要還依靠政府政策、或藉由地方人士參與，甚至由各營、鎮的兵工所合力共同修築完成。[38]在農產品結構上，荷治時期偏重於種植甘蔗，其目標是在生產商品的糖，而鄭氏時期則以糧食的需求而擴大植種稻米。耕種方式仍與原住民一樣採用轉地耕種的粗放方式。

檢視鄭氏治理臺灣，從國家組織型態上猶如一個王國(monarchy)，就權力的支配關係而言，是與荷治時期重商主義的公司組織型態有很大的不同。鄭氏政府為了在臺灣營造一個發展農業經濟的安定環境，開始透過興辦學校、立孔廟，以及實施考試制度，積極整治臺灣。特別是鄭氏時期所凸顯從荷治時期買空賣空的外來商品交易經濟型態，轉為實質內需的生產農業經濟發展模式。

(三) 東亞貿易取代全球市場

華勒斯坦(Immanuel Wallerstein)指出，荷蘭的經濟實力主要來自於 17 世紀的海上貿易，並將紡織業生產的效率列為第一個成功的要素；而第二個成功要素是將英國呢布業者，和歐洲南部鹽業者的中間商的交易活動有關。第一個成功要素的解釋是強調產品生產優勢；第二個成功要素的解釋是強調商業利益優勢，它是

[38] 周憲文，《臺灣經濟史》，(臺北：開明，1980 年)，頁 169-171。

跟隨第一個優勢而發展;而第三優勢就是殖民地產品。[39]這種強調財政性和獨占性的重商主義,以及經濟上的比較利益最能凸顯荷蘭掌握全球貿易利益,和統治臺灣時期公司政府重商主義政策支配經濟發展的特殊性。

荷蘭雖然能擺脫西班牙的控制,也接收了許多原先葡萄牙的貿易網絡,但在東亞地區卻未能順利取代葡萄牙在澳門,以及西班牙在菲律賓的獨佔政經利益。荷蘭為擁有自己在東亞的一個轉口港,1624 年荷蘭終於取得安平港,正式佔領臺灣並做為其對大明國、日本貿易的據點。

鄭氏政權屢次遭遇清軍與荷蘭聯軍的夾擊,加上大清國在沿海地域厲行遷界和海禁政策,使得與大陸之間的生絲、陶器等貿易受阻,鄭氏政府被迫只能實行轉運策略,而將船隻轉往日本、琉球、呂宋、暹羅,並嘗試透過與英國東印度公司簽訂通商條約的方式進行多角貿易。英國東印度公司始於 1675 至 1680 年間在臺灣開設商館,並將船隻進駐東寧(臺南安平)。

鄭氏為加強對外貿易,又命伐木造船,銷往日本,轉購兵器以武裝力量。大清國的實行堅壁清野策略仍強迫廣東、福建等 5 省沿海 30 里內的居民遷徙於內地,化為界外,嚴禁與臺灣來往,以封鎖沿海居民與鄭成功海外敵對勢力的互通訊息。檢視英國東印度公司取代荷蘭東印度公司的角色,猶如英國勢力取代荷蘭勢力的在臺灣發展,在國際強權凸顯荷、英霸權的進入交替時期。

對日本的貿易,由於每年到長崎的商船增多,相對地降低了臺灣與大陸的直接貿易。荷蘭雖於 1662 年放棄臺灣,但仍以巴達維亞為總部,繼續在附近海域活動,只是扮演全球性市場貿易的風光已不再。尤其到 1683 年大清國正式攻陷臺灣時,幾乎停止了所有在臺灣的貿易活動。

比較當時臺灣在國際貿易的活動中,除了與大明國貿易之外,主要維持在東亞貿易的轉運角色。首先貿易的對象是日本,鄭氏商船 5、6 艘,每年在 1 月開往馬尼拉,在 4 月或 5 月開回;6 月或 7 月中,則 12、13 隻專門的商船,或更多的

---

[39] Immanuel Wallerstein, *The Modern World-System, Vol.2: Merchantilism and Consolidation of the European World-Economy, 1600-1750* (New York: Academic Press, 1980).

船開往日本，在 11 月或 12 月回來。商船來往地點除日本，馬尼拉外，雖然分別遠至呂宋、波斯、蘇祿、文來、暹羅、柬埔寨、麻六甲、琉球、交趾、廣南、柔佛等處，只是貿易量都非常有限。

臺灣從日本進口貨物，主要有白銀、黃金、銅，及軍用品，而從東南亞等地運回的主要是香料、蘇木等商品，這些貨物和臺灣、大陸的貨物再轉運各處出售。鄭氏還與英商進行大量的武器交易，在鄭氏與英國通商協議中，不但詳細規定了每艘英國商船供應武器的數量，而且同意其來自大陸及各國的貨物可以匯集臺灣市場。英國商館認為，只要能透過與臺灣通商，即達到直接與大明國、日本及馬尼拉通商的目的，但是活動的地區仍然僅限於東亞國家。

分析 1647 年至 1661 年，大清國戎克船(junk)和長崎貿易的平均數減少到 48 艘的原因，主要是受到反清活動仍在華南一帶，以及鄭氏控制了福建沿海並掌握海上貿易的影響，更凸顯 1662 年至 1672 年鄭氏自廈門撤軍並以臺灣為基地，1673 年至 1684 年鄭氏藉三藩作亂反攻大陸未成，竟致投降。換言之，由戎客船數不斷的減少，明顯看出大清國嚴禁海上貿易，以及推動遷界政策的效應，導致鄭領臺灣時期經濟發展已從荷蘭時期的全球貿易被迫侷限在東亞市場。

七、 結論

從制度變遷理論的正式規則、非正式限制和執行過程的三個研究面向，本文獲得的綜合結論如下：

檢視長程貿易的成長帶來兩項明顯的交易成本問題，第一是典型的代理人問題。第二是契約的履行和執行。[40]透過荷蘭以公司政府型態統治臺灣時期的「番字契」或「新港文書」，和鄭氏政府在推動「中國文字」的過程中，檢證文化和商

....

[40] D. C. North, *Institutions, Institutional Change and Economic Performance* (Cambridge: Cambridge University Press, 1990).

業行為上所形成制度發展的變遷中，所有修改過的正式規則與仍舊不變的非正式限制之間存在的緊張關係，其所造成對重商主義政策的影響。

重商主義政策的追求利潤與減少經營風險，凸顯這對企業經營者的管理績效非常重要。重商主義政策將各種不同的創新和制度聚在一起，開創了強調效率的現代市場觀念，和促進交換與商業的成長。尤其開放的移民政策吸引了生意人，發展出融資給長程貿易的有效方法，建立大規模的市場使訊息成本降低，以及可商議的政府債信制度都促使重商主義政策，成為一種歷史社會制度的可能性。當荷蘭以公司政府型態在臺灣與漢人建構起「非正式合作」(informal cooperation)的相互依賴關係，亦如歐洲國家對於美國的殖民時期，凸顯了法律、商業公司性質等制度理論在經濟發展上的重要性。

東西制度理論不僅限於民主與專制的政治體系，更在於個人私有與一切歸於統治者的財產權之間的差異。東方的統治者被視為天之子，在萬人之上，當然可取所欲取，為所欲為。這種家天下的作風壓抑商業活動，有害經濟成長。鄭氏政權，一直維繫大明國正統的思維，深受儒家忠君思想的影響，在施政作為上呈現傳統的封建觀念，導致重商主義政策的中挫，而產生與西方不同的文化價值觀。

鄭氏政權的「中央政府」就是建置在臺灣，這是與荷治臺灣重商主義政策的最大不同。鄭氏政府在顯現權力運作機制的支配距離最近，以及指揮層級也最直接，更有效率地促使當時漢人政經社文制度的發展走向土著化與漢化意識，以致影響至今，臺灣兩岸經貿政策尚存在開放和管理的制度性難題。

鄭氏取代荷蘭統治臺灣的政權之後不久旋即瓦解，不僅導致重商主義中挫，也讓追隨鄭家到臺灣尋求出路的臺灣先民遭受嚴重的打擊，更給 200 年後的兩岸中國人帶來百年損失。特別是發生在鄭氏政權結束之後，整個大清國又恢復鎖國政策，以致臺灣和中國大陸都錯失了在工業革命之後和西方同步發展的契機，佐證制度發展過程中政策改變會導致經濟發展停滯的理論。

清領時期臺灣經濟政策與發展

一、前言

　　2005 年臺海兩岸春節包機載送大陸臺商返鄉過節，為兩岸互動關係和經貿發展又向前邁進了一步，對居住臺灣的民眾或許對目前兩岸互動關係的進展狀況與處境存有不相同的情懷與見解，但對持促進兩岸經貿活動是影響臺灣經濟發展的關鍵因素的觀點則不會有人加以否認或排斥。臺灣與中國大陸的關係實在是難分難捨，也有剪不斷理還亂的歷史偶然與必然。

　　臺灣自 1895 年脫離大清國轉受日本殖民統治，1945 年再由中國國民黨主持的政府接手，2000 年政黨輪替改由民進黨執政，2008 年第二次政黨輪替，國民黨拿回政權，2016 年選舉結果，民進黨又取得執政。在這整整 100 年期間，除了 1945年至 1949 年的短短 5 年是在有名之實的維持兩岸統一之外，其他時期則都是在政治統治的權力體系運作上，仍是兩岸隔離而治，甚至處於戰爭的敵對狀態。

　　兩岸關係儘管錯綜複雜，但從經濟發展的觀點來看，尤其是兩岸經貿關係卻呈現迥然不同的景象。1979 年中國大陸經濟的改採開放政策，不僅對全世界市場產生很大的吸磁作用，對臺灣經濟發展的影響當然也帶來影響與壓力。當大陸市場成為臺灣最重要的出口對象，取代臺灣以往依賴美國市場為主的貿易關係時，臺灣經濟要持續發展就不能忽略兩岸貿易的成長，就必須要有妥善的因應對策。

　　這對政策的制定與執行有必要從兩岸經濟發展的歷史角度深入分析。本文的撰寫動機就是希望從清領臺灣時期經濟政策與發展的經驗，提供當前兩岸執政者

作為擬訂兩岸政策和臺灣經濟發展策略的參考。

二、 研究方法與結構說明

　　大清國對鄭氏王國的態度純然是一個「強勢政府」(strong state)，絕對不可能容忍一個長期敵對政權的存在，更何況是一個完全否定它合法性統治的弱勢政府(weak state)。可是大清國在解決臺灣鄭氏王國的統治問題之後，如果不是施琅力爭，陳述臺灣經貿與戰略地位的價值與重要性，並強調唯有將臺灣納入大清國版圖之內，福建、浙江、廣東和江蘇的安全才得以保障。大清國和它所取代的大明國一樣都屬「內向型國家」，大清國極可能放棄臺灣，並強迫居住在臺灣的漢人遷回大陸。

　　清領臺灣，臺灣成為大清國統治的一個地方政府，所謂普天(皇帝)之下莫非王土，從 1683 年起至 1895 年止，一共長達 212 年大清國與臺灣之間的中央與地方隸屬關係。

　　本文以文字敘述為主，採後現代化理論的「綜合途徑」(comprehensive approach)，透過歷史結構分析(historical structural analysis)清領臺灣皇權政府的經濟政策，並從土地開墾與農業發展、行郊組織與兩岸經貿，以及官辦企業與近代工業的發軔等三個面向，探討清領臺灣時期君主化經濟政策與發展。

　　經濟政策與發展不只關注政治經濟的權力關係，還包括社會、文化、環境等諸多因素，也就是強調以廣義政府為中心的政治體制，和以市場為中心的經濟體制，是經濟政策與發展在政經體系中最主要的兩種結構因素，因為它們能同時呈現且制約任何社會的重大政經議題。

　　普郎尼(Karl Polanyi)指出，市場經濟看似競爭激烈，但參與競爭的經濟個體就好像溫室裡的植物一樣，必須在特定的環境條件下才能正常運作，這個溫室就

是制度，而其中關鍵就是權力分配，也就是政治制度。[1]

本文的結構安排，除了第一部分的前言和研究方法之外；第二部分是深入探究大清國皇權體制的本質和治理臺灣的歷史意義；第三部分則是針對清領臺灣時期所採取的經濟政策與發展作分析；最後部分是結論與建議。

三、清領臺灣的歷史意義

17、18 世紀許多歐洲國家實施君主專制，是世襲君主統率著土地貴族的階級制度，並得到傳統組織和教會正統派的支持；專制君主象徵並具體實現了土地貴族的價值觀，雙方互為利益共同體。從權力結構的理論而言，專制君主可以為所欲為，但在實際運作上，卻制約於受過啟蒙思想洗滌的封建貴族。

這種君主體制在國內加強其權威，積累其稅收財富，並擴大其境外力量。因此，這樣發展的「帝國」(empire)型態，是一種政治體系，代表的是地域遼闊，權力相對高度集中，且以皇帝個人或中央統治機關所自成的一個權力結構。同時，皇權存在的基礎不但通常具有傳統的合法性，而且往往鼓吹一種更廣泛的、潛含統一性的政治和文化導向。

早期的貴族階級，後期世族大姓，的確具有龐大的組織力量，足以與政府體系相抗衡，但這些人的利益都建立在政治的特權上，不僅不會反政府，而且與政府相勾結，把政府作為獲得私人利益的工具。雖然有時農民引發的戰爭也可以發揮摧毀性的力量，許多王朝革命，幾乎都靠農民參戰，得以建立新的朝代，但農民力量總是被投機份子所利用，特別是在獲得政權之後，農民的最後結局仍然淪為被統治、被剝削的對象，並沒有順利形成民主化的民間社會。

傳統中國自秦以後即形塑大一統的觀念，皇權權力的結構只會是家族統治的

---

[1] Karl Polanyi, *The Great Transformation: The Political and Economic Origins of Our Time* (Baston: Beacon Press, 1957).

更迭，政權的本質幾乎沒有什麼改變，仍然只是統治者剝削被統治者。因此，無論是漢唐的統一時期，或魏晉南北朝的分裂時期，社會上地主和農民的衝突、政治上皇權與官權的衝突，從未停止過，只是在不同時代呈現程度上的差異而已。從世界經濟體系的觀點而言，傳統中國、印度和羅馬都是以這樣的政治型態出現，而且中國是 12 世紀時期的世界五大強國之一。[2]

傳統中國由於廣大農業經濟具有的地區性與分散性，唯有依賴皇權體制才能夠把中國統一成一個社會。大清國政府是由大約 4 萬名官員組成的、中央集權的、專制的半官僚行政機構的中樞，控制了所有的國家及私人資源，它可以用行政命令改變財產的所有權，強迫徵收財務或強迫個人服從，一個縣令可以集民政、司法、財政所有大權於一身，在不違反皇帝獨裁大權的前提下，幾乎可以為所欲為。[3]

皇權體制主要的特徵：第一，君權無所不在，幾乎所有政策都以皇帝的話即是命令、法律；第二，凡事政治化，甚至連穿衣、禮教、書籍、繪畫、宗教信仰都不例外；第三，皇帝嚴禁有任何對其權威挑戰的存在，也不輕易放過任何可課稅的收入。換言之，大清國的行政制度，遂行中央集權，統一全國律令，皇帝向全民抽稅。凡有職能的官階不能傳位，除了皇位之外，能傳位的爵職則無實權；地方行政事物則大致採縣及州府以下的委任給當地的行政機關。由於清政府的高度中央集權化，州縣級的地方機關必須在上級的監督下，只能依上級的命令行事。

1683 年(康熙 22 年)臺灣正式成為大清國的版圖。1684 年臺灣置府隸屬於福建省，大清國取消海禁，但仍不許移民攜家眷來臺。臺灣在清領時期的建省及郡縣分治過程，主要以建省為分水嶺，而前後劃分為兩個階段：第一階段是臺灣建省以前，時間是從 1684 年臺灣隸屬福建省起，至 1885 年臺灣建省；第二階段是

---

[2] Immanuel Wallerstein, *The Modern World-System, Vol.1: Capitalist Agriculture and the Origins of the European World-Economy in the Sixteenth Century* (New York: Academic Press, 1974), pp.16-17.

[3] Franz Michael, " State and Society in Nineteenth-Century China," in *Modern China*, ed. Albert Feuerwerker (Englewood Cliffs, N. J.: Prentice-Hall, 1964), p.58.

臺灣建省以後，時間是從 1885 年起，至 1895 年臺灣民主國的短暫成立，緊接著臺灣被割讓給日本。

第一階段清領臺灣的時間長達 200 年，其行政建制凸顯臺灣完全是位在大清國的邊陲，雖前後共設臺灣、臺北等 2 府，以及臺灣、鳳山、嘉義、彰化、恆春、淡水、新竹、宜蘭等 8 縣，但大清國仍然認為臺灣建省似覺勉強而名實不稱；然對於臺灣各縣地太廣，聯繫不易，添官分治加以管理則有其必要。

但畢竟政治組織很難配合實際需要，曝露出大清國視臺灣為「鳥不語、花不香」的彈丸邊陲之地，其政策一直偏向於消極。主要目標在於防止動亂，以維持社會秩序的安定；推行政令，以促使行政與內地一體；布施文教，以根植政府所承襲的傳統文化。

清領臺灣時期的行政組織首先分為城市和鄉村兩種地區，以臺灣鄉村組織為例，除設置官方職員的地保之外，還設有自治人員，如總理、莊正、董事、老大等，其職任由墾戶(大租戶)、業主(小租戶)、殷戶(資本家)及德高望重者，經廳、縣認可後擔任，其職責由維持村落治安到戶籍、稅賦、公共事業等事務。

第二階段(1885-1895)是臺灣建省以後，劉銘傳在臺灣接事，隨即著手行政區的新設與調整職官，改福建巡撫為臺灣巡撫，兼理提督學政，設巡撫衙門於臺北，並新設臺灣布政使，統籌省內兵餉、稅務、土地田畝及各省協餉事；增設臺灣知府、臺灣縣知縣、雲林縣知縣、苗栗縣知縣、臺東直隸州知州等；調整臺灣總兵官、澎湖總兵官及臺灣道的相關職權。

劉銘傳所實施的積極進取政策，希望「以一隅之施，為全國之範」，將「臺賊多自內生，鮮由外至」的臺灣兵備方針改為以外備為重。臺灣建省初期勇營的駐地、軍力和布署，不斷地發生湘軍、淮軍的派系糾葛，彼此削弱了軍事力量。另外，文武官員雖有互相監督的義務，也有來自行政體系的層層監督，但大清國政府仍設計有巡臺御史的監察制度，負責監督與考核的工作。

然而，該階段的行政組織變革，主要還是為因應外力環境所逼，而且真正治理臺灣的時間不長，只有短短 10 多年，因此清政府在臺灣的政經作為尚難累積呈現出具體的成果，但也確實為臺灣近代工業發展奠下了一些基礎。

　　皇權體制下的民間團體，通常都是聯誼性質。臺灣民間分類械鬥，主要起因於狹隘村落組織的地區觀念所形成開墾地和水源使用權的紛爭。清領臺灣時期史上有記載的大械鬥總共有 28 次民間械鬥發生，幾乎平均每 8 年就有 1 次。

　　政府無法有效阻止或放縱民間械鬥的發生，除了是文武官員不和、吏治不良的原因之外，亦有部分因素源於清政府刻意採取「防臺而理臺」的一種嵌制策略，形塑臺灣大陸化長達 200 年的原因之一。

　　臺灣民間械鬥的結果，不僅是族群紛爭，其鄉里或姓氏不同者也都捲入，導致為私利而械鬥，並造成民變迭起的社會失序現象。直至日本殖民統治臺灣，臺灣族群問題才在軍事高壓統治下，轉變成臺灣人對抗日本人的民族運動。

　　臺灣社會對清政府的抗爭，最先是以反清復明及宗教的因素居多。這階段的抗爭皆缺少組織與計劃的行動，後期因有天地會的出現，臺灣住民才進入比較嚴謹有規模組織的抗爭階段。至於，以經濟議題的抗爭則發生在政府取締私煎樟腦、納穀換銀，以及土地清丈等事件為主。

　　民間械鬥與社會抗爭事件的層出不窮，充分反映了皇權體制受到現存農業階級結構和政治制度的挑戰，不亦凸顯臺灣經濟自主性及與清政府極力將臺灣大陸化，其間矛盾所衍生的不斷衝突，導致發生官逼民反的事件。

　　為促使臺灣加速大陸化的措施是清政府對文化教育的推動。皇權體制的教育政策是在臺灣設校，分別有府縣儒學、書院、義學、社學、土番社學、民學六種。府縣儒學為官立最高學府，是為行政機關，而非學校；書院設於省城府縣及各地，為臺灣文運中心；義學是由官方或鄉紳富戶設立，延師教導閭里子弟；社學為士子結社敬業樂群之所；土番社學為專教番人之學校；民學為私學，普設民間。

　　同時，清政府再透過科舉制度獎勵優秀學子進入官僚體系，形塑其在臺灣社會中的名望與地位。大清國皇權體制的刻意強調士為四民之首，而商人居末的「重文抑商」策略，導致不利於臺灣資本主義市場經濟的發展。

　　1895 年(光緒 21 年)日本以朝鮮內亂為由向大清國挑釁，東南沿海戒嚴，臺灣為東南屏藩，清政府以布政使唐景崧為巡撫，調兵渡臺籌畫防守，但北洋清軍戰事不利；同年 3 月清政府詔令北洋大臣李鴻章為全權大使，與日本總理大臣伊藤

博文議和，割讓臺灣；5 月丘逢甲倡議成立臺灣民主國，推舉巡撫唐景崧為大總統，惟僅 13 日即告瓦解，臺灣淪為日本殖民地，結束長達 212 年清領臺灣皇權體制在臺灣的實施。

四、 土地開墾與農業發展

清領臺灣早期的資本形成，只能是依賴地主制資本為主的農業生產結構。臺灣納入大清國版圖之際，所開墾的土地僅為 18,453 甲，而列入政府戶口的戶數則有 12,727 戶，人口只有 16,820 人，但到了 1811 年臺灣人口數已增加為 195 萬人。[4]人口的不斷增加，導致勞動力規模進一步擴大所帶來的相對投資報酬率遞減，而刺激對土地的大量迫切需求。

清領臺灣時期土地的開發，是由有錢勢者競向政府當局申請，取得開墾許可，將自己的資金投注於土地，而後再招募無佃農從事開墾。這種由出力者向創業者繳納一定租金的形成，即成為日後「大租」制度的雛型。臺灣的土地開墾，其性質幾乎是原封不動地將中國大陸舊有的土地開墾政策移植過來，而原本體現墾戶與佃戶關係的大租，其所約定的並非勞動地租，而是生產作物地租，即大租所繳納的主要是米穀或砂糖。

時值大清國移民大量湧入臺灣之際，佃戶乘機將土地轉租，形成新的「現耕佃農階級」。因此，佃戶每年向現耕佃農徵收一定的租額，再將其中的一部分轉納予墾戶，形成「一地二主」的地租關係，也就是墾戶為大租戶，佃戶稱為小租戶，以及現耕佃農等三個階級，若加上官廳便形成了土地結構的四層關係，這種特殊地主制土地結構在臺灣實施歷時長達 1 個多世紀。

清領臺灣時期地主制資本轉型的最大關鍵是，1843 年清政府將原先規定大租戶繳納的「納穀制」改為「納銀制」政策，帶動了臺灣資本流通與商品經濟的擴

[4] 臺灣省委員會編，《臺灣省通志稿》，(第 3 卷)、〈人民志〉，(臺北：臺灣省委員會，1953 年)，頁 158-159。

大。然而，也開始導致了大租戶的衰落和小租戶抬頭的結構性變化，連帶因為逐漸增加勞動力供給，和相對稀少土地的供需失衡現象，形成土地的僵直性而有利於地主階層。

檢視 19 世紀中期臺灣土地所有權制度已經轉向以小租戶為中心的私有資本型態，小額地主制資本的形成有助於形塑臺灣產業結構是以中小企業為主的經濟發展，卻也阻礙日後農業生產的大規模經營。

比較清領臺灣土地開墾的先後，主要地區從臺灣的西部，再從南部而北部。在時間上，除了部分是在早期已經開墾之外，臺灣開墾的正式化與規模化，係發生於 18 世紀後半期的乾隆、嘉慶年間，而到 19 世紀初期大清國移民對臺灣土地開發的工作已大致完成。

清政府為增加耕種面積與農業生產量，1886 年劉銘傳設立全臺撫墾局，直接隸屬巡撫督導，並以林維源為全臺撫墾大臣，襄助劉氏。主要職責是配合防「番」專設的屯隘，及剿「番」的營汛兵勇，從事於綏撫生「番」的善後工作，總計劉銘傳在短短的 2 年之內，共撫「番」880 餘社，人數 15 萬 8 千餘人，但是臺灣的原住民族並不是一但歸化，即永遠歸化，縱使當時的撫「番」工作也並不能算是全部完成。

加強原住民農業生產的措施，包括禁止漢人購買原住民土地；徹底丈量地籍；漢人娶原住民婦女為妻或強佔土地者，拏究逐出；督勵原住民就學；獎勵原住民人從漢俗，指導其從事生產；對進入原住民區有商業不當行為者，糾察處分；選用優秀的原住民擔任幹部，統率社內居民；以漢人為通事，掌理貿易與輸餉事務，並教導其順化。清政府加強實施撫「番」的工作，也用「熟番」和「生番」來分類已經漢化和未漢化的原住民，冀望達成擴大耕地面積與增加農作物生產的目標。

清領臺灣時期的農業，生產以米、蔗糖、茶、樟腦、鹽，及畜牧為主；礦業則以煤、煤油、金，及硫磺為主。生產者及商人一般皆直接在市場上與消費者進行物物交換或以貨幣、商品貨幣為媒介的買賣。當時市場交易類型可分為兩種：一種是普通市，進行穀物漁業及日用品雜貨的交易；另一種是牛墟，進行主要提供農業生產器具的牛隻買賣市場。

　　檢視清領臺灣時期的重農政策，主要可以分為三個階段：第一階段是自 1683 年的康熙至 1735 年的雍正之間的拓墾時期，這階段主要是進行大量開墾土地的粗放農作物種植；第二階段是 1736 年的乾隆經嘉慶至 1850 年的道光末期，這階段土地開發已屬少數的表現在米、糖、茶等經濟作物的農業精耕細作；第三階段是 1851 年的咸豐經同治至 1895 年光緒將臺灣割讓給日本殖民帝國主義為止，這階段是西方殖民資本主義列強的侵略，臺灣已淪為是半殖民地狀態，產業結構也配合政府的開放政策逐漸由農業轉為發展工業的雛型。

五、行郊組織與經貿

　　傳統中國社會的功能組織與結構，本質上就比較不利於發展商業資本主義。在明清時期之前，社會就已有很明顯的「重農抑商」現象，但是臺灣在 17 世紀以前，以村落共同體組織為基礎的本地社會，並非只是單純的自給自足社會，許多日常生活必需品依賴從對岸的中國大陸進口，同時臺灣也向大陸出口各種農產品，特別是米。

　　臺灣仍因與大陸經貿活動的來往頻繁，這是臺灣在土地開墾過程中，透過與大清國的貿易關係，導致農產品市場的不斷擴大，商人及高利貸資本結構的形成，從而顯現企業經營與商業活動的熱絡，並建立「郊」或「行郊」的團體。這是為了加強彼此之間的相互團結，同時透過保持信用，增加商業利益以及從事公益事業，特別形成的同業商業組織。

　　以當時高雄的商人陳福謙為例，自 1870 年至 1890 年，除了壟斷打狗地區的糖產，透過海外分支機構從事貿易之外，還在島內的屏東、臺東設「公館」，收取土地出租的租金，開設「鹽館」販賣鹽，經營「糖廠」熬糖，在人口密集地方興建店鋪，盛極一時，有「七十二行郊」規模。

　　行郊有如歐洲中古世紀的行會，是把同一種職業的成員聯合在一起。中世紀的行會往往控制著成員的一般道德標準，類似於禁欲主義新教教派的教規所實行

的組織控制，但是行會與教派對於個人經濟行為的影響，顯然有著無可避免的差異。行會不可能會產生現代資產階級的資本主義精神氣質，只有禁欲主義教派的條理化生活方式，才有可能使現代資本主義氣質的個人主義動力成為理所當然。

清領臺灣時期的「郊」分為「內郊」與「外郊」。內郊就如現在的同業公會(guild)，有米郊、糖郊、布郊、茶郊等；而外郊主要經營與大陸的進出口貿易，如臺南「三郊」；而配運上海、寧波、天津、煙台的貨物與中國大陸的中、北部海港城市進行交易，共有蘇萬利等二十餘家商店則稱為「北郊」；配運金門、廈門二島，漳、泉二州，香港、南澳等處的貨物，以中國大陸南部的各海港城市從事貿易，其成員有金永順等三十餘家商店稱為「南郊」；負責臺灣東港、旗後、鹽水港、朴子腳、基隆等各港的採購貨物稱為「港郊」。[5]

臺灣被強制開港後，僅管導致行郊的沒落，代之「買辦」(comprador)和「媽振館」(merchant)興起，增加了外國商人的競爭，但對砂糖的交易過程並未有大幅度改變。開港之前，不管是臺南地方或鹽水北上至斗六地方，大部分砂糖出口都透過郊商輸往中國大陸居多；開港之後，買辦依然是透過鑽腳、出庄、糖割、糖行、以及港郊進行收購，只是原以大陸對岸貿易為基礎的北郊商人，因其對日出口的糖業被剝奪泰半而沒落。

由於砂糖交易不存在茶葉交易機構由大陸商人直接交易或介入貿易金融，而不管其交易多少都是由本地商人承辦，因而本地商人在砂糖業方面的經營勢力遠較茶葉界為強。砂糖金融多為洋行親自兼任外國銀行的代理店來進行，也有本地人經營糖行兼任的情況。

臺灣境內南北之間的商貿因受制於交通成本，反不如臺灣與大陸間的商貿關係密切。臺灣行郊在城市中扮演政治、經濟和社會方面的領導角色，就臺灣郊商與清政府之間的關係而言，臺灣郊商的政經地位顯然能享有相對的自主性。

檢視 1895 年以前的 19 世紀下半葉，臺灣郊商亦注意到分散市場，以因應對國際經濟體系的依賴發展。國際貿易累積了臺灣商人的財富，促使臺灣商人願意

---

[5] 臺南州共榮會編，《南部臺灣誌》，(臺南：臺南州共榮會，1934 年)，頁 381-383。

買進更多的大清國商品，郊商從事的兩岸貿易因而擴大。郊商不完全依附於英國資本之下，反而非常倚重大清國的山西票號與錢莊資本，顯示臺灣郊商同時發展對以歐美貿易為中心的世界資本市場，及本土原有的資本市場的雙重關係。貿易發展的結果，不但提高了商人社會地位，而且經濟活動和發展迅速的沿海商業城市，相較之下其賺錢的機會要比在大清國內地城市來得容易許多。

郊商在商業經營及兩岸經貿互動的過程中，掌握臺灣與大清國之間的高度區域分工，不但壟斷商業利益，進而成為地方政經領袖，這是凸顯臺灣土地資本可能轉化為商業資本的一項重要途徑。

郊商組織之所以能壟斷臺灣與大清國的貿易，其中因素主要是大清國實施鎖國主義的貿易政策所致。從企業經營的本質分析，臺灣郊商的組織係以保護商人本身利益，和伸張其權力為目的而成立的政經結構共同體，而且與中國傳統社會特有的鄉土意識息息相關，故得以在同業之間迅速結合與擴散，並形成一股政治性勢力，以保持同行業的經濟壟斷利益。

這股勢力不僅限於經濟力量，甚至在宗教、治安、公益活動等方面也很有具體的影響力，例如發生於 1786 年的林爽文、1806 年的蔡牽事件時，臺南三郊都曾扮演出錢出力的角色，特別是 1884 年的清法戰役，臺南三郊就曾於臺南設立團練分局，訓練勇士以備邊防；而臺北三郊為防禦法軍偷襲，並制定相關規章，極力保衛社會治安與保障人民生命財產安全。[6]

清領臺灣初期，透過郊商功能形塑大清國成為臺灣唯一的貿易對象，但是1860 年臺灣被迫對外開港通商，英美國家與臺灣的貿易來往頻繁之後，英美資本可以不理會臺灣同業公會的牽制而自由通商，於是以前臺灣對岸的泉州、漳州的商行以舢板船(junk)經營的商業，全為以汽船經商的英美商人所宰制。由華商(含臺灣與大陸資本)所擁有的資本，雖在經濟民族主義(economic nationalism)的英美資本壓榨下還得以生存，但隨著大清國出口的衰退和外國貿易的進入，導致臺灣與大清國的經濟貿易關係逐漸淡化。

[6] 臨時臺灣舊慣調查會，《臺灣私法》第一卷(上)，(東京：三秀舍，1905 年)，頁 5-21。

　　臺灣的開口通商除了導致臺灣北部茶葉與南部砂糖業的興起之外，樟腦與金礦的生產規模與經營之所以不如茶糖，主要受制於政府專賣，民間企業經營的空間受到極大限制，儘管如此仍創造了臺灣經濟發展的活力。清領臺灣時期的企業經營亦明顯因與外商的貿易，逐漸促使臺灣經濟發展的在地化與國際化。

　　臺灣商業資本呈現比較明顯的發展，一直要到清領臺灣末期企業經營開始與金融業的密切結合，藉由有組織的企業展開對外貿易，特別是 1858 年先後透過香港的怡和洋行(Jardine Matheson & Co.)及寶順洋行(Dent & Co.)等多家國際企業。當英美資本陸續進入臺灣市場之際，外國商館與本地商人之間，逐漸形成仲介的買辦(comprador)角色。

　　由於買辦熟悉與掌握當地的風俗習性及商情資訊，有利於外國商人的企業經營，成為英美資本在清政府與企業之間的重要橋樑。製茶業的媽振館既非單純的茶商，亦非僅是一般中間商，其身分介於洋行與茶商之間，不但接受製茶的委託與販賣，同時將製茶作為抵押品，進行通融資金的交易。[7]乃至於形成製腦業者有所謂「沒有貸款，即沒有樟腦」(no advance, no camphor)的資本連結與投資環境，金融貸款業務在企業經營與資本流通中扮演著重要的角色。

　　當時製茶資金的主要來源是匯豐銀行，尤其提供資金給洋行，洋行貸款給媽振館，媽振館再供應資金給茶館，最後轉借於生產者。媽振館的角色不僅做融資，還將茶葉透過洋行外銷。也因為外商競相收購粗茶，刺激臺灣茶葉價格上漲，誘使農民擴大種植規模，以因應外商出口需求而賺取外匯。

　　洋行的主要業務範圍包括了：經營對外貿易，代理外商銷售和採購商品；承保和代繳外商的進出口稅賦；被授權管理外商活動，諸如外商與當地人民來往、或在外滋事，概唯洋行是問；負責經辦清政府與外商一切聯繫事宜。臺灣茶葉的行銷通路到了 1872 年，在臺從事出口貿易的外商更有德記洋行(Tait & Co.)、水路洋行(Brown & Co.)，以及和記洋行(Boyd & Co.)等多家公司的加入市場競爭。

　　檢視清領時期臺灣從 1866 年全年總輸入金額的 1,666,341 (海關兩)及總輸出

---

[7] 臺灣銀行編，《臺灣銀行二十年誌》，(臺北：臺灣銀行，1960 年)，頁 9。

金額的 988,463 (海關兩)，在逆差金額 677,878(海關兩)的惡劣經濟環境下，至 1893 年全年總輸入金額的 4,839,493 (海關兩) 及總輸出金額的 9,452,055 (海關兩)，已改變成順差金額 4,613,562(海關兩)，其中影響出口的最大宗項目就是茶葉、砂糖及樟腦的輸出。

在茶葉方面，臺灣茶葉在 1867 年首次輸往澳門，1869 年又與美國市場接軌，加上，又從大清國引進包種茶的種植與生產技術，臺灣茶葉大規模生產的經濟利益已提高到可與稻米競爭的程度，茶葉從 1866 年輸出的 180,826 (磅)，到 1894 年已增至 20,533,783(磅)。[8]

在砂糖方面，則從 29,931,650 (磅)增至 97,831,342 (磅)，而最高峰是在 1880 年的 141,531,418 (磅)；在樟腦方面，則從 1,123,474(磅)雖減為 6,827,297 (磅)，但在 1870 年曾增至 2,240,272(磅)。[9]

根據摩斯 (H. B. Morse)指出，在 1882 年到 1891 年的 10 年間，該海關的出口貿易比率，茶葉占了 94%，其餘的則是樟腦占 1.5%，煤炭占 2%等，至於其他出口商品，不論是數量上或金額上都很少。[10]如果從 1868 年至 1895 年的出口總值比率，茶占 53.49%，糖占 36.22%，樟腦占 3.93%，顯示臺灣對外貿易在開港之後，已由原是米、糖的最大出口項目，轉變成茶、糖，及樟腦為出口的最大宗。

外國商業資本活絡於臺灣資本市場，其增加速度尤其以 1860 年臺灣正式對外開港以後最為顯著。英美資本直接通航通商的結果，導致臺灣企業活動與國際貿易起了結構性的變化，即本地資本勢力逐漸疏離了臺灣一直與大陸緊密的貿易關係。

臺灣資本市場一方面雖受制於外商資本，但是由於進入臺灣的外商資本，其

[8] James W. Davidson, 蔡啟恒 譯，《臺灣之過去與現在》，(臺北：臺灣銀行經濟研究室，1972 年)，頁 374、395-457。

[9] 林滿紅，《茶、糖、樟腦業與臺灣之社會經濟變遷(1861-1895)》，(臺北：聯經，1997 年)，頁 3-5、20-35。

[10] H. B. Morse, 謙祥譯，〈1882 年至 1891 年臺灣淡水海關報告書〉，《臺灣經濟史》(第六集)，(臺北：臺灣銀行經濟研究室，1957 年)，頁 88。

本質上僅是一般商業資本，並非產業資本。商業資本比較不容易深入整個生產過程，而只是要求直接與島內生產者交易，尚不至於影響本地既有的商業活動。因此，外商資本的不斷流入增加，相對地累積了臺灣本地資本的成長。19 世紀和 20 世紀初的資本主義和帝國主義是一體的兩面，1860 年臺灣的被迫開港，讓臺灣得以繼荷蘭東印度公司之後，再一次機會與國際體系接軌。

　　檢視清領臺灣時期郊商企業與兩岸經貿的發展，主要靠著先民移居臺灣的募股、籌資、備器、招佃、拓墾、鑿渠，其披荊斬棘、化地成田的精神，已不只是純粹傳統的農民與士族，而是具備有如韋伯(Max Weber)所謂「資本主義精神」(capitalism spirit)的現代工商業經營者與企業家必須的智慧、能力與氣質，形塑臺灣人刻苦耐勞、簡樸無華的本質。[11]

六、 官督商辦與近代工業的發軔

　　英國工業革命發軔於 1760 年代，以棉工業為起點，並改變了生產方式與生產結構，到了 1830 年代，主要產業部門則以機械制方式來大量生產，有助於自由貿易體制與世界市場的形成，但亞洲、中南美洲等國家則開始受到不平等的待遇，這亦是 19 世紀中葉臺灣政治經濟發展的處境。[12]

　　英國在 18 世紀中葉工業革命以後，製造業與服務業逐漸取代農業生產，而由第一級產業進入第二級和第三級產業，促進資金與技術向國外擴張，維持生產力得以持久迅速發展，並達到人員、商品和服務利潤的極大化。然而，西歐在工業

---

[11] 有關資本主義精神，Weber 指出，現代資本主義精神，不只是精神，而且也是現代文化構成性組成成分之一的「以職業觀念為基礎的理性的生活經營」，同時也必須是職業人乃是我們文化時代中的每一個人的命運，必須正視此一命運的嚴峻面貌，才能做我們自己命運的主人，參閱 Max Weber，于曉等譯，《新教倫理與資本主義精神》，(臺北：左岸，2001 年)，頁 XXIX、138。

[12] 後藤靖，〈資本主義以前的社會〉，後藤靖等，黃紹恆譯，《現代經濟史的基礎──資本主義的生成、發展與危機》，(臺北：經濟新潮社，2003 年)，頁 83-89。

資本主義開始發展的時期，確實受到封建貴族的層層束縛。

可是英國到了 19 世紀初紡織業興盛時，也因為政府的干預太多，為地主所把持的議會為了庇護英國的農業經營，遂徵收很高的保護性關稅。此即《穀物法》(corn law)，因而威脅到英國出口的實際影響。因為，世界上尚未實現工業化的其他地區，由於英國的保護政策而無法出售它的農產品，又如何來購買只有英國才能夠提供的工業產品？所以，曼徹斯特商界成為反對整個地主所有制，尤其發動抵制《穀物法》，成為是 1838 年到 1846 年間「反穀物法同盟」(Anti-Corn Law League)的大本營。

《穀物法》的實施，首先遭受衝擊的產業是貿易活動，曼徹斯特商界因而聯合以紡織業為中心，形成一股自由開明思潮，要求政治和經濟的自由化。所以，發生在 1789 到 1848 年間的法國政治革命和英國產業革命的所謂「雙元革命」(dual revolution)，不僅是工業本身的勝利，而且是資本主義工業的勝利；不僅僅是一般意義上的自由和平等的勝利，而且是中產階級或資產階級自由社會的勝利；不僅僅是現代經濟或現代國家的勝利，而且是世界上歐洲部分地區和北美少數地方的經濟和國家的勝利。

檢視當時臺灣生產技術的社會基礎，正如英國「曼徹斯特自由開明主義」(Manchester Liberalism)亦有機會扮演如 19 世紀資本主義精神的典型體現者，可惜接著臺灣接受日本殖民體制的資本主義統治，就未能有如西方國家發展資本主義經濟自主與進展來得順利。

臺灣本地糖商藉由與洋商的商業關係，並與其分享利益，儘管本地糖商儘可能地防堵洋商打進其經營範圍，但其對洋行資金的借貸與市場的過度依賴，卻延遲臺灣轉型近代工業生產技術的提升，以及新市場的開拓。

從 1683 年到 1874 年的 200 年間，臺灣農作的生產方法與工具仍是千百年農業生產的舊習，商業也限於趕集及流動小販往來，人民的生活習慣未受到新時代所帶來的好處。臺灣產業結構明顯改變，和生產技術的大幅提升，肇始於 1874 年(同治 13 年)推行自強新政的近代化工業，雖然有助於推動生產技術的提升，但比起大陸實施自強運動的開始時間已晚了 15 年。

　　然而，臺灣物產豐饒，茶、糖、樟腦的外貿暢旺，除了當時臺灣已具備相當規模的社會經濟基礎，及逐漸存在擁有商品交易實力的資本家，從內部支撐改革力量之外；再加上，臺灣是海島，住民的民智已漸開，因此不僅未形成改革的阻力，反而是促成生產技術現代化的動力。也因為當時調派來臺的執其事者如沈保楨、丁日昌、岑毓英、劉璈、劉銘傳等官員的銳意興革之下，臺灣推動近代化工業的發展，並未因起步較遲而遜色。

　　清政府的近代工業化運動是在一個經濟發展水平相當落後的傳統社會中興起的，長期的積弱積貧，造成產業啟動階段的初始資金來源十分困難，成為制約發展工業的一個瓶頸。因此，清政府在推動自強新政的近代工業化策略中提出「官辦」、「官督商辦」、「官商合辦」或「商辦」等不同概念的企業經營模式。

　　檢視清領時期的政經結構，畢竟是個以官為本的政府，而在西風東漸之初的接觸洋務，沒有官股本的資本結構是很難推展，純依賴民間商人的資本力量還是太小，但光靠「官辦」也難成，不易解決官僚體系的行政效率問題。所以，不得不在代表政府權力的領導下，官方也入股，結合以商為主體的「官督商辦」經營模式。

　　大清國最早實施的「官督商辦」方案是李鴻章接受盛宣懷建議而成立的輪船招商局(現在臺灣陽明海運公司的前身)，以從原先被洋行霸佔的船運市場中分出一些資金來，招商局透過「官」的力量把漕運的生意攬回來。除了輪船招商局之外，還陸續成立的企業包括電報事業、中國通商銀行，和中國第一個近代鋼鐵企業漢冶萍公司。

　　這些企業在資本結購與企業經營型態上，不論是由原先「官辦」、「官商合辦」、「商辦」或「官督商辦」，其目的都是將市場利益直接置於官權的控制之下，並且利用民間資本的力量為企業及其主持者牟利，導致出現「挾官以凌商，挾商以蒙官」的「官商共生」關係。

　　清政府為推動臺灣近代工業發展，以提高生產技術和促進經濟發展。1886年劉銘傳在臺北設立了商務局，推動對外貿易，招上海、蘇州及浙江富紳投資企業公司，並在新加坡設立招商局，一方面考察南洋一帶的商務，另一方面向華僑招

募商股,而在商務局下設立輪船公司。

此外,發展電報事業和電力系統,裝置電燈建設臺北市街,特別是為建構臺灣的交通路線,採用海外招商募股方式,聘請技師馬禮孫(H. C. Matheson)技術督導,興建臺北到基隆的鐵路幹線,是第一條原由官督商辦企業後改制為官辦的鐵路,是早期國家資本主義(state-capitalism)企業的發展模式。

鐵路的興建與功效可以稱為第二次產業革命的火車頭,經營鐵路的效益解決了因為過於負擔高額運費用而被阻斷於世界市場的國家大門,提高了以陸路運輸人員、貨物的速度和數量。由於當時臺灣北部的貿易總額已逐漸超越南部,臺北遂取代了臺南成為臺灣的政治經濟中心。加上,劉銘傳在興建鐵路,第一段從大稻埕到松山的鐵路在兩年後通車,臺北到基隆的鐵路也順利在 1891 年完工通車,兩年後更延伸到新竹。

清領臺灣時期的鐵路經營雖然由私營性質企業,後因商家以耗費過鉅、回收利潤遙遙無期而不願意繼續投資,終致改為官營,且因鐵路工程品質粗造,經營效能不彰,對清政府「官辦」、「官商合辦」或「官督商辦」的企業經營模式造成衝擊,包括日後演變成「保路風潮」的中央與地方的收回路權之爭,其政策面在執行上或許有待改進,但對臺灣近代工業發展卻具有火車頭的作用,也導致清領時期臺灣經濟發展的重心已由南部移至北部。

七、 結論

根據上述的研究面向,本文的結論如下:

一、清領時期皇權體制君主式經濟促進臺灣移民社會的形成:臺灣從漢人社會逐漸走向土著化,更隨著清治時期移民的正式化、規模化而定著化。然而,臺灣雖已形成是一個移民社會,卻也埋下日後族群和統獨意識的爭議。

二、清領時期皇權體制君主式經濟帶動臺灣發展的大陸化:清領臺灣的時間長達 200 多年,不但發展出兩岸人民與經貿上的緊密關係,加上清政府推動的科

舉制度與文化教育,影響臺灣經濟發展大陸化的廣度與深度。當前大陸市場在臺灣歷經日本殖民和國府政權的 100 年後,當前又重回躍升臺灣出口貿易的第一位,兩岸經貿的發展經驗與重要性實在不容兩岸執政者忽視。

三、清領時期皇權體制君主式經濟延續臺灣企業公營制度的經營模式:清政府對於比較大規模的建設或企業,採用「官辦」或「官督商辦」的經營模式,延續荷治臺灣類似東印度公司的國家資本主義發展。「官辦」或「官督商辦」是政府與企業利益共生的結構,也就是政府的左手要防制政府的右手向企業利益濫用職權,而實際的結果則往往是右手獲勝。此一政府介入市場的公營制度對以後臺灣日治及國府政權時期,與企業之間的「政商」關係有相當程度的影響。

四、清領時期皇權體制君主式經濟營造臺灣企業發展國際化的動力:清政府自鴉片戰爭後,不斷地面臨與列強國家的經濟交涉,以對抗國際經濟民族主義。臺灣新興的中小企業和經理人已能逐漸脫離政府的保護與制約而獨立營運,並為創造自身企業利潤而活躍於世界經濟體系的競爭,不斷地成長與壯大。

日治中期臺灣設置議會與新文化運動

一、前言

　　日治初期的 1895 年 5 月到 1920 年 8 月的 25 年間，中央集權的警察制依政府權力結構的調整，可從 1895 年 5 月到 1896 年 4 月的「軍政警察」，過渡 1896 年 4 月到 1920 年 8 月的「民政初期警察」。到了 1921 年以後當臺灣社會情勢稍有穩定之後，殖民政府對臺灣人的統治改採安撫策略，並進行行政上的分權制度。所以，日治中期一共歷經了九位文官總督[1]，其任期之所以都不會很長的主要原因，凸顯了臺灣總督人事派定完全受到日本內地政治力量的制衡與分贓的結果。

　　當時日本國力已經成為第一次世界大戰後東亞國家的強權，西方強權國家也都極力拉攏日本，希望將其納入成為世界經濟、軍事體系的一員，並促進其政治民主化。因此，日本政黨深深感受到國內政治自由主義的風氣，以及在威爾遜 (Woodrow Wilson)主張民族自決思潮的呼籲，殖民政府不得不削弱總督府權限，降低對臺灣的高壓統治，轉而設立臺北帝國大學等教育機構，加強殖民化思想教

---

[1] 分別是代表內地政黨派系勢力消長的政友會田健治郎、政友會的內田嘉吉、憲政會的伊澤多喜男、憲政會的上山滿之助、政友會的川村竹治、民政會的石塚英藏、民政會的太田政弘、政友會的南弘、民政會的中川健藏等 9 位文官總督，參閱：楠 精一郎，《大政翼贊会に抗した 40 人：自民党源流の代議士たち》，(東京：朝日新聞社。2006 年)；黃昭堂，黃英哲譯，《臺灣總督府》，(臺北：前衛。2002 年)，頁 114-115。

育，亦即是到了日治中期殖民政府開始將「警察政治」隱形在地方分權的民政制度下，以利其殖民統治。

二、文獻分析與研究途徑

對於日治中期臺灣警政發展的研究文獻，最完整的要屬由臺灣總督府警務局於 1933 年出版的《臺灣總督府警察沿革誌》[2]，詳細分別在第一冊的《臺灣總督府警察沿革誌(第一編：警察機關的構成》中，敘述了日治時期臺灣警察機關的組成；第二冊的《臺灣總督府警察沿革誌(第二編領臺以後的治安狀況(上卷)》中敘述了日治臺灣初期的治安；第三冊的《臺灣總督府警察沿革誌(第二編領臺以後的治安狀況(中卷)：臺灣社會運動史》中敘述了日治臺灣中期的文化運動、政治運動、共產主義運動、無政府運動、民族革命運動、農民運動、勞動運動、右翼運動等重大社會運動的治安事件；第四冊的《臺灣總督府警察沿革誌(第二編領臺以後的治安狀況(下卷)：司法警察及犯罪即決的變遷史》中敘述了日治臺灣刑事裁判制度及司法行政組織的變遷、刑事法規的變遷、犯罪即決的制度、司法警察的組織規程和犯罪搜查的相關規定，以及罰金和刑求處分的存廢問題；第五冊的《臺灣總督府警察沿革誌(第三編警務事蹟篇》中敘述了日治臺灣警察人員的任免、賞罰、勤務、休假、講習、教養，以及制服、武器攜帶等相關規定。[3]

另外的主要研究文獻，還有由葉榮鐘執筆，與蔡培火、陳逢源、林伯壽、吳三連等合著的《臺灣民族運動史》，內容主要大體敘述 1914 年至 1945 年之間所發生的一系列民族運動；許介鱗是在《臺灣近代史(政治篇)》一書中，以〈日據時

---

[2] 本文所引用的這套《臺灣總督府警察沿革誌》(五大冊)，是由臺灣總督府警務局編，於 1933 年(昭和 8 年)12 月 15 日在臺北發行，1995 年 6 月嗣經吳密察解題，南天書局臺北二刷發行的版本。

[3] 臺灣總督府警務局，《臺灣總督府警察沿革誌(一至五冊)》，(臺北：南天 1995 年重印【1933 年初版】)。

期統治政策〉論述了有關警察政治的發展；[4]大陸學者李理的《日據臺灣時期警察制度研究》一書，主要在探索日據時期，日本政府在臺灣所實行的警察制度，就其在推動政事上的功能，並將臺灣與朝鮮、滿州警察制度做了比較。[5]至於陳芳明的《殖民地臺灣——左翼政治運動史論》[6]，和盧修一的《臺灣共產黨史》皆以論述 1928 年至 1932 年臺灣共產黨的成立與發展為主。[7]

而陳翠蓮檢視日治中期 1920 年以後到戰後 1950 年期間臺灣人的抵抗與認同，乃至於臺灣人國族主義形成。[8]還有柳書琴的《荊棘之道：旅日青年的文學活動與文化抗爭》是以東京留日學生為主的文藝運動，乃至於論述旅日作家的跨國左翼文藝活動。[9]

黃美娥的《重層現代性鏡像：日治時代臺灣傳統文人的文化視域與文學想像》，旨在呈顯「現代性」(modernity)在日治時期臺灣，有着傳統與現代、本土與世界、同化與反殖民的重層糾葛鏡像，特別論述 1924 年至 1942 年間新舊文學論戰中傳統文人的典律(canon)反省及文化思維的對立與協力，而將該期間分為論戰第一期的臺灣傳統文人的典律堅持與文化思維，論戰第二期的鄉土文學運動中傳統文人的積極參與，和論戰第三期的大東亞文藝政策下的對立與協力。[10]

分析上述文獻，臺灣總督府警務局所編寫的《臺灣總督府警察沿革誌》，是偏向殖民者角度的論述，葉榮鐘執筆的《臺灣民族運動史》主要偏重在資產階級與知識份子所領導的臺灣近代民族運動，而許介鱗〈日據時期統治政策〉的警察政治論述偏向政治歷史發展角度，可惜只是專文性質，未能以專書系統化的研究出

---

[4] 許介鱗，〈日據時期的政治措施〉，收錄：《臺灣近代史(政治篇)》，(南投：臺灣省文獻委員會，1995年)，頁 223-290。

[5] 李理，《日據臺灣時期警察制度研究》，(臺北：海峽學術出版社，2007年)。

[6] 陳芳明，《殖民地臺灣——左翼政治運動史論》，(臺北：麥田，2006年)。

[7] 盧修一，《日據時代臺灣共產黨史(1928-1932)》，(臺北：前衛，1990年)。

[8] 陳翠蓮，《臺灣人的抵抗與認同(1920-1950)》，(臺北：遠流，2008年)，頁 15-36。

[9] 柳書琴，《荊棘之道：旅日青年的文學活動與文化抗爭》，(臺北：聯經。2009年)。

[10] 黃美娥，《重層現代性鏡像：日治時代臺灣傳統文人的文化視域與文學想像》，(臺北：麥田，2004年)。

版，大陸學者李理的警察制度則偏向受殖民者角度，陳芳明和盧修一的研究則偏重在左翼政治發展，而陳翠蓮、柳書琴、黃美娥等人的研究則是偏重在文化或文學的層面。

因此，上述研究比較缺少從宏觀角度，整合國際，以及國內政府(state)與社會(society)的不同「影響因素群」(influence factors)，分析日治中期臺灣政治及文化發展的制度性結構與變遷，特別是針對警察、政治、文化三者之間交互與糾葛的複雜關係，並從中釐清警察扮演的角色。

所以，本文首先將在前言說明研究的緣起和其理念，作為檢視日治中期警察與臺灣人追求政治民主及提升人文素養的基礎。

其次，在分析相關文獻和研究途徑之後，則是為了凸顯本文的論述主題和敘述上方便，將原本相互影響警察與政治和文化關係的因素群，分為警察與民主的政治研究面向，來分析日治中期臺灣設置議會運動中，從殖民地自治主義的論辯、臺灣議會設置請願運動，和臺灣民眾黨的組成與分裂等三個影響因素群，檢視警察與臺灣人追求民主過程的複雜辯證關係。

另外，則是從警察與人文的文化研究面向，來分析日治中期警察在臺灣新文化運動，從《臺灣民報》的思想傳播、臺灣新文學運動，和臺灣文化協會的組成與分裂等三個影響因素群，檢視警察與臺灣人推行新文化運動的重層底蘊關係。

最後部分，結論是檢討日治中期警察的民主與人文素養，並試圖與現代警察推動社區服務的深化民主與提升人文素養做連結。

三、日治中期臺灣設置議會運動

論述日治中期凸顯臺灣設置議會運動，可以透過殖民地自治主義的論辯、臺灣議會設置請願運動的前仆後繼，和臺灣民眾黨的組成與分裂等三個發展階段的影響因素來加以深入分析：

(一) 殖民地自治主義的論辯

　　許介鱗指出，內地同化主義與殖民地自治主義是 1895 年日本統治臺灣後就一直爭論不休的殖民地統治議題。所以，1896 年賦予臺灣總督委任立法的《六三法》和其延長問題，一再遭支持內地法延長主義的國會議員抨擊。殖民地的「委任立法」問題其實是日本藩閥、軍閥對抗議會、政黨的策略，因此必須在前者政治勢力消退後，日本的殖民地才可能從主張武力統治轉為文化統治。

　　亦即《六三法》在政治的意義上是承認臺灣特殊化的制度，也就是總督專制政治的基調；在法律的意義上是由日本帝國議會賦予臺灣總督在臺灣有權發佈與法律具有同等效力的「律令」，即所謂授權立法制度。由於廢除《六三法》，無疑是將臺灣納入日本法制系統，而引發臺灣要接受同化論的內地延長主義，與要設置臺灣議會的殖民地自治主義之間的論辯。

　　因此，1902 年當帝國議會三度有效延長《六三法》，並在結束日俄戰爭後的 1906 年 12 月底，亦即在《六三法》有效日屆滿之時，發布第三一號法律，俗稱《三一法》。《三一法》第一條與第五條內容雖規定總督的命令位居本國法律及敕令之下，總督的命令不得違反施行於臺灣的法律及特以施行於臺灣為目的而制定的法律及敕令；惟第六條又規定臺灣總督所發布的律令仍然有效。[11]而施行《三一法》，總督府依據〈律令審議會章程〉第一條設置了律令審議會取代了評議會的功能。《三一法》在歷經 1911 年和 1916 年的各延長五年，到了 1921 年為因應國內外政經環境變遷而改以《法三號》代之，並重新設置評議會。

　　「內地同化主義」簡稱「同化主義」，或稱「內地法延長主義」、「內地延長主義」。雖然臺灣在 1914 年也有由日本維新時期倡導自由、民權運動的政治領袖板垣退助與臺灣中部地方士紳林獻堂等人成立的「臺灣同化會」組織，主要也是林獻堂受到梁啟超影響，認同臺灣在日本高壓統治之下，欲求紓解，應以尋求日本

---

[11] 臺灣總督府警務局編，《臺灣總督府警察沿革誌(一)》，(臺北：南天 1995 年重印【1933 年初版】)，頁 233-237。

本土上層政治人物支持為上策，但在 1915 年 1 月 23 日即被政府以「有害公安」為由，命令解散，同化會只存在一個月左右的時間。而《法三號》的通過，凸顯臺灣的委任立法無限期延長，《六三法》撤廢運動也已無着力點，因此臺灣議會設置請願運動成為日治中期臺灣政治運動奮鬥的目標。

換言之，當臺灣社會的抗日行動漸趨平息之時，軍政警察到了 1896 年 4 月配合總督府實施「民政統治」，陸續公佈〈臺灣總督府地方官官制〉、〈地方縣島廳分課規程準則〉、〈警察規程〉等法規的實施，對於警察組織與職權有了較大幅度的調整。在總督府內務部警保課下分設高等警察等四股，課長為警部長，可指揮監督下級警察機關，縣廳則設警察課，並可視事務繁簡程度，增設高等警察主任，支廳的警察組織與縣同，但是成員須由其下的警察人員兼任。地方警察權由支廳長執行，可指揮轄區警察，警部長則負責監督。[12]

雖然臺灣這時候開始有了高等警察的設置，但攸關高等警察的工作項目並無詳細規定，也因初期臺灣警察事務主要由憲兵主持，是故高等警察並未受到十分重視。而在歷經乃木總督的三段警備制，和兒玉總督的改革警察體系後，高等警察職掌，根據〈民政局內務部處務細則〉第二章第四條：「警保課下設置高等警察股、警務股、保安股、戶籍股及主計股」，其高等警察股掌理：「1.有關集會結社與其他國是警察事項；2.有關報紙雜誌圖書及其他出版事項；3.有關偽造變造貨幣事項；4.有關保安及預戒命令事項；5.有關爆炸物事項；6.有關警察機密費事項。」[13]

臺灣受到 1900 年 3 月日本頒布《治安警察法》的影響，以及 1901 年廢除警保課改設警察本署後，依據〈臺灣總督府官房暨民政部警察本署及各局分課規程〉第七條：「警察本署直轄警務課、保安課、衛生課，但有關高等警察事務由警察本署專屬」。而在〈警察本署處務規程〉第二條詳細說明了署長專屬部分設置庶務股、

---

[12] 許介鱗，〈日據時期的政治措施〉，收錄：《臺灣近代史【政治篇】》，(南投：臺灣省文獻委員會，1995年)，頁 256-257。

[13] 臺灣總督府警務局編，《臺灣總督府警察沿革誌(一)》，(臺北：南天 1995 重印【1933 年初版】)，頁 76。

高等警察股，有關署員的身份事項直接受命於署長；並在第四條規定高等警察的
職掌：「1.有關政治結社、集會、報紙、雜誌與其他出版事項；2.有關土匪事項；
3.有關施行保安規則事項；4.有關其他高等警察事項。」[14]1919 年更藉由內地同化
政策的實施將警察本署改為警務局，以利於將警察政治隱形在地方分權的民政制
度下。高等警察業務隨著臺灣政治文化情勢的變化，轉為積極扮演特別偵查和思
想監控的功能。

　　檢視《六三法》自 1896 年實施至 1921 年改為《法三號》止，前後四分之一
世紀，成為臺灣總督府專制政治的法律根據。而《六三法》撤廢運動所衍生林呈
祿和一部分東京留學生主張的「殖民地自治主義」，隨著 1919 年 10 月新任文官總
督田健治郎高唱「內地延長主義」後，蔡培火等人遂主張設置臺灣議會來代替《六
三法》的委任立法權，這在理論上不但可以避免和「內地延長主義」正面衝突，
實際上也可以抵制總督府的特別立法權。

(二) 臺灣議會設置運動的前仆後繼

　　檢視 1920 年代部分赴日留學生及蔣渭水、林獻堂等人的臺灣設置議會思潮，
主要受到中國孫中山辛亥革命和五四運動、日本奉行民本主義、美國總統威爾遜
(Woodrow Wilson)提出民族自覺、共產國際成立等多元思潮洗禮之後，匯成臺灣
民主自覺、非武裝抗日的風起雲湧運動。所以，臺灣設置議會和新文化運動的形
成，主要從 1918 年林獻堂在東京以撤廢《六三法》為目標組成的「啟發會」，後
改名「新民會」，並與「臺灣青年會」於 1920 年在東京共同刊行機關雜誌《臺灣
青年》，來支持《六三法》撤廢運動，以及後來形成的臺灣議會設置請願運動。[15]

　　從 1921 年開始到 1934 年為止，臺灣議會設置運動每年不斷的向日本帝國議
會提出臺灣議會設置請願書，總計 15 次，簽名人數高達 18,528 人。雖然該運動
自肇始以來即屢以「不列入議程」、「不接受審理」或「審議不通過」為由遭議會

---

[14] 臺灣總督府警務局編，《臺灣總督府警察沿革誌(一)》，(臺北：南天 1995 重印【1933 年初版】)，頁 110。
[15] 臺灣總督府警務局編，《臺灣總督府警察沿革誌(三)》，(臺北：南天 1995 重印【1933 年初版】)，頁 25-31。

打壓，但是運動發起諸人始終不放棄，每年往返臺日之間，進行勸說、連署或遊說請託日本議員與官員等工作。這期間的 1923 年陳逢源就曾有提出「友聯主義」(federalism)來代替「同化論」，主張殖民地臺灣與日本要成為聯邦，前提當然是臺灣能高度自治。[16]

　　然而，同年臺灣議會期成同盟會在臺灣的成立，嚴重觸犯了《治安警察法》而遭到強烈阻止與逮捕。因為，1923 年在蔣渭水等人根據日本《治安警察法》向臺北警察署提出臺灣議會期成同盟會的結社申請，遭拒後即改在東京重新成立，導致在臺灣的臺灣議會期成同盟會會員被捕。上訴期間，雖經被告林呈祿強調臺灣議會的宗旨始終不變；蔡式穀立證文化協會的排擊陋習不遺餘力；蔡培火繼續揭發官憲的離間臺人情感；蔡惠如指控警察蔑視臺人人格的慷慨陳詞。但在 1925 年 2 月的三審宣判，蔣渭水、蔡培火兩人被判四個月徒刑，陳逢源等 5 人被判三個月，蔡式穀等 6 人各罰金百圓，而韓石泉等 5 人皆無罪，史稱「治警案件」。[17]

　　對照於日本 1925 年政黨內閣的成立和《普選法》的實施，使眾議院成為承擔國政的中心，改變了明治憲法的僅視眾議院為協贊(諮詢)機關，朝向西方的議會政治發展。然而，徒有《普選法》的實施，政府又鑒於當時社會運動的風潮日益熾烈，為防止勞農大眾利用普選作為革命性的武器，乃頒布《治安維持法》，政府雖聲明該法案只用以取締共產黨，但日後在日本歷史上所發生少數僅有的一些自由主義的言論與和平運動，都被當局利用該法加以彈壓，乃至後來竟成為法西斯主義者，利用為鎮壓迫害民主主義的工具。[18]

　　而《治安維持法》在日本內地立法實施的背景，主要是因為要取締反對日本天皇制與私有財產制的活動。檢視 1931 年《臺灣新民報》舉行「模擬選舉」、1935 年首度地方選舉行使投票權，其實都只是殖民政府表演的一場鬧劇。以後更因為隨著 1937 年 8 月殖民政府為因應戰爭的需要，開始實施戰時防衛體制的統治，臺

---

[16] 謝國興，《亦儒亦商亦風流：陳逢源(1893-1982)》，(臺北：允晨，2002 年)，頁 116。

[17] 葉榮鐘等，《臺灣民族運動史》，(臺北：自立晚報社，1982 年)，頁 265-270。

[18] 陳水逢，《戰前日本政黨史》，(臺北：中央文物供應社，1986 年)，頁 240。

灣人的設置議會請願運動已喪失成功的機會。

　　然而，檢視日治中期臺灣總督府評議會和律令審議會的組織成員和職權，儘管主持會議者被稱為議長或會長，如果都是由總督親自擔任的話，實在很難發揮議會或國會應有立法權行使，以達到監督行政工作的目標，勉強只能盡到應總督的諮詢答覆意見而已。

　　換言之，殖民政府的警察政治本質一直都沒有改變。特別是根據總督府調整中央警察機關後的〈警務局處務規程〉第三條，在警務局保安課下設置了高等股、特別高股、保安股、司法股四個單位。高等股職掌：1.有關集會結社及言論事項；2.有關執行保安規則事項；3.有關宗教取締事項；4.有關不屬於其他單位主管的高等警察事項。特別高等股職掌：1.有關取締危險思想及其他機密事項；2.有關外國人的保護取締事項；3.有關朝鮮人事項；4.有關勞動爭議事項；5.有關報紙雜誌其他出版物及著作物事項。[19]

　　檢視這階段高等警察與特別高等警察職權的調整，更由以前的長官直屬轉而設置成為獨立單位，業務上更從以前主管政治結社、執行保安規則，擴大到主掌宗教、勞工、外籍人士、報紙雜誌出版物等事項。[20]

　　當臺灣政治從民族運動和文化啟蒙運動的逐次展開，乃至於深化到農民運動、階級運動之際，到了1928年8月總督府更將〈警務局處務規程〉第三條保安課下的組織修改為分設高等、特別高等、圖書三股。高等股職掌：1.有關集會結社及言論事項；2.有關執行保安規則事項；3.有關宗教取締事項。特別高等股職掌：1.有關取締危險思想及其他機密事項；2.有關外國人(支那人除外)的保護取締項；3.有關支那人留在本島的身分調查事項；4.有關支那人及支那勞動者取締事項；5.有關朝鮮人事項；6.有關團體爭議事項。圖書股職掌：1.有關報紙雜誌其他出版物及著作物事項；2.有關電影、影片活動的檢查事項；3.有關御紋章、御肖像、勳章

[19] 臺灣總督府警務局編，《臺灣總督府警察沿革誌(五)》，(臺北：南天1995重印【1933年初版】)，頁53。
[20] 李理，《日據臺灣時期警察制度研究》，(臺北：海峽學術出版社，2007年)，頁142-143。

及記章的取締事項。[21]圖書警察股的增設凸顯警察除了治安等經常性工作之外，還須負責出版事務、取締危險思想，以防範共產主義與民族自決的言論，對於政治思想採取全面性的監控，是文化方面的政治治安。

(三) 臺灣民眾黨的組成與分裂

臺灣民眾黨組成的直接原因，主要是由臺灣文化協會左右分裂而來的，但是政治結社的必要性，早已成為民族運動中不可或缺的一環。特別是臺灣議會設置請願逐漸轉成的臺灣民族運動，到了 1927 年由於部分左翼民族主義者不贊同無產階級路線，導致蔣渭水、林獻堂、蔡培火等人退出臺灣文化協會，這是臺灣文化協會的第一次方向轉換，終結了標榜民族主義的啟蒙文化團體時期。

蔣渭水等人為了規避 1925 年實施的《治安維持法》，於是先組織「臺灣民黨」，再過度成立臺灣第一個合法的政黨——「臺灣民眾黨」，並在蔣渭水的領導下主張民族自決，致使主張殖民地自治主義的林獻堂、蔡培火出走，並於 1930 年 8 月另組「臺灣地方自治聯盟」。基本上，審視這群主要核心領導幹部的身世(紳士)背景，林獻堂代表著與總督府政經利益依存的臺灣資本家立場，而蔣渭水顯示的是一位基於對臺灣社會體認而抗日的知識份子，因此埋下臺灣民眾黨繼臺灣文化協會後分裂的主要因素，而臺灣地方自治聯盟又是從臺灣民眾黨分裂出來的。

所以，臺灣民眾黨也因為在臺灣共產黨的影響下迅速向左轉，公開反對總督政治、鼓勵階級運動和民族運動，導致 1931 年 2 月殖民政府以其是妨害安寧秩序的團體為由，要求結社的臺灣民眾黨解散。另一方面，由於 1928 年 4 月由翁澤生、謝雪紅、蔡孝乾等人成立的臺灣共產黨已在 1931 年取得了臺灣文化協會掌控權，於是臺灣共產黨加緊透過農民組合、文化協會內部黨員組織成立的臺灣赤色救援會，與在年底同臺灣文化協會幹部也遭到檢舉之後，事實上勢力已經消滅。[22]

檢視 1931 年 12 月攜家眷移居上海之前，在臺灣民眾黨農工運動陣線中的謝

---

[21] 臺灣總督府警務局編，《臺灣總督府警察沿革誌(五)》，(臺北：南天 1995 重印【1933 年初版】)，頁 69。
[22] 臺灣總督府警務局編，《臺灣總督府警察沿革誌(三)》，(臺北：南天 1995 重印【1933 年初版】)，頁 286。

春木，堪稱右翼反對陣營中最為前衛、耀眼的人物之一，而其思想也非傳統右翼的見解所能超越。根據臺灣《臺灣總督府警察沿革誌》、日本《特高月報》(日本內務省警保局保安課)、日本上海領事館《領事館報告書》的各種警調資料所現，日本特務警察對謝春木的監視不曾鬆懈，縱使在移居上海之後到中日戰爭結束前始終如此。[23]而成為臺灣唯一獲准存在的臺灣地方自治聯盟，則象徵性維持活動直到 1937 年自動解散，凸顯臺灣的政治性和社會性運動皆受到 1936 年日本內地「二・二六事件」宣佈行政戒嚴，和 1937 年對中國戰爭的嚴重影響而消聲匿跡。[24]

　　小結警察與民主的論述，可以佐證林獻堂一生的業績，他都是站在日本的體制內從事合法改革的鬥爭。從早期的新民會，到舊臺灣文化協會、臺灣議會設置期成同盟、臺灣民眾黨，以至臺灣地方自治聯盟為止，林獻堂追求的目標，便是在日本的殖民體制內爭取自治。

　　換言之，這是日治時期臺灣非武裝政治運動與警察互動比較和緩抗爭的議會民主路線。而臺灣共產黨在短短兩年的黃金時期之後的 1930 年冬天，亦面臨中國黨派與臺灣黨派對立的問題，以中國黨派翁澤生為首的極左臺共黨員為了突破日警封鎖而採冒進策略，遂決定成立改革同盟，以達到向謝雪紅奪權的目的。[25]

　　其實從 1931 年開始的一整年裡，臺灣共產黨在鬧內訌高潮之際，無論是舊中央或新中央的黨員都沒有躲過被捕的命運。根據臺灣總督府警務局指出，從 1931 年 10 月以來，共有 79 名被送到所轄檢察局，到了 1933 年除了林木順仍無消息之外，共有名列首號的謝氏阿女(謝雪紅)，以及名列末尾的翁澤生等 57 人在起訴表的名單，其中簡吉還在表後的備考被註記從重量刑。[26]

[23] 參閱：柳書琴，《荊棘之道：旅日青年的文學活動與文化抗爭》，(臺北：聯經。2009 年)，頁 46。

[24] 北博昭，《戒嚴その歷史どシステム》，(東京：朝日新聞社，2010 年)，頁 167。

[25] 陳芳明，《謝雪紅評傳》，(臺北：麥田，2009 年)，頁 142。

[26] 臺灣總督府警務局編，《臺灣總督府警察沿革誌(三)》，(臺北：南天 1995 年重印【1933 年初版】)，頁 737-739。

四、日治中期臺灣新文化運動

1930 年代臺灣反殖民運動的主力，從激進的政治社會運動逐漸調整為穩健的文化抗爭。在反殖民形態的轉換過程中，政治運動者和文學運動者的重疊性不高。這或許是因為 1920 年代後期社會主義運動高漲的年代，文藝運動的政治潛力上未被充分重視，文學議題常附屬在政治議題之下顯得模糊。[27]

日治中期臺灣文化運動，基本上就是人文主義(humanism)的宣揚，文化究竟是什麼？就是時代精神的表現，凡時代精神，皆表現於那時代民眾生活中的各方面。具體言之，在一時代流行的哲學、文學、科學、宗教、藝術等，以及支配我們的社會生活、家庭生活、個人生活的法律、制度、道德、風俗、習慣等，沒有一個不是從那時代的精神表現的。如此複雜的民眾生活，綜合而構成那時代的文化了。時代的精神是人的思想的表現，時代精神是由思想的改變而推移，因此必須改造舊時代不合於人類的生活現象，才能革故鼎新，促進社會的發達；但如此必然引起新舊思想的衝突。[28]

文化，就是吾人生活所依靠之一切，亦即內在精神氣質的陶冶，是一種心性與品味的教養。文化畢竟不同於文明的概念，文化教養更需要長時間精神生活的鍛鍊與薰陶，而不可能只像文明強調透過外在的建設，或人民表現在談吐儀態、餐桌禮儀、待人接物等等客套的膚淺表面學習而速成，因而凸顯新文化運動的興起原本就是臺灣人文化抗日運動的一環。

舉陳有「臺灣新文學之父」尊稱的賴和為例，在其〈一桿「秤仔」〉的短篇文字中，對日治臺灣警察有如下惡行惡狀的描述：從事小生意的臺灣人秦得參因不

---

[27] 柳書琴，《荊棘之道：旅日青年的文學活動與文化抗爭》，(臺北：聯經。2009 年)，頁 294。

[28] 黃呈聰，〈文化運動——新舊思想的衝突〉，原載於《臺灣民報》五號，收錄：李南衡主編，《文獻資料選集：日據下臺灣新文學(明集 5)，(臺北：明潭出版社，1979 年)，頁 47-51。

懂市場買賣規矩，秤了巡警所要(買)的兩斤花菜，於是這位同是臺灣人的警察就以秤不合規格，將這把秤摔落在地上，意在凸顯這位警察雖然同是臺灣人，但在當上了警察，換了身分之後，警察所要(買)的菜，是沒有人敢收錢的，所以連秤都不用秤，秤了表示對警察的不尊敬，更何況菜販秦得參在殺死警察之後自裁。藉此驗證當時流行的一句歇後語：「刑事寄買雞」(臺語)，意思是「還沒買雞的錢，你敢用嗎？已經買來的雞，你敢殺嗎？」這是在凸顯臺灣人被壓迫的悲劇，和強調警察威權性的不容懷疑。[29]

　　以下，我們將透過《臺灣民報》的思想傳播、臺灣新文學運動的推廣，和臺灣文化協會的成立與分裂，來分析日治中期的臺灣新文化運動。

(一) 《臺灣民報》的思想傳播

　　《臺灣民報》的孕釀成立與改組經過，不能不細說從頭的《臺灣青年》創刊與成長。溯自1910年1月11日，東京臺灣留學生所組織的「新民會」在東京澀谷蔡惠如的寓所成立，同時決議發行刊物，經蔡惠如、辜顯榮、林獻堂、林熊徵、顏雲年的樂捐經費，遂於同年7月16日於東京發行《臺灣青年》第一號，以月刊發行，一共發刊18期。1922年4月1日發行第3卷第1期起《臺灣青年》改稱《臺灣》雜誌，並於翌年6月24日由已回到臺灣的蔡培火偕同葉榮鐘到全島各地作文化講演兼募集股款，新組織成立「臺灣雜誌社股份有限公司」，當時募股有些地方人士因為怕惹麻煩，有用他人名義認股，有乾脆出錢不出名者，可見警察的干涉壓迫是如何厲害。[30]

---

[29] 賴和的〈一桿「秤仔」〉一文，字數不多，賴和再文末特別註明：「這一幕悲劇，看過好久，每欲描寫出來，但一經回憶，總被悲哀填滿了腦袋，不能着筆。」本文全文原刊載於1926年2月4日、21日的《臺灣民報》第92、93號，參閱：葉石濤、鍾肇政主編，〈一桿「秤仔」〉，原刊載於1926年2月4日、21日的《臺灣民報》第92、93號，收錄：《光復前臺灣文學全集【1】》，臺北：遠景，1997年)，頁57-70。

[30] 葉榮鐘等，〈臺灣人的唯一喉舌——臺灣民報〉，收錄：李南衡主編，《文獻資料選集：日據下臺灣新文學【明集5】》，(臺北：明潭出版社，1979年)，頁222-225。

1923 年 4 月 15 日《臺灣民報》發行創刊號，9 月 1 日東京大地震，印刷工廠秀英社被燒毀，不得不停刊，10 月 15 日復刊後改半月刊為旬刊，並將《臺灣》雜誌的日文版移入《民報》印行，《民報》於是成為中、日文並刊的報紙。12 月 16 日「臺灣議會期成同盟會」的所謂「治警事件」發生，《臺灣民報》同志一齊被拘押，林呈祿雖在東京未被收押但因孤掌難鳴，1 月號發行後又不得不再停刊，1924 年 2 月 11 日再度復刊。其後《臺灣民報》同仁創設白話文研究會，推行白話文，及至 1924 年 5 月 12 日起《臺灣雜誌》停刊，編輯同仁得以專心《臺灣民報》的編務，並於 1925 年 7 月 12 日起改為每星期日發行的週刊。[31]

然而，《臺灣民報》自《臺灣青年》雜誌發行以來都只限在東京發行，不但受二重的檢閱而浪費時間，加上郵寄上又費時費事。於是《臺灣民報》遷移臺灣發行的事宜乃由蔡培火負責與警務局保安課的小林光正交涉。由於臺灣總督府一向以壓迫臺灣人的言論自由為統治方針，《臺灣民報》遷入臺灣發行的第一號直至 1927 年 8 月 1 日才正式開始，遂馬上成為與官方和民間機關團體的義務訂戶所支撐的《臺灣日日新報》、《臺南新報》、《臺灣新聞》等三大報，成為分庭抗禮的態勢。然而，畢竟週刊報紙畢竟不如日刊報紙的具有時效優勢，於是又在蔡培火的繼續奔走下，於 1929 年成立「株式會社臺灣新民報社」，並於 1930 年 3 月將《臺灣民報》合併於《臺灣新民報》，仍以週刊發行。[32]

《臺灣新民報》的改刊行為日報，最後是在董事長林獻堂的帶領下，與總督府展開周旋。1932 年 1 月 9 日當《臺灣新民報》發行日刊的批准書由保安課長小林交到羅萬俥手中的重要時刻，其後三日木下總長及井上警務局長都被以許可《臺灣新民報》發行日報為由，遭到內閣休職。《臺灣新民報》發行日報的第一號也就一直拖到 1932 年 4 月 15 日才得以出刊。然而，到了 1941 年 2 月 11 日《臺灣新

31 葉榮鐘等，〈臺灣人的唯一喉舌——臺灣民報〉，收錄：李南衡主編，《文獻資料選集：日據下臺灣新文學【明集 5】》，(臺北：明潭出版社，1979 年)，頁 226-228。

32 葉榮鐘等，〈臺灣人的唯一喉舌——臺灣民報〉，收錄：李南衡主編，《文獻資料選集：日據下臺灣新文學【明集 5】》，(臺北：明潭出版社，1979 年)，頁 228-232。

民報》被迫改為《興南新聞》[33]之後，期間於 1937 年 1 月還發生了將朝鮮半島和中國大陸的同用粉紅色，而日本則用黃色的區分，表示了朝鮮不屬於日本而屬於中國的地圖事件，以及隨著「皇民化」政策被迫廢止漢文版事件，凸顯警方代表軍部的無理執行壓制任務。

　　檢視臺灣報紙的發行與流通都要經過殖民政府的許可和管制，即使是連日本出版的雜誌期刊，輸入臺灣時也必須接受嚴格檢查，有時甚至禁止進口。對於臺灣報紙針對新文化運動思想的傳播，檢視民報系列報刊中，《臺灣青年》內容以知識份子的思想表達、抽象理論為主；《臺灣》雜誌逐漸走上實際問題，並加入日本學界與政界人士的論說；及至《臺灣民報》則有消息報導的機能，漸次擴大讀者層面。[34]

　　換言之，《臺灣青年》和《臺灣》雜誌的風格較重視新思想的引介，《臺灣民報》相對之下與大眾生活息息相關，也重視前述思想理念在臺灣社會的現況。三者在內容上雖有些微的差別，但在追求文化運動所揭櫫的目標上，則是一致的。

(二) 臺灣新文學運動的推廣

　　1917 年至 1926 年是新文化運動的初期，恰好是所謂「五四」時代，也是從文化運動走向政治革命的時代。1921 年中國共產黨的建立，和 1924 年國民黨的所謂「聯俄容共」的改組，是兩個重要的里程碑，標誌著文化運動向政治革命的過渡。換言之，日治中期臺灣新文學運動是受到發生於 1917 年中國新文學運動的影響，而始於「文字的改革」而終於「文學的改革」，由黃呈聰、黃朝琴提倡白話文於先，張我軍提倡詩學的改革於後，而漸發展的。

　　根據 1923 年元月號的《臺灣》雜誌所刊載黃呈聰的〈普及白話文的新使命〉

---

[33] 《興南新聞》於 1944 年 3 月 26 日被迫併入與《臺灣日日新報》、《臺灣日報》(臺南新報)、《臺灣新聞》、《興南新聞》、《高雄新報》、《東臺灣新報》——統合為《臺灣新報》，委由大阪《每日新聞社》派員經營，結束《臺灣民報》前後長約四分之一世紀的歷史。

[34] 陳翠蓮，《臺灣人的抵抗與認同(1920-1950)》，(臺北：遠流，2008 年)，頁 108-109。

和黃朝琴的〈漢文改革論〉，兩人都從普及教育的角度，肯定漢字白話文的言文一致特性，是一種較進步的文體，可以憑藉做為普及教育的工具。[35]而 1924 年 11 月 21 日《臺灣民報》第 2 卷第 24 期則刊載了以一郎為筆名的張我軍的一篇〈糟糕的臺灣文學界〉，引發連雅堂在《臺灣詩薈》第十號，為林小眉所發表一篇〈臺灣詠史〉作跋時的反唇相譏，於是張我軍在 12 月 11 日《臺灣民報》第 2 卷第 26 期，再發表〈為臺灣的文學界一哭〉，嘲諷對方連新舊文學都弄不清楚，緊接著又在 1925 年 1 月 1 日的《臺灣民報》第 3 卷第 1 期發表〈請合力拆下這座敗草叢中的破舊殿堂〉一文，闡釋胡適和陳獨秀所揭改良文學必須先從「八事及三大主義」入手，並批評臺灣垂死的舊文學和一班頑固的老學究。1 月 11 日張我軍繼續在《臺灣民報》第 3 卷第 2 期發表〈絕無僅有的擊鉢吟的意義〉，闡明真正的文學並指責舊詩人的錯誤，點燃了新舊文學論戰。[36]

再深入分析 1925 年 8 月 26 日發行的《臺灣民報》第 67 號──即該報創立五週年紀念號，張我軍所再發表的〈新文學運動的意義〉，即仿照胡適的主張：一要有話說，方才說話；二有什麼話，說什麼話，話怎麼說，就怎麼說；三要說自己的話，別說別人的話；四是什麼時代的人，說什麼時代的話，高揭「白話文學的建設」。綜合張我軍的新文學運動旨在建設白話文學，以代替文言文學，和改造臺灣語言，以統一於中國國語的兩大目標。而懶雲、雲萍、一村、守愚等陸續發表了許多小說新詩，遂奠定了臺灣新文學的社會地盤。[37]

1929 年以藝術化育臺灣的臺灣美術團體「赤島社」成立；而進入 1930 年以後，《臺灣新民報》雖然還不遺餘力地鼓吹，刊載新文學作品，但臺灣新文學以可以不再依附於一本刊物了，1932 年秋臺灣出現了文藝雜誌《南音》半月刊，1933

---

[35] 陳翠蓮，《臺灣人的抵抗與認同(1920-1950)》，(臺北：遠流，2008 年)，頁 113。

[36] 廖漢臣，〈新舊文學之爭──臺灣文壇一筆流水賬〉，李南橫主編，《文獻資料選集：日據下臺灣新文學【明集 5】，(臺北：明潭出版社，1979 年)，頁 410-419。

[37] 廖漢臣，〈新舊文學之爭──臺灣文壇一筆流水賬〉，李南橫主編，《文獻資料選集：日據下臺灣新文學【明集 5】，(臺北：明潭出版社，1979 年)，頁 426-427。

年 10 月成立的臺灣文藝協會創刊了《先發部隊》、《第一線》，1932 年 7 月東京留學生以文藝創造美麗島的臺灣藝術研究會成立，並創辦了《フォルモサ》(福爾摩沙)。1934 年 5 月全臺文藝愛好者成立了「臺灣文藝聯盟」，創辦《臺灣文藝》雜誌，以及 1935 年底出版的《臺灣新文學》雜誌，使得日治中期臺灣新文學創作活動達到了高峰。[38]

　　《臺灣文藝》和《臺灣新文學》雜誌於 1937 年前後相繼停刊。1941 年張文環、黃得時等人因不滿意於 1940 年由西川滿創刊的《文藝臺灣》，另行發刊《臺灣文學》，其成員大部分是自日本返臺的中堅份子。1943 年底，《文藝臺灣》和《臺灣文學》被合併，改名為《臺灣文藝》，同時改由臺灣奉公會發行。換言之，在配合戰時體制下的所謂文學創作，我們實在不忍心再提這些作品，而能夠像楊逵這麼堅強不屈，寫出像〈壓不扁的玫瑰花〉這樣的作品，當然是非常難得，大概也是絕無僅有的一篇吧？[39]

　　從日治中期之後，從事臺灣文學創作的張我軍和左翼人士多少已接觸中日左翼人士有關的馬克思主義作品和介紹，甚至於可能都和魯迅有一面之緣。1934 年底到 1936 年秋之間，臺灣以臺灣文藝聯盟東京支部為舞台的文藝青年與日、中、臺文學團體或左翼作家結合，開始了臺灣文學史上罕見的跨地域性活動。嚴格來說不過是旅日青年以私人人際關係的一個不甚穩定的交流網絡，但在島內左翼政治社會運動的赤焰近乎熄滅的時刻，星星之火猶不放棄，連結其他國際左翼邊緣勢力，他們意圖另尋文化抗爭的資源。

　　透過 1930 年代前半期，日本左翼文化界勉強存續的日、中、朝、臺、滿左翼文藝及戲劇運動之交流網絡作為平台，軍國主義抬頭下發展日益困難的臺灣文學

---

[38] 李南衡主編，〈日據下臺灣新文學明集編後記〉，收錄：李南衡主編，《文獻資料選集：日據下臺灣新文學【明集 5】，(臺北：明潭出版社，1979 年)，頁 497-503。

[39] 參閱：李南衡主編，《文獻資料選集：日據下臺灣新文學【明集 5】，(臺北：明潭出版社，1979 年)，頁 499；在這時期，唯一比較具有良心的只有《民俗臺灣》雜誌，該刊似乎成了文化人的逃避處，參閱：施懿琳，《吳新榮傳》，(南投：臺灣省文獻委員會，1999 年)，頁 111。

界獲得海外結盟的機會。到了 1936 年之際東京文士中出現了呼籲臺灣作家捨棄東
都文壇，追求臺灣文學主體性的呼聲，這是相當難得的。臺、中、日左翼文人聯
合建構的超殖民、超種族新國度，便是這些失去祖國或失去容身社會的弱者心中
勾畫的夢土之一。[40]

　　另外，影響日治中期臺灣新文學運動關係重大的殖民化教育和移植日本語
言，在 1922 年以前，初等與中等教育分立。在初等教育制度中，臺灣有兩種學校，
一是專為日本幼童設立的小學校，另一種是臺灣幼童的公學校。中等教育方面，
日本人就讀的學校是獨立的，臺灣人的學校則附屬於日本語學校。1922 年殖民政
府開始推行「共學制」，統一殖民化教育，但臺灣人受高等教育的機會仍受到不平
等待遇。而日文使用隨著統治時間的增長和「國語普及十年計畫」的實施，日文
人口與日俱增，1942 年全臺日語的普及率已達 60%。[41]

　　儘管臺灣的特高警察除了監控各類性質社團的成立和活動之外，對於言論和
出版的自由也都嚴厲箝制，廖毓文在回憶其籌組臺灣文藝協會，和賴明弘回憶臺
灣文藝聯盟舉行第一回全島文藝大會過程中屢遭高等刑事的關注。[42]也因為日文才
是官方語言，當時的白話文或文言漢文其實都無法取得主流的優勢地位。所以，
臺灣所發生的白話文與文言漢文的交鋒競爭，以及新舊文學的論戰，便衍生出與
中國自 1920 年至 1921 年間白話文成為國語的不同面貌。換言之，這一場中國白
話文的新文學論戰，更隨著 1937 年 7 月 7 日盧溝橋的中日戰爭正式開打，最終要
到戰後國民政府來臺後，主張白話的新文學才取得絕對的優勢。

----

[40] 柳書琴，《荊棘之道：旅日青年的文學活動與文化抗爭》，(臺北：聯經。2009 年)，頁 325-326。

[41] 王惠珍，〈戰前臺灣知識份子閱讀私史：以臺灣日語作家為中心〉，收錄：《戰爭與分界──「總力戰」
下臺灣‧韓國的主體重塑與文化政治》，(臺北：聯經，2011 年)，頁 127-148。

[42] 廖毓文，〈臺灣文藝協會的回憶〉，收錄：李南衡 主編，《文獻資料選集：日據下臺灣新文學【明集 5】，
(臺北：明潭出版社，1979 年)，頁 362-377。賴明弘，〈臺灣文藝聯盟創立的斷片回憶〉，收錄：李南
衡主編，《文獻資料選集：日據下臺灣新文學【明集 5】，(臺北：明潭出版社，1979 年)，頁 378-391。

(三) 臺灣文化協會的成立與發展

臺灣文化協會自 1921 年 10 月的成立，導因於臺灣議會設置請願運動進行的並不順利，臺灣人民自覺在異族殖民統治下，除了在總督府所設置評議會或律令審議會的花瓶式單位之外，是不可能會同意臺灣民選議會制度的實施，臺灣人遂將目標朝向爭取地方自治，和配合 1921 年 10 月「臺灣文化協會」的成立，以提高文化之名，行農民與勞工運動之實，喚醒具有民族意識的臺灣人對抗日本殖民統治，發揮了非武力抗日運動的效果。

換言之，當時知識菁英心中的「臺灣文化」主要強調維持臺灣固有漢文化的精華、吸收世界進步的新思潮，和反抗日本的文化同步政策。[43]特別是在臺灣文化協會的章程列有「總理」與「協理」的職位，不但帶有祖國色調，完全是仿效中國國民黨的制度。由於臺灣文化協會的領導者蔣渭水是極端崇拜國父孫中山而嚮往國民黨的人物，國民黨曾一度採取容共政策，他便對「無產青年」(左傾份子)予以溫存，重視青年的力量是其思想前進的好處，但是他對共產主義未必深切的認識。其次對當時社會情勢的分析也不夠精確，對於民族意識與階級意識的估計錯誤，因此導致後來文化協會分裂的悲劇。[44]

臺灣文化協會的存在，文化意義遠超過它的政治意義。唯其它是強調文化的，所以能夠包容從右翼到左翼的知識青年。換言之，臺灣文化協會的分裂，導因雙方對於臺灣是否已具有資本主義發展的爭論，一方認為臺灣根本尚未有資本主義的存在，必須促進臺灣人資本家的發展，俾能達成與日本資本家抗衡的地位，因而主張推動民族運動；一方認為臺灣是有資本家，只是受制於日本資本家而未能獨力發展，且集中少數資本家和地主，為解放大多數被壓迫的勞工及農民，則主張非階級鬥爭不可，並退出臺灣文化協會，另組臺灣民眾黨。但社會主義和共產主義思想受到壓制的結果，更彰顯了軍國資本主義在臺灣的發展。日治中期對文

---

[43] 陳昭瑛，《臺灣文學與本土化運動》，(臺北：臺灣大學，2009 年)，頁 213。

[44] 葉榮鐘等，《臺灣民族運動史》，(臺北：自立晚報社，1982 年)，頁 281-282。

化思想的控制，亦完全是受到國家武力與政治權力實際運作的影響，也是幕後文
化傳播的支撐。

　　因此，文化帝國主義必須建立起殖民教育與教師訓練的體系。矢內原忠雄指
出，假如不認同政治人格的自由，共存共榮就喪失原提倡者的美意，逐漸淪為一
個榨取的臭名而已。[45]殖民政府面對日漸升高的民族運動，臺灣高等和特高警察
加強對臺灣人思想的控制。尤其監視凡是日本與臺灣來往的船隻都分派警察官，
防範彼此之間作思想交流和政治活動的聯繫，查緝人犯的潛伏或偷渡；亦在往來
臺灣與中國之間的船隻分派警察官，更在大陸口岸長駐警察官，加強監視中國與
臺灣之間的來往，達到鎮壓無產運動與民族主義份子活動的目的。

　　因此，特高警察除了被賦有與日本國內同樣鎮壓無產運動的任務之外，還必
須肩負壓制臺灣民族主義高漲的責任。所以，當時高等和特高警察面對逐漸形成
高漲的臺灣民族意識，開始取締思想犯，對涉嫌「臺灣獨立」陰謀者，予以酷刑
逼供，造成身體傷殘、冤死監獄者比比皆是。[46]

五、結論

　　吳新榮在 1943 年 12 月 6 日發表於《興南新聞》的〈決戰に捧ぐ〉詩中，強
調臺灣在泛亞細亞主義地緣政治中的中心性，以及把「文化」當歷史實踐的目的，
即將在下一個階段中展開其歷史性的存在狀態，這兩個要素，事實上也是 1920
年代以來，臺灣反殖民運動的思想主題。[47]佐證 1920 年代中晚期以後的臺灣知識
份子，在殖民政府中央集權式警察轉變為地方分權制度時，也隨著轉而注意本土
文化的價值，此趨勢至 1930 年代逐漸蔚為文化界、思想界主流。

---

[45] 矢內原伊作著，李明峻譯，《矢內原忠雄傳》，(臺北：行人文化，2011 年)，頁 426。

[46] 寺奧德三郎，《臺灣特高警察物語》，(臺北：文英堂，1980 年)，頁 83-92。

[47] 吳新榮，〈決戰に捧ぐ〉，收錄：《吳新榮選集 1》，(臺南：臺南縣文化中心，1997 年)，頁 149-151。

　　換言之，日治中期臺灣在政治上雖未必採取從帝國獨立出來，思想上則可以看成是作為時間概念的新時代文化所開啟新歷史階段中，作為空間概念的臺灣文化的自主性的確立。所以，儘管日治中期臺灣人在推動設置議會和新文化運動的成果非常有限，但是歷史經驗的累積和啟示是彌足珍貴的。

　　最後，臺灣人又再歷經 1946 年的二二八事件，和 1978 年的美麗島事件之後，臺灣的政治及文化發展也才有 1986 年民主進步黨成立、1987 年戒嚴解除、1989年通過第一屆資深中央民代退職條例、1992 年排除思想叛亂入罪的《刑法》一百條修正案、1996 年臺灣人直接選舉總統、副總統，終於達成 1920 年代以來臺灣人推動設置議會的民主政治，和新文學運動的文化自主目標。

臺灣方志文獻的治安記述

一、前言

「方志」，又稱「地方志」，是地方的歷史，地方的文獻總匯，是綜合記載一個地區自然、社會和人文發展情況的文獻。尤其在傳統中國官府為了有利於地方統治所彙編的地方性知識，內容包括一地的歷史、地理、社會風俗、物產資源、行政建志與運作、地方政府財政、人物列傳、藝文創作等方面，其編纂古今事皆載，且多具連續性，是部地方百科全書，是部地方行政重要的施政參考書，更是國家修史的重要參考文獻，猶如一部縮小版的國史。

「方志」的體裁，則是指志書是用來記述各類事物的文字表現形式，並隨着修志內容的需要，體裁也逐漸形成了有：概述介紹、大事記體、單項分志、人物列傳、圖片編制、表列記述、志尾附錄等多種形式。檢視清代「方志」，除為日治臺灣時期「史志」的仿效之外，也因「方志」鮮有如殖民政府官撰、編印其他施政的專門文獻，更加凸顯清代臺灣方志中有關治安記述的重要性。

臺灣方志的比較正式撰述，開始於蔣毓英與高拱乾《臺灣府志》的奠定基礎，陳夢林的《諸羅縣志》進一步的充實內涵，范咸的重修《臺灣府志》則擴大弘揚此一優良傳統。[1]而整理臺灣方志的時間延續到了 2004 年行政院文化建設委員會

---

[1] 陳捷先，〈評議臺灣地區地方志書中的開闢史料〉，《臺灣地區開闢史料學術論文集》，(臺北：聯經，2003 年 3 月)，頁 54。

(現已升格為文化部)與遠流出版公司共同印行的【清代臺灣方志彙刊】，更是將這套彙刊綜合了近代【臺灣全志本】、【臺灣研究叢刊本】、【臺灣文獻叢刊本】、【臺灣方志彙編本】、【成文中國方志本】、【中國地方志集成】等六家版本，並經納入新出版本、舊版重新校勘、加上新式標點，一共選列 39 種臺灣方志，提供研究清領臺灣時期的重要歷史文獻。

　　本文介紹清代臺灣方志的治安記述，主要係依據此一【清代臺灣方志彙刊】所蒐集的文獻，並就其中比較重要方志所編纂有關治安的記述，加以整理撰寫而成。以下本文僅依其大約出刊的時間，分《臺灣府志》、《諸羅縣志》、《鳳山縣志》、《臺灣縣志》、《澎湖志略》、《淡水廳志稿》、《彰化縣志》、《噶瑪蘭廳志》、《苗栗縣志》、《新竹縣志初稿》、《臺東州采訪冊》、《恆春縣志》等十二種方志文獻的治安記述，加以介紹。

二、臺灣地方志的治安記述

(一) 《臺灣府志》

　　主要可歸列有 4 個版本：(1)1683 年(康熙 22 年刊)金鉉主修《康熙福建通治臺灣府》，〈卷九〉「兵防」分國朝兵制與福建全省防禦處所，惟此一內容大抵取自 1685 年(康熙 24 年)(刊)蔣毓英纂修《臺灣府志》，〈卷八〉「官制與武衛」。 (2)1742 年(乾隆 7 年刊)劉良璧纂輯《重修福建臺灣府志》，〈卷之十〉「兵制」。(3)1696 年(康熙 35 年刊)高拱乾纂輯、1710 年(康熙 49 年刊)周元文增修《臺灣府志》，〈卷四〉「武備志」分述水陸營制、道標營制、營障、道標、歷官、墩臺、教場、總論。(4)1747 年(乾隆 12 年刊)六十七、范咸纂輯《重修臺灣府志》，〈卷九〉「武備一」分述營制、營署恤賞，並在介紹營制的最後，增列〈附考〉部分，是有關治安內容的重要匯集；〈卷十〉「武備二」主述官秩；〈卷十一〉「武備三」分述列傳、義民、船政。

(二) 《諸羅縣志》

有 1 個版本，1716 年(康熙 55 年刊)周鍾瑄主修，陳夢林、李文欽編纂。《諸羅縣志》，〈卷之七〉「兵防志」分述營制、陸路防汛、水師防汛、教場、歷官、列傳，並在分述前，加入〈總論〉，完整記述了發生在諸羅縣內的重大治安問題，例如吳球、劉却、鄭盡心等事件。

《諸羅縣志》〈卷之十二〉「雜記志」災祥(崔荇附)的治安記述：

康熙三十五年秋七月，新港民吳球謀亂，伏誅。三十八年春二月，吞霄土官卓个、卓霧、亞生作亂。夏五月，淡水土官冰冷殺主賑金賢等。秋七月，水師襲執冰冷。八月，署北路參將常太以岸裡番擊吞霄，擒卓个、卓霧、亞生以歸，俱斬於市。

右吞霄、淡水之役，言人人殊。或指水陸並進於吞霄，或訛卓个、卓霧為冰冷。吞霄據山負險，無用水師；六月南風盛發，正巡哨雞籠、淡水之時，因之水師收功者淡水也。後叩之老兵數輩親見者，皆如紀中云云。斯役距今未久，耳目相接，而牴牾怪錯如此。又擒獲冰冷將弁姓名不傳；假令更遲之數十年無所紀載，遺漏失實，莫從而問之矣。四十年冬十二月，劉却作亂，伏誅。

另《嘉義管內采訪冊》，原題名《嘉義管內打貓西堡、仝北堡、仝南堡、打貓東下堡下三分、打貓東頂堡採訪冊》，不分卷，不著撰人。明治 31 年(1898 年)7月後編輯，未刊。本文係依據洪燕梅點校，2011 年臺灣史料集成編輯委員會編，國立歷史博物館出版。[2]有關治安記述，分別在打貓西堡、打貓南堡等兩處記有兵事。

《嘉義管內采訪冊》〈打貓西堡〉「兵事寇賊」的治安記述：

---

[2] 不著撰人，洪燕梅點校，《嘉義管內采訪冊》，臺灣史料集成編輯委員會編，(臺南：國立歷史博物館，2011 年 10 月)。

乾隆五十一年，林爽文亂，與其黨莊大田等攻嘉義；另股撲新港，鄉民捐資制械，據守要口，屢次拒戰，勝負互當。五十二年，欽差大學士福康安公，率師渡臺，解嘉義圍。新港鄉民鳩集鄉勇，乘勢出禦，賊遂大潰。地方藉以靜謐，各鄉勇等均有分別得賞。同治元年，戴萬生者，住彰邑，素讀書，美豐儀，家小康。因官迫亂，與黨張添興、嚴辦、呂梓、張三顯等，率匪五千餘人，進攻彰化。城陷，肆擾各莊堡莊民。臺南道憲孔、總鎮林，督帶官軍札斗六，扼要據守，以圖前進。無何，賊大至，帥師出禦，諸多敗散，賊圍愈急，四門攻擊，水洩不通，孤軍無援，道、憲等糧食盡絕，自縊。而之陷斗六，遂圍困嘉義。股首嚴辦等撲新港，街民結壘自固，屢與賊戰，數月不懈。迨至三月十七日，賊誘鄉勇出禦，又使其賊黨內應，作假難民入壘，鄉民大亂；新港遂破，難民者死百餘人。同治三年，欽差吳總鎮、協臺徐恆昇渡臺除賊，新港街民林有枝同伊子林味，帥眾詣轅，願殺賊自效。吳公許之，命率鄉民為前敵，戰必勝，攻必克，不避矢石，身先士卒，遂逐嚴辦，追呂梓，擒張三顯以獻，寇平。第功授有枝五品頂戴藍翎，授味六品頂戴，其餘次第昇賞。

《嘉義管內采訪冊》〈打猫南堡〉「兵事」的治安記述：

乾隆五十一年十一月間，彰化縣匪魁林爽文、莊大田等，結聯天地會，招集各處匪徒，在彰化戕官劫縣，震動地方，沿至打猫堡，欲攻打諸羅山城。群賊大營紮在南堡江厝仔山頂，距城約有十里，沿途建設小營，結聯至城腳。斯時，諸羅山城被困多月，慘不勝言，賴城內官民協力死守。迨五十二年，會廈門提督福康安奉旨東征，一鼓蕩平，匪寇擒斬，林爽文群匪個逃遁，大田逃至生番地，進退無路，後亦被擒；餘匪改過從善，地方各處安靜。迨至乾隆六十年，高宗純皇帝家賞縣民效死勿去，特詔改諸羅山為嘉義城。

道光十二年，打猫西堡崙仔莊匪首陳辦，糾集各處盜賊，交通彰化縣張丙、詹通等相應，先亂彰化，沿及斗六；害民戕官，賊徒愈盛，官兵日微，眾寡莫禦。辦等統帥群賊，浩蕩而來，途經打猫堡內，人民惶恐，莫不逃避，遭害財散人亡

者，難以枚舉。賊眾竭力攻打嘉義城，幸有總兵劉廷斌，親率軍民，死守五十餘天。會提督高濟勝、總兵竇振彪，統兵赴援，嘉義之圍遂解。辨等退守斗六後，詹通被馬提督擒之，張丙為劉廷斌所獲，陳辨等各就擒，在地正法。軍民悉快，土寇皆咸平。

咸豐三年五月，土寇賴鬃與弟賴義，原住嘉義西堡茄苳莊人民，為搶劫犯罪。嘉義縣呂朝樑、派勇巡拏迫變。鬃乘勢糾集眾徒，抗拒官兵，自知騎虎之勢南下，立即豎旗，招集各處匪徒，上下相應。會友彰化匪首曾家角、鹽水港匪首張古，不約而同，彼唱此和，震動地方。打猫街，路所必經，群匪猖獗，官兵退避，人民無趕或阻，堡內受害者不乏人，嘉義城由此被困。迨七月間，恒總兵督率軍馬來援，城內人民協力禦之，一戰而圍遂解，鬃亦被擒正法。餘匪無從逃遁，亦各就擒，土寇悉平。

同治元年二月間，彰化四張犁莊匪首戴萬生、林晟、陳啞九弄等，猖獗作亂，曰「會香」。萬生原為北協稿房書吏，因新任北協夏汝賢欲勒萬生之金不遂，將稿房改換，又加以罪名，由是抱怨在心，廣結各處匪類。臺灣道孔昭慈抵彰化，遂命秋二府帶兵往葫蘆墩剿辦。匪首萬生抗拒官軍，乘勝圍彰化城，不日城陷，夏汝賢、秋二府同受害，孔昭慈自縊而死。賊勢日勝，蔓延至嘉義界，匪首嚴辦、何萬、呂梓等數十名，在打猫地面招集匪徒，結連戴萬生，自此上下相應，賊勢浩大。各處匪類，不約而同，遍地皆起，難以指數。嚴辦、何萬等營，紮在打猫街，接應萬生諸匪首，共攻嘉義城。自三月至七月，官民協力堅守，是以不陷。會臺灣總鎮林向榮，統兵解圍，萬生恐有官軍抄殺後路，致首尾不能相應，於是匪徒退駐斗六門，嘉義之圍漸解。斯時也，向榮不知賊勢，實繁有徒，同副將王國忠、顏祥春統兵返剿。至斗六門，深入重地，受困於此，遍地皆氛，軍糧不計，絕食多天，兵卒餓死者不乏人；甚至殺馬而食，軍無鬥志，士有叛心。萬生深知軍糧絕斷，益力攻打。嗟乎！全軍陷沒，林總鎮與王、顏二將，並斗六都司劉國標等，左沖右突，莫出重圍，皆死節。萬生統領賊兵，再困嘉義，此次打猫堡內人民，被劫搶、受焚殺者，難以悉數。好收庄、下洋仔莊群匪，紮營在此，危害尤甚。萬生偵知孤城無援，絕力督率爪牙，攻之益力。斯時城中乏食，救兵不到，

勢甚危急,幸得嘉義縣白鸞卿、參將湯得陞,偕同本城紳商義民,盡力死守,共保孤城。至同治二年,廈門提督吳鴻源同林文察,統兵由臺南救嘉義;臺灣道丁曰健、臺灣鎮曾源福,統兵由鹿港抄殺後路,首尾攻打,將萬生困在核心,賊眾心慌意亂,四散逃生,嘉義之圍遂解。不多日,各處盪平,嘉義縣懸賞格嚴拏匪魁,人心大定。是時戴萬生、呂梓、何萬等諸人,次第就擒,在地正法,以快人心。此乃戴逆唱亂之大略也。

(三)《鳳山縣志》

有 1 個版本,1720 年(康熙 59 年刊)李丕煜主修《鳳山縣志》,〈卷之五〉「武備志」分述營制、陸路防汛、歷官、水師防汛、墩臺瞭望、教場。

(四)《臺灣縣志》

有 2 個版本,(1)1720 年(康熙 59 年刊)王禮主修《臺灣縣志》,〈卷四〉「武備志」分述兵防考、營制(附防汛)、砲臺墩臺(附澎湖各澳嶼)、教場、武職。(2)1752 年(乾隆 17 年刊) 王必昌《重修臺灣縣志》,〈卷之八〉「武衛志」分述營制、汛塘、教場、船政、賞恤。

(五)《澎湖志略》

有 2 個版本,(1)1740 年(乾隆 5 年刊)周于仁、胡格纂輯《澎湖志略》,文員、武員與煙墩砲臺。(2)1771 年(乾隆 36 年刊)胡建偉纂輯《澎湖紀略》,〈卷六〉「武備紀」分述營制、俸餉、營署、調補、班兵、哨船、汛防、巡哨、恤賞、題名、列傳。特別在〈卷十二〉「藝文紀」增列施琅的〈陳海上情形疏〉、〈密陳航海進剿機宜疏〉、〈請決計進剿疏〉、〈飛報澎湖大捷疏〉等有關澎湖的海上治安議題。

(六)《淡水廳志稿》

有四卷,清淡水廳竹塹(今新竹市)人鄭用錫纂輯,約起稿於道光 13 年(1833

年)，隔年完稿，未刊。現有典藏之《淡水廳志稿》抄本有二：一為我國立中央圖書館臺灣分館購藏之抄本，一為貴州省圖書館抄本。本文介紹之《淡水廳志稿》四卷，係以州省圖書館抄本為底本，並據臺灣分館藏抄本及林文龍點校本，參校異同而成，2006 年臺灣史料集成編輯委員會編，詹雅能點校，行政院文化建設委員會發行。[3]

《淡水廳志稿》〈卷二〉「隘寮」的治安記述：

隘寮之設，所以防生番之出入，亦所以衛農民之耕種也。淡地迫近生番，當年以土牛紅線為界，今生齒日繁、土地漸闢，紅線杳無蹤跡，惟土牛遺跡尚存，耕民或越土牛十里至三十里不等，若非設隘把守，則生番出入，難免滋擾之虞。但有隘有丁，有丁有種，或係官設，或係民設，所有官給民給，附詳於後，並就官隘與民隘分開記述。官隘設有銅鑼灣等處隘寮，係乾隆年奏設。民隘設有火燄山腳等 24 處隘寮，係庄民原設及陸續添設。

《淡水廳志稿》〈卷二〉「武功」分兵火與軍功兩主題，其中兵燹的治安記述：

康熙 38 年，吞宵社土官卓个、卓霧等作亂，署北路參將常泰以岸裡社番擊吞宵；康熙 60 年，朱一貴倡亂，陷府治三邑，淡水都司陳策會遊擊張駴夾攻一貴，一貴窘竄溝尾，鄉民縛獻之，檻送京師，磔之；乾隆 51 年，林小文（林爽文黨）倡亂伏誅；嘉慶 10 年 1 月，蔡牽舟竄八里坌港，3 月漳、泉分類械鬥，嘉慶 14 年，漳、粵分類械鬥，嘉慶 16 年，高夔作亂，道光 6 年，閩、粵械鬥，時內山賊匪黃斗奶、黃武二等乘機率帶生番焚殺中港庄民，總督孫爾準統兵駐塹城，遣金門鎮陳化成率領官軍入山剿之，黃斗奶、黃武二伏誅。

[3] 鄭用錫纂輯、詹雅能點校，《淡水廳志稿》，臺灣史料集成編輯委員會編，(臺北：行政院文化建設委員會，2006 年 12 月)。

軍功的記述則列有傳者如，壽同春、郭雲秀、黃朝陽、鐘瑞生、陳士珍等參與平定林爽文之亂的經過情形。

另《淡水廳志》十六卷，陳培桂纂輯，清同治10年(1871年)刊行。本文介紹之《淡水廳志》十六卷，係根據2006年臺灣史料集成編輯委員會編，行政院文化建設委員會發行。[4]有關治安議題在〈卷三 志二 建置志〉「隘寮」的官隘與民隘未分開記述，但比較《淡水廳志稿》特別增列記述民隘的金廣福大隘；〈卷七 志六〉「武備志」的治安記述，細分兵制、海防、船政，在海防的滬尾港部分，特別記述嘉慶10年蔡牽竄此焚掠的治安議題。

另《樹杞林志》，是明治31年(1898年)由樹杞林辦務署署長木戶有直，責成前清附生林百川、前訓導林露結纂輯而成。該志之纂修主要補足《淡水廳志》對於清代曾附屬淡水廳下的樹杞林的治安記述，實裨益殖民的統治。本文文獻資料係採用林百川、林露結纂輯，陳偉智、許博凱點校，2011年臺灣史料集成編輯委員會編，國立臺灣歷史博物館發行之版本。[5]

《樹杞林志》〈武備志〉的治安記述：

及臺歸帝國之際，所有軍器，民盡毀之，此所以時有劫盜之患也。惟近山一代，民有軍器者毀不可；毀時，虞兇番出沒，苟無軍器，難保性命。然雖有軍器亦無幾，究不若前時隨在多有也。或曰民間本禁用軍器，所以防蠢民跳梁也。予曰不然，民有良莠之分，莠民無賴自應禁用軍器；若良民有身家，有產業，彼何肯舍身家產業而為滅族之舉哉？然則何以識其良莠而區別之？曰：擇其善良有家業者四、五家互相保結，方許買置軍器，倘有匪為不法，並將保結者連坐不赦。斯不亦常則可以防盜，變則可以衛國乎？所願賢有司為民設法耳！至若專為山民

---

[4] 陳培桂纂輯、詹雅能點校，《淡水廳志》，臺灣史料集成編輯委員會編，(臺北：行政院文化建設委員會，2006年6月)。

[5] 林百川、林露結纂輯，陳偉智、許博凱點校，《樹杞林志》，臺灣史料集成編輯委員會編，(臺南：國立臺灣歷史博物館，2011年10月)。

防番之法，前墾戶有隘丁，後歸官有隘勇。今帝國設有警丁，總要把守周密，方足以為山民保護安全也。

因此，《樹杞林志》〈隘寮〉的治安記述：

墾戶陳福成，自馬福社透南河隘寮十二座，隘丁四十八名。墾戶劉子謙，自南窩透芎蕉湖龍隘寮六座，隘丁二十四名。墾戶鍾增祿，自芎蕉湖龍透騎龍隘寮六座，隘丁二十四名。墾戶錢朝拔，自騎龍透下洽壢隘寮五座，隘丁二十名。墾戶金惠成，自洽壢透金廣福分龍隘寮十座，隘丁四十名。墾戶金廣福，沿山聯絡隘寮炮櫃三十六座，計共隘丁一百二十一名，每座隘丁多寡不拘。以上均係樹杞林堡內隘寮。自光緒十四年而後，均由官設隘勇，計共五百名，謂之一營。營官駐紮五指山上坪，分撥哨官紮各處，及分十常駐各寮，俱係倣照舊墾之例，方能把守周密也。今帝國防番保民，亦既分撥警部出張所三處，計雇警丁共九十五名。每日巡守地方，但未建置隘寮。

(七) 《彰化縣志》

目前所見版本共有五種：其一為周璽原刻本；其二為日人鈴村讓《臺灣全志》本；其三為莊松林校訂之《臺灣方志彙編》本；其四為成文中國方志本；其五為臺灣銀行經濟研究室《臺灣方志彙編》之重排本。本文介紹之《彰化縣志》12 卷，係依周璽總纂，洪燕梅點校，2006 年 12 月臺灣史料集成編輯委員會編，行政院文化建設委員會發行之版本。[6]周璽所纂該志初稿成於道光十二年(1832 年)，十六年(1836 年)定稿。

《彰化縣志》〈卷七〉「兵防志」的治安記述，分兵制沿革、營制、陸路兵制、

---

[6] 周璽總纂、洪燕梅點校，《彰化縣志》，臺灣史料集成編輯委員會編，(臺北：行政院文化建設委員會，2006 年 12 月)。

水師兵制、軍官、列傳(殉難附)、屯政等七部分。該志強調彰化居全臺之中,最為扼要之所,相其險易,度其機宜,設水路汛防,以控制之;詰奸除暴,洵足弭亂於未萌也。

《彰化縣志》〈卷十一〉「雜識志」兵燹的治安記述:

雍正四年水沙連社番骨宗等,戕殺民命,總督高其倬遣臺灣道吳昌祚討之,尋擒正法。九年,大甲西社番林武力等聚眾圍亂,臺鎮呂瑞麟討之。十三年,柳樹湳、登臺庄生番肆出焚殺,副將靳光翰、同知趙奇芳緝獲眉加臘社番八里鶴、阿尉等正法。乾隆四十七年,泉、漳民分類械鬥。乾隆五十一年,會匪林爽文作亂,直至五十三年正月,獲賊首林爽文於老衢崎,檻送京師伏誅。北路平。二月,大學士侯福統兵進剿南路,獲賊首莊大田於琅嶠,伏誅。臺灣平。

乾隆六十年,逸匪陳周全作亂,陷鹿港,署北路理番同知朱慧昌被殺,水師遊擊曾紹龍死之。旋陷彰化縣治,千總陳見龍、典史費增運均死之。署北路副將張無咎、卸事署副將陳大恩、知縣朱瀾,俱縶八卦山,自焚死。賊伏誅(頁523)。嘉慶十年十一月,海寇蔡牽由滬尾入踞鹿耳門,鳳山賊吳淮泗、彰化賊洪四老等應之。十二月,賊縣鳳山,郡城戒嚴。十一年二月,蔡牽逸去。五月,蔡牽再入鹿耳門。六月,仍逸去。嘉慶十一、十四年泉、漳民分類械鬥。道光六年,閩、粵奸民分類械鬥。

(八) 《噶瑪蘭廳志》

有八卷,陳淑均原纂、李祺生續輯,咸豐二年(1852年)刊行。本文介紹之《噶瑪蘭廳志》八卷,係以2006年臺灣史料集成編輯委員會編,行政院文化建設委員會發行之版本。[7]《噶瑪蘭廳志》〈卷二上〉列海防與關隘,主要港澳列有烏石港、

---

[7] 陳淑均總纂、張光前點校,《噶瑪蘭廳志》,臺灣史料集成編輯委員會編,(臺北:行政院文化建設委員會,2006年6月)。

加禮遠港、蘇澳；關隘，在關部分分南關、北關，在隘部分分正西、西北、正南、西南、正北等隘，另有口分叭哩沙南口、車路口。〈卷四下〉「武備」分兵制、營署、營莊、戎政、武秩、武功等六部分記述治安議題，特別是在武功部分記述，道光三年刁匠林泳春黨拒山寨，道光十年林瓶等糾夥鬥殺等治安事件。

另《噶瑪蘭志略》14卷，柯培元纂輯、張光前點校。本文介紹之《噶瑪蘭志略》係以 2006 年臺灣史料集成編輯委員會編，行政院文化建設委員會發行之版本。[8]張光前點校指出，柯培元就任通判事在道光十五年冬，其時陳淑均初稿存乎蘭廳，柯氏自無不知，可能將其錄為副本，攜歸故里，更加纂輯，而成《志略》。則此書既非《廳志》創修稿本，亦非今本刊印前之原稿本，僅可謂為柯氏個人之改訂本。

本書為卷十四、共三十三門，分門極細，頗異於《廳志》之八卷十二門，大抵以初稿為本，重理門類，增刪志文，其「藝文」一志，同一篇章而篇題亦偶有出入。兩本相比較，刊本《廳志》內容較豐富，條理清晰而體制規整，《志略》則未盡脫雜纂彙編之態，但仍不失參考價值，以其中保留之若干原始文獻，《廳志》或者刊落不存，或者散入各處而難見全貌。

因而，《噶瑪蘭廳志》〈卷二上〉列海防與關隘，《志略》則在〈卷之三〉與〈卷之四〉分述關隘志與海防志。《噶瑪蘭廳志》〈卷四下〉「武備」分兵制、營署、營莊、戎政、武秩、武功等六部分，《志略》則在〈卷之九〉與〈卷之十〉記述兵制志與武功志。

(九) 《新竹縣志初稿》

稿本四卷，鄭鵬雲、曾逢辰纂輯。始輯於明治三十年(1897年)12月，歷時五個月，便因縣廳廢止而撤辦，以致部分門類未及編纂。稿本今未見，僅以刊本流傳。本文介紹之《新竹縣志初稿》係以2011年臺灣史料集成編輯委員會編，國立

---

[8] 柯培元纂輯、張光前點校，《噶瑪蘭志略》，臺灣史料集成編輯委員會編，(臺北：行政院文化建設委員會，2006年6月)。

臺灣歷史博物館發行之版本。[9]

《新竹縣志初稿》〈卷一下〉「建置志」隘寮的治安記述：

　　鹹菜甕隘（民隘）、九芎林隘（官隘）、猴洞隘（民隘）、砍子隘（民隘）、樹杞林隘（民隘）、金廣福大隘（民隘）、三灣隘（民隘）、南港仔隘（民隘）、嘉志閣隘（民隘）、蛤仔市隘（官隘）、大坑口隘（官隘）、芎中七隘（官隘）、銅鑼灣隘（官隘）、內外草湖隘（民隘）、三叉河隘（民隘）、日北山腳隘（民隘）、火燄山隘（民隘）。以上隘寮於今皆廢。

《新竹縣志初稿》〈卷五下〉「考三」兵燹的治安記述：

　　明萬曆二十年，日本兵侵淡水、雞籠。清康熙二十有二年六月，水師提督內大臣伯施琅進兵基隆嶼，斬鄭將林陞。三十有八年二月，吞霄社土官卓个、卓霧、亞生亂。六十年四月，臺灣奸民朱一貴亂，六月擒朱一貴，械送京師磔之。雍正四年，水沙連社番骨宗等，戕殺民命，總督高其倬傲巡道吳昌祚討之。調淡水同知王顏開協征。九年，大甲西社番林武力等亂，臺灣鎮總兵呂瑞麟討之，弗克。淡水同知張弘章道經阿束社，逆番圍之，莊佃救免。十年，陸路提督王郡等率兵討大甲西社番，平之。

　　乾隆五十一年十一月，彰化奸民林爽文亂，城陷。臺灣知府孫景燧、北路理番同知長庚等，皆遇害。十二月，賊陷淡水，護淡水同知臺灣知縣程峻自殺。竹塹巡檢張芝馨死之。接著，賊黨林小文等攻淡水，淡水同知幕賓壽同春偕原任竹塹巡檢李生椿、書院掌教原任榆林知縣孫讓復淡水廳。五十二年正月，獲賊黨蔡綱。接著閩安協副將徐鼎士等領兵渡海抵淡水，駐艋舺。三月，賊攻三角湧，遊擊吳琇救之，追賊甘林陂，進剿白石湖，同知徐夢麟招安降眾，獲林小文械省誅

[9] 鄭鵬雲、曾逢辰纂輯、詹雅能點校，《新竹縣志初稿》稿本四卷，臺灣史料集成編輯委員會編，（臺南：國立臺灣歷史博物館，2011 年 10 月）。

之。

五月，新任淡水同知徐夢麟會副將徐鼎士、都司朱龍章、幕賓壽同春抵白石湖山下，安撫居民。六月，同知徐夢麟進兵屯大甲。十月，副將徐鼎士、同知徐夢麟、都司敏祿、守備潘國材進兵剿賊。淡水幕賓壽同椿剿賊被擄，不屈死。淡水官兵、義民攻大肚，克之。大學士嘉勇侯福康安統兵抵鹿港。五十三年正月，獲賊手林爽文於老衢崎，檻送京師，伏誅。北路平。

嘉慶二年十一月，楊兆亂，知府遇昌、同知李明心捕誅之。九年十二月海寇蔡牽亂，水師提督李長庚追剿至淡水圍攻，淹斃逆匪數十，遂南竄。十年四月，蔡牽再至淡水。五月蔡牽盜船復駛至竹塹、鹿耳門等處游奕。六月，蔡牽竄淡水滬尾港，水師提督李長庚抵臺灣。十一月，蔡牽復竄八里坌，焚殺艋舺官軍，都司陳廷梅戰死、同知胡應魁傷免；北路副將金殿安統兵堵捕，蔡牽由滬尾入踞鹿耳門，鳳山賊吳淮泗、彰化賊洪四老等應之。十二月，賊陷鳳山，郡城戒嚴。

十一年二月，蔡牽復泊鹿耳門，水師提督李長庚擊走之。南路賊陳棒等，敗走桃仔園，仍回生番界。吳淮四遁入逆船。三月，蔡牽攻噶瑪蘭，土民陳奠邦、吳化等率眾禦，卻之。三月，亦發生漳、泉械鬥。六月，澎湖協副將王得祿追擊蔡牽於鹿耳門，盜船衝浪出，多溺死。十二年七月，南澳鎮總兵王得祿擊敗海賊朱濆於大雞籠港內；濆竄入噶瑪蘭之蘇澳。九月，得祿會臺灣知府楊廷理率兵大破之；濆遯。十四年五月漳、粵與泉分類械鬥，知府楊廷理平之。八月，水師提督王得祿、邱良功追擊蔡牽至外海，落海死；海寇平。

十六年六月，淡北高夔亂；伏誅。道光六年五月，閩、粵分類械鬥，內山賊匪黃斗奶、黃武二等，乘機率生番亂中港。督孫爾準統兵駐塹城，遣金門鎮陳化成率領官軍入山剿之，斗奶、武二等伏誅。十四年，閩、粵分類械鬥。二十一年八月，洋船至雞籠，砲臺參將邱鎮功調守備許長明、歐陽寶等，在雞籠防所堵守。淡水同知曹謹、協防澎湖通判范學恒委巡海口，知縣王廷幹督同艋舺縣丞宓惟康在三沙灣砲臺應之。洋船折桅沖礁碎。九月，洋船再至雞籠，參將邱鎮功、淡水同知曹謹、協防澎湖通判范學恒禦之。

二十二年二月，洋船復至大安，官軍偵探入口，淡水同知曹謹、署鹿港同知

魏瀛、澎湖通判范學恒、彰化知縣黃開基、護北路副將關桂、遊擊安定邦，督同守備何必捷、千總何建忠、李青雲、把總翁標貴、林飛鵬等禦之。洋船破。三月草鳥匪船擾暫南各港口。二十四年，漳、泉分類械鬥。咸豐三年，漳、泉分類械鬥，三角湧匪徒倡亂，燬八甲、新莊。四年，閩、粵分類械鬥，田寮莊匪徒羅慶二、賴得六等，在中港搶牛肇釁，釀及中壢閩、粵互鬥。會首黃得美率黨黃位陷同安、海澄、廈門。得美誅，位竄大雞籠口，逸竹塹港；同知丁曰健平之。九年九月漳、同分類械鬥。十年九月，漳、泉分類械鬥。

同治元年三月，彰化會匪戴萬生亂，勇首林戇晟叛。淡水同知秋曰覲死之。彰化縣城、斗六門、大甲城堡均陷。臺南戒嚴。五月，中港逆黨王江龍伏誅，大甲城復；艋舺縣丞郭志煒捕土匪楊貢，誅之。六月，桃仔園逆首楊升聞亂，斬之。二年正月，林晟等復犯大甲；獲戇晟斬之。十一月，彰化城復；克斗六門。十二月，生擒戴萬生等，斬之。

光緒二年，貓裏新雞籠吳阿來亂；同知陳星聚統兵擒斬之，餘黨散。光緒十年六月，法軍入寇基隆，兵輪停泊港外，巡撫劉銘傳駐兵臺北府城；飭軍門曹志忠領兵屯紮二重橋，軍門劉朝祜及提鎮蘇得勝、章高元領兵分紮獅毬嶺及基隆山等處，副帥孫開華統兵駐艋舺，飭軍門龔占鰲領兵屯紮滬尾，營務處李彤恩及營弁張李成亦分紮滬尾。大戰基隆港；法軍開炮擊壞口岸砲臺。法軍潛登基隆口岸；劉銘傳命軍門曹志忠、劉朝祜、提鎮蘇得勝、章高元帥兵截擊，法軍敗績。

八月，法軍戰艦再犯滬尾港；副將孫開華飭各營嚴禦。劉銘傳令移營援滬尾，退守獅毬嶺。法軍乘虛上陸，侵踞基隆，劉銘傳退守臺北府城。法軍潛登滬尾口岸；副將孫開華命軍門龔占鰲、將弁張達斌、營務處李彤恩、張李成、黃宗河等率兵擊之，法軍敗績。九月，法軍由基隆攻暖暖莊；時在地團練勇效力擊戰，擊法兵十餘名，兵始退。十月，劉銘傳統領林朝棟統臺勇與軍門曹志忠分段紮守。十一月，林朝棟與法軍大戰大水窟；法軍敗績。法兵輪停泊竹塹舊港口，開大砲擊燬商船。十二月，法軍攻暖暖莊，土勇營弁張仁貴死之。十一年正月，統領林朝棟被困，營務處陳明志、王詩正往援，圍解。二月清、法和議始成。五月，法軍自基隆港撤兵回國。

另《新竹縣制度考》之編纂完稿時間當在明治 28 年(1895 年)9 月之後，其目的在為統治者提供參考資料，故內容抄錄了大量文書檔案，以及領臺前幾年的租稅資料與經常收支。本文係依臺灣史料集成編輯委員會編，2011 年 10 月國立臺灣歷史博物館出版。有關治安記述只列新竹縣團練各局名稱，包括本城團練總局及所屬 11 個分局。[10]並特別記述：

查所設團練者，如遇地方有事，盜賊四起，奉憲舉行開辦招募練丁，以防土匪搶害；鄉村人民恐有不虞，致有設各處總分局，辦理保民政事。所有局設經費，係由本處業戶捐派之資。

(十) 《苗栗縣志》

光緒 18 年(1892 年)巡撫邵友濂依臺北知府及新竹知縣之議，設局纂修《臺灣通志》，命布政使唐景崧兼修及籌辦相關事宜。唐氏發布采訪冊式，要求各屬依式采訪，以為修志之需。20 年(1894 年)由苗栗知縣沈茂蔭纂輯考訂，體例仿自《淡水廳志》，內容亦多出其中；或直接引錄，或刪補而成。成輸送局，共十六卷，惟未刊行。本文介紹之《苗栗縣志》16 卷，係依沈茂蔭纂輯，洪燕梅以「華東師範圖書館藏抄本」為底本點校，2006 年 12 月臺灣史料集成編輯委員會編，行政院文化建設委員會發行之版本。[11]

《苗栗縣志》〈卷十一〉「武備志」的治安只簡述兵制、軍裝、海防等三部分，或許修志的時間已經較後，未如上述《淡水廳志稿》的詳細分列隘寮與武功。至於，武備志的分兵制、軍裝、海防，之相較於《淡水廳志》亦簡略許多。《苗栗縣

---

[10] 不著撰人，黃美娥點校，《新竹縣制度考》，臺灣史料集成編輯委員會編，(臺南：國立臺灣歷史博物館，2011 年 10 月)。

[11] 沈茂蔭纂輯，洪燕梅點校，《苗栗縣志》，臺灣史料集成編輯委員會編，(臺北：行政院文化建設委員會，2006 年 12 月)。

志》在臺灣光復設縣後所修之名稱為《臺灣省苗栗縣志》，及至 2007 年出版《重修苗栗縣志》，2015 年 6 月所修縣志則名稱為《續修苗栗縣志》。

(十一) 《臺東州采訪冊》

有二卷，清臺東直隸州知州胡傳編纂，約起稿於光緒 19 年(1894 年)年底，而脫稿於光緒 20 年(1895 年)3 月。本文介紹之《臺東州采訪冊》二卷，係依胡傳編纂，詹雅能以國立中央圖書館臺灣分館所藏之稿本與抄本為底本點校，2006 年 12 月臺灣史料集成編輯委員會編，行政院文化建設委員會發行知版本。[12]

《臺東州采訪冊》〈卷下〉「兵事」的治安記述：

同治十三年三月，日本進兵攻打牡丹社，兼繞縈後山之猪勞束灣，並以旗榜招誘後山沿海阿郎壹等番社，將窺我後山。候補同知袁聞柝招撫埤南呂家望等社。十一月，大南澳、大濁水溪一帶史斗武達等五社兇番時狙伏林莽，襲殺行人，守備黃朋厚、千總馮安國帶隊悉力搜剿守禦。北路羅軍門請添兵，沈葆楨派彰化宣義左、右二營往助之。十二月史斗等五社就撫。

同治十四年六月，大庄客民劉添旺、委員雷福海徵取各處田畝清丈單費稍嚴急，民、番蓄怨，又辱其妻之母而怒，遂與其黨杜焉、張少南、陳士貞等煽誘中路群番，戕害雷福海，毀其屍；襲破水尾防營，殲弁勇，劫掠軍械，火藥南趨。七月，糾合呂家望等番焚毀埤南廳署，攻圍張統領兆連鎮海後軍中營。其時，後山北路只有鎮海後軍左營以三哨駐花蓮港，以二哨分駐加里宛、吳全城、大巴塱、拔子庄等處；聞變，皆退回花蓮港，合力防守。中、南二路只有鎮海後軍中營以三哨駐埤南，以一哨駐水尾，以四隊駐成廣澳，以四隊分駐大陂、鹿寮，兵力單弱；倉促變作，水尾等處皆不支，全局震動。花蓮港左營自顧不暇，不能救援；張統領困守孤壘十七晝夜。

---

[12] 胡傳編纂，詹雅能點校，《臺東州采訪冊》，臺灣史料集成編輯委員會編，(臺北：行政院文化建設委員會，2006 年 12 月)。

臺灣巡撫劉公銘傳派萬軍門國本、吳軍門宏洛、李軍門定名各率所部乘輪船由海道馳援，圍乃解。劉添旺逃匿高山生番社中，遂合援兵先剿呂家望叛社；北洋大臣復派海軍統領丁軍門汝昌以頭號大鐵甲輪船駛至埤南海面游弈，自船轟砲、藥彈力能及遠，飛入逆設，炸殺多人。番益震懼，乞降；不許。兵機正利，而前山彰化報民變，援軍馳回；不得已，復議撫。由是，復添募鎮海後軍前、右二營；前營以三哨駐新開園，以一哨駐成廣澳，以一哨分駐璞石閣、鹿寮、右營以四哨駐拔子庄，以一哨駐大巴塱。次年(同治十五年)始誘獲劉添旺等。誅之。十八年七月，張統領兆連奉檄抽調中、前二營五成隊伍，並調大麻里一帶熟番丁壯四百人會剿恆春不力逆番。八月，調海防哨兵分住溪底、巴郎衛、大得吉一帶，以顧後路。九月，後山軍抄出射不力山後，與前山萬軍門國本所部鎮海中軍正、副二營夾攻，平之。

(十二) 《恆春縣志》

1894 年恆春知縣陳文緯以屠繼善(芝君)為總纂，地方士人為採訪。1895 年完成初稿 22 卷，又首末各 1 卷，是為《恆春縣志》。該志初成未刊。本文係依 1993 年 6 月由臺灣省文獻委員會刊行，臺灣歷史文獻叢刊(方志類)。該志綱目依當年通志總局所頒的「采訪冊式」，未按志書體裁歸併志門。[13]

《恆春縣志》〈卷十八〉「邊防」的治安記述，除特別收錄奏摺之外。有關與日本的涉外性治安，據采訪錄：

同治十三年春，恆春尚未設縣，民少番多。日本輪船載兵盈萬，泊車城後灣海面，以舢舨渡兵登岸，先住民房，繼於大坪頂山紮大營，駐統領官。沿途防營，碁布星羅，冬至豬勞束大港口，北至南勢湖沿海一帶，首尾百里。並要隘如獅頭山，莿桐腳、楓港、涼傘兒、車城、馬鞍山等處，各駐重兵，不時進攻。牡丹社

---

[13] 屠繼善總纂，《恆春縣志》，(南投：臺灣省文獻委員會，1993 年 6 月)。

在高山，壘木石當關，倉卒不得上，相持數月。夏、秋溪水泛溢，倭人誘之以計，持槍涉水，偽為失足狀，仰臥水際，以足拇指駕槍水面以待。

時番人不知有後膛槍也，見其槍已濕水，人已淹斃，來割首級，倭乃放槍鎗之；番之為所殺者甚多。然倭人平日往來小徑，被番伏草刈殺、割去頭顱者亦復不少，並不服水土病死者無慮數萬千人。其屍皆盤膝如趺坐狀，用木桶裝殮；嗣以體僵，膝不能居，即彌留時，亦強裝入桶，陸續載以回國。當其病日，雖滿屋沈吟，外人不得知也。倭兵之在大港口者，其糧餉、軍火，皆大坪頂營接濟，悉以舢舨從後灣越貓鼻、鵞鑾鼻而往；不由陸路，畏番之狙擊焉。其後，倭人渾金如土，雖隻雞秉秤售之者，可得龍洋一元。

由是，鄉愚艷其利，即平日受害於番者皆樂為用，為之嚮導。倭人乃分兵三路，一自大港進，越文率、高士佛，而抄其後；一自楓港進，由牡丹路禮乃而襲其右；一自保力進，由四重溪、石門而攻其前。勢如潮湧，槍林彈雨，番不能敵，遂毀其社、戮其人。各社聞風而懼，咸以牛、洋、酒、米來貢，以免於害。維時，大軍南來，築寨於枋寮一帶，兩不相侵，以萬國公法爭。倭人之理絀情虧，遂罷兵；焚其營中所於之五色毛毯、布棚及糧米等而去。是役也。倭住恆春將一載，水路各要隘彈悉靡遺。現在啓釁朝鮮，則恆春各海岸，不可不加意防範焉。

《恆春縣志》〈卷十九〉「兇番」除收錄理番奏摺之外，有關治安據采訪錄：

現在縣之猴洞地方，向為生番巢穴，殺人無算。建置以後，附近十餘里地曠山童，一望無翳，兇番無從藏匿；故狙殺之案，罕有所見。

三、結論

檢視上述方志，我們發現柯培元《噶瑪蘭志略》的內容，有許多地方近乎與陳淑均《噶瑪蘭廳志》相同；陳培桂《淡水廳志》的內容主要係依林豪等人的《淡

水廳志稿》略加修改而成書的，遂引發不少的爭議。因此，陳捷先指出，清代臺灣方志在編纂整修出版上所出現的缺失，包括：綱目組織、時有混亂，記載詳略、漫無標準；引錄詩文、多有偏好；古蹟名勝、著意強調；翻案攻訐、常不能免；浮誇事功、不顧事實；舊記錯誤、沿用不改；傳說神話、載錄過多。[14]

　　然而，從研究臺灣治安史的角度而論，我們除了謹慎檢視文獻資料，避免上述的缺失之外，清代臺灣方志文獻對於梳理各該地方所發生的治安議題，和事件的經過始末，仍頗具參考價值。毫無諱言地，各方志其中亦難免出現零亂、重複等現象。因此，有關清領臺灣治安記述比較有系統的完整文獻資料，就不能忽略了伊能嘉矩編纂的《臺灣文化誌(上、中、下三卷)》。

　　《臺灣文化誌》這套書的其中〈第8篇〉「修志始末」，除了針對《臺灣府志》、《諸羅縣志》、《鳳山縣志》、《臺灣縣志》、《彰化縣志》、《噶瑪蘭廳志》、《澎湖廳志》，乃至於《臺灣通志》及州、廳、縣采訪冊等提供修志的敘述之外。尤其是該套書在〈第4篇〉「治『匪』政策」的對朱一貴、林爽文、蔡牽、張丙、戴潮春等清代重大治安事件，和族群分類械鬥等社會衝突議題上，也都有詳盡的記述。特別是該套書〈第15篇〉「『番』政沿革」在對征「番」事略的議題上，和「番」社討伐經過的記述，亦有助於理解清代漢人與原住民之間的關係，以及在土地開墾過程中所引發的治安議題。

　　綜合上述，清代臺灣方志文獻的治安記述，凸顯清代臺灣212年期間治安事件的衝擊統治權力結構關係與變遷。在各種方志文獻的治安記述，不論是以兵防、武衛(志)、兵制、武備志(紀)等主題，或以不同的用語來呈現，其在文獻的意義上，也彰顯了清領臺灣時期治安組織型態的特性，以及強調軍事武力的維護政權，和安定社會秩序的多元性角色與功能。除了有助於我們探討現代民主化社會，理解臺灣傳統治安史的結構與變遷之外，對於日治和戒嚴時期以來臺灣治安的警察角色亦提供了不少的省思。

---

[14] 陳捷先，〈評議臺灣地區地方志書中的開闢史料〉，《臺灣地區開闢史料學術論文集》，(臺北：聯經，2003年3月)，頁51-75。

臺灣隘制、治安與族群關係的變遷

一、前言

　　2000 年 4 月臺灣平埔權益促進會上書聯合國，要求緊急調查中華民國政府不認定平埔原住民族案。當美國、加拿大已經用「國中之國」的方式對待原住民；澳洲政府也向原住民道歉並願意賠償問題之際，中華民國政府認定平埔原住民族案。不論聯合國人權委員會對此案的處理結果如何，都已凸顯政府必須認真面對臺灣複雜的族群課題。

　　2009 年 5 月馬英九政府簽署〈經濟、社會與文化權利國際公約〉與〈公民與政治權利國際公約〉的批准程序，這是我國進入一個落實人權立法與普世價值接軌的公民社會。在〈經濟、社會與文化權利國際公約〉中明顯要求對人類家庭所有成員自決權、工作權、教育權的平等對待，而〈公民與政治權利國際公約〉中則特別規定少數民族享有文化、信仰、語言權利。

　　因此，2010 年 9 月行政院配合通過了《原住民族自治法》(草案)，規範自治區與地方自治團體依「空間合一、權限分工、事務合作」等原則，在不影響現行地方自治團體行政區域、不變更現行地方自治團體機關權限、不影響原住民族自治區內非原住民之個人既有權益等前提下，分階段穩健務實推動原住民族自治，以呼應聯合國原住民族權利宣言揭出「原住民族享有自治權」的主張。

　　惟此草案尚有部分爭議有待協調，還在立法院審議中。另外，根據法務部統計，主管機關及民間團體共提出兩百六十三則違反兩公約的法令，經送交立法院

討論後，目前尚有七十六則法律、命令、行政措施，有待立法院完成修法。

(一) 文化差異與族群認同

杭亭頓(Samuel P. Huntington)指出，文化的一同決定了國家的利益、敵對及結盟。世界上最重要的國家主要來自不同的文明，最可能升高為大型戰爭的地方衝突，多半源於不同文明的集團和國家。[1]

400 多年來，從荷蘭、西班牙的宗教化運動、明清時代的歸化運動、日治時代的皇民化運動，乃至戰後國民黨統治的平地化和現代化建設，每一次都使原住民族被拉離原來的生活方式，原住民族首當其衝，社會文化與信仰遭受到滅絕的命運。亦即臺灣在大航海時代，隨著東亞地區成了西歐海上強權拓展貿易的殖民體系，原住民族經歷多次文化衝擊與適應，改變「逐鹿打牲」的傳統生活，使得原住民族文化式微。從「異文化」(the other culture)或「文化異質性」(cultural heterogeneity)的角度而論，原住民族文化與漢族文化、大和民族文化之間是存在著族群認同和文化差異的問題。

「the other」常譯為「另類」或「他者」。在黑格爾(Georg W. F. Hegel)的辯證，「他者」是使意識或思想在發展過程中能夠從「這個」(this)的存在形態向前突進的力量，惟有通過「他者」與「這個」的持續衝突，意識或思想才能在辯證過程的終結，提升為以自我對象的「主體」。[2]

亦即沒有一個社會的「主體性」可以藉由孤立而自存，它是與其他群體存在「相互主體性」的接觸、交流、比較、對照之後，才能確認自身的獨特性。換言之，文化多元的基礎既要同化於全球的普遍性，又同時彰顯自身的獨特性。因此，

---

[1] Samuel P. Huntington 著，黃裕美譯，《文明衝突與世界秩序的重建》，(臺北：聯經，1999 年 3 月)，頁 14。

[2] 黑格爾指出，希臘悲劇和希臘人主體性的產生有一定的關係，那麼我們是不是也應該說悲劇小說《亞細亞的孤兒》和臺灣人主體性的萌芽也有一定的關係呢？參閱：宋澤萊，《臺灣文學三百年》，(臺北：INK，2011 年 4 月)，頁 256。

「the other」則意味著「異文化」(the other culture)的存在。[3]

族群（ethnic group）是因「他」而見「己」，其範圍之變化，更是出於主觀意願。族群認同是對照了「他群」，才有「自群」意識，薩伊德(Edward W. Said)的「東方主義」(orientalism)，陳述「東方」一詞是由於西方對於「他群」發展的觀念。西方白人還未到達並理解東方之前，就已事先建構一個東方圖像，以這樣的圖像來取代真正的東方，亦即「東方化東方」(Orientalizing the Orient)。[4]

列寧(V. I. Lenin) 指出，為了堅持對民族文化的獨特性，各國共產主義工人運動國際策略的統一，不是要求消除多樣性，取消民族差別，而是要求把共產主義的基本原則運用到各民族、各民族國家的不同情況時，在細節上把這些原則正確地加以改變，始知正確地適應和應用於這種情況。[5]

所以，「族群」是「族群團體」的簡稱。「族群」的成員往往一起行動爭取共同目標與利益，進而成為「國族主義」(nationalism)。「國族主義」乃至於「國家主義」，經常也被視為同一種族或民族，分享一共同和特殊文化的一群人。在部落社會裡存在著一群一群具有共同文化特質與祖先來源的人，而此一「自然存在」的群體遂被稱為「族群」。因此，「族群」會強調文化的作用和影響，而「種族」、「種族主義」（racism）則著重在生物學和遺傳學的血緣關係。

雖然民族主義或國族主義的形成不能脫離種族、血緣的因素，而帝國主義也確實以民族主義或國族主義為其意識形態的基礎，但是種族主義或國族主義和帝國主義並不能侷限民族主義或國族主義的意涵。因為，縱然族群擁有獨特的文化特徵，但族群成員通常會強調彼此共同的血緣或祖籍來源。許多人類學家認為，如相同的語言習俗、宗教信仰、生活方式等文化因素，是區隔人群形成不同族群的主因。也因而容易造成只強調一個國家的「國族主義」，與可以涵蓋好幾個國家

---

[3] 參閱：陳昭瑛，《臺灣文學與本土化運動》【東亞文明研究叢書 84】，(臺北：臺大出版中心，2009 年 10 月)，頁 70。

[4] Edward W. Said, *Orientalism* (New York: Vintage Books, 1979), pp.49-72.

[5] 段寶林選編，《馬克斯恩格斯列寧斯大林論民族文學》，(北京：中國民間文藝出版社，1990 年)，頁 41。

的「民族主義」之間的混淆。

簡言之,「族群」是指共享血緣、文化客觀存在,且有主觀族群意識的群體。就依據臺灣現在泛指的諸多廣泛社群意義的族群而言,種族或民族僅是諸多「族群團體」的一小部分而非全部。因此在臺灣的「族群」非等同於「種族」,也非「民族」。基此,當今說「臺灣四大族群」絕不能視為等同「四大民族」。因為,所謂福佬人、客家人、外省人、原住民四大族群中,前三種為同一漢族,只是地域方言群差別,而第四種的原住民則不只是一種民族了。

然而,檢視臺灣自明鄭(1662-1683)以來在移民開墾過程中社會的族群問題,則不單僅是存在於早期原住民族與漢族,乃至於清領時期(1683-1895)的滿族、日治時期(1895-1945)的大和民族之間都還發生族群衝突和文化差異現象,這很難從傾向文化主義的「德育教化」,和傾向民(國)族主義、帝國主義(imperialism)或殖民主義(colonialism)的「國家剝削」(state predatory)來論述所能處理的議題。

如果採嚴格定義,深入比較帝國主義與殖民主義的區別,帝國主義乃是強權使用軍事侵略方式,迫使弱國必須接受不平等條約,必須開放門戶接受資本主義式的剝削與掠奪。在政治上、經濟上,弱國無法維護獨立自主的身分。然而,在文化上,弱國就不必然完全喪失其主體性。相形之下,殖民主義帶來的傷害較諸帝國主義還嚴重,因為,強權者不僅在借來的空間進行直接的政治、經濟支配,並且在文化上展開脫胎換骨的工作,終致使殖民地人民喪失其固有的歷史記憶與文化傳統。

亦即臺灣生「番」、熟「番」與漢人之間的差異,顯然不是文化主義模式所設想的,在中華文化的近似程度上所存在的相對差異,而是運用制度與法規來確認及固定的二分差異。同理,與文化主義理想相牴觸的,清政府自始一直刻意維持滿人與蒙古人獨特的族群認同,不管他們接受漢化的程度有多深。

所謂「羨憎交織」是企羨和憎恨的心理交織在一起而又長期受到壓制,不能痛快地表達出來。這種心理是落後民族相對於先進民族的典型反應。落後的民族自覺它的地位應該和先進民族是完全相等的,但在現實中卻高下懸殊,因此一方面效法先進而好像永遠追不上,另一方面則滋長著憎恨先進的情緒而想打倒它。

19 世紀的俄國對於英、法便是如此，馬克思主義在俄國的生根和成長便得力於「羨憎交織」情緒的大反動。

民族主義本身是一刀兩刃，在國家現代化過程中，民族主義可以發揮政治與社會經濟整合的功能；但是偏激情緒性的民族主義非但不能有助於建設，還可能造成摧毀性的破壞。在族國建構過程中，民族主義常能夠幫助解決問題，但是民族主義本身也可能構成問題的主要部分。

(二) 本文研究途徑

現代社會科學研究方法中的「政府中心理論」(state-centered theory)，雖然受到「有限理性」(bounded rationality)侷限的觀點認為，人類或國家行動者在制定決策時，仰賴的是極其有限的計算能力(computational ability)。人類或國家行動者大多數時候所追求的不見得是完全利益「極大化」(maximization)，和達成「最適化」(optimization)的結果，而且「有限理性」也無法同時保證決策的前後一貫性，「有限理性」受到了情境以及人類或國家行動者計算能力的侷限。[6]但是根據邵式柏(John R. Shepherd)的研究指出，國家或政府(state)如何透過政策、塑造和改造與族群利益來達成有效的統治目標。[7]

在理性國家的統治經濟下，政府對於治安(policing)的一般性關切，以維持族群安定現狀、避免族群糾紛，而得以降低控制成本的治理模式。諸如日本統治臺灣如何避免因為與原住民和漢人之間的族群衝突、文化差異而引發社會動盪所必須支付的成本代價。

本文主要採取邵式柏(John R. Shepherd)的研究途徑，藉由「政府中心理論」的透過稅收的徵收與開支，以及產權的界定，政府(state)成為有效型塑社會的經濟行動者，來檢視臺灣自清領時期的 1768 年(乾隆 33 年)以來，至 1920 年日治中期

---

[6] See Herbert A. Simon, *Reason in Human Affairs*(Oxford: Basil Blackwell, 1983), pp.17-35.

[7] John R. Shepherd, *Statecraft and Political Economy on the Taiwan Frontier, 1600-1800* (Standford: Standford University Press, 1993).

為止的隘制實施。隘，係在分割生「番」之化外地域，與漢民或熟「番」業地境界，為防遏「番」害所設立之機關。

因為，在這 150 多年間，臺灣在清末和日治初期，為了安全，入山的人都結伴而行，這是該時期常見的現象。清代由隘勇護送行旅，日治初期由擔任警戒的陸軍士兵或武裝警察護送一段路程，但是要進入部落則要靠通事或嫁到平地的原住民婦女陪伴。這發展的過程引發了本文對當時有關臺灣隘制、治安和族群關係的研究動機。

檢視 1768 年至 1920 年來臺灣治安史的結構與變遷，凸顯異族文化衝突和抵抗統治者的強權運動，亦即一向以殖民抗爭為目標，主要論述都由後來的征服者所記載下來，許多異族書寫與殖民論述不論荷西時期的檔案、清領時期的志書、日治時期官方與學者的調查，充滿了對異族和異質文化的形塑與轉釋，而未能關照到土地上人群的集體意識和生活，這是從文化進化論書寫任何有關臺灣史的侷限，而本文援引的文獻資料已儘可能地避免落入此一缺陷。

基本上，隘制、治安和族群的關係和變遷，彼此都具有和存在「相對主體性」與「歷史整合性」的「我者與他者」發展特性。「相對主體性」和「歷史整合性」的交相論述，凸顯了臺灣文化發展的時間和空間概念。時間概念使臺灣社會從「舊」的進入一個「新」的階段；空間概念使文化「新」階段的「臺灣人」、「臺灣文化」的自主性的確立。

因此，本文試從臺灣隘制的發展與變遷分為隘制初期(1768-1860)、隘制中期(1860-1895)和隘制晚期(1895-1920)等三個時期，就其政策與治安和族群之間的關係加以探討。

二、 臺灣隘制的緣起與發展

臺灣隘制設置的實施可溯自 1662 年鄭氏領臺創設屯田制時，即有「土牛」和「紅線」的措施。因此，「番」界設土牛線(界)，防止生「番」逸出，不准漢人侵

入，清領臺灣乃仿傚土牛紅線的隘制設置。至今地名尚留有稱為土牛庄、土城庄，就是當時土牛紅線所設置的地區。

隘是一種武裝的防衛機關，隘有隘墾，以養隘丁，類似自給自足的屯兵制度。設隘的原意在隔離「番」漢，但設隘後漢佃安全比較有保障，於是「隘設墾隨」，墾戶接踵而至，彷彿設隘是為了墾殖──以防「番」為名，行拓墾之實。隘制的實施基本上就是政府實施的一種隔離政策，隘制又被稱隘番制。

(一) 清領時期的隘制

1. 民隘為主、政府補助為輔：

檢視 1722 年(康熙 61 年)清政府在平定朱一貴之亂以後，就開始實施以豎石畫界，挖溝築土牛線，設立隘寮防「番」的措施。1754 年(乾隆 19 年)福建總督喀爾吉善更要求臺灣地方官吏審慎運用熟「番」參與軍方日漸捉襟見肘的守邊任務，飭令在生「番」出沒隘口多搭寮舍，撥派熟「番」防守，復於附近安設弁兵監督，採用以熟「番」防備生「番」，以官兵牽制熟「番」，使不致互相勾結為患的策略。

所謂「生番在內，漢民在外，熟番間隔於其中」，亦即漢墾區、保留區與隘墾區。這是最先出現在官方的紀錄文件。[8]然而，正式實施的時間則一直要等到 1768 年(乾隆 33 年)淡水廳同知段介的號召充任鄉勇，開始實施分隘防守，授予鄉勇首的牌戳證明，並給發隘糧，此為臺灣實施隘制的開端。這時隘的設置都以私設的小型民隘居多。

2. 隘「番」改屯「番」、官民隘並存：

1786 年(乾隆 51 年)爆發林爽文之亂，政府發現隘寮鄉勇，或為爭地與墾丁互鬥焚殺，或為私占「番」界，流弊頻生，且所置隘丁為數不多。隘寮內雖配置槍、刀、木鼓，或竹製鼓等武器，並委由隘丁負責偵查、聯絡，以及在守護犬的協助下確保線內安全。然而，隘丁卻未能發揮堵禦生「番」的功能，反常被追殺，隘

---

[8] 國學文獻館主編，《臺灣研究資料彙編》，(臺北：聯經，1993 年 5 月)，頁 14888-14889。

丁一度曾被撤除。[9]

　　因此，政府遂改從當時隨同討伐林爽文之亂的熟「番」中挑選，配合守護邊界的「民兵團」來維持秩序，並於 1790 年(乾隆 55 年)發布屯「番」令，設「番」界官隘，所需經費概由政府支應，同時責成各隘首，督率隘丁，與營汛互為表裡，隘「番」遂被改為屯「番」。[10]

　　換言之，臺灣隘制的整備完成，實隨同屯制的創始，尤其設置官隘，派撥屯弁、屯丁擔任警備，並以充公的隘田所收租銀支給屯餉，皆以此為起點。惟此僅限在特別緊要的地區，並非將所有的既設民隘全數改為官隘。官、民兩隘的交錯並存，亦為當時的實際狀況。

3. 官隘為主、民隘為輔：

　　1822 年(道光 2 年)政府在林永春之亂後，分別在噶瑪蘭廳沿山和石碎崙(竹北一堡)各設官隘，實施隘田永為隘首的世襲事業。1834 年(道光 14 年)淡水廳金廣福墾民隘的組成，墾內隘防、汛防等一併委任管理，隸淡水同知監督。因此，隨著各業戶的墾務推展，民隘大興，隘制漸及南路恆春，官、民隘制乃進一步規模化。[11]

　　但是隨著清中葉以後吏治風氣的敗壞，當 1886 年(光緒 12 年)劉銘傳考察隘制時，已出現許多有名無實的嚴重現象，劉銘傳乃廢止分為官隘、民隘的制度，倣採勇營制度，組織隘勇(官兵)新制配合屯兵，並裁撤各處隘首、墾戶、隘寮、隘丁。

　　至此，民隘大部分被調整為官隘，但仍繼續鼓勵舊有墾戶合股開墾，並令其募丁守隘，廣泰成合股即為一例。隘勇線成為可攻可守的設計，將隘勇組織分為

---

[9] 伊能嘉矩，楊南郡譯註，《臺灣踏查日記【上】——伊能嘉矩的臺灣田野探勘》，(臺北：遠流，2012 年 2 月)，頁 130。

[10] 柯志明，《番頭家——清代臺灣族群政治與熟番地權》，(臺北：中央研究院社會學研究所，2002 年 1 月)，頁 258。

[11] 或稱金廣福大隘，「大隘」又指「銃櫃」，為各隘之最大老者。參閱：伊能嘉矩，國史館臺灣文獻館編譯，《臺灣文化志【下卷】》，(臺北：臺灣書房，2012 年 1 月)，頁 446。

統領、管帶、哨官、什長、隘勇，隘勇十人編為一隊，由什長統率，隘勇除移交綠營汛兵外，主要撥屯「番」補充，將各營分區配置。然而，1891年受到邵友濂消極治臺，行政業務緊縮的影響，隘制漸被廢弛，部分百姓不得不再自設私隘，以謀自衛。

(二) 日治時期的隘制

據1895年(光緒21年、明治28年)日治臺灣時的統計，清代所留下的隘數計有：隘寮80所(包括民設5所)，隘丁1758人(包括民隘40人)，惟當時臺胞痛憤割臺，日治政府亦未暇顧及「番」地，致清代所留官隘概數被廢撤，但仍有中部部分業主為保護其自身企業，紛紛私設隘寮防守。

是年底計有：民隘131所，隘丁568人，其中特別是臺中縣林紹堂曾向日政府申請不予撤銷其配下的隘勇，准其以自費繼續維持。1896年桂太郎、乃木希典先後擔任總督，日治政府則將林紹堂配下的隘勇隘丁撥歸臺中縣知事管轄，以充實「番」界的警備，並按月提撥補助金，此為日治臺灣正式承認隘勇制度之始。

1. 官隘設隘勇、民隘設隘丁：

換言之，隘制在原隘丁紛紛參與臺灣各地的抗日運動下，日治政府於是撤民隘改為官設，以熟「番」屯丁代替隘丁。所以，1897年的改革防「番」政策，組織「番」界警察，而於新竹縣及宜蘭廳下的「番」界或「番」界附近設置警察署分署派出所，並在其監督下新置警丁，錄用曾經擔任過隘勇、隘丁工作的經驗者，擔任防「番」、剿「番」及撫「番」的助理警察事務。

1899年兒玉源太郎設立樟腦局，製腦事業日漸興盛，出入「番」地者漸眾，「番」害亦隨之頻繁，殖民政府遂擴充隘數，在臺北、臺中二縣，及宜蘭廳增設隘寮、隘勇、壯丁。隔年廢止臺北縣宜蘭廳下的警丁、樟腦局壯丁，改設隘勇，並增設臺中縣下的隘勇，形成民設而由政府補助者稱「隘丁」，官設隘者稱「隘勇」；同時制定「隘勇雇用規則」，責成其所屬警察指揮、監督。當時隘勇數計有：臺北

縣 510 個，臺中縣 799 個，宜蘭廳 230 個，總計 1,539 個之多。[12]

當時隘勇指揮監督雖屬警察職權，但在總督府的組織編屬殖產課，致使執行上缺乏效率和靈活調度，隘勇功能有名無實，殆與私設的隘丁無異，後來才在修正官制時移交警察本署警務課掌管。1902 年日治政府修正「關於申請派置警員之規程」，增加得申請派置隘勇，並公布〈申請巡查巡查補及隘勇管理辦法〉，民間企業得自由申請派置隘勇，但其一切費用須自行負擔。政府同時撤廢以往對隘丁的補助費，全改官設，此為日治後隘制統一的初期。

1903 年政府訂定〈理番施政大綱〉，一面開發「番」地資源，一面闢進隘路，從消極的防守進為積極的主動討伐。1904 年制訂〈隘勇線設置規程〉，規定隘勇線的警備機關為：隘勇監督所、隘勇監督分駐所、隘寮。隘勇監督所派駐警部、警部補、巡查、巡查補、隘勇等；隘勇監督分駐所派駐巡查、巡查補、隘勇；隘寮則僅派駐隘勇，又監督所以下視其必要得設置隘勇伍長。另設「流隘」的流動警備措施，負責在隘勇線外或無隘勇線設備的地點，保護生產樟腦業員工。

2. 廢設隘勇、改置警丁：

1906 年佐久間左馬太任，策定「五年理番計畫」，在警察本署內設置「番」務課，將原警務課掌管的隘勇業務移歸「番」務課，並出兵配合警察隘勇討伐宜蘭廳、桃園廳、新竹廳、臺中廳等原住民住地，開闢隘路，增設隘寮，並建造可行駛二軌台車道的隘勇線。

隔年公布〈番地警察職務規程〉，同時廢止〈隘勇線設置規程〉。根據 1909 年統計：隘路遍佈全臺，最長達一百三十八公里餘。到了 1914 年因以電流鐵線網代替隘路，隘路漸次減少，加上以地雷包圍「番」界，所以，隘寮隘勇數銳減。加上以後在「番」地設駐在所，以及 1916 年公布〈警手及隘勇規程〉，逐漸增加警手而裁減隘勇。到了 1920 年完全以警手取代隘勇，結束自 1768 年以來，長達150 餘年的隘制。

---

[12] 王世慶，《清代臺灣社會經濟》，(臺北：聯經，2006 年 4 月)，頁 387-389。

(三) 隘制發展的三個分期

　　根據上述，可以歸納隘制的發展共分成初期、中期和晚期等三個時期。初期的隘制主要目的是為防範原住民下山滋擾，保護界內漢人開墾土地的安全。隘制亦即防「番」機關，而具有治安的功能。然而，檢視當初墾戶設隘主要係為取得產權或抽收隘糧大租，而隘首冒險充任，乃為收取隘糧，惟墾戶、隘首仍受官方節制。因此，墾戶、隘首的稽查匪徒成為墾隘的次要任務，即因已有墾、有隘，官責成其辦理而已。

　　隘制發展到了中期是在 1860 年代以後，由於墾務利益而開發內山的茶、腦、木材等經濟作物，隘制成為保護在界外從事墾務的田寮、茶寮、腦寮，及出入「番」界的安全。而晚期的隘制是在 1895 年進入日本統治臺灣，隘制的存在目的已不僅於保護「番」界的經濟利益和事業安全，而已經演變成為討伐原住民的前線兵哨，至其完全壓制「生番」，並在山中村社普遍設置警察駐在所之後，隘制的任務才正式走入歷史。

三、隘制初期以開墾土地為主的治安與族群關係 (1768-1860)

　　土地開墾是臺灣史研究的重要內容，主要涉及土地所有權、租佃關係、開墾組織、族群衝突、人口流動等等諸多問題。1683 年(康熙 22 年)清政府開始統治臺灣，採取的是滿、漢族共治的皇權體制，對於臺灣抗清事件主要係採安撫和保護政策。除非萬不得已，不輕易用兵進勦。重要的討伐行動，主要發生在康熙(1662-1721)、雍正(1722-1735)及光緒(1875-1908)的三位皇帝統治期間。其餘乾隆(1736-1795)、嘉慶(1796-1820)、道光(1821-1850)、咸豐(1851-1861)、同治(1862-1874)五朝的約 130 年間，殆無用兵之舉。究其原因，並非係因生「番」日漸順服，而

係因清政府採的消極政策所致。

　　發生在清領臺灣之初到 1768 年(乾隆 33 年)的漢人主要抗清運動有：1696 年(康熙 35 年)的吳球、1701 年(康熙 40 年)的劉却、1721 年(康熙 61 年)的朱一貴、1732 年(雍正 10 年)的吳福生、1767 年(乾隆 32 年)的黃教等比較具規模的抗爭事件。1768 年以後至 1860 年的將近 100 年間，發生的抗清運動主要有：1786 年(乾隆 51 年)的林爽文、1795 年(乾隆 60 年)的陳周全、1800 年(嘉慶 5 年)的蔡牽、1811 年(嘉慶 16 年)的高夔、1824 年(道光 4 年)的許尚和楊良斌、1826 年(道光 6 年)的黃斗奶、1832 年(道光 12 年)的張丙、1843 年(道光 23 年)的郭光侯、1853 年(咸豐 3 年)的李石以及 1854 年(咸豐 4 年)的黃位等抗爭事件。

　　而在 1821 年至 1861 年的道光、咸豐治理期間，臺灣漢族自身內部為了水權墾地、地域觀念和信仰不同的械鬥時起，如省對省的閩、粵，府對府的漳、泉，縣對縣的同安、晉江、惠安、南安、安溪，姓對姓的廖、李、鍾，和樂器及祭祀不同的西皮福祿械鬥，政府無暇顧及原住民族的治理，加上漢族侵佔原住民族土地的情況相當嚴重，導致原住民族土地大量流失，被迫大規模遷徙。

　　但漢族與熟「番」之間的語言、風俗、祭儀等生活習慣的相互接觸，加上原、漢之間的通婚關係，相互接受彼此的文化差異而逐漸產生文化融合的趨勢。所以，到了 1860 年代之後政府的開山撫「番」對象，已開始轉向針對生「番」的高山原住民族，相對於西歐英法國家的開始侵入，凸顯了當時隨著臺灣局勢的遽變，清治政府已無心也無力於發展與原住民族之間的關係了。

　　因此，檢視清政府對原住民族的重要討伐，在實施隘制的 1768 年以前所發生的治安事件，大部分起因於漢族與原住民族之間土地越界糾紛，主要有：1699 年(康熙 38 年)的水沙連社「番」、1723 年(雍正元年)的傀儡社「番」、1731 年(雍正 9 年)的大甲社「番」、1735 年(雍正 13 年)的眉加臘社「番」等討伐行動。而在 1768 至 1860 年之間未曾再有大規模討伐，一直要到 1875 年(光緒元年)之後，才再有對原住民族的討伐行動。

　　回溯清領臺灣初期政府一方面要防堵大陸人民渡臺，一方面卻又不得不允許在臺流民墾荒的兩難。特別是當時實施開墾土地的「墾首制」，其大戶挾資本和勢

力，得到官方的協助與保護，割據一方，形同小諸侯，政府也都責成墾戶負起維護社會治安的義務。例如當時金廣福墾戶大隘的組成，時間早自 1690 年代(康熙中葉)，閩人王世傑率族人開墾竹塹城，歷經雍正、乾隆、嘉慶、道光的長達 140多年的開山闢土，奠定漢族基業。其間經過 1824 年(道光 4)，竹塹南方埔地青草港之墾戶陳晃等人，奉憲諭招墾，設隘寮防守原住民族，並就地取糧，然所收五穀不敷丁食。[13]

基本上，清政府將臺灣的原住民族分為熟「番」和生「番」來治理。熟「番」是以具備遵從教化、願服徭役，和繳丁口餉三項為條件，對於熟「番」子弟願意到鄉塾接受教育者免其丁口餉，政府並在熟「番」村社設立社學，設置土官和通事。到了 18 世紀中葉的乾隆治理期間(1736-1795)，不但對熟「番」實施減稅，豎立石碑劃定界地，不許漢族侵入，規定士兵不得侵擾勒索村社；凡依漢族風俗歸化的熟「番」，薙髮蓄辮，改用漢姓；設立南北兩路理番同知，並在兩路設大屯、小屯，以熟「番」為屯丁，發配荒土，即「養贍埔地」，給予熟「番」耕作。

1834 年(道光 14 年)，淡水同知李嗣鄴改消極防「番」為積極的擴疆，諭令姜秀鑾籌設新隘，官方資助其開辦經費，隘費可就地取糧，並立約組成總墾戶──「金廣福」墾殖公司。如此，墾地雖屬民間私業，但不僅帶有開疆責任，而且墾區內的治安，隘防汛防等原屬地方政府執行的事務，也一併委任墾首處理，隸屬淡水同知的監督。

自設隘以來，墾民、隘丁與原住民族多有爭戰，淡水同知乃報請鎮道題奏，頒授「金廣福」鐵鑄戳記，賦予開疆的重責大任，得以指揮數百隘丁，兵權之大，始有過之於守備、都司、游擊，其拓墾猶如武裝拓殖。「金廣福大隘」最後隘寮總計有 19 處，包括統櫃 36 座、隘丁 121 名。至於守隘防「番」收入的抽收銀元，主要向莊內既已開墾的田園，按甲數等級抽收隘丁口糧，但莊外部分因屬設隘的間接受益卻常常抗繳，致使政府不得不復為籌撥充公租，和發文印串給予自行催收，以資貼用。

---

[13] 王世慶，《清代臺灣社會經濟》，(臺北：聯經，2006 年 4 月)，頁 379。

　　換言之，道光以後，除淡水廳添設石碎崙(竹北一堡)官隘及民隘金廣福大隘以外，北路隘制已漸廢弛，屯番日弱，漢猾日多，各官隘悉化為民隘，或變成有名無實。

　　檢視臺灣在實施隘制初期以漢人開墾土地為主的「墾首制」組織，墾首對其墾佃有收租權，而且替官府執行監督的權力。相對地，他們也是官府徵稅的汲取對象，墾首藉官威而維持權勢。墾首制組織的發展儼然已經成為具有公權力的國家機器，墾戶與佃戶之間已超出單純土地租佃的經濟利益，而形塑行政和司法的主從關係。

　　墾首對內具有行政司法權，對外亦有防「番」的治安功能。亦即無論是漢墾區或隘墾區的大租戶或墾戶，皆必須負責其墾區庄內治安與處理各項民政事務。同時，配合政府的鄉治組織，聯保甲以弭盜賊，達成地方上守望相助的治安工作。織田萬指出，保甲業務雖有警察、戶籍、收稅等類別，但其中要屬警察業務負荷最重。[14]

四、 隘制中期以經濟作物為主的治安與族群關係 (1860-1895)

　　臺灣墾地的開發最初是由臺灣的西部，再從南部而北部。在時間上，到了 18 世紀末臺灣南北二路漢族移民開墾土地大致就緒，但當時東部部分地區仍是原住民族自主生活的樂土。到了 19 世紀初期的乾隆、嘉慶年間(1736-1820)，因為漳泉客三籍的大量移住，臺灣全島的土地開墾才告一段落。所以，發生在 1860 年(咸豐 10 年)以後漢人的抗清運動，主要有 1862 年(同治元年)的戴潮春和林日成、1874

---

[14] 織田萬，《清國行政法汎論》，轉引自：呂實強，〈吏治、鄉治與「番政」〉，李國祁總纂，《臺灣近代史【政治篇】》，(南投：臺灣省文獻委員會，1995 年 6 月)，頁 34。

年(同治 13 年)的陳心婦仔和蔡顯老，以及 1888 年(光緒 14 年)的施九緞等較具規模的抗爭事件。

　　由於「墾田伐木利微而緩，開礦種茶利厚而速。利厚則民不招而自多，民多則土墾自廓。什伍之集遂成村堡，村堡之聚遂成都邑。生齒既繁，捍衛自固，餉糈永足，兵氣自強。」故開山墾荒是要繁衍生聚與厚生裕餉，捍衛自固並重的。因此，19 世紀中葉臺灣被迫開港對外貿易之後，主要的經濟作物除了稻米之外，糖、茶和樟腦等產業已經發展成為出口外銷的主要產品。

　　而在這些經濟作物當中，要以樟腦業的獲利行為與隘制的治安和族群關係最為密切。樟木原為製造軍船的材料，所以 1725 年(雍正 3 年)政府在臺灣設立「軍工料館」(軍工廠)，由軍工匠採伐樟木以製作船料，由道臺協同監督。1863 年(同治 2 年)政府第一次實施樟腦專賣，其專賣權由民間包辦，每年向政府繳納一定銀兩。1868 年(同治 7 年)英商怡記洋行(Elles & Co.)因私運價值約 1,000 元的樟腦在梧棲被沒收，該洋行職員必麒麟(W.A. Pickering) 在鹿港被人打傷，英軍登陸安平，清政府只好以 6,000 元賠償，並訂立廢除樟腦專賣的《樟腦條約》。[15]

　　另外，臺灣樟木品質優異，清治末期就已被大幅開發，夙傳「匠首之利在樟腦」。所以，許多的原有隘寮和統櫃已逐漸轉作為提供砍伐樟樹的腦寮之用，於是治安除了傳統例行工作之外，因而也增加了因通商、傳教而新起的涉外事務，清政府也只能以陸師來權充剿捕洋盜的任務。

　　換言之，政府於 1861 年(咸豐 11 年)至 1868 年(同治 7 年)第一次樟腦專賣期間，並未曾善盡保障製腦業者的安全，只知由樟腦業者抽取稅收，因此提高樟腦的生產成本，降低樟腦對外輸出的競爭力。政府在第一次樟腦專賣廢除之後，直

[15] 林滿紅，《茶、糖、樟腦業與臺灣之社會經濟變遷(1860-1895)》，(臺北：聯經，2000 年 5 月)，頁 130-131。例如光緒年間(1875-1908)，英商怡記洋行(Elles & Co.)曾在集集開設腦館，收購樟腦外銷，到日治初期，日本文化學者伊能嘉矩來南投集集等地踏查時，許多腦館的設施還可以見到所存的舊跡。參閱：伊能嘉矩，楊南郡譯註，《臺灣踏查日記(上)——伊能嘉矩的臺灣田野探勘》，(臺北：遠流，2012 年 2 月)，頁 226。

至 1886 年劉銘傳擔任撫臺之時才再恢復樟腦專賣。恢復的理由是彌補清法戰爭的巨大開支，籌措撫「番」經費，但至 1890 年(光緒 16 年)又廢止，原因是外商私運樟腦被沒收，屢向清政府抗議，清政府卻對臺灣樟腦業的經濟利益一無所知，竟以英國「地多蟲蟻」，需「以腦薰屍」而容許英國商人買取臺灣樟腦，如今英國私運樟腦出口，即予沒收，多為商人策動之結果，遂下令專賣即廢除。[16]

溯自 1874 年(同治 13 年)日本借牡丹社事件侵臺，促使清政府派沈葆楨來臺積極進行含有濃厚武裝殖民意味的開山撫「番」工作，不僅開路的工作由軍隊擔任，即日後的招墾亦是以武力為之保護的。例如著眼於交通和軍事考量，派中路總兵吳光亮率軍隊開闢橫貫臺灣東、西部的「中路」，從林圯埔(竹山)、鳳凰山、東埔、八通關，越秀姑巒山，向東到山後花蓮璞石閣(玉里)，全長約 152 公里，打通了前山和後山的隔閡，即所謂的「八通關古道」。

1879 年(光緒 5 年)至 1895 年(光緒 21 年)的 16 年間清政府先後討伐水沙連社、東勢角社、南澳社、老狗社、大嵙崁社、呂家望社、牡丹社、率芒社。雖然到了1890 年(光緒 16 年)劉銘傳廢止《樟腦專賣法》，日治時期更是大舉開發樟腦，產量最高曾佔全球 70%，與茶葉、蔗糖同列「臺灣三寶」，當時所有樟木管制，製作樟腦必須取得「腦丁證」，還可以替代兵役。

1892 年(光緒 18 年)邵友濂將鐵路修至新竹，但是他是弱勢巡撫，無法統御軍隊，又任私人辦理硝磺、樟腦、金砂、鹽灘等事業。隔年邵友濂調任，改由唐景崧接替，唐景崧委任胡傳代理臺東州直隸知州(縣長)，兼統鎮海後軍各營屯，隘勇守護新舊墾戶，然當時普遍呈現所得不償所費，氣局亦散漫的現象。

隘制之外的治安，由於臺灣對外港口通商的結果，特別是在 1884 年(光緒 10 年)對抗法軍的侵犯之後，出現了郊商為維護地方治安和抵禦外侮所組織而成的行會，也基於熱心公益和照顧自家利益的動機，行會就在容易發生火災的城鎮裡設有防火的瞭望台和消防隊，在當地港口則設置救生船，這一民間性質組織所扮演的卻是現代水上巡防港警和消防救災的功能。

[16] 林滿紅，《茶、糖、樟腦業與臺灣之社會經濟變遷(1860-1895)》，(臺北：聯經，2000 年 5 月)，頁 132-133。

　　所以，劉銘傳在積極推動臺灣近代化的階段，提出強調安定秩序、整理財政，充實國防的三大施政目標。推動安定秩序和整理財政是對內經濟安全的作為，充實國防則是偏重對外的防務工作。可是 1895 年(光緒 21 年)臺灣割讓給維新成功後的日本，也凸顯了這階段臺灣傳統治安轉型現代警察的關鍵。

五、 隘制晚期以民族運動為主的治安與族群關係 (1895-1920)

　　臺灣族群關係的發展與變遷，在 1895 年(光緒 21 年)前夕，各族群已有日趨融合的發展，這由觀音、媽祖、關公的一般性信仰之逐漸取代開漳聖王、三山國王等鄉土神信仰，族群械鬥減少可以了解。到了 1895 年日本占領臺灣之後，「中國人」或是「漢人」已成民族運動的重要認同基礎。所以，日治臺灣的主要族群政策，就是「文化歧視」與「漢番分治」，而「文化歧視」是「漢番分治」的主要動力，其目的是使日本能合法佔據「番地」的資源與土地。

　　歷史上發生最能凸顯日本與臺灣原住民族群關係的重大事件，乃是 1874 年爆發的「牡丹社事件」。這事件後的整整 20 年間，包括曾經於 1896 年 5 月至 1896 年 6 月擔任臺灣第一任總督的樺山資紀，和曾擔任民政長官的水野遵都與投入極大心力於臺灣原住民族的踏查研究，乃至於臺灣正式淪為日本帝國主義侵略的殖民地。1895 年日治以後臺灣的治安主要配合殖民政府的施政，成為統治者壓制臺灣人的維護政權工具。

　　日治時期臺灣人的抗日民族運動上，漢移民和原住民是一致的。分析臺灣人的抗日民族運動，主要以發生在 1937 年日本發動太平洋戰爭之前，依其性質以 1920 年為分界點，分為武裝抗日(1895-1920)和文明啟蒙(1920-1937)的兩階段民族運動。所以，從 1895 年 5 月起至 1920 年 8 月止的第一階段武裝抗日民族運動，日治政府基本上採取的是中央集權的警察制度，同時配合 1901 年殖民統治體制的

調整，日治臺灣的地方基層行政完全成為警察工作的主要職責。

甚至於在 1919 年為了配合殖民體制實施的同化政策，遂將警察本署改為警務局，完全將警察政治隱形於地方分權的民政下，而有「草地皇帝是警察」的戲謔稱號。鄂蘭(Hannah Arendt)指出，許多暴政的特點標誌是秘密警察地位上升壓倒軍隊機構，這並非極權主義的獨有現象，然而在極權主義政府的情況下，警察的優勢不僅符合鎮壓國內群眾的需要，而且也符合統治全世界的意識形態主張。很明顯，凡是將整個世界視為他們的未來領土者，都會加強對內的暴力機構，都會不用軍隊，而用警察作為對被征服地的統治手段。[17]

日本統治臺灣初期，曾經准許臺灣住民行使國籍選擇權，過渡時間為兩年，根據〈臺灣住民身份處理辦法〉規定，沒有提出任何手續，保持沉默並在期限之前沒有從臺灣移出的住民，原則上，悉視為日本帝國臣民，但是「有土匪嫌疑的人和可能妨害治安的人」被排除在外。在 1897 年 5 月的最終期限前，登記要離開臺灣的住民，計有臺北縣 1,874 人、臺中縣 301 人、臺南縣 2,200 人、澎湖廳 81 人，總計 4,450 人。[18]

然而，國籍選擇權凸顯的現象是臺灣住民一方面違反了自己的意思，被置於日本帝國的統治下，另一方面又按照自己的意思，拋棄「大清臣民」的地位，選擇了日本的國籍。而直接衝擊隘制最具關鍵變革的是 1903 年(明治 36 年)兒玉總督(1898.2-1906.4)取消大租權，確立小租戶為業主的土地政策，完全斷絕了大租、小租的關係，改變了清領臺灣末期許多平埔族(熟「番」)雖然失去土地的實權，但仍具有象徵性的大租戶身份，勉強維持社會地位與微薄的租金收入。大租制度廢除以後，平埔族在土地上的實際與象徵地位就已消失殆盡。

檢視臺灣人對抗日本殖民統治的民族運動，從 1895 年起至 1902 年林少貓戰

---

[17] Hannah Arendt, 林驤華譯，《極權主義的起源》，(臺北：時報文化，1995 年 4 月)，頁 31。

[18] 依據日方總計人數約為 5,460 人，占臺灣當時人口 280 萬的比例可說是九牛一毛。參閱：臺灣總督府，《臺灣總督府警察沿革誌(二)》，(臺北：臺灣總督府警務局，1933 年 12 月；南天書局，1995 年 6 月重印)，頁 666-668。

死，總督府警察本署署長大島久滿次宣布南部抗日軍徹底被平定為止。臺灣在這七年之間，風起雲湧，臺灣從北至南的全島武裝抗日先後發生了1895年吳得福的基隆和林大北的基隆與臺北，1896年劉德鈞的臺北及全臺、簡義和柯鐵的雲林大坪頂和彰化等地，以及黃國鎮的嘉義竹頭崎和陳發的南部番子山，1897年陳秋菊等的臺北，1898年簡大獅、許紹文和林火旺的淡水、金包里、基隆和宜蘭，1898年陳發等人的恆春臺灣南部以及林少貓、鄭吉生和林添福的屏東，1901年詹阿瑞的臺中大墩、陳向義的店仔口(今名白河)等一連串的武裝抗日民族事件。

　　1905年殖民政府先後將澎湖戒嚴，劃定馬公要港及其沿岸、臺灣本島及其沿海為臨戰的地區，並下令全臺戒嚴。隔年實施《三一法》和〈臺灣浮浪者取締規則〉。亦即1898至1906年之間，在兒玉、後藤時代，依靠以現代警察為中心的地方行政組織和舊有的保甲制度，整備了殖民的統治體制。前者作為以警察為中心的政治體制，自上而下地在臺灣殖民社會中紮下根；後者則被改編為相適應的治安機關的基層組織，發揮維護社會秩序的作用，並被保存下來。這兩大系統，做為日本統治臺灣這塊殖民地的基幹，形成日本殖民政府治安政策的最大特色。

　　但是從1907年至1920年之間的臺灣人抗日運動，仍然先後繼續發生，諸如1907年蔡清琳的北埔，1908年丁鵬的臺南廳下，1912年劉乾的林圯埔、黃朝的土庫和陳阿榮的南投，1913年羅福星等人的苗栗、張火爐的新竹大湖、賴來的臺中東勢、李阿齊的臺南關廟和花蓮的太魯閣族，1914年羅阿頭(臭頭)的六甲，1915年余清芳的西來庵和楊臨的新莊。由於漢族的抗日運動並非自始堅持抵抗成為日本人。所以，到了1920年之後，隨著治臺武官總督的改派文人出任，漢族的抗爭也從武裝抗日調整為以政治、經濟、社會和文化為主軸的文明啟蒙抗日民族運動。

　　至於隘制與治「番」政策的實施，在陸軍中將乃木治理(1896.10-1898.2)的所謂「綏撫期」(1895.5-1898.2)，除沿用、擴張清領時期隘勇制度之外，還善於利用漢族來阻擋原住民的襲擊；經過兒玉源治理的「警備期」(1898.2-1906.4)；到了陸軍大將佐久間治理(1906.4-1915.4)的「討伐期」(1906.4-1915.5)，對於掃蕩生「番」更是徹底執行隘勇制。因此，在治理原住民方面，殖民政府特別注意到山區木材、樟腦等龐大利益。於是1910年發動「五年理番計劃」的採取武力鎮壓行動，號稱

規模最大的一次是對太魯閣泰雅族的攻擊。加上 1911 年起在全臺「番」地實施「貸與槍」政策，由日警沒收「番」民槍彈，再依狩獵需要借其使用。

　　同時基於統治臺灣的必要性、國防同化的理由、為日本國內過剩人口找出路、作為向熱帶發展的準備與防止臺灣島民民族自覺等因素，殖民政府也進行在臺灣東部的設置移民村。當時官辦吉野村設置之後，又在豐田、林田、賀田、鹿野、池上等花東各地，陸續出現官營或民營移民村。

　　所以，1915 年 4 月解除「番」地武裝以後，無論平地或山地都由警察維持治安，全臺警政體系從此完成，治理原住民政策開始進入「撫育期」(1915.5-1931.1)。統計截至 1914 年為止，總督府共設了 19 所「番務官吏駐在所」，48 所「隘勇監督所」及 426 所「分遣所」，779 個「隘寮」，7 座「砲台」，隘勇線的延長方面已達到 436 公里，幾乎是圍繞了整座中央山脈。[19]但是原住民族的抗日民族運動仍然一直延續，1920 年殖民政府更以 2,000 名武力警察圍剿大嵙崁原住民，以及鎮壓發生在沙拉冒分遣所原住民部落的抗日事件，原住民族的抗日民族運動不但未見完全平息，更埋下 1930 年爆發嚴重霧社事件的遠因。

　　檢視日治政府 1920 年以前的族群關係，為了鞏固其外來的殖民政權與壟斷全臺經濟利益，採取「漢番分離」的原則，確立「先漢後番」的統治順序。因此，殖民政府先在鎮壓漢族的武裝抗日到一階段之後，轉而攻擊居住在山越地帶的原住民族。由於原住民族熟習山地生活和善於運用對自己優勢的地形，迫使殖民政府不得不於二、三個月前公告漢族家庭，徵用一家一人，義務以腳伕名義，強迫加入「討伐隊」，如果家裡沒有男人被徵用，寡婦貧苦家庭就必須只好以四、五十圓代價出賣自己子女，僱用腳伕以代替出役。[20]

　　這種在帝國主義者眼中只見「番」地的經濟利益，不把「番」人當人看待的殖民統治模式，加上操弄漢族與原住民族之間的磨擦，正是導致臺灣存在族群對

----

[19] 東鄉實、佐藤四郎合著，《臺灣植民發達史》，(東京：晃文館，1926 年 4 月)，頁 141。

[20] 臺灣總督府，《臺灣總督府警察沿革誌(二)》，(臺北：【臺灣總督府警務局，1933 年 12 月】；南天書局，1995 年 6 月重印)，頁 795。

立的歷史性結構因素。

六、 結論

縱觀臺灣自 17 世紀原住民族群社會的發展，雖然已從荷西和鄭領時期的由分散「部社會」(tribal society)，進入定居且足以發揮漢人文化特色的民間社會(folk society)。漢人社會的由點狀擴散成為線面，並隨著漢人與原住民族的通婚，以及漢化生活，實已呈現以漢人為主體的公民社會(civil society)程度。

因此，整個前現代時期族群關係是一個典型的漢人移民社會(immigrant society)走向「土著化」(indigenization)，形塑土著社會(native society)的「定著化」的過程。[21] 而隨著 1860 年臺灣的開港通商，代表資本主義的基督新教文化被准許進入臺灣內地傳教，原住民族早期文化在接受荷蘭、西班牙文化的同時，並與漢族文化同時面對新傳入代表歐洲主流的英、法文化，其融合印證了臺灣經濟社會發展的從異質文化到多元文化的歷史變遷。

因此，檢視這將近 150 年來隘制政策的實施，雖然有助於責成該管「番」社協助政府處理邊境事端，但就其防範界外私墾的作用，似乎並不顯著。但也彰顯了臺灣存在殖民與非殖民、統治者與被統治者、士紳(gentry)與鄉民(peasantry)階層之間的文化差異與衝突，亦凸顯了治安工具性功能被統治者充分運用來遂行國家權力，以維護統治者的利益。

亦即臺灣的開發史已從部落經濟接合到初期殖民地資本主義發展，臺灣也一直要到1920年代以後才呈現以「臺灣是臺灣人的臺灣」的集體意識對「去殖民」(decolonization)的自覺運動。1920 年臺灣隘制的結束代表著傳統治安的走進歷史，現代警察治安時代的來臨；也代表著武裝抗日民族運動的結束，現代文明啟蒙時代的開啟。

---

[21] 陳其南，《臺灣的傳統中國社會》，(臺北：允晨，1997 年 10 月)，頁 92。

檢討清領與日治階段的隘制、治安與族群關係，日治階段雖然承襲清領階段的隘制，也投入開路、招墾、交易和教育等等與經濟發展有密切關係的統治手段。然而，清領臺灣實施隘制的撫「番」政策未能增進國力，日本的治「番」政策卻能充分榨取山地的人力與物力。清隘制的撫「番」是基於外患覬覦臺灣，才隨著劉銘傳「治臺」而積極展開，政策隨著人去政息，與其說清政府不保護原住民地權，毋寧說是保護失敗。日本則是以強大的國家權力為後盾，有計畫而且強制性地侵吞「番」地的土地與利權，所以能夠透過殖民體制的運作，尤其是「警察政治」協助母國的「富國強兵」。

當前臺灣的有形隘制線是不見了，但是族群關係之間的無形隘制線障礙是否也跟著不見了？展望未來臺灣族群關係的發展，自 1945 年中華民國統治臺灣，以及 1947 年發生「二二八事件」之後，臺灣的「外省人」與「本省人」、「中國意識」與「臺灣意識」的矛盾與紛爭，隨著 1987 年臺灣解嚴的政經民主轉型，凸顯多元文化的形成與族群關係的調適，包括原住民族如何從「異己」、「他者」轉化為「自我」、「主體」，以及陸籍、外籍新娘等新移民加入所形塑成新的多元文化。

第三部分

戰後臺灣政經發展

戰後臺灣政經體制與產業發展的演變

一、前言

從國內及國際政經的複雜關係互動中，原則上界定了政府與產業的共生與互剋程度。就國內層面而言，基本上政府是被視為獨立於民間社會的組織，其結構關係係藉特定功能相互維繫與影響。就國際層面而言，因政府與民間社會都存在於國際政經體系中，期間之結構關係亦因而深受國際政經體系的影響，任何的政府與產業的關係仍需從國際政經體系的網路中加以定位。因此，政治體制與經濟體制在國家發展的過程中，是相互滲透而難以分割的。

而從國際政經結構關係的觀點而言，政府與產業都同時處在以武力為基礎的競爭性國家系統(a system of competing station)，以及以生產技術為基礎的世界性資本主義系統(a world capitalism system)中。政府與產業的關係亦即受到此二系統的激發與限制。但在國際政經的接觸、聯合與衝突中，強國的政府與產業和弱國的政府與產業卻有不同的政策偏好與取向。本質上，政府是以特定疆域為基礎而具有國家主義(nationalism)傾向，而產業則傾向於依沒有國界的市場而運作，具有世界主義傾向。

因此，當一國的產業擁有較好交易條件，在比較利益的誘惑下，其企業與政府就主張經濟自由主義，但若其產業交易條件較差，則通常會要求政府採取保護政策。政府與產業當為經濟的發展而付出代價的同時，亦受到國內各權力系統的制衡與挑戰，當強國的交易條件變壞時，其政府可能修正原來的世界主義傾向而

轉變為國家主義的保護政策。政治影響經濟，經濟影響政治，政治體制與經濟體制都屬權力系統，也涉及國家經濟化的過程，政府的政策必須合乎產業的體質與權力的結構，而合理的經濟化過程也將必然涉及政府與產業間關係和角色的調整。

二、 政經體制與產業發展的分期

臺灣政經體制根據國外政治學者溫克勒(Edwin A. Winckler)指出，是從「硬性權衡主義」(hard authoritarianism)到「軟性權衡主義」(soft authoritarianism)的轉移過程，並在 90 年代的中期以後，便會出現從權衡政經體制轉移到自由民主的政經體制。

事實上，權衡主義體制或稱權衡政體，乃至於稱為威權主義體制，也因源於現代化理論與依賴理論皆無法滿足第三世界開發中國家的發展需要，在適用上也出現問題，因此產生新的強調國家角色或政府角色理論，根據韓廷頓(Samuel P. Huntington)指出，強調制度化(institutionalization)在政治發展過程中，應凌駕於社會、發展經濟之上，指的就是強勢的權衡主義政府是促進國家發展的催化劑。同時，綜合其他國內許多學者的分期，約略有分為 1950-53 年的軍政政經體制，1953-72 年的黨政官僚的政經體制時期，1972-80 年的技術官僚的政經體制時期，以及 1980 年以後的權衡政經轉型時期。

在臺灣產業發展的分期上，綜合國內經濟學者的分法，約略有分為 1945-52 年的戰後復員時期，1953-72 年的發展輕工業時期，1973-83 年的發展重工業時期，1984-90 年的發展策略性工業時期，以及 1991 年以後的發展高科技工業時期。

根據政經體制與產業發展的配合分期，本文從表 1 （及其他各表均見文末）顯示分期為：1945-52 年權衡政經體制的確立與戰後復員時期、1953-72 年權衡政經體制的鞏固與發展輕工業時期、1973-83 年權衡政經體制的調整與發展重工業時期、1984-90 年權衡政經的轉型與發展策略性工業，及 1991-97 年自由民主體制的建立與發展高科技工業時期等五個階段。

　　同時，本文也將臺灣的政經體制與產業發展的分期，概略性依政府總體力量的發展主軸，分為以發展軍事力、經濟力、政治力、社會力，及競爭力的五個策略時期。

三、 確立權衡體制與戰後復員的軍事力主軸

　　戰後由於對日接收、政府從日本接管殖民時期在臺灣的所有政經資源，尤其是已具規模的公共事業體系，因而控制當時產業結構中之主力。1949 年大陸淪陷，政府播遷來臺，更直接造成戰時政經體制在臺灣的復活。

　　為了政治上以維持內部安定及對抗中共的挑戰，與經濟上應付日趨嚴重的通貨膨脹且改善國際收支，政府乃確立了權衡政經體制，除了宣布戒嚴外，並加強汲取性經濟管制措施，以配合復員政策的需要。

　　根據表 2，政府為確立權衡政經體制與戰後復員的重建工作，政府為求國防力量的增強，是以軍事力為主軸，主要是透過接收戰後日產資源、開放四大公營企業民營化、實施土地改革、改造中國國民黨、維護中華民國法統等政經措施。

　　根據表 3，政府在產業發展中的角色是藉由土地改革，導致財富重新分配現象，與政治生態重新洗牌。政府也透過「肥料換穀制」直接汲取農民的生產剩餘，以支應龐大軍公教人員的「米穀配給制」。同時，也因農業資本的逐漸累積，才有多餘資金被汲取投資發展輕工業，這是政府以汲取農業支援工業的角色。

　　政府以汲取其他部門預算經費及透過公營銀行購買公債的方式來支應國防經費的支出。尤其，政府積極參與公營企業、公用事業與公賣事業的生產性經營，及推動四大公營企業民營化，這種結構關係更蘊含著中央對地方資源的汲取。

　　這階段政府在確立權衡政經體制與強調民生工業的戰後復員時期之產業發展過程中，雖有參與經營公營企業，及土地改革的各項促進農業發展的基礎公共建設，是政府的生產性角色；以及政府在土地改革維護佃農利益的保護性角色。然而，政府以增強軍事力為主軸的原則，民間大量汲取資源的角色是以偏重汲取性

為主導的角色。

四、 鞏固權衡體制與發展輕工業的經濟力主軸

1953 至 1972 年的臺灣發展工業時期，在政經體制上，仍屬軍政體制的延續。權衡政經體制後的確立，有助於執政的國民政府確實控制個權力系統的運作。尤其，1954 年 12 月〈中美共同防禦條約〉的簽訂，更加強保障了中華民國在國家安全與軍事上的能力。

惟政府為顧及美國對民主自由開放的不斷要求，遂逐漸褪去軍方的色彩，完全改「以黨領政」的權力支配方式，建立嚴密黨務系統的發展，加強對公權力系統運作的掌握，繼續以〈動員戡亂時期臨時條款〉及〈戒嚴令〉限制人民的言論、集會、結社、出版，及新聞等自由，並且繼續以「法統說」來掌控國會運作，而被批評「白色恐怖」統治。

根據表 4，政府在權衡政經體制的鞏固與發展輕工業上，是以經濟力為主軸，主要是透過美國軍事性和經濟性援助、計畫性自由經濟建設、進口替代策略、出口擴張策略等政經措施。

根據表 5，政府在當期的產業發展策略，是以發展勞力密集為主。所以，在其實施的進口替代與出口擴張的二項產業政策中，根據上述政府所採取的各項措施，主要是來履踐政府較強烈色彩的保護性角色。

五、 調整權衡體制與發展重工業的政治力主軸

1970 年代臺灣因國際糧價、油價暴漲，產業生產成本巨幅上升，降低出口競爭力；加上外交挫敗引發的政府正統性危機，致使民間投資意願低落，甚至大量資金外流。政府為化解內外政經危機，積極調整權衡政經體制與政經政策，由原

以發展經濟力為主軸的時期，調整以發展政治力為主軸的時期。

根據表 6，當期政府主要透過實施本土化、體制改革、進行十大建設、輔導中小企業等政經措施。

根據表 7，當期政府在產業政策上，是強調以發展技術密集產業的十大建設與中小企業輔導。政府以其強烈生產性角色所推動的十項建設，帶動公營事業投資，實具有凱因斯式權衡性財政政策的涵義，藉以彌補私經濟部門投資與有效需求之不足。政府對中小企業的輔導雖具有保護性效果，惟兩相比較當其政府在產業發展過程中的角色，仍以偏重生產性的角色為主。

同時，由公部門投資所帶來的基礎設施之健全化，也可以提供有利於產業發展的外部條件，吸引民間及外國廠商之投資，而擴大有效需求。在就另一角度而言，臺灣在退出聯合國、尼克森轉向中國大陸，是具有經由經濟層面的起死回生而穩定政治局勢效果，進而促使臺灣產業由輕工業時期正式進入重工業時期。

六、 轉型權衡體制與發展策略性工業的社會力主軸

1980 年代臺灣已進入以「社會力」展現的時代，以抗衡過去「政治掛帥」和「經濟掛帥」的專斷力量。然而，這並不表示政治力、經濟力已經逐漸衰退到「零和」競賽的困境，而只在三者不斷互相激盪中，這一時刻「社會力」取得較為顯著的相對自主地位。

1980 年代初期臺灣由於逐漸累積的鉅額外匯存底，終而導致中美經貿摩擦與諮商。政府推動經濟自由化、國際化與制度化；而新興的社會運動，更使臺灣面對政治民主化的挑戰。

尤其在 1980 年代中期之後的新臺幣大幅升值、戒嚴解除、開放大陸探親，及農工的社運發展，致使臺灣的政經體制面臨內外的激烈衝擊，帶來政治民主化及經濟自由化的權衡政經體制轉型。

根據表 8，當期政府主要透過因應新興社會運動、推動政治民主化、穩定兩

岸關係發展、實施經濟三化政策、發展策略性科技等政經措施。

根據表 9，政府在強調發展技術密集產業中的政經三化政策，及科技導向策略，政府不但要注意到因資本累積而造成所得分配漸趨不均，以及政黨採福利政策的競爭而造成社福支出的增加；同時，政府為針對婦女、殘障、勞工，及原住民保護性角色來照顧社會上的弱勢團體，政府角色在汲取性、保護性、及生產性角色必須採三者兼籌並顧的綜合性角色。

七、 建立民主體制與發展高科技工業的競爭力主軸

1990 年代開始，臺灣受到後冷戰國際政經環境，由東西集團依意識形態而進行的軍事對抗與政經對立，而轉變為強調經濟合作與安全諮商的「去意識形態化」的趨勢，有助於臺灣經濟力包括對大陸及社會主義國家的國際化擴張，尤其是國際上逐漸出現以歐洲、北美和亞太三大經濟區域相互抗衡的區域主義，臺灣在這股風起雲湧新興起的政經改革運動中，面臨更激烈的競爭壓力。

政府必須加速進行體制的改革，尤其是調整政府職能、建立有效能的政府，以發展國家競爭力，積極參與這場國際政經社會的角力比賽。

根據表 10，在建立民主體制方面主要透過總統直接民選與落實國發會的結論；而在發展高科技工業方面政府則是提出的振興經濟方案與建立亞太營運中心。

根據表 11，政府在產業發展中較前期的角色已顯然弱化，但政府仍不能完全放棄以往「教練兼選手」而只扮演裁判的角色，否則便不盡然符合事實。政府要避免在同一領域間兩種以上的角色。由於當期政府在產業發展中的角色已顯弱化。所以，政府是以偏重綜合輔助性為主的角色，因應在產業發展中國內外政經環境的變遷。

八、結論

根據表 12，可以完整比較戰後臺灣產業發展出，政府在各期的強弱不同角色。從戰後復員時期強調民生工業的汲取性角色為主，發展輕工業時期強調勞力密集產業的以保護性角色為主，發展重工業時期強調資本密集產業的以生產性角色為主，發展策略性工業強調技術密集產業的以綜合性角色為主，以至於發展高科技工業時期強調知識密集產業的以輔助性角色為主。

不同階段的政府角色，實是受制於臺灣為求生存與發展的國內外政經環境而政府所被期待扮演的角色，並有不同的發展。同時，比較日本的發展模式，主要是將國家安全保障列為第一優先，經濟發展第二，自由民主化第三，這樣東亞國家代表的權衡主義政府才有可能獲得支持與認同。

檢視臺灣的發展模式，由軍事力、經濟力、政治力、社會力，以至於競爭力為主軸的發展模式相同，相信臺灣的發展模式對中國大陸的發展亦具示範作用。

在邁入 21 世紀的今天，國際經濟環境因為後工業時代的科技發達，所帶來第三波資訊化科技快速變遷的社會，尤其是在資訊化更先進的國家，如歐美、日本等政府因受到第三波民主進程「少數權力」、「半直接民主」，以及「決策劃分」的政經發展環境影響，正如艾文和海蒂‧托佛勒(Alvin & Hedi Tofflor)於《再造近文明》(*Creating a New Civilization*)一書中指出，第一波以鋤頭為象徵的產業社會，第二波以裝配線為象徵的工業社會，及第三波以電腦為象徵的資訊社會，分別存在地球上不同發展國家的社會中。

政府是處在第二波既得利益者和第三波開創者的大爭戰中，以「知識庫存」為財富工具的社會將取得主導權、「普識階級」會全面取代「普羅階級」。分析臺灣在政治光譜上從權威確立、鞏固、調整，及轉型，並建立自由民主政經體制的面對社會轉型，我們必須進行必要的政經體制改革，發展以「文化力」為主軸的策略，建立符合 21 世紀資訊社會「小而有能」的政府，才不至於在快速劇烈變動

與不確定激盪的環境中被淘汰。

　　宋代大儒朱熹有首七言絕句，詩的內容是這樣寫的：「昨夜扁舟雨一簑，滿江風浪夜如何；今朝試捲孤蓬看，依舊青山綠樹多。」臺灣的政經發展過程不就是這首詩的最好寫照嗎？

【表1】戰後臺灣的政經體制與產業發展的分期

内容　　時間	政經體制	產業發展	國家主軸發展
1945-1952	權衡政經體制的確立	戰後復員	以發展軍事力為主軸
1953-1972	權衡政經體制的鞏固	發展輕工業	以發展經濟力為主軸
1973-1983	權衡政經體制的調整	發展重工業	以發展政治力為主軸
1984-1990	權衡政經體制的轉型	發展策略性工業	以發展社會力為主軸
1991-1997	自由民主體制的建立	發展高科技工業	以發展競爭力為主軸

【表2】　1945-1952 年政府主要政經策略

以發展軍事力為主軸	權衡政經體制的確立	● 戰後資源接收 ● 中國國民黨改造 ● 維護中華民國法統
	戰後復員	● 土地改革 ● 四大公營企業民營化

【表 3】 1945-1952 年政府在產業發展中的角色

產業政策 ＼ 政府角色		生產性	保護性	汲取性	階段性的政府角色定位
強調民生工業	土地改革	●●	●●	●●●	汲取性角色為主
	四大公營企業 民營化	●●	●●	●●●	

說明：●的多寡表示政府角色強弱。

【表 4 】1953-1972 年政府的主要政經策略

以發展經濟力為主軸	權衡政經體制的鞏固	● 開放地方自治選舉 ● 計畫性自由經濟建設 ● 美援運用
	發展輕工業	● 進口替代策略 ● 出口擴張策略

【表 5】 1953-1972 年政府在產業發展中的角色

政府角色 / 產業政策		生產性	保護性	汲取性	階段性的政府角色定位
強調勞力密集產業	進口替代策略	●●	●●●	●●	保護性角色為主
	出口擴張策略	●●	●●●	●●	

說明：●的多寡表示政府角色的強弱。

【表 6】 1973-1983 年政府的主要政經策略

以發展政治力為主軸	權衡政經體制的調整	與發展重工業	● 本土化政策 ● 體制改革運動 ● 十大建設 ● 中小企業輔導

【表 7】 1973-1983 年政府在產業發展中的角色

產業政策 ╲ 政府角色		生產性	保護性	汲取性	階段性的 政府角色定位
強調資本密集產業	十大建設	●●	●●	●●	生產性角色為主
	中小企業輔導	●●	●●	●●	

說明：●的多寡表示政府角色的強弱。

【表 8】 1984-1990 年政府的主要政經策略

以發展社會力為主軸	權衡政經體制的轉型	與發展策略性工業	● 新興社會運動 ● 政治民主化 ● 兩岸關係的發展 ● 經濟三化政策 ● 科技導向策略

【表 9 】1984-1990 年政府在產業發展中的角色

產業政策 ＼ 政府角色		生產性	保護性	汲取性	階段性的 政府角色定位
強調技術密集產業	經濟三化政策	●●	●●	●●	綜合性角色為主
	科技導向策略	●●	●●	●●	

說明：●的多寡表示政府角色的強弱。

【表 10】 1991-1997 年政府的主要政經策略

以發展競爭力為主軸	自由民主體制的建立 與發展高科技工業	● 總統直接民選 ● 落實國發會結論 ● 振興經濟方案 ● 亞太營運中心

【表 11】 1991-1997 年政府在產業發展中的角色

產業政策＼政府角色		生產性	保護性	汲取性	階段性的政府角色定位
強調知識密集產業	振興經濟方案	●	●	●	輔助性角色為主
	亞太營運中心	●	●	●	

說明：●的多寡表示政府角色的強弱。

【表 12】 戰後臺灣產業發展與政府角色的關係矩陣

產業發展階段＼產業政策＼政府角色			生產性	保護性	汲取性	階段性的政府角色定位
戰後復員時期(1945-1952)	強調民生工業	土地改革	●●	●●	●●●	汲取性角色為主
		四大公營企業民營化	●●	●●	●●●	

發展輕工業時期 (1953-1972)	強調勞力密集產業	進口代替策略	●●	●●●	●●	保護性角色為主
		出口擴張策略	●●	●●●	●●	
發展重工業時期 (1973-1983)	強調資本密集產業	十大建設	●●●	●●	●●	生產性角色為主
		中小企業輔導	●●	●●●	●●	
發展策略性工業時期 (1984-1990)	強調技術密集產業	經濟三化政策	●●	●●	●●	綜合性角色為主
		科技導項策略	●●	●●	●●	
發展高科技工業時期 (1991-1997)	強調知識密集產業	振興經濟方案	●	●	●	輔助性角色為主
		亞太營運中心	●	●	●	

說明：●的多寡表示政府角色的強弱。

戰後初期吳新榮的政治參與與文學創作

一、前言

　　在上一個世紀裡，只有 4 年的時間是臺灣與中國大陸實際的兩岸統一，亦即本文所指戰後初期的 1945 年 8 月 15 日日本宣布無條件投降起，至 1949 年 12 月中華民國中央政府撤退到臺灣為止。在這難逢兩岸短暫統一的歷史階段，對於原受到日本殖民主義「皇民化」統治的臺灣人而言，是如何面對陳儀政府強調要加速「去奴化」的「中國化」整編？而臺灣社會在遭受此兩大文化霸權的重大衝撞時，其所受到的多層面影響，特別是發生在政權轉移、文化差異，乃至於國族認同上所導致治安的議題。因此，有些學者將此一階段的相關議題稱之為「再殖民」。[1]乃至於將中華民國稱之為「遷占者國家」(settler state)。[2]

　　由於戰後初期的是否被稱之為「再殖民」或「遷占者國家」，不是本文探討的主題。本文採取的乃是後殖民主義理論所聚焦的「流動認同」觀點，從部分人因為亡國、流亡或離鄉等因素，而對文化混雜現象別有觀察與體驗，進而導致多重

---

[1] 陳芳明對於這時期更以「再殖民」稱之。參閱：陳芳明，《臺灣新文學史》(上)，(臺北：聯經，2011 年 10 月)，頁 215。

[2] 所謂「遷占者國家」，根據羅納‧韋哲(Ronald Weitzer)的見解，是指在一個從外部遷入的移民者集團(settler group)被賦予一種比本土集團(native group)地位更優越的社會中，移居者集團自律性地維持一個不論法律或事實(de jure or facto)上都與出身母國互不相隸屬的國家。參閱：若林正丈，洪郁如等譯，《戰後臺灣政治史──中華民國臺灣化的歷程》，(臺北：臺大出版中心，2014 年 3 月)，頁 101。

認同現象，且不乏呈現衝突與對立情形。[3]特別是薩依德(E.W. Said)所指出，「常動水流」(cluster of flowing currents)意象的來比喻，其身分認同是多元而流動不居的困擾，並在於表露已能超越因多重流動認同所帶來的喜悅自適。[4]

承上所論，本文將以吳新榮為對象，探討他在戰後臺灣初期的 1945 年 8 月至 1949 年 12 月期間，當他身處在日本帝國與中華民國這兩個統治政權的權力轉移過程中，其所面臨政權移轉、文化差異和國族認同的議題，其所凸顯政治因素與文學創作之間的複雜關係。例如吳新榮 1938 年 1 月 3 日的日記，「今日起用日文寫日記甚覺不順。回顧十多年來，日本國的膨脹，意味著日本語的氾濫。」[5]那麼，在此之前他用並非最熟悉的漢文來寫日記，顯然是刻意，這不僅凸顯政權轉移、文化差異，更代表著他對國族認同意識的掙扎。

以下，本文除了前言和結論外，將分從臺灣地方自治與吳新榮擔任臺南縣參議員，臺灣二二八事件與吳新榮第二次牢獄之災，以及鹽分地帶文學發展與吳新榮角色等三個部分，加以論述。

二、臺灣地方自治與臺南縣參議員

回溯 1944 年 4 月國民政府(下簡稱國府)在中央設計局設立「臺灣調查委員會」，派陳儀為主任委員，委員包括錢宗起、夏濤聲、沈仲九、周一鶚、謝南光、游彌堅、黃朝琴、丘念台、李友邦、王泉笙等人，其主要工作為：一、草擬接管計畫、確立具體綱領；二、翻譯臺灣法令，藉為改革根據；三、研究具體問題，

---

[3] 黃美娥，《重層現代性鏡像：日治時代臺灣傳統文人的文化視域與文學想像》，(臺北：麥田，2009 年 3 月)，頁 344。

[4] 參閱：薩依德(E.W. Said)，彭淮棟 譯，《鄉關何處：薩依德回憶錄》，(臺北：立緒文化，2000 年 10 月)，頁 405。

[5] 吳新榮，《吳新榮選集 2》，(臺南：臺南縣文化局，1997 年 3 月)，頁 141。

俾獲合理解決。嗣後並在〈臺灣省接管計劃綱要〉中，規定「預備實施憲政，建立民權基礎」、「接管後，應積極推行地方自治」。[6]

1945 年 8 月 15 日日本宣布無條件投降，臺灣光復，根據當時從事外交工作的黃朝琴、上海經商的楊肇嘉等臺灣人的回憶錄記述，臺灣同胞無不興高采烈。[7] 然而，隨著政權的轉移，國府的接收工作遲遲未能順利進行，這與當時臺灣人民對於光復之寄予厚望產生落差。因此，民眾情緒益形不安，各地漸漸有暴動發生，最初由一些私怒的臺灣人圍打日本警察的臺灣人，說他們是日本走狗，因而一般臺灣人也很同情，甚至參加暴動。[8]

然而，當時政府依據《臺灣省行政長官公署組織條例》，臺灣雖不依行與大陸各地同樣的省制，而採取由中央政府任命行政長官，直接掌握政府的行政、立法、司法等大權。由於當時中國國民黨(下簡稱國民黨)負責臺灣黨務工作的組織尚未建置完成，黨的權力運作還是委由行政長官，維持類似日治時期總督府的統治模式來推動。

檢視當時政治情勢，臺灣光復的隔日，吳新榮由防空洞拿出一面「神位」來，放在日本人強制的「神棚」上，齋身沐浴之後，焚香點燃向祖宗在天之靈報告，說日本已經投降，祖國得到最後勝利，臺灣將要光復！」[9]。9 月 8 日更在日記中寫下〈歡迎祖國軍來〉的詩句。[10]

吳新榮開始在佳里、北門一帶，召集青年組織「里門青年同志會」，並與臺北

---

6 參閱：臺灣省行政長官公署民政處 編，《臺北民政》，(臺北：臺灣省行政長官公署民政處，1946 年)，第一輯頁 8；李汝和 主編，〈卷十光復志〉，《臺灣省通志》，(臺北：臺灣省文獻會，1970 年)，頁 11。

7 臺灣省諮議會，《黃朝琴先生史料彙編》，(南投：臺灣省諮議會，2001 年 12 月)，頁 29-31。

8 吳新榮，《吳新榮選集 3——震瀛回憶錄》，(臺南：臺南縣文化局，1997 年 3 月)，頁 156。

9 吳新榮，《吳新榮選集 3——震瀛回憶錄》，(臺南：臺南縣文化局，1997 年 3 月)，頁 154。

10 〈歡迎祖國軍來〉的內容是這樣寫的「旗風滿城飛，鼓聲響山村。我祖國軍來，你來何遲遲。五十年來暗天地，今日始見青天，今日始見白日。大眾歡聲高，民族氣概豪。我祖國軍來，你來何堂堂。五十年來為奴隸，今日始得自由，今日始得解放。自恃黃帝孫，又矜明朝節。我祖國軍來，你來何烈烈。五十年來破衣冠 今日始能拜祖，今日始能歸族。」參閱：施懿琳，《吳新榮傳》，(南投：臺灣省文獻會，1999 年 6 月)，頁 122。

陳逸松組織的「臺灣政治同盟」、臺南的「新青年會」或是「還中會」相互聯繫。吳新榮成立的「里門青年同志會」，配合陳逸松主導的「三民主義青年團」，並吸納所謂「新青年會」或是「還中會」的主要分子，籌組各地的分團。[11]

由於最初臺南地區分團所選出背景偏向右派臺灣民眾黨的韓白水(石泉)，與偏向左派工會的莊小封(孟侯)，他們彼此之間就埋下了權力的衝突。韓白水的參與意願顯得不高，吳新榮遂轉與莊小封規劃臺南地區為：臺南、曾南、曾北、嘉義、虎尾五個分團，吳新榮所負責地區自此掛起「三民主義青年團中央直屬臺灣區團曾北分團籌備處」的招牌。[12]

然而，在該組織尚未成立前，佳里地區卻已紛紛傳出暴力行動，民眾也對警察進行襲擊，並且藉機打傷惡質巡佐，以發洩心中不滿。吳新榮除了一面勸導之外，一面繼續為組織三青團奔走。9 月 30 日召集 30 位鄉鎮代表，於佳里公會堂舉行「三民主義青年團籌備委員大會」，這是佳里地區戰後第一次地方性集會，也是吳新榮所召開的首次大型活動。[13]

在這次大會中還動員數十名「忠義社」社員來維持會場秩序。這個「忠義社」本是一個武衛團體，其組成份子大多數日治時期在地方上比較不務正業的「友存」(無賴、流氓)。吳新榮為了勸使他們對社會有正面的貢獻，不受他人利用，因此努力地激發他們的正義感來守衛鄉土。[14]

到了 10 月初「三民主義青年團中央直屬臺灣區團臺南分團北門區隊聯合辦事處」成立，吳新榮擔任「辦事處主任」，內置總務股、組訓股、宣社股、婦女股，各社股長。接著各鄉鎮的區隊陸續成立，除了佳里區由吳新榮自兼隊長、郭水潭任副隊長之外，西港區、將軍區、北門區、學甲區、七股區等區的隊長、副隊長

---

[11] 當時國內(中央)一貫作風就是「黨外無黨，團外無團」。國民黨來臺後的黨團合併，黨中央改為貫徹「黨外無黨，黨內無派」的主張。

[12] 吳新榮，《吳新榮選集 3——震瀛回憶錄》，(臺南：臺南縣文化局，1997 年 3 月)，頁 160。

[13] 施懿琳，《吳新榮傳》，(南投：臺灣省文獻會，1999 年 6 月)，頁 124。

[14] 吳新榮，《吳新榮選集 3——震瀛回憶錄》，(臺南：臺南縣文化局，1997 年 3 月)，頁 161。

幾乎網羅了該地的最精英份子。吳新榮更將「忠義社」改為「糾察隊」，作為青年團的附屬機構，並以民主方式選出隊長，共同為地方奉獻心力。[15]

同月 25 日臺灣省行政長官陳儀，代表中國戰區最高統帥蔣委員長，在臺北市公會堂(今中山堂)二樓(今光復廳)主持受降典禮，日方由臺灣總督安藤利吉代表全體日人投降，美軍也派代表到場。臺灣人民並從這一天起恢復中華民國國籍，也同時被賦予了「省籍」。[16]這時候的吳新榮便以「三民主義青年團」代表的身分積極走訪青年團組織，並接受臺南州接管委員會自治宣傳員蔡清塗的委託，協助地方接收事宜。

然而，隨著國民黨地方組織的大致成立，黨部人員擔心各地自治會的被青年團控制，遂不待原先籌畫已成立自治會的組織與運作機制，竟自行展開接收工作，導致原本存在以韓石泉為代表黨的權力，和以莊小封為代表團的權力，彼此兩股勢力之間的矛盾與衝突越來越深，屆時的吳新榮雖然開始對新政府的一些做法感到失望，但仍然積極參與各項活動。[17]

1946 年 3 月 10 日吳新榮參與籌組臺南縣醫師公會，被選為常務理事；24 日更在第一屆佳里鎮民代表會議中，當選臺南縣參議員。[18]緊接著 4 月 17 日吳新榮出席國民黨北門區黨部成立大會，並且被推為書記一職之後，激勵他更熱心從事於政治性工作。可是在接下來地方自治的佳里鎮長選舉中卻不幸落敗，吳新榮深

---

[15] 施懿琳，《吳新榮傳》，(南投：臺灣省文獻會，1999 年 6 月)，頁 124-125。

[16] 依據 1931 年制訂的《戶籍法》規定，「籍貫」是一種顯示個人與其男性祖先所來自的特定省、縣之間的關聯之分類觀念，戰後本省人與外省人的稱呼由此而起。換言之，所謂的「籍貫」並不一定是個人的出生地，也不一定是指父親的出生地。但是「籍貫」這一概念，直到 1992 年《戶籍法》的修訂以前，卻關係到國家考試的法定名額，以及中央民意代表分配的法定人數。

[17] 施懿琳，《吳新榮傳》，(南投：臺灣省文獻會，1999 年 6 月)，頁 126。

[18] 臺灣從 1946 年 3、4 月間選出縣市參議員(及其遞補者)；1946 年 4 月 15 日選出省參議員(及其遞補者)；1946 年 8 月選出臺灣地區國民參政員；1946 年 10 月底選出制憲國民大會臺灣省代表；1947 年底選出行憲國民大會臺灣省代表；1948 年初選舉產生的臺省監察委員；1948 年 1 月下旬選舉產生的臺省立法委員，以上七種職稱的民意代表，可以分為三個等級，即縣市、省、即中央三級的民意代表機構，代表民意行使職權。李筱峯，《臺灣戰後初期的民意代表》，(臺北：自立晚報，1986 年 2 月)，頁 2。

深感受到這次遭遇的挫折，讓他體驗了單純強調「人格」已不能壓倒「權力」的爭奪，因而萌生退出政治圈的想專注於社會文化和啟蒙運動。

所以，在這一年的夏天，吳新榮應「臺灣省文化協進會」之聘，參加文學委員會，再度發表文章。同時，他又重新關注自己醫療本業，參加「全省衛生建設聯席會議」，冀望恢復他早年立志扮演「醫生、作家、文化人」的角色。[19]

當時的臺灣文化協進會，是 1945 年 11 月 18 日由游彌堅、陳紹馨、林呈祿、黃啟瑞、林獻堂、林茂生、楊雲萍、陳逸松、蘇新、李萬居等人發起成立，是戰後臺灣初期重要的文藝團體，並發行《臺灣文化》雜誌。因此，該協會的主要工作，是政府希望能夠透過一個民間組織，來促使「中國化」的政策能加速推展到廣大的知識份子之中。該組織除了發行《臺灣文化》的刊物之外，還不定期舉辦文化講座、座談會、音樂會、展覽會與國語推行。然而，反諷的是臺籍知識份子卻利用《臺灣文化》發表迂迴的批判性文章，對陳儀政府推動的「中國化」政策進行杯葛。

換言之，《臺灣文化》的刊行還有另一任務，就是要促成臺籍作家與外省作家的合作，來溝通大陸與臺灣之間語言和文化的隔閡，建設民主的臺灣新文化和科學的新臺灣。但在此刊物發表文章的大陸籍作家中幾乎帶有另外一項特色，便是具有傾向左翼思想的色彩；而且部分作家對於魯迅思想的傳播也致力甚深，導致《臺灣文化》的刊行，雖具代表臺灣抗日傳統與中國五四精神嘗試結盟的重要契機，卻由於治安環境因素的不容許，這種結盟只存在短暫的 5 個月，便因「二二八事件」的爆發而宣告解散。

這時刻的吳新榮正如上述，他正面臨政壇上失意的沮喪氛圍，但加入「臺灣省文化協進會」的所屬文學委員會，卻有助於他克服語文書寫的文化差異，而成就了他在文學創作的盛產期。

---

[19] 施懿琳，《吳新榮傳》，(南投：臺灣省文獻會，1999 年 6 月)，頁 128-130。

三、二二八事件與第二次牢獄之災

　　戰後臺灣初期的復員工作，陳儀政府接收過程所出現貪腐及權力的分配不公，確實讓臺灣人感到極度失望。吳濁流目睹當時許多接收官員是「剃刀」(理髮師)、「菜刀」(廚師)、「剪刀」(裁縫師)的所謂「三刀」份子也混雜其間。其中也有部分不肖官員拼命想「發國難財」，要的是：第一金子、第二房子、第三女子、第四車子、第五面子的金、房、女、車接收下來，保存面子來快樂地生活。吳濁流甚至於痛責要臺灣的公務員和各級民意代表應該到南京中山陵去請向國父孫中山悔過，如果他們還是滿口三民主義而壞事做盡，就算老百姓緘口忍受，國父在天之靈還是不會原諒他們。[20]

　　另外，吳三連也針對臺灣發生「二二八事件」之前的社會情況指出，1946 年他從天津返回臺灣的所到之處，耳朵所聽到的都是對接收人員舉措不滿，真是令人無比失望。剛剛才為光復而歡欣鼓舞的同胞，貪污的敗行無異醍醐灌頂。所以，在吳三連在返回天津之後，他告訴同鄉，臺灣的情形好比一個火藥庫，只要一根火柴，全臺就會引爆。果不其然，過了沒多久，悲慘的「二二八事件」就發生了。[21]

　　儘管 1947 年 1 月 1 日中華民國開始實施憲法，就已將「國民政府」改稱「中華民國政府」，或俗稱「國民黨政府」。然而，檢視戰後臺灣共產黨(臺共)的組織系統，亦已由日共、中共等之多線領導而變為中共的單線領導。他們利用政府初接收臺灣，政治社會尚未納入正軌的機會，大肆活躍。臺共一方面策動其外圍組織，成立謝雪紅系統下的「臺灣人民協會」，一方面更獲得中共的支助與策動，加

---

[20] 參閱：吳濁流，《無花果》，(臺北：草根出版社，1995 年 7 月)，頁 151-152。

[21] 1946 年吳三連的這次返臺之前，家眷已先行返臺，參閱：臺灣省諮議會，《吳三連先生史料彙編》，(南投：臺灣省諮議會，2001 年 12 月)，頁 8；吳三連口述，吳豐山 撰記，《吳三連回憶錄》，(臺北：自立報系，1991 年)，頁 107-108。

強其對於臺省黨政各部門的滲透；特別是針對當時三民主義青年團，和文教機關的發展組織工作，並且也很快地滲透了臺省各重要的民眾團體，以及一部分的新聞與出版事業。[22]

換言之，中共在臺灣計畫性的發展組織工作，歷經 1945 年 8 月中共中央派蔡孝乾為「臺灣省工作委員會」(簡稱臺工委)書記，張志忠任委員兼武工部長；1946 年 1 月謝雪紅、楊克煌等成立「中國共產黨臺灣省委員會籌備會」，4 月張志忠、7 月蔡孝乾等先後潛回臺灣；1947 年 11 月謝雪紅與蘇新等人在香港成立「臺灣民主自治同盟」，以及到了 1950 年底的「重整後臺共省委」等共產黨組織，即已在臺灣進行一連串的破壞治安行動。亦如藍博洲所指出，抗日戰爭結束，日本殖民地臺灣回歸中國以後，中共在臺灣的地下黨的組織、活動與潰敗，恰恰是從張志忠抵達臺灣而展開。[23]

有關「二二八事件」的發生與經過，根據《臺灣新生報》3 月 1 日報導，警備總司令部頃為安定人心，維持治安，特發表公報一份，茲將其內容照錄於後：「查 2 月 27 日晚上本市延平南路因專賣局查緝私菸，槍傷人民所引起之糾紛事件，除由省署妥善處理外，本部為維持治安，保護善良起見，業已佈告自 2 月 28 日起，於臺北市區宣布臨時戒嚴，禁止聚眾集合。如有不法之徒，企圖暴動擾亂治安者，定予嚴懲，望我軍民人等，務須各安其業，幸勿聽信煽惑，自蹈法網。」接著 3 月 2 日報導，警備總司令部昨(一日)八時發表公報如下：臺北區自 3 月 1 日午後 12 時起解除戒嚴，但集會遊行仍暫禁止。[24]

換言之，臺灣因警察查緝私菸，不幸爆發「二二八事件」，當時以臺灣人為主，

---

[22] 郭乾輝指出，在 1945 年中共由延安指派舊臺共中央派蔡孝乾返臺，開展工作，並由中共華南局調派幹部林英傑、洪幼樵、張志忠等三人來臺協助，工作逐漸開展。郭乾輝，《臺共叛亂史》，(臺北：中國國民黨中央委員會第六組，1954 年 4 月)，頁 44-57、72。

[23] 藍博洲，《臺共黨人的悲歌──張志忠、季澐與楊揚》，(臺北：臺灣人民出版社，2012 年 7 月)，頁 16、396-415。

[24] 《臺灣新生報》，(1947 年 3 月 1、2 日)，收錄：《衝越驚濤的年代》，(臺北：臺灣新生報，1990 年 10 月)，頁 59-60。

其所召集組成「二二八事件處理委員會」的提出〈處理大綱〉，政府即認為該委員會所提內容諸如：取消臺灣警備司令部；武裝部隊暫時解除武裝，繳械武器由該會及憲兵隊共同保管；地方治安由憲兵與非武裝之警察及民眾組織共同負擔；警務處長及各縣市警察局長應由本省人擔任；本省陸海空軍應儘量採用本省人，此等要求皆已踰越地方自治的權限，中央自不能承認，而且又有襲擊機關等不法行動相繼發生，故中央已決派軍隊赴臺，維持當地治安。[25]

3 月 8 日深夜，奉命來臺的整編第二十一師主力在基隆上岸，臺灣警備總司令部佈告，臺北市 3 月 9 日 6 時戒嚴。其後一個星期的血腥暴力鎮壓，濫捕濫殺，有不少臺籍菁英份子和基層百姓，在這段治安混亂期間喪命，乃至中部地區組成了所謂對抗政府的「二七部隊」。[26]

根據吳新榮日記指出，3 月 13 日清晨當他起床，看見窗外有一警員，被四五位武裝人員強押來見他，要他交出武器庫的鑰匙；鑰匙本不屬吳新榮掌管，但他仍被壓解到警察所。後來這批武裝部隊便自行打破武器庫，搬走槍械，向人民灑下傳單後始離去。吳新榮後來才知道，這群主張打倒陳儀政權、肅清貪官污吏的人民武裝部隊，也前去麻豆、鹽水、新營、朴子、北港等地繼續劫掠槍械。[27]

3 月 17 日戒嚴擴及臺灣全省，中午政府派遣來臺的國防部長白崇禧，包括蔣經國等一行人抵達臺北松山機場，晚間 10 時並發電南京，以在臺之整編第二十一師、憲兵、要塞守兵已足用，請免調第二〇五師來臺。[28]同日國防部發布〈宣字第一號布告〉，要點有四項：第一，臺灣地方政治制度的調整，包括改臺灣省行政長官公署制度為省政府制度；臺灣各縣市長提前民選。第二，臺灣地方人事的調

---

[25] 陳添壽，《臺灣治安史研究——警察與政經體制關係的演變》，(臺北：2012 年 8 月)，頁 306-307。

[26] 有關「二七部隊」從 3 月 6 日成立，一直到 3 月 16 日在埔里解散，其經過與發展，參閱：陳芳明，《謝雪紅評傳》【全新增訂版】，(臺北：麥田，2009 年 3 月)，頁 246-256。

[27] 施懿琳，《吳新榮傳》，(南投：臺灣省文獻會，1999 年 6 月)，頁 135。

[28] 隨行者有：國防部陸軍總部副參謀長冷欣中將、史料局長吳石中將、法規司何孝元司長、臺灣省黨部李翼中主委、三青團中央幹事會蔣經國處長、臺灣行政長官公署葛敬恩秘書長、國防部部員陳嵐峰少將(宜蘭人)、部長侍從秘書楊受瓊少將等。白先勇、廖彥博指出，蔣經國的任務，似乎和白部長一行不盡相同。

整，包括臺灣警備總司令以不由省主席兼任為原則；省政府委員、各廳處首長，以盡先選用本省人士為原則；政府或其他事業機關中之職員，無論本省或外省人員，凡同職等者其待遇一律平等。第三，經濟政策的調整，包括民生工業的公營範圍應儘量縮小；臺灣行政長官公署現行的經濟制度及一般政策，其與國民政府頒行之法令相牴觸者，應予分別修正或廢止。第四，恢復臺灣地方秩序，包括臺省各級二二八事件處理委員會及臨時類似之不合法組織，應立即自行宣告結束；參與此次事變，或與此次事變有關之人員，除煽惑暴動之共產黨外，一律從寬免究。[29]

另外，根據楊亮功回憶，17 日中午蔣經國隨白崇禧抵達臺北後，下午 4 時蔣就到監察使署看楊亮功，主要討論的內容是三青團臺灣支團主任李友邦涉入二二八事件的程度。18 日上午視察基隆要塞，下午 3 時在三青團臺灣支團部(今衡陽路合作金庫)召集留臺工作之中央幹部學校同學座談，會後召集臺灣支團部及臺北分團工作幹部訓話，指示今後臺灣團務，首重訓練教育工作，使臺灣青年之思想堅定，觀念正確，並發動臺灣青年組織參觀團，前赴祖國觀光，以與祖國青年接觸，增進感情等語。19 日上午 9 時飛返南京，留下三青團中央團部組長朱瑞元續往各縣市分團視察。[30]

---

[29] 白先勇、廖彥博，《療傷止痛：白崇禧將軍與二二八》，(臺北：時報文化，2014 年 3 月)，頁 59-61；《臺灣新生報》，(1947 年 3 月 19 日)，收錄：《衝越驚濤的年代》，(臺北：臺灣新生報，1990 年 10 月)，頁 112。

[30] 參閱：《臺灣新生報》(1947 年 3 月 20 日)，收錄：《衝越驚濤的年代》，(臺北：臺灣新生報，1990 年 10 月)，頁 116；白先勇、廖彥博，《療傷止痛：白崇禧將軍與二二八》，(臺北：時報文化，2014 年 3 月)，頁 74-78。發生二二八事件，三青團各分團遭濫捕濫殺，3 月當時擔任臺灣支團主任的李友邦被誣陷唆使三青團暴動，被逮捕解送南京，直到 6 月 4 日經臺灣省警備總部查明，國防部軍法處審訊，確認李友邦被指控的都非事實，才獲得釋放。1950 年中共組織在臺灣遭到根本性的破壞，李友邦妻子嚴秀峰被牽扯入獄 15 年，李友邦遭指控在中國時期即與共產黨建立聯繫，以「臺灣獨立革命黨」名義為掩護，成立「臺灣義勇隊」，其實是「接受匪幹指揮，從事秘密工作。」李友邦回臺之後繼續任用「匪嫌」潘華，與「共匪臺灣省工作委員會」聯繫，而且其妻嚴秀峰當時也被潘華吸收參加「匪幫組織」，最後

　　4 月 22 日政府決議撤廢臺灣省行政長官公署；5 月 5 日臺灣省警備總司令部更名為臺灣全省警備司令部，彭孟緝為司令；16 日臺灣省政府改組完成，文人魏道明出任首位臺灣府委員兼主席，並在 13 位省政府委員中，臺籍人士過半占 7 位，包括了臺灣第一位博士杜聰明及林獻堂等人；同時，撤銷行政長官公署，宣布解除因二二八而下達的戒嚴令，結束清鄉，停止新聞、圖書、郵電檢查，以及撤銷交通通訊的軍事管制。[31]稍解臺灣治安緊張的情勢。

　　嗣因 5 月起臺灣米價飛漲，魏道明政府將專賣局改公賣局，貿易局改為物資調解委員會，但政府為因應來自上海、南京等地一波波「反飢餓、反內戰、反迫害」大遊行的影響；7 月政府頒布〈戡亂動員綱要〉和實施〈維持治安臨時辦法〉，以有效推動維護治安的工作，特別是展開清查戶口與秘密約談行動，弄得人心惶惶。31 日吳新榮日記寫下，上午製作一份祖譜，以傳後代子子孫孫為家寶。內分兩部，第一部記國祖—皇帝以下漢、唐、宋、明、民國各朝代的始祖。第二部記家系，即開基祖以下九代的系圖，其中分三門，……記後即燒香奉花以報告於祖先的靈前。[32]

　　檢視 1947 年臺灣「二二八事件」發生時，吳新榮正以 41 歲的青壯之年擔任臺南縣參議員，也因為他的出任「臺南縣二二八事件處理委員會」總務組副組長職務，導致他於事件發生後的 3 月 13 日被扣押後隨即釋放，隔日即展開逃亡。根據《臺灣新生報》4 月 13 日報導，「臺南地方之綏靖工作，日來更加緊推行，俾使善良民眾安居樂業，據悉：此間業由大批軍憲警，分赴佳里、麻豆、灣裡等處，捕獲圖謀叛亂主要嫌疑者及不良分子多起，現為徹底肅清奸宄起見，刻正陸續嚴緝中。」[33]

　　李友邦於 1952 年 11 月被槍決。參閱：邱國禎，〈李友邦在權力鬥爭下犧牲〉，收錄：《近代臺灣慘史檔案》，（臺北：前衛，2009 年 12 月），頁 254-255。

[31] 《臺灣新生報》，《衝越驚濤的年代》，（臺北：臺灣新生報，1990 年 10 月），頁 26-27。

[32] 吳新榮，《吳新榮日記(戰後)》，（臺北：遠景，1981 年 10 月），頁 31。

[33] 《臺灣新生報》(1947 年 4 月 13 日)，收錄：《衝越驚濤的年代》，（臺北：臺灣新生報，1990 年 10 月，頁 180。

4 月 26 日吳新榮主動向臺南市警察局辦理自新，5 月 2 日依通知向憲兵隊報到。在接受訊問期間，5 月 8 日他被轉送臺北縣兵第四團隊，再移監臺灣警備總部第二處，6 月 5 日於軍法處第二法庭接受訊問，6 月 13 日奉批覓保，6 月 20 日由警備司令彭孟緝具名，核發「盲從附和被迫參加暴動份子自新證」後，隔日獲釋。這次的遭遇是吳新榮人生中的第二次牢獄之災。

吳新榮的獲得人身自由之後，6 月 30 日赴臺南監獄探望因陳梧桐案入獄的父親吳萱草，9 月 3 日彭孟緝批示吳萱草改判無罪出獄。這次父子因不同案件而大約同時的入獄，是吳新榮在中華民國政權統治下的遭遇，但這次的「祖國流動認同」並沒有讓他失去對國族認同的信心，仍然積極參與政治活動。

當時受「二二八事件」牽連的文化人還有楊逵、呂赫若、張深切、張星建、蘇新、張文環、王白淵、林茂生，和王天燈等人。[34]另外，大陸來臺的文化人，例如臺靜農、黎烈文等人則留在臺灣大學教書，噤若寒蟬的從此不提魯迅的左翼文學。甚至於曾任陳儀臺灣行政長官的編譯館館長，雖於其任內負有編輯各種教科書，致力於使臺灣同胞了解祖國的文化、主義、國策、政令等知識任務的許壽裳，當時擔任臺大中文系系主任，亦於「二二八事件」將滿一週年的前夕，在臺北青田街六號住所遇害。

根據楊逵在《壓不扁的玫瑰》指出，這不幸的事件造成了很大的傷亡。當年4 月楊逵和夫人葉陶，被捕入獄，同年 8 月才放了出來。出來以後，楊逵看到本省籍的人和外省籍的人之間，時常發生摩擦。許多外省籍的文化界的人(教授、記者、文化人)，大家談到這件事時，大家都非常擔心，建議組織文化界聯誼會，要楊逵寫一篇「和平宣言」。楊逵認為文化界人士對國家的前途都很關心，也會守信，誠懇。以本省籍和外省籍文化界人士的合作，很可能可以打消人們的怨恨。因此，楊逵向臺中軍管區的參謀長，提起這個問題，他也贊成楊逵的意見。所以，楊逵馬上起草，油印寄出去，請大家提出意見，以便修正完善。[35]

---

[34] 陳添壽，《警察與國家發展──臺灣治安史的結構與變遷》，(臺北：蘭臺，2015 年 10 月)，頁 291。
[35] 楊逵，《楊逵全集 2──壓不扁的玫瑰》，(臺北：前衛，1985 年 3 月)，頁 211。

　　換言之，「二二八事件」後所展開綏靖與清鄉的軍事鎮壓行動，政府強調綏靖唯一目的就是除暴安民，謀長治久安。政府採取分區綏靖的清鄉工作，如查戶口、辦理聯保連坐切結、收繳武器公務、檢舉奸匪惡徒等必要措施，凸顯政府透過「以軍領警」的治安方式，不但造成日後省籍之間的嚴重裂痕，同時致使臺灣社會的文化傳承產生嚴重的斷層，導致外省作家與本省作家，處在不同政治文化背景下引發的「臺灣文學論戰」，臺灣社會再度陷入受到日本殖民的臺灣人，與來自祖國中國新文學的文化差異爭論。

　　吳新榮這段期間的在臺灣身繫「祖國情懷」，對照於當時人居大陸的臺灣作家鍾理和。鍾理和在〈祖國歸來〉一文指出，在壓迫與威脅之下，於是臺灣人就不能不離開住慣了的祖國，回到臺灣……難道臺灣人五十一年奴才之苦，還不夠嗎？難道臺灣人個個都犯著瀰天大罪，應該株及九族的嗎？這是鍾理和戰後回歸祖國卻強烈感受到祖國政府和人民對臺灣人不友善，由於對祖國幻滅，鍾理和才會改變當初原本已經誓言不重返家鄉的想法。[36]或許這也影響了後來鍾理和同父異母的弟弟鍾浩東的涉入基隆中學案遭槍決的事件。[37]

　　換言之，「二二八事件」的爆發和之後展開的綏靖與清鄉政策，雖然達成政府對臺灣治安的短期有效壓制。然而，其後果更導致 1948 年春廖文毅等人在香港的組成「臺灣再解放同盟」，希望促使臺灣成為一個獨立的國家。至於美國立場則希望臺灣不受共產黨的控制，並促使國民黨變成一個負責任的中國政府，以便繼續統治臺灣。[38]雖然這事件的發生，導致後來所採取一連串血腥鎮壓的綏靖及清鄉

---

[36] 2004 年中國總理溫家寶曾引用鍾理和《原鄉人》書中的文句：「原鄉人的血，必須流返原鄉，才會停止沸騰」，藉此表達反獨立場與溫情統戰，當時即遭到鍾理和之子鍾鐵民的直批「曲解原意」。鍾理和家族強調，鍾理和當年因為對祖國幻滅，才會回到原本誓不重返的家鄉，外界不應片面解讀甚至斷章取義引用鍾理和作品。參閱：《中國時報》，(2008 年 10 月 11 日)。

[37] 鍾浩東 (1915-1950 年) 畢業於日本明治大學，1940 年偕妻蔣碧玉 (蔣渭水的女兒) 渡海到中國，加入抗日行列，被國民政府疑為「日諜」逮捕，入獄半年獲釋。1946 年回臺，任基隆中學校長，1949 年 8 月以發展左翼組織的罪名被捕，翌年被槍決，時年 35 歲。

[38] 陳芳明，《謝雪紅評傳(全新增訂版)》，(臺北：麥田，2009 年 3 月)，頁 290。

行動，但政府一方面為凸顯積極推行地方自治的決心，仍於同年 11 月在臺灣省舉行中華民國第一屆立法委員與國大代表的選舉。更因關係著 1948 年 3 月蔣介石、李宗仁當選為中華民國第一屆總統、副總統，和 5 月實施《動員戡亂時期臨時條款》和《戒嚴法》，凸顯「民主憲政」與「戡亂戒嚴」體制並行的正當性、矛盾性與複雜性。

　　回溯 1947 年 1 月的中華民國行憲、1948 年的修正《戒嚴法》，將公布機關改為總統，且應於一個月內提交立法院追認，如遇立法院休會期間，應於復會時即提交追認。此外，接戰地域內軍事機關得自行審判或交法院審判之罪，包括「其他特別刑法之罪者」，擴大戒嚴司令官之權，得解散集會結社及遊行請願、限制或禁止人民之宗教活動有礙治安者，對於人民罷市罷工罷課及其他罷業得禁止及強制其回復原狀。到了 1949 年 1 月的最後一次修正，還將軍事機關得自行審判或交法院審判之罪擴大適用於警戒地域。惟依該《戒嚴法》的規定，〈戒嚴令〉之公布須經總統之宣告與立法院之通過或追認。[39]

　　除了相關法令的修訂之外，政府還配合人事調整。1949 年 1 月政府改派陳誠接替魏道明為臺灣省主席，並兼任改名後的臺灣省警備總司令部總司令、彭孟緝為副總司令，以及蔣經國的擔任臺灣省黨部主任委員，這一連串的作為也是嗣後政府被嚴厲批評所謂「白色恐怖」時期的開端。[40]換言之，發生繼「二二八事件」之後的重大政治事件，諸如 1949 年 3 月 19 日晚上發生於臺大和師院兩名學生與警員衝突，引發學生 4 月 6 日以「結束內戰和平救國、爭取生存權、反飢餓反迫

---

[39] 參閱：薛月順等編註，《從戒嚴到解嚴——戰後臺灣民主運動史料彙編(一)》，(臺北：國史館，2012 年 7 月)，頁 3-4。

[40] 1945 年 4 月蔣經國被任命為三民主義青年團組訓處處長，9 月三民主義青年團在廬山召開第二次全國代表大會，蔣經國被選為中央常務幹事兼第二處處長，1947 年 3 月隨白崇禧來臺，1948 年 12 月 19 日國民黨中央常務委員會任命蔣經國為臺灣省黨部主任委員。參閱：陶涵(Jay Taylor)著，林添貴 譯，《蔣經國傳》，(臺北：時報文化，2000 年 10 月)，頁 192。

害」所引發罷課學潮的「四六事件」。[41]

　　同於「四六事件」當天中午楊逵、葉陶夫婦和五歲么女兒的被捕，係因 1949 年 1 月 21 日在上海《大公報》發表了那一份上述的「和平宣言」，呼籲國共內戰不要席捲到臺灣，要求當局應該實施地方自治，主張島上的文化工作者不分省籍團結起來，使臺灣保持一塊淨土的言論；加上楊逵的組織一個平民出版社、出版中國文藝叢書，以及主編《力行報》副刊等原因，導致楊逵後來因為此案被判刑 12 年。[42]

　　檢視當時臺灣受到「四六事件」和「和平宣言事件」等政治議題的影響，5 月 20 日起的實施戒嚴，宣告臺灣正式進入另一階段的戒嚴時期。政府隨即展開戶口總檢，全省違檢被拘留者 1,500 餘人；27 日臺灣省警備總部根據〈戒嚴令〉制定〈防止非法的集會、結社、遊行、請願、罷課、罷工、罷市、罷業等規定實施辦法〉和〈新聞、雜誌、圖書的管理辦法〉，以有效維護社會治安，確實掌控臺灣，以致引來政府被批評不民主、不重視人權。

　　儘管政府的宣布臺灣戒嚴，7 月在臺北的臺灣省郵政管理局，仍因為郵電改組暨郵電員工分班糾紛，引發了怠工請願的社會「工潮」抗爭，更加速延續國共內戰在臺灣的表面化和激烈化。同時，發生於澎湖防衛司令部欲強徵學生入伍充當兵源，導致軍方血腥鎮壓的「七一三事件」。[43]因此，政府為穩定臺灣治安，對

---

[41] 1997 年臺大校務會議決議通過成立「四六事件資料蒐集小組」，由黃榮村擔任召集人。1999 年 4 月 3 日公布更多詳細資料指出，「四六事件」發生前，臺大學生社團有麥浪歌詠隊、耕耘社等 20 多個，且有臺大集師院學生的壁報區，被學生戲稱「民主走廊」。事件發生時，多位麥浪歌詠隊及耕耘社學生都被捕，有三位耕耘社學生被槍斃。1950 年政府訂定〈戡亂建國教育實施綱要〉，加強三民主義等政治課程，1952 年規定高中以上學校都須設軍訓室。

[42] 楊逵，《楊逵全集 2——壓不扁的玫瑰》，(臺北：前衛，1985 年 3 月)，頁 211-212。

[43] 這事件又稱「山東流亡學生事件」，這歷史事件，校長張敏之因為抗議將他的學生拉進部隊當兵而犧牲，他的夫人王培五女士更背負「匪妻」的忍辱生活，除了必須撫育小孩外，先後在屏東萬丹初中、臺北建國中學等校教書，1969 年王女士赴美，直到獲得平反隔年的 1999 年，口述出版了《十字架上的校長——張敏之夫人回憶錄》一書，2014 年 6 月在美辭世，享壽 106 歲。參閱：陳添壽，《臺灣治安制度史——警察與政治經濟的對話》，(臺北：蘭臺，2010 年 2 月)，頁 127。

投共、擾亂治安、金融及煽動罷工罷課罷市等份子皆依 1949 年 5 月通過的《動員戡亂時期懲治叛亂條例》處以重刑，以遏止共產黨在臺灣蔓延的勢力。

8 月政府成立東南軍政長官公署，陳誠被任命管轄江蘇、浙江、福建、廣東的東南軍政長官，並決定成立臺灣防衛司令部，任命孫立人為防衛司令官。9 月更透過改組臺灣省警備總部後的臺灣省保安司令部，派彭孟緝為司令，加強入境臺灣檢查，嚴格取締縱火的破壞社會秩序行為，舉發與肅清中共間諜，禁止與中共地區的電信往來等措施。[44]

同時，為解決臺灣與和大陸之間所發生的治安問題，政府還特別採取三項措施，第一是在大陸上的銀行，一律不准在臺灣復業，以免擾亂金融；第二是在大陸上公私立大學，一律不准在臺灣復校，以避免學潮；第三是大陸上的報紙，除了南京《中央日報》之外，一律不准在臺灣復刊，以避免混淆視聽。並且要求從高雄或基隆登陸的軍隊，一律按實際人數加以收編，不得帶武器上岸，以免影響臺灣治安。[45]

檢視 1949 年 1 月起蔣介石雖在總統職位上引退，但仍擔任擁有實權的中國國民黨總裁，而由李宗仁代理總統職權後，雖一度撤銷〈戡亂總動員令〉，停止《戒嚴法》的實施。但是 11 月隨著李宗仁稱病出國，立法委員、監察委員，及國大代表先後聯電蔣介石復行總統職權。12 月 7 日中華民國中央政府遷都臺北，15 日政府改派具有留美背景，深受美方支持的吳國楨接替陳誠為臺灣省主席兼保安司令，冀圖藉由吳國楨的「民主先生」形象，來換取美國的支持，以維護社會秩序和安定國家政局。

---

[44] 參閱：陳添壽、章光明，〈警察與國家發展之關係〉，收錄：章光明主編，《臺灣警政發展史》，(桃園：中央警大，2013 年 10 月)，頁 4-8。

[45] 于衡，《烽火十五年》，(臺北：皇冠出版社，1984 年 2 月)，頁 234。

四、 鹽分地帶文學發展與吳新榮角色

　　所謂「鹽分地帶」是指日治時期北門郡所管轄的：佳里街、西港庄、七股庄、將軍庄、北門庄、學甲庄等行政區域，除佳里外，其餘地區大多濱海，土壤中含有鹽成分濃而得名。回溯 1920、1930 年代之間，該地區就享有「詩人之鄉」的美稱。詩人諸如吳新榮、徐清吉、郭水潭、王登山、黃勁連、莊培初、林清文等人，俗稱「北門七子」，形塑了鹽分地帶的詩人群落。

　　因此，鹽分地帶文學的發展可溯自 1932 年 10 月 4 日，吳新榮以東京里門出身的鄉親為中心所成立的「佳里清風會」。[46]這一組織雖然在同年 12 月 23 日就宣告解散，但是當初其就以鼓勵文藝思想並做社交機關的主旨，以交換社會知識、養成青年風氣、建設文化生活、嚮導知識份子為目的。所以，吳新榮認為這是自己出社會以來最初組織的團體，是「初期社會運動的原始型態」，更是推動當地文化運動的搖籃；但同時也是日本高等特務警察監視的對象。[47]

　　吳新榮指出，當時鹽分地帶只是自然發生的小團體，這團體本身除相互間的友情之外，並無嚴密的組織或規約。所以「鹽分地帶」文學一直要等到 1935 年 6 月 1 日，成立了臺灣文藝聯盟佳里支部之後，特別是與楊逵、葉陶夫婦主導臺灣文藝聯盟、臺灣新文學社的互動之後，才被納入整個臺灣的文化運動系統。[48]吳新榮有〈歌唱鹽分地帶的春天〉詩，即以充滿希望的昂揚聲調，歌詠著鹽分作家這股不死的詩魂，以及摧毀邪惡的正義之聲。[49]

---

[46] 吳新榮，《吳新榮選集 2》，（臺南：臺南縣文化局，1997 年 3 月），頁 123。

[47] 參閱：吳新榮，〈此時此地〉，收錄《吳新榮回憶錄》，（臺北：前衛，1989 年 7 月），頁 126。

[48] 吳新榮，《吳新榮選集 2》，（臺南：臺南縣文化局，1997 年 3 月），頁 123。

[49] 吳新榮的詩是這樣寫的：「向先驅者的志氣／ 向殉教者的熱情／ 我們都是年輕人／ 年輕就是我們的矜持／ 同志呀團結起來！拿著正義的劍／ 來迎接這新春／ 像聖者的誠實／ 像處女／ 我們都是年輕人／ 年輕就是我們的矜持／ 同志呀團結起來！ 拿著正義的劍／ 來迎接這新春／ 像聖者的誠實／ 像處女的純真／ 我們都

　　然而，根據林豐年(芳年)指出，日治時期鹽分地帶文學並沒有比較傑出的作品出現，嗣因 1942 年 3 月吳新榮的元配毛雪芬逝世，在吳新榮以日文散文隨筆發表〈亡妻記〉之後，才奠定了他在臺灣文學上的不朽地位，這是吳新榮及鹽分地帶整個同人的榮幸。[50]

　　特別是戰後臺灣初期吳新榮的陸續發表作品，諸如：1946 年 11 月發表散文〈文化在農村〉、12 月發表新詩〈故鄉的回憶〉，1947 年 3 月 18 日作詩〈讀《洪水》後〉，抒發自己對二二八事件沉痛的感受；7 月發表新詩〈故地〉。1948 年 3 月發表〈徬徨的亡靈〉、4 月自譯〈道路〉一詩，7 月出版《震瀛自傳》、撰寫〈消琅山房縱橫談〉；1949 年 3 月發表詩作〈夏夕〉，但是到了 1949 年底隨著中央政府的撤退來臺，「右翼勢力」文學的抬頭，鹽分地帶文學運動才漸趨沒落。

　　所謂「右翼勢力」文學的抬頭，指的是國民黨在臺灣推動黨國化的反共反蘇文化運動。1950 年 4 月在國民黨主導下成立中華文藝獎金委員會與中國文藝協會。特別是中國文藝協會的成立，是以團結全國文藝界人士，研究文藝理論，從事文藝創作，展開文藝運動，發展文藝事業，實踐三民主義文化建設，完成反共抗俄復國建國任務，促進世界和平為宗旨，並發行《文藝創作》。檢視這個組織的權力結構，以國民黨員為核心，以外省作家為主要成員。工作的推動先由黨內核心組織下達決策，然後由民間團體配合，落實到社會各階層。

　　因此，檢視戰後初期中華民國與日本殖民政府的權力轉移、文化差異和國族認同等議題引發的治安環境因素，導致吳新榮涉入「二二八事件」的牢獄之災，以及後來臺灣進入戒嚴時期白色恐怖的階段，鹽分地帶文學也沉寂了一段很長的時間。一直要到 1987 年臺灣解嚴之後的隔年 5 月，成立了臺灣筆會鹽分地帶分會，鹽分地帶文學活動在愛鄉熱心人士的策劃下，恢復舉辦各類型文學活動，和計劃出版鹽分地帶文學選集、叢書等，以承續鹽分地帶文學在日治時期所代表的反殖

應學習/ 學習是我們的力量/ 同志呀！要前進/ 鹽分地帶是我們的故鄉/ 讓真理的花朵/ 來開在這塊荒野上。」轉引自：施懿琳，《吳新榮傳》，(南投：臺灣省文獻會，1999 年 6 月)，頁 69-71。

[50] 參閱：林芳年，〈吳新榮評傳〉，收在《林芳年選集》，(臺北：中華日報，1983 年)，頁 368。

民文化，和戰後初期對抗國民黨戒嚴文化的傳統精神。如果我們忽略了鹽分地帶文學留下來的豐富遺產，臺灣圖像恐怕是傾斜的。[51]

五、結論

回溯吳新榮第一次牢獄之災，是發生於 1929 年(昭和 4 年)4 月，當 23 歲的吳新榮還在日本留學期間，因擔任臺灣青年會委員的身分影響，在日本政府掃蕩共產主義思想的「四一六事件」中受到牽連，被拘禁於東京新宿的淀橋警察署 29 天，這次是臺灣留學生吳新榮被認為接觸共產主義或社會主義思潮，在日本政權統治下遭遇牢獄的歷史記憶，也是臺灣人日治時期淪為所謂「祖國流動認同」的慘痛經驗。

亦即吳新榮在戰爭初期對中國的同情與關切，經過一番自我說服、矛盾與掙扎的過程，到戰爭末期已傾向與殖民母國同心協力，促成這種政治態度轉變的重要原因，除相信官方的戰爭宣傳之外，保衛臺灣家園更是主要考量。如果說，吳新榮在戰爭末期已從中國認同轉向日本認同，則這種轉變中，護衛臺灣所占的重量不應被忽視。因為，從戰後積極參與中國接收，或參加三民主義青年團等政治團體成立活動，並未出現認同轉換的困難度或遲疑。[52]

吳新榮第二次牢獄之災是受到「二二八事件」的牽連，但並沒有稍減吳新榮對語文書寫、文學創作和祖國認同的熱忱，甚至於到了 1951 年 1 月吳新榮參與臺南縣第一屆縣議員第六區(佳里鎮及北門、西港二鄉)的落選之後的次年，他正式出任臺南縣文獻委員會編纂組長，其生命轉折更讓他投入地方的服務工作，以實踐其主張文學必須有其思想性和社會性的大眾化文學觀。

---

[51] 陳芳明，〈殖民地詩人的臺灣意象——以鹽分地帶文學集團為中心〉，收錄：《殖民地摩登：現代性與臺灣史觀》，(臺北：麥田：2011 年 9 月)，頁 162。

[52] 陳翠蓮，《臺灣人的抵抗與認同——一九二○～一九五○》，(臺北：遠流，2008 年 8 月)，頁 263-264。

1954 年 10 月吳新榮 48 歲儘管受到「李鹿案」之累，繫獄 4 月又 2 天之後無罪釋放，卻是他人生的第三次入獄。復職後的吳新榮下定決心專注於投入地方文獻的採擷和文學創作，讓他努力從公到 1967 年，當他 61 歲那年北上開會，因心臟疾病的猝發，而不幸在臺北過世，離開他一生熱愛的臺灣鄉土。

我們檢視吳新榮在臺灣光復前的 1944 年，特別將其出生的第四個兒子取名「夏雄」，1946 年臺灣光復後出生的第五個兒子取名為「夏統」(有華夏一統之義)，1948 年將第六個兒子取名「夏平」，其所要凸顯的國族意識，卻遭遇政權移轉的被關進牢裡。吳新榮又是何其不幸在面臨文化差異、國族認同的焦慮，與克服語言書寫的文學創作之路，要比別人走得更辛酸，也佐證了本文強調這階段臺灣政治與文學之間的特殊化性格。

葉石濤對戰後臺灣初期吳新榮的文學評論指出，戰後吳新榮活躍於鄉土政治的舞台上，卻得不償失。致命傷在於他是懷有理想主義的文化人，而不是詭譎萬端的政客。他也具有日本教育培養的法治規範，極不適宜中國人的詭詐風格。[53]這裡所指的「極不適宜中國人的詭詐風格」，當指代表政府接收臺灣的陳儀及其成員中的部分人士，為維持臺灣治安所採取的嚴厲措施。

葉石濤繼續指出，晚年吳新榮，他脫離政治，專心於臺南縣文獻會的田野採集工作，腳踏實地蒐集地方文獻，這才是他的真實面貌。他的日記、研究論文奠定了臺南縣地方史的基礎。[54]我認為這一部分則是葉石濤對吳新榮在臺灣文學創作上的努力與成果表示肯定，特別是吳新榮凸顯戰後臺灣初期政權移轉與文化差異的時代意義，其在臺灣治安與文學史上的地位，能與楊逵、吳濁流、葉石濤等人受到同等的重視。

---

[53] 葉石濤，《從府城到舊城——葉石濤回憶錄》，(臺北：翰音文化，1999 年 9 月)，頁 133-134。

[54] 葉石濤，《從府城到舊城——葉石濤回憶錄》，(臺北：翰音文化，1999 年 9 月)，頁 134。

戰後臺灣企業與政府之間的關係

一、 前言

戰後亞洲新興工業化國家(Newly Industrializing Countries, NICs)的經濟發展成果，受到舉世矚目。[1]然而，1997 年發生亞洲金融風暴，以及日本經濟的泡沫化，致使國家的機構(行政部門、軍隊、警察、司法、教育系統)與經濟的機構(銀行、公司、中小企業)之間，或國家與市民社會(工會、商會、教會、基金會)之間的關係，再度成為研究政經發展的重點。[2]

二、 戰後臺灣企業與政府之間關係的分期

政治經濟學理論有許多不同的觀點，如多元主義(pluralism)、自由主義(liberalism)、馬 克 思 主 義 (Marxism)、民 族 主 義 (nationalism)、組 合 主 義(corporatism)，及公部門(public sector)與私部門(private sector)等說法。本文將參酌

---

[1] Walter Galenson, ed. *Foreign Trade and Investment: Economic Development in the Newly Industrializing Asian Countries*(Madison: The University of Wisconsin Press,1985).

[2] Norman Flynn, *Miracle to Meltdown in Asia:Business, Government, and Society* (N. Y.: The University of Oxford Press, 1999).

吉爾平(Robert Gilpin)的觀點，對自由主義、馬克思主義，及民族主義等三種政治
經濟學典範理論加以說明，再提出整合性及主體性的觀點，做為本文論述的基
礎。[3]

(一) 政治經濟學理論

第一，自由主義政治經濟學理論，主要源自於古典經濟學，主張個人的理性
與自由。在經濟觀點上，強調市場價格機制(mechanism)，對市場採取自由放任
(laissez-faire)的態度，並減少政府干預，使資源運用效益極大化；在政治觀點上，
強調人人平等及個人自由，認為政府的存在是違背自然理性，至多是有限政府
(limited government)，只有在企業涉及國民健康與安全，及市場失靈(market failure)
時，政府才能適時加以干預，且應是暫時性質；在國際政治經濟方面，則強調國
際自由貿易及國際資本主義的發達，加重國際間經濟依賴(interdependence)的程
度，有助於世界體系的和平演變。[4]

然而，自由主義政治經濟學的認為政府與企業基本上是分離。所以，在經濟
上強調自由競爭、生產分工及一切決定於市場價格機能的交換體系，和財富累積
的正當性，卻忽略了生產與分配過程中弱肉強食的不平等現象，而深受馬克思主
義政治經濟學所詬病；在政治上則認為政府只不過是維持社會秩序，匯集民意，
制定遊戲規則而立場中立的行政組織而已；在國際政治經濟上，又無視於國家尊
嚴與自主性的存在。

換言之，自由主義政治經濟學受到漫無限制的世界經濟主義的影響，既不承
認各國皆有其特性，且未考慮各國利益的滿足；同時受到唯物主義影響，處處僅
以物品的交換為主，而為顧及精神與政治層面，甚至於受到無組織的利己主義與
個人主義影響，忽視其他利益。

第二，馬克思主義政治經濟學理論，有兩項主要理論依據：其一是由李嘉圖

---

[3] Robert. Gilpin, *The Political Economy of International Relations* (Princeton: Princeton University Press, 1987).

[4] Joan Edelman Spero, *The Politics of International Economic Relations* (N. Y.:St. Martin's Press, 1985).

(David Ricardo)勞動價值說發展出來的資本家對工人剩餘價值的剝削理論；其二是唯物史觀強調社會變遷的驅力來自人類的生產活動，亦即人類為了生存而進行的勞動、生產與再生產，而生產方式(the mode of production)決定了社會上不同的階級(class)。所以，馬克思主義中的階級觀念，著重於階級在建構社會關係上的重要性，而此一關係源於擁有生產工具的資本家與靠出賣勞力維生的工人之間的敵對性。

馬克思認為，資本主義市場經濟的主要目的不在極大化個人福祉，而是資本家剝奪工人剩餘價值與從事資本累積的工具。至於資本主義社會中的政府，只是資產階級用來協助其控制、剝削與壓迫無產階級的工具，是為資產階級的利益服務；同時，政府也強化扮演了合法化此種統治關係的角色。[5]

其實，馬克思以生產方式稱擁有生產資本的人會形成有產階級；反之，則稱為無產階級。這種對無產階級的定義，已很難適用於財產權(property right)普遍化且價值多元化的現代社會，馬克思主義政治經濟學也無法繼續以生產工具的控制，做為階級分類的標準。另外，強調剝削觀點的勞動價值論，也因為勞動在生產過程中所佔比率的遞減而不被接受，工人階級的窮化觀點與百年來資本主義的發展事實不符。近年來，隨著蘇聯的解體及東歐國家的轉向市場經濟，馬克思主義政治經濟學的式微，也就難以避免了。

第三，民族主義政治經濟學理論，強調政經發展的目的不單只在於增加一國家民族的生活與福祉，尤須顧及民族利益。認為國際貿易會導致經濟依賴的不對稱性，貿易成了強國或優勢民族增強其對弱國或是劣勢民族政經影響力的手段，不但會摧毀弱國或是劣勢民族的傳統價值，更會導致物質主義及對奢侈品的氾濫，因此，民族主義當國際貿易不符合該民族利益時，會強烈批評其是帝國主義的侵略行為，也造成一強勢國家民族的極端民族主義。

民族主義政治經濟學強調政府在政經體系中的地位，有別於自由主義認為政府不過是一個競技場(arena)；亦不同於馬克思主義單就階級觀點，強調政府只是

[5] 蕭全政，《政治與經濟的整合》，(臺北：桂冠，1988 年 11 月)，頁 36。

資本主義剝削勞工階級的工具。因此,民族主義政治經濟學必須積極追求符合民族的利益,並以其國家民族所處的世界權力體系中衡量自身國家民族的擁有的力量,做為計算國家民族利益的標準。[6]

這種強調主動追求一國家民族利益的生存法則,經由獨裁政體及計劃性經濟的交互運用,建立起連結國內外政經的網絡。然而,也因為過於追求該國家民族的利益與民族歧視,主張軍力是所有政治德行的基礎,實行極權主義(totalitarianism)統治,犧牲人民權利與自由,如國家社會主義(national socialism)者希特勒(Adolf Hilter)及法西斯主義(fascism)者墨索里尼(Benito Mussolini)。[7]

以上各種政治經濟學的理論觀點,都可以化約同時存在以生產技術為基礎在世界性資本主義體系(a world capitalist system),及以武力為基礎在競爭性國家系統(a system of competing states) 中的政治與經濟議題。[8]

因此,在政治經濟學領域,才分別形成國家(state)與市場(market)的兩大主流範疇。國家是從權力(power)的角度,分析國家如何實現其作為行為主題的自主性(autonomy),其相對的概念是民間社會(the civil society);市場是從利益(interest)的角度出發,強調市場中財貨生產與交換體系的運作,其相對的概念是政府(the government)。

(二) 整合性與主體性的研究途徑

根據上述,不論自由主義、馬克思主義,還是民族主義的政治經濟學,其理論皆有偏頗之處。整合性與主體性觀點的提出,就是希望能超越科學與非科學之辯,擺脫意識型態之爭,以避免個人行為與制度結構的偏廢。

整合性與主體性的研究途徑,旨在強調由實存歷史結構的角度分析政經發

---

[6] 參閱:周育仁,《政治與經濟之關係──臺灣經驗及其理論意涵》,(臺北:五南,1993 年 9 月)。

[7] 參閱:王振寰,《誰統治臺灣?轉型中的國家機器與權力結構》,(臺北:巨流,1996 年 8 月)。

[8] Theda. Skocpol, *States & Social Revolutions*(Cambridge: Cambridge University Press, 1979), pp.19-24. 及其中譯本,劉北成譯,《國家與社會革命》, (臺北:桂冠書局,2001 年 1 月),頁 23。

展，也就是國家主義(statism)政治經濟學，有如國家資本主義(state capitalism)主張政府是一個具有主體性的自主行為者，此自主性意味政府在國內外政經結構性環節中能採取積極主動的能力。[9]

祝布諾(Bertrand de Jouvenel)指出，經濟所關心的是手中資源的有效性利用，而政治所關心的是資源的增加。政府的廣義就是政治權力，所要求是資源汲取的極大化(maximization)；企業的廣義就是經濟利益，所要求的是資源利用的極佳化(optimization)。[10]

就國內性的觀點而言，國家資本主義強調政府與民間社會存在著種種結構性關係與互動，同時也蘊含著民間社會對政府自主程度的限制。基本上，政府對民間社會具有不同的角色，政府透過這些角色取得必要的資源，以確立政府公權力的基礎，並有效踐履對社會的保護功能；相對地，政府的出現與持續，亦必須依賴民間社會的資源，且要能控制來自民間社會的不斷壓力。[11]

就國際網絡關係而論，國家的發展與國際政經結構的競爭，逼使國家必須重視國際環境的演變，存在國家對國際利益追求的機會與可能性，也因為各自追求國家利益，而會對它國造成限制與衝突。所以，杭亭頓(Samuel P. Huntington)指出，國家價值並非單由國內價值和制度來決定，也受制國際規範和制度，不同類型的國家會以不同的方式來界定，而其利益也身受共同文化和制度的影響。[12]

....

[9] Michael Mann 根據專制能力(despotic power, 指涉國家菁英由上而下對社會得控制力)與基礎設施能力(infrastructural power,指國家通往社會的管道之暢通性)，將國家分為封建國家(feudal state):兩種能力皆低，是最弱的國家；威權國家(authoritarian state): 兩種能力皆高，是最強的國家；帝國國家(imperial state): 專制能力強，但基礎設施能力弱；官僚國家(bureaucratic state): 專制能力弱，但基礎設施能力強，參閱 Michael Mann, *States, War, and Capitalism: Studies in Political Sociology* (Oxford: B. Blackwell, 1988), vol. 2, pp.59-60. 及參閱：蕭全政，《政治與經濟的整合》，(臺北：桂冠，1988 年 11 月)，頁 89-92。

[10] De Jouvenel Bertand, *Sovereignty: An Inquiry into the Political Good*(Chicago:The University of Chicago Press,1957), p.18.

[11] James E. Alt and K. Alec Chrystal, *Politics Economics*(Berkeley:The University of California Press, 1983), pp.28-29.

[12] Samuel P. Huntington, 黃裕美譯，《文明衝突與世界秩序的重建》，(臺北：聯經，1999 年 3 月)，頁 21。

任何政經社會的變遷，都源自結構中不同立場與稟賦(endowments)的行為者，其自利性的政治或經濟行為。政治經濟問題的分析與解決，必須以觸及彼此結構中相關行為者的特性與互動過程為前提。[13]瓊斯(R. J. Barry Jones)指出，國家所採取的軍、經援助或國際之間軍產複合(military-industrial complex)策略，及關稅、非關稅障礙、配額等對外國際貿易政策，與財經、公共投資，及科文教等國內政策的規劃與制定，都必須從整體政經體制的特質，特別是從政府與產業的結構性網絡關係中才能有效地掌握。[14]

因此，整合性的研究途徑是強調以廣義政府為中心的政治體制和，以市場為中心的經濟體制，是涉及政治經濟且制約任何社會問題中的這兩個結構因素；而主體性的研究途徑則是強調與國家歷史發展攸關的政治與經濟問題，就如本文特別選擇戰後臺灣企(產)業發展與政府間的互動關係作為研究主題，並從中定位政府角色。

(三) 政府對企業的角色與分期

根據歐特(James E. Alt)和克利斯妥(K. Alec Chrystal)指出，政府基本上有三種不同的角色：

第一，汲取性 (exploitative)，政府汲取性角色是馬克思的布爾喬亞(bourgeoisie)，或霍布斯(Thomas Hobbes)《巨靈》(*Leviathan*)所指對民間社會(含企業與非企業部門，或含產業與非產業部門)採主動干預態度，是以政府本身或其在民間社會的關係人利益的極大化為目標，政府也應市民社會所需，調和社會內各種利益需求與維持公平正義；同時，政府也為自己分配價值，以從社會中汲取資源來維持機關內各部門的生存。政府汲取性角色最具體的政策是顯現在執行賦稅及徵兵上。

---

[13] 王振寰，《誰統治臺灣？轉型中的國家機器與權力結構》，(臺北：巨流，1996 年 9 月)，頁 25-27。

[14] R. J. Barry Jones, *Conflict and Control in the World Economy: Contemporary Realism and Neo-Mercantilism* (Great Britain: Wheatsheaf Books, 1986), pp.150-223.

　　第二，保護性(protective)，政府保護性角色是政府基於一個領域內唯一能合法擁有武力的組織，除保護國家安全以外，尚須制定法律、政策等，來保護國內企業的運作秩序。因此，政府的主要功能在維持國內政經秩序與對抗外來威脅。政府保護性角色最具體的政策是古典、新古典自由主義者所主張的，干涉愈少愈好的「警察國家」，可說是傳統國家警察角色的延續，是扮演了國家警察與從社會徵募兵員建立軍事力量的角色。

　　第三，生產性(productive)，政府生產性角色是凱因斯(John Maynard Keynes)理論，或一般所謂「福利國家」(welfare state) 或「國家資本主義」的政府。政府不只是提供交通、資訊等公共設施以輔助市場機能，還積極涉入生產性企業，以創造社會利潤。政府不僅是一個消費者，有時也是一個生產者。政府有時候會強力介入與私人資本競爭，或完全壟斷某一生產部門。政府生產性角色最具體的是顯現在經營公營企業及基礎公共建設上，最典型的例子，就是國營事業及推動亞太營運中心等性質的角色。[15]

　　在歐特與克利斯妥指出的政府三種角色，事實上，在近代社會發展中，任何政府都存在於混合式經濟體制下，與其分為三種本質不同的政府，不如將三種本質視為同一政府政策的三種性質更能合乎實情。[16]換句話說，這三種性質有助於了解政府與企業間的結構關係與互動模式，政府對某企業可能同時具有汲取性、生產性及保護性三種或其中一、兩種角色，只是有時可以比較出其相對性強弱程度，與是否較為偏重某些角色而已。

　　換言之，在政府與企業的互動過程中，必須顧及政府部門是構成企業外在權威結構的重要環節，其政策、法令及措施對企業的運作影響至鉅。反之，企業發展也是政府行動的主要對象，其動向與意見自然成為政府施政的重要考慮依

---

[15] David Osborne & Ted Gaebler, 劉毓玲譯，《新政府運動》，(臺北：天下，1995 年 3 月)，頁 37-61。

[16] 蕭全政，《臺灣地區新重商主義》，(臺北：國家政策研究資料中心，1989 年 4 月)，頁 19-20。

據。[17]

　　因此，本文強調政治經濟學的整合性和主體性，特別選擇戰後臺灣企業發展做政經分析。同時，企業與產業的名稱在本文中將會出現交互使用的情況，雖然企業通常指的是個體，而產業指的是許多相同企業的集合體。並將企業與政府關係分為戰後重建期(1945-1952)、發展輕工業期(1953-1972)、發展重工業期(1973-1983)、發展高科技工業期(1984-迄今)等四個時期的企業與政府關係。

三、戰後重建期(1945-1952)企業與政府關係

(一) 確立威權體制

　　戰後政府接管日本殖民臺灣時期的所有政經資源，尤其是當時已極具規模的公營企業體系，因而政府能完全主導企業的發展。1949年大陸淪陷，政府播遷來臺，更直接促成戰時政經體制在臺灣的延續。政府在政治上為了維持內部安定及有效對抗中共，在經濟上為應付日益嚴重的通貨膨脹及改善國際收支，遂急欲確立威權政經體制，以配合戰後重建的需要。

1. 接收戰後資源

　　在行政資源接收方面，政府是依據1945年9月20日公布〈臺灣省行政長官公署組織條例〉的規定，臺灣省行政長官公署就是臺灣省最高行政長官。在其職權範圍內，得發布署令，並得制定臺灣省單行法規，及具對在臺之中央各機關的指揮監督權，政府乃完全承受日本殖民政府在臺灣的管轄權與行政權，此不但確保了政府的法源基礎與強大權力，更是政府掌控社會資源的重要法令依據。

　　在經濟資源接收方面，臺灣省行政長官公署分別於1945年11月成立臺灣省

---

[17] 張家銘，〈戰後臺灣地區企業與政府的關係──一種家父長的政治經濟威權結構〉，《中山社會科學季刊》(第6卷第1期)，(臺北：1991年3月)，頁13-34。

接收委員會，專門負責接收日本政府所轉交的企業，及 1946 年 1 月成立日產處理委員會，專門負責接收日本在臺民間的財產。政府將這些日產除小部分轉賣民間之外，大部分收歸國有、省有，或改組為國營、省營，或國省合營，例如當時日本殖民政府所壟斷的鐵公路運輸、電話電報通訊系統，及菸酒樟腦等專賣事業，均併歸國營或省營，同時藉由銀行的公營與貿易的壟斷，政府得以完全控制臺灣較具規模的大企業及金融貿易等相關企業的發展。

2. 維護中華民國法統

　　政府為求鞏固領導中心，開始進行中國國民黨的改造工作，於 1950 年 8 月成立中央改造委員會，1951 年 2 月及 4 月分別訂定〈中國國民黨黨政關係大綱〉與〈中國國民黨從政黨員管理辦法〉，確立「以黨領政」的黨政關係。1952 年 10 月10 日國民黨召開第七次全國代表大會，通過改訂的黨綱與黨章，完成了改造工作，更確定「革命民主」的政黨屬性。所謂「以黨領政」、「革命民主」、「黨治軍隊」、「政治化軍人」等黨務改造作法，雖然有胡適、雷震等人發行《自由中國》雜誌的言論批評。[18]政府仍堅持完成了中國國民黨組織的整頓與改組，同時也貫徹執政者以黨對政、軍、警、情治，及社團等機關的一元化領導。

　　1950 年蔣介石在臺北復職，重新確立領導中心，並依 1947 年在大陸頒行的《中華民國憲法》，執行其所賦予的權力，是主張代表全中國的正統政權，雖然行使地區僅限於臺、澎、金、馬地區，但在政府的組織結構及機制上，均意涵維持包括整個中國大陸的中央政府體制。政府除依據憲法賦予總統緊急處分權，及於1949 年 5 月 20 日在臺灣本島及離島實施戒嚴令以外，更為因應 1960 年蔣介石總統任期即將屆滿而不能再連任的壓力，並顧及政局安定與光復大陸的任務尚未完成，因此，在國民大會第三次會議，以增訂〈臨時條款〉的方式，使總統任期不受連任次數的限制，也賦予戒嚴時期總統更廣泛的權力。

　　另外，立委、監委則依據大法官 1954 年 1 月 30 日釋字第 31 號解釋：「在第二屆委員未能依法選出集合與召集以前，自應由第一屆立法委員、監察委員繼續

---

[18] 沈衛威，《學思與學潮——胡適傳》，（臺北：立緒，2000 年 8 月），頁 369-376。

行使職權」，至於國大代表，則適用憲法第 28 條「每屆國民大會代表之任期至次屆國民大會開會之日為止」的條文。因此，第一屆國大代表的任期與立委、監委一樣，實際上無限期延長，形成舉世罕見的「萬年國會」。惟地方選舉，政府仍依據 1950 年 4 月 24 日公布的〈臺灣省各縣市實施地方自治綱要〉，於 1951 年 12 月及 1954 年 4 月分別選出第一、二屆臨時省議員；1957 年 4 月及 1960 年 4 月分別選出第一、二屆省議員；縣市長則於 1950 年 10 月、1954 年 4 月、1957 年 4 月，及 1960 年 4 月分別選出第一至第四屆縣市長。[19]

這是政府在不影響中央領導權的政治結構下，以凍結中央民意代表選舉，只局部開放具有象徵意義的地方選舉，透過籠絡地方政治精英及結合地方仕紳的方式，實施既能以民主選舉號召，又能兼顧確立威權政經體制的有效雙軌制。

3. 推動土地改革

戰後重建時期，最直接影響農業增產的，就是政府一直強調只許成功不許失敗的土地改革。其實施可說是一場和平的社會及經濟革命，也是一項歷史性的大工程，共分為三個步驟：

第一步驟：三七五減租。1949 年臺灣省政府在農復會的經濟與技術協助下，實施農地減租措施。因為，臺灣原有耕地的租率，高達年收穫量的 50-70%，並有押租、預租等額外負擔，且租期多為不定期，租約亦僅是口頭約定，地主可隨時撤佃、任意加租。此種租佃制度不但迫使佃農生活困苦，且阻礙增加農業生產。[20]

第二步驟：土地放領。政府為實施耕者有其田的倡導與示範，將國有及省有耕地所有權陸續移轉為農民所有。放領對象首先為承租公地的現耕農，依次為雇農，及承租耕地不足的佃農等。放領地價按照該耕地正產物全年收穫總量 2.5 倍，

---

[19] 紀俊臣，《臺灣地方政治轉型與自治法制設計之析論——以都市法制為個案》，(臺北：時英，1996 年 4 月)，頁 10-14；若林正丈，洪金珠、許佩賢譯，《臺灣——分裂國家與民主化》，(臺北：月旦，1994 年 7 月)，頁 103。

[20] 余玉賢、彭作奎，〈農復會、土地改革與臺灣經濟發展〉，高希均、李誠主編，《臺灣經濟四十年》，(臺北：天下文化，1991 年 1 月)，頁 141。

以實物計算，由承領農戶分 10 年均等攤還，若繼續繳租 10 年，即能取得土地所有權。公有地租率原為正產物的 25%，故農民每年繳納與原來租率相同的地價，10 年期滿即取得所有權，新增負擔僅田賦而已。在此措施下，計有 20% 的農家承購土地，放領土地占總耕地面積之比例為 8.1% 左右。農民承租土地後，安心工作，努力改良耕地與生產方式，生產量大有增加。

第三步驟：耕者有其田。政府於 1952 年 1 月至次年 4 月，先辦理完成全省地籍總歸戶，將同一所有權人的土地，歸入一戶名下，由一鄉而一縣以至於全省。自地籍總歸戶完成後，省政府即著手起草實施〈耕者有其田條例〉(草案)，立法院並於 1953 年 1 月將該條例修正通過。條例中規定私有出租耕地，地主可以保留相當於中等水田 3 公頃或旱田 6 公頃，超過之土地一律由政府徵收，轉放給現耕農民承領。

而共有出租地、政府代管的耕地、祭祀公業宗教團體的出租耕地、神明會及其他法人團體的出租耕地，除條例有特殊規定外，均強制全部徵收。政府徵收的耕地，一律放領給現耕佃農或雇農。放領地價和徵收地價相同，加算年息 4%，由承領農民於 10 年內分 20 期均等繳清。現耕農民承購地主保留耕地時，得向政府申請低利貸款。保留地出賣時，現耕佃農有優先購買權。1953 年實施耕者有其田的結果，計有 28% 總戶數，或約有 16% 耕地面積受到此措施的影響。[21]

4. 開放四大公營企業民營化

1953 年當土地改革第三階段耕者有其田政策開始實施時，為避免徵收與補償地價造成通貨膨脹，政府乃以 7 成實物土地債券及 3 成公營公司股票給付。補償農地改革徵收金額 14 萬 4 千甲農地的地價金額，大約為 22 億元，補償地主總額的 7 成，約 15 億 4 千萬元，以 10 年年賦的實物債券償還，其他 3 成，約 6 億 6 千萬元，則以臺灣水泥、臺灣紙業、臺灣工礦、臺灣農林等四大公營企業公司的股份即時交付。

[21] 林祖嘉，〈檢視土地與住宅政策〉，高希均、李誠主編，《臺灣經驗再定位》，(臺北：天下文化，1995 年 6 月)，頁 371。

四大公司經過資產重估後的新資本額為 9 億 9 千萬元，而地主補償額的股份 6 億 6 千萬元，只不過占 68.0%而已。剩下 3 億 1 千萬元的股份裡面，仍有 18.6% 的股份為政府持有。就企業別來看，臺灣紙業公司的 26.7%、臺灣工礦公司的 26.4% 為國家資本，這兩家公司實質上仍未完全民營化。[22]

四大公營企業是接收日本人企業而組織成的企業，其中水泥與紙業這兩家公司是由同一業務性質的所有企業組織成的。相對於此，工礦與農林這兩家公司則是統合許多中小企業組織成的。水泥與紙業公司的撥售，意味著地主繼承了戰前的水泥資本和製紙資本，而工礦和農林公司的出售，意味著地主繼承了戰前日人經營的各種中小企業。

這四大公營企業的開放民營，不但解決了土地改革地主的補償金問題，同時也促成臺灣傳統大地主從農業生產轉型企業經營的契機，除了糖與肥料之外，尤其是水泥與紡織業的經營，使臺灣產業在 1950 年代開始，就奠定了發展勞力密集產業的良好基礎。

(二) 政府對企業的偏重汲取性角色

戰前臺灣是日本的殖民地，戰後臺灣除了政府部門的人事更迭外，由於身處中國大陸邊陲，主要的政經變遷仍屬於外導的(extra-induced)，故仍扮演在戰前「工業日本、農業臺灣」的政策下，提供糧食、原料、產品市場及支援戰爭的角色。政府面對的是通貨膨脹與稻米徵集的問題，也一直設法從民間汲取更多的資源，以支持當時中央政府在大陸陷入內戰的需求，直到大陸全部淪陷為止。

政府為解決糧食欠缺問題，撤退來臺之後，即進行土地改革。經由三七五減租、土地放領及耕者有其田的陸續推動，在政府的完全主導下，不但除去了潛在的反工業化農村菁英，另一方面更獲得農民對政府的支持；同時，政府也陸續推動各項基本設施，有效改善農業生產技術與農會組織，讓臺灣在當時高人口成長情況下仍能維持經濟的發展。

---

[22] 劉進慶著，吳宏仁譯，《臺灣戰後經濟分析》，(臺北：人間出版社，1993 年 2 月)，頁 83。

　　尤其，政府的汲取性角色藉土地改革導致財富重分配現象，政府也透過「肥料換穀制」，直接汲取農民的生產剩餘，以供應龐大軍公教人員的「米穀配給制」。同時，也因農業資本的漸漸建立，才有多餘資金被汲取轉投資發展輕工業，這是政府以農業支援工業的強烈汲取性角色。

　　政府為求國家安全與經濟穩定，宣布戒嚴。在戒嚴非常時期的體制下，政府更以汲取性角色，大量從民間汲取資源，以支持政府在國防安全上的支出，以致對其他支出產生排擠效果。同時，政府從日本接收了行政與經濟資源，包括國營、省營，或國省合營企業，政府積極參與經營公營企業、公用事業與公賣事業的生產活動，及四大公營企業的民營化，這種結構關係中蘊含著中央對地方的資源汲取。

　　政府透過公營銀行購買公債，以壓制通貨膨脹；政府也藉由公營事業體系的利潤汲取，來籌措地方建設經費與國防支出。這是公營企業必須配合國家政策的政治任務，與民間企業純以追求利潤為目的的經營方式不同。然而，公營企業在當時，對促進臺灣產業發展、穩定物價、增加財政收入、配合國防發展、支援外交拓展，及培育經建人才等方面著實有正面意義。

　　政府這時期，在政治上為求威權政經體制的確立，藉由日人手中接收戰後政經資源，及 1950 年進行中國國民黨的改造，並為了維護中華民國法統，宣布戒嚴；在企業政策上，政府採取土地改革，積極運用公營企業，以發展民生工業。

　　政府在確立威權政經體制與強調民生工業的戰後重建時期，雖有從日人手中接收公營企業，及土地改革等各項促進農業發展的基礎公共建設，是政府的生產性角色；政府在土地改革時盡力維護大多數佃農利益，是保護性角色；然而，政府在當時特別以「防衛捐」的課稅方式，籌措國防經費，及為發展民生工業，均是政府由民間吸收大量資源的汲取性角色。因此，當時政府與企業間的關係，是偏重汲取性角色。

四、發展輕工業期(1953-1972)企業與政府關係

(一) 鞏固威權體制

1953 至 1972 年是臺灣發展輕工業時期。在政經體制上，仍屬軍政體制的延續，繼續以〈動員戡亂時期臨時條款〉及〈戒嚴令〉，限制人民的言論、集會、結社、出版，及新聞等自由，並強調以「法統說」來掌控國會運作。政府在鞏固威權政經體制上主要採取的策略有：

1. 實施計畫性自由經濟

政府在 1953-72 年內，共實施了五期。第一期(1953-56)的主要計畫目標是增加農工生產、促進經濟穩定，及改善國際收支。第二期(1957-60)的主要計畫目標是加速工礦業發展、擴大出口貿易、增加就業機會，及繼續改善國際收支。第三期(1961-64)的主要計畫目標是維持經濟穩定、加速經濟成長、擴大工業基礎，及改善投資環境。第四期(1965-68)的主要計畫目標是促進經濟現代化與維持經濟穩定。第五期(1969-72)的主要計畫目標是維持物價穩定、擴大輸出、擴建基本建設、改善工業結構，及促進農業現代化。

2. 開放地方自治選舉

1964 年 9 月雖有臺大教授彭明敏等人撰擬〈臺灣自救運動〉宣言，以及《文星雜誌》激起「西化」與「傳統」的思想論戰。惟上述不論是政治性的反對運動，或是學術性的爭取言論自由空間，基本上都只是「孤星式」的抗爭活動。至於屬於地方性的選舉，反對人士也只是在有限度的開放環境下，滿足參政的冀望與企圖，例如：1963 年李萬居、郭雨新、許世賢的當選省議員，1964 年高玉樹的當選臺北市長、葉廷珪當選臺南市長、林番王當選基隆市長、黃順興當選臺東縣長，1968 年楊金虎當選高雄市長等。

而政府為解決大陸選出的中央民意代表日漸老化、凋零的問題，以免造成法

統體制的危機，只得於 1969 年舉辦增補選，當時的反對人士也只有郭國基及黃信介等少數進入中央民意代表機構，由於反對人士未能凝聚成有組織的力量，這些零星政治性的突破與斬獲，根本無法制衡執政當局的統治權威。[23]

3. 善用軍援與經援

美援的目的，就國際政治經濟觀點而言，並非屬人道主義式(humanitarian)，而是要將臺灣地區變成國際圍堵體系的一環，是軍事、戰略性的，其最終目標並不在幫助臺灣地區進行進口替代工業化發展。所謂幫助臺灣地區進行進口替代工業化，只是美援更高的軍事、戰略性目標的手段。然而，美援的這些手段與對策對當時正陷於物資匱乏、通貨膨脹壓力大、外匯短缺的臺灣經濟困境而言，確實產生很大的政經效益。

初期的美援是以軍援為先，導因於 1950 年 6 月 25 日的韓戰爆發，美國總統杜魯門(Harry S. Truman)認為中共軍隊若佔領臺灣，勢將直接威脅美國在太平洋區域的安全與利益。於是，在美軍進駐臺灣之後，隨即恢復原已中斷的經濟援助。到了 1956 年臺灣的政經局勢已較穩定，美援的重心即由支援軍力轉為促成經濟自立，尤其是到了 1960 年，因為美國私人資本急欲在海外尋求新投資機會，加上東西冷戰又趨緩和，對臺援助的重點遂由加強基本設施轉向促進私人投資、鼓勵出口擴張，一直到 1965 年才停止經援。

臺灣紡織工業，因棉花自美國進口，而享有特權保障；但臺灣肥料工業的發展，因受制與日本簽訂〈中日貿易協定〉，進口稅率固定於 5%，破壞了政府原先的整建與發展計劃。另外，當時美援也有助於增強金融界信心，使產業政策能順利推行，強化了政府對企業的影響力。美援的撤出，政府訂頒〈外國人投資條例〉與〈華僑回國投資條例〉以資因應，大幅引進外資和外國技術，達成勞務輸出與技術移轉一箭雙鵰的目的。

4. 採取進口替代策略

1950 年代初期，臺灣原可供外銷的農產品米、香蕉與鳳梨等，已因日本與大

---

[23] Jay Tayor, 林添貴譯，《臺灣現代化的推手──蔣經國傳》，(臺北：時報文化，2000 年 10 月)，頁 218-229。

陸市場的流失而無法獲得大量利潤；同時，又由於大量軍民自大陸遷來，消費增加，可供外銷之產品數量減少。另一方面，初萌芽的一些勞力密集的農工產品，又受制於日貨競爭。因此，政府決定採行進口替代策略，以自製非耐久性消費品代替進口貨，一方面可以節省外匯，另一方面可以保護幼稚工業(infant industry)。[24] 採取進口替代策略，政府最直接的措施包括：

第一，採複式匯率，以 1957 年 7 月 8 日以後的匯率為例，民間企業進口匯率為 1 美元兌新臺幣 32.28 元，而民間出口商所得外匯適用匯率為 1 美元兌 26.35 元，此種複式匯率所顯現的進口額外負擔，等於是政府徵收額外進口稅，對國內產業而言，相當具保護效果。

第二，進口管制，以高關稅稅率、管制進口項目，及外匯分配等措施，抑制了消費性產品的進口，確保進口替代產業的國內市場。

第三，優惠資金融通，政府透過公營金融機構對若干進口替代業的優惠資金融通，對促進投資成長與減低生產成本有很大的幫助。

第四，提供原料，由於當時國內工業原料的生產能力很差，絕大部分工廠如能取得原料供應，就等於爭取到開工及順利生產的保障。尤其政府對棉紡織業，以「代紡代織」的辦法加以扶植，不但解決資金及原料問題，也為臺灣企業發展奠下良好基礎。[25]

5. 改採出口擴張策略

許多第三世界國家在推行進口替代策略一段時間後，都會面臨國內市場飽和的問題。臺灣明智地採取出口擴張策略，而不是進一步深化進口替代。政府的做法是：

第一，推動 1958 年的〈外匯貿易改革方案〉，確立 1 美元兌新臺幣 40 元的單

....

[24] Robert Wade, "The Role of Government in Overcoming - Market Failure：Taiwan, Republic of Korea and Japan." in Helen(ed.), *Achieving Industrialization in East Asia*(Cambridge：Cambridge University Press,1988), pp.129-163.

[25] 林鐘雄，《臺灣經濟四十年》，(臺北：自立晚報社，1993 年 3 月)，頁 37-38。

一匯率，並繼續簡化退稅手續及放寬退稅條件，同時放寬外銷低利貸款項目，規定主要出口物資之產、製、銷個個階段均可申請臨時性貸款，具有信譽的外銷廠商亦可依照其銷售實績及進行中的外銷計劃申請貸款。

第二，推動 1959 年〈加速經濟發展方案〉的〈十九點財經改革措施〉，由當時的財經領導人尹仲容提出，包括建立股票市場和證券交易所等；以新臺幣的固定值保持國際預算與軍費開支提交審計和複查等的健全預算；明確區分中央銀行和臺灣銀行業務等的金融體制，及用單一匯率將臺幣推向自由和靈活的國際匯率等外匯制度。[26]

第三，推動 1960 年頒布的〈獎勵投資條例〉，減免徵營利事業所得稅、營業稅、契稅及印花稅等減免租稅方式獎勵投資，範圍包括公用事業、石礦業、製造業、運輸、林業、農業、畜牧業、營造業及觀光旅館業等。

第四，推動 1965 年頒布的〈加工出口區設置管理條例〉，首創加工出口區，結合自由貿易特區與一般工業區的優點，政府特別在港口都市附近興建標準廠房，提供電力、給水、通信等各種公共設施以及港口與倉儲設備，以簡化申請投資設廠、成品出口、原料進口、匯出入款等手續，來降低投資的管理成本，同時藉更多稅捐減免，配合優秀而廉價勞動力，吸引僑外投資人來臺投資。

(二) 政府對企業的偏重保護性角色

1953-1972 年間，是臺灣發展經工業時期，在政經體制上，係屬軍政體制的延續，仍保有政治經濟體制的一致性。惟因政府在確立威權政經體制後，執政的國民黨已能完全掌握政府各權力運作系統，加上 1954 年 12 月〈中美共同防禦條約〉的簽訂，更使臺灣在國家安全上獲得進一步保障。

然而，政府為迎合美國對民主自由開放的要求，認為軍方的介入不宜太深，遂調整權力支配方式，但對政治、經濟、文教，及社會活動的掌控並未放鬆。在經濟方面，政府以進口替代及出口擴張策略穩定企業發展，然而，這些措施基本

[26] 王作榮，《我們是如何創造經濟奇蹟？》，(臺北：時報文化，1994 年 10 月)，頁 58-59。

上多屬政府「以工業發展農業，以貿易培養工業」下的保護性政策。

進口替代策略，政府是以提高關稅及嚴格執行進口額管制，來保護國內剛萌芽的勞力密集輕工業發展，並提供穩定的國內市場，使其生產能符合規模經濟，降低成本，強化產品的國際競爭力。[27]同時，政府也採複式匯率制度及優厚資金融通，有關依賴匯率的措施，政府採用結匯證和進出口差別結匯的辦法，實際上也就是隱藏性調整官定匯率，政府不願採取巨幅變更匯率，主要是怕加劇通貨膨脹造成經濟上不安。

這種複式匯率下所顯現的進口額外負擔，等於額外進口稅，對國內企業的競爭力而言，是一種變通的保護策略。政府在 1958 年進行的〈外匯與貿易改革〉、1959 年的〈十九點財經改革措施〉，及 1960 年的〈獎勵投資條例〉，政府仍藉高關稅與管制措施，因應通貨膨脹壓力及國際收支不平衡，而履踐政府較強烈色彩的保護作用。

相對地，這也是政府成功地將臺灣從國內導向、進口替代轉化為國際導向、出口擴張的經濟結構。雖然，政府的出口擴張策略，已較進口替代策略時期能擺脫直接的行政管制，但並不表示政府放鬆對市場機能或民間經濟活動的干預。事實上，仍隱含政府與企業間的密切結合，而帶有濃厚國家主義的凱因斯式保護政策。

另外，政府在 1959 年設立退除役官兵輔導委員會所屬的退除役官兵安置基金，與 1960 年設立的臺灣省勞工保險局，政府基於社會安全及勞動力配置上的考量，有必要就配合反共抗俄政治目標所衍生退役官兵輔導的問題，以輔導自部隊中退除役軍人的就學、就醫、就業及就養的問題。而勞工保險的目的猶如土地改革之於農民，用以防堵中共的社會主義政治宣導對工農的引誘，同時，勞保局及勞保的實施是屬社會福利與安全的一環，間接地提供支持社會生產的外部條件。[28]

---

[27] 江丙坤，〈貿易政策的回顧與展望〉，高希均、李誠主編，《臺灣經濟再定位》，（臺北：天下文化，1995 年 6 月），頁 167。

[28] 林忠正，〈威權主義下弱勢團體相互剝削的循環——臺灣經濟體系的解剖〉，吳忠吉等，《解剖臺灣經濟——威權體制下的壟斷與剝削》，（臺北：前衛出版社，1992 年 11 月），頁 174-177。

　　政府在這時期，在政治上為求鞏固威權政經體制，藉壓制異議人士的孤星式抗爭活動、配合美國外交政策妥為運用美國軍援與經援；在產業政策上則以獎勵或補助的方式來發展勞力密集產業。因此，政府雖在公營企業方面展現其生產性角色，及在匯率與關稅等方面展現其汲取性角色，惟大體而言，政府積極為進口替代及出口擴張所採取的各項強勢保護措施，顯見政府在此時期與企業間的關係較偏重保護性角色。

五、 發展重工業期(1973-1983)企業與政府關係

(一) 調整威權體制

　　溯自 1973 年以後，臺灣因為國際糧價、油價暴漲，企業生產成本巨幅上升，降低出口競爭力；加上外交挫敗引發的政府正統性危機，致使民間投資意願低落，甚至大量資金外流。危急的政經情勢使政府更深切體認政經自主性的必要性。因此，政府為化解內外政經危機，特別強調在追求經濟發展之外，威權體制的調整亦刻不容緩，遂由原以發展經濟力為主軸的國家總體目標，調整為以發展政治力為主軸的國家總體目標。

　　政府一方面從事行政革新，並有限度擴大政治參與機會，推動所謂的「本土化」(indigenization)策略；另方面則加強內需部門間的整合，以改善產業結構，來發展重工業，並積極參加國際組織與活動，以彌補國際政經關係上的被孤立。所以，本時期政府所採取的具體政經策略有：

1. 推動本土化

　　主要是政府被迫於臺灣發展的內部，一直存在國家認同與族群意識的困擾，尤其「臺灣獨立」的訴求，似乎與臺灣民主運動形影相隨。1972 年蔣經國先生出任行政院長後，新的權力組合已初步形成。同時，面對國內新興團體要求改革的呼聲，國民黨深刻了解到本土化政策乃是臺灣未來永續生存與發展的重要關鍵。

政府不得不修正〈動員戡亂時期臨時條款〉，以擴大名額方式來容納更多地方派系人士及政治精英參與中央決策。

到了 1977 年已有大量臺籍政治精英經由黨務、行政，或選舉管道進入國民黨的中央權力體系，臺灣政治精英的結構特質，亦因而逐漸由 1950 年代的革命精英，經 1960 年代的技術官僚，到 1970 年代的本土化精英。蔣經國實施的本土化政策隱含必須面對「中華民國臺灣化」的政治現實。

2. 體制改革政策

1950 年代與 1960 年代期間，雖出現「中國民主黨」的組黨事件，以及《大學雜誌》的強烈政治改革訴求，在在觸動執政當局的威權政經體制。惟其活動仍囿於中國體制內的改革運動，基本上仍不脫傳統士大夫知識份子的論政或書生報國。[29]直到 1975 年 8 月《臺灣政論》創刊，由於主導者完全由臺灣本土政經精英組成，訴求主題已經隱約可以看出較為鮮明的臺灣意識。

1977 年地方選舉所引發的「中壢事件」，更誘發反對運動群眾，以激烈抗爭手法的抬頭，到 1979 年 9 月《美麗島雜誌》的創刊，不但凸顯臺灣意識，並且主張改革體制的群眾激進抗爭路線，終於在同年 12 月發生「高雄事件」。體制改革運動顯示了民間社會已普遍從省籍權力分配、社會利益分配，及政經主體性等實際結構和意識型態層面，直接向執政的權威體制挑戰。

3. 推動十大建設

政府為因應國際能源危機及國內通貨膨脹壓力，於 1974 年決議實施〈穩定當前經濟措施方案〉，從穩定物價、健全財政，及限建措施等來帶動經濟持續發展。尤其，政府在逐步推動國家建設的同時，由於經濟的快速成長，許多基礎設施已不敷需求，形成企業發展的瓶頸；而且工業發展所需的基本原料日增，能源亦日感不足，只能完全依賴進口。

政府在 1974 年開始推動十大建設，以因應當時惡劣政經環境的挑戰，及解決臺灣企業所面臨生產結構的問題。十大建設的項目，主要是從社會基本建設與重

----

[29] 黃德福，《民主進步黨與臺灣地區政治民主化》，（臺北：時英，1992 年 4 月），頁 107。

化工業兩大項著手,其中包括核能電廠、六項交通建設、一貫作業煉鋼廠、中船高雄廠,及石油化學工業等。

4. 輔導中小企業

由於中小企業在臺灣整體發展過程中,是經濟成長的主力,也是資源分配趨向平衡化的媒劑。同時,政府也體會到臺灣中小企業是處於政經體系中的權力邊陲,因此,政府將原於 1965 年就已在經合會暫設的中小企業輔導工作小組,於 1968 年改組成中小企業輔導處,1970 年併入經濟部工業局第六組的輔導中小企業工作,1976 年設立中小企業輔導小組,及進行〈中小企業發展條例〉的立法工作。

1981 年經濟部正式成立中小企業處,近年來更有提升為中小企業局的建議,積極對中小企業提供整體性輔導、改善經營體質與融資問題,並協助儘速轉型。許多中小企業因而放棄勞力的密集企業,改發展技術與資本密集的企業。

(二) 政府對企業的偏重生產性角色

1973 至 1983 年是臺灣發展重工業時期。如前所述,溯自 1973 年政府因國際糧價、油價暴漲,生產成本劇升,出口競爭力降低,加上外交挫敗所引發的政府正統性危機,致使民間投資意願低落,大量資金外流,其危急的情勢迫使執政者深切體認政經自主的必要性。

政府為化解國內外政經危機,特別強調經濟與政治的發展,積極調整威權政經體制與產業政策。在政治上,從事行政改革,並採有限度擴大政治參與的本土化政策;在產業發展上,則以推動十大建設,發展重工業,提昇產業結構,及加強國際參與以彌補國際政治上的孤立。

政府的十大建設於 1974 年展開,政府的電力、交通及港口的投資,改善了基本設施;造船、鋼鐵及石化工業投資,提供了重要原料,與引導產業發展的方向。同時,減少臺灣對外依賴的程度,除了 1970 年代乃至於 1980 年代,對臺灣經濟的持續成長都有顯著貢獻。

政府推動的十大建設,及 1978 年起的十二項建設,具有強烈的生產性角色,不但帶動公營事業投資,更彌補私經濟部門投資與有效需求的不足。同時,由公

營部門投資所帶來的基礎設施健全化，更提供了有利於企業發展的外部條件，大量吸引民間及外國廠商的投資，擴大有效需求。尤其是在臺灣退出聯合國、尼克森訪問中國大陸，這些接踵而至的外交挫折與衝擊，政府所推動的十大建設，除了促使臺灣企業從輕工業階段進入重工業階段外，更具經由經濟層面的起死回生，連帶有促使政治局勢穩定的效果。

除了推動十大建設外，特別加強對中小企業的輔導。政府不但輔導許多中小企業發展成大企業，也協助許多中小企業因應國內外環境的變遷，放棄勞力密集產業轉型為發展電子業等。[30]政府為解決中小企業融資困難，特別於財政部成立中小企業信用保證基金，及成立臺灣中小企業銀行。因此，政府透過對中小企業的輔導，創造了許多就業機會，也達成社會安定、所得平均分配，及城鄉平衡發展的社會目標。

尤其臺灣中小企業數目眾多，幾乎佔企業整體結構中的 97%以上，雖然都是無壟斷能力的企業，但卻具有維持市場自由競爭的功能。同時，中小企業與大企業間尚有互補作用，大企業不宜生產的零件，多交由中小企業來製造配合，發揮了產業垂直分工的功效。由於中小企業處在政經權力體系中的邊陲，特別需要政府的輔導與支持，政府不得不扮演保護性的角色。

政府在調整威權政經體制與推動資本密集產業政策的過程中，雖對中小企業以透過〈獎勵投資條例〉，及設置中小企業處、中小企業銀行等獎勵與租稅減免的方式，展現其保護性角色。惟大體來說，政府積極主導具有擴大公營企業、加強基礎公共建設，及改善產業結構功效的十大建設，政府與企業間的關係是較偏重生產性角色。

---

[30] 陳介玄，《臺灣產業的社會學研究——轉型中的中小企業》，(臺北：聯經，1998 年 6 月)，頁 65-66。

六、 發展高科技工業期(1984-迄今)企業與政府關係

(一) 轉型威權體制

政府為因應當期國家整體政治、經濟、社會及文化變遷,主要的施政作為有:
1. 因應新興社會抗爭

揆諸臺灣社會新興社會運動,依其訴求主題約略可有消費者保護、環保、勞工、婦女、老兵、教師人權、果農、政治受刑人、殘障與福利弱勢團體,及新約教會的宗教抗議等運動。從其「內部資源動員能力」和「對外在社會衝擊程度」這兩個面向來分析,其要求自主與資源重新分配,確實對臺灣社會形成大小不一的壓力與衝擊,加速臺灣由威權政經體制轉型趨向多元化社會。

而在諸多新興社會運動中,以勞工運動、環保與消費者保護運動最直接挑戰威權的政經體制,尤其是自 1979 年以來,政府為興建核四的環保抗爭,多年來政府還為核四的問題爭議不休,讓社會付出不少的代價。[31]

同時,社會不斷的抗爭也迫使臺灣企業經營和產業結構不得不儘速朝向高科技工業的發展。尤其政府在 1984 年實施《勞動基準法》及 1987 年成立勞工委員會,由專責機構來解決勞資爭議等諸多問題,同時解嚴後的勞工政策已改以輔導性為主,藉勞工法令與工會輔助勞動市場發揮其功能,使人力資源得以充分運用,惟勞工在國家政經體系中,其力量仍顯相對弱勢,故影響力並不明顯。另外,政府為加速解決環保問題,亦於 1987 年成立環境保護署,公布消費者保護方案,並

---

[31] 蕭新煌,〈臺灣新興社會運動的分析架構〉,徐正光、宋文里 編,《臺灣新興社會運動》,(臺北:巨流,1992 年 5 月),頁 21-31。

在 1994 年設置消費者保護委員會及實施《消費者保護法》。[32]

2. 推動政治民主化

臺灣威權政經體制的轉型，以 1986 年 3 月國民黨第十二屆三中全會所通過的〈政治革新方案〉、1986 年 9 月民進黨的建黨、1987 年 6 月立法院通過《集會遊行法》與攸關政治民主化的〈資深中央民代自願退職條例〉、《選舉罷免法》修正案、《人民團體組織法》修正案等一連串相關法規的頒布實施為重大政治工程。

尤其，1990 年 3 月李登輝先生當選中華民國第八任總統，並於同年 6 月召開為期一週的國是會議，國民大會亦於 1991 年 4 月展開第一階段修憲，以後在 1992 年至 2000 年的八年間，進行第二階段至第六階段的修憲工作。

政府權力結構的重大變化，始於 1992 年第二屆立委選舉，民進黨獲得 31% 的總得票率及 50 席的立委，相較於國民黨的 53% 及 102 席，國內政黨政治隱然形成，對長期國民黨一黨優勢的政治生態，產生極大變化。加上 1993 年新黨成立及 1994 年 12 月臺灣省長、北高市長與省議員選舉，1995 年 12 月第三屆立委選舉之後，朝野政黨因內部權力結構的調整，與理念的歧異，遭受不斷政爭的紛擾，隱然出現各派系分立與各擁山頭。

1996 年 3 月第三屆國大代表與中華民國第 9 任總統、副總統的順利完成選舉，是國家建立自由民主體制最關鍵時刻，顯示我國已從威權政經體制的轉型中，建立了以「主權在民」為機制的自由民主政經體制。

1996 年 12 月國家發展會議的召開，主要是凝聚社會的共識，匯集國人的智慧，研商突破政經發展瓶頸的對策，以全面提升國家競爭力，加速國家建設。國發會結論共達成在「憲政體制與政黨政治」議題方面有 22 項共識，在「兩岸關係」議題方面有 36 項共識，在「經濟發展」議題方面有 134 項的共識。

朝野為盡速落實國發會的共識，均分別在自己黨內研擬適當的相關條文，國民黨已成立「修憲策略小組」與「修憲諮詢顧問小組」等二個層級，積極研討，

---

[32] 黃榮村，〈臺灣地區環保與消費者保護運動：特色與互動〉，徐正光、宋文里，《臺灣新興社會運動》，（臺北：巨流，1992 年 5 月），頁 55。

以便在國民大會預定 5 月召開的會期內能完成修憲工作，對中央與地方體制、兩岸關係、國家定位與經濟自由化，相信改革臺灣政經體制，更加符合國際政經社會環境的趨勢與臺灣社會強化整合和共同意識的特性。

2000 年 3 月 28 日陳水扁、呂秀蓮當選中華民國第 10 任總統、副總統，更完成我國歷史上首次的政黨輪替，對國內政治民主化產生深遠的影響。

3. 穩定兩岸關係發展

兩岸關係的主要分界點是 1987 年 11 月政府正式開放人民赴大陸探親，雖然之前曾歷經 1950 年代的國際體系已由對抗改為談判的和平競賽，和 1970 年代臺灣在國際外交上被孤立，與面對國內革新保臺的民間壓力，政府仍持一貫強調反共復國的基本政策，以對抗中共政權。甚至於 1979 年中共開始採改革開放政策，提出「三通四流」、「葉九條」、「鄧六條」、「一國兩制」等和平統戰手段時，政府仍以「不接觸、不談判、不妥協」的三不政策加以回應。

然而，民間的經貿來往，雖然政府並未鼓勵臺商前往，但受到產業分工與比較利益等經濟因素的影響，政府不得不於 1989 年 6 月開放大陸地區物品間接輸入臺灣地區，1990 年 10 月開放臺灣地區廠商赴大陸地區從事間接投資或技術合作，對於符合開放的產業，可以合法向政府登記報備赴大陸投資，至 1996 年底臺灣已成為中共第三大貿易夥伴，臺灣對大陸的協議投資總額已達 369 億美元，實際到位資金約 200 餘億美元，而貿易總額超過 22,208 百萬元。[33]

臺商赴大陸投資，短期而言，不可避免將對國內企業發展造成資金外流等衝擊；然而，就長期而言，由於喪失競爭力的產業將利用大陸的優勢生產要素再創第二春，實有利於臺灣產業升級。何況，兩岸的經貿關係並不純然是經濟性事務，亦同時帶有雙方政治性的考量，或為雙方帶來政治性的後果。

政府試圖以經濟利益交換政治利益的構想與作法，正面臨中國大陸始終以一國兩制與武力解決的堅持；同時，兩岸的政經關係，政府絕不能侷限於兩岸關係的思維邏輯，必須界定在國際政經關係的框架中，尤其原強調以美、日、亞洲四

[33] 高孔廉，《兩岸經貿現況與展望》，(臺北：大陸工作委員會，1994 年 4 月)，頁 4。

小龍、東南亞和中國大陸的「雁型模式」(flying geese)，已逐漸被一種新的「彈球模式」(billiard ball style)所取代，即已開發國家的較高技術對外投資已開始輻射到所有國家，而不像過去那樣經由亞洲四小龍的傳遞。所以，未來大陸的日資、美資企業會與臺灣產品競爭。

因此，當大陸已成為世界工廠，對全球市場產生巨大磁吸效應的時刻，政府應調整戒急用忍政策，及加速大三通的時程，兩岸經貿發展應採貿易與投資並重的方式，臺灣對大陸開放成品市場，進口大陸在國際市場上極具競爭力的中低檔產品，讓兩岸充分享受比較利益帶來的優勢，形成一種產業內與產業間並重、貿易與投資同行的分工合作的夥伴關係，政府才不會在兩岸關係發展上處處受到箝制。

1990 年 9 月 21 日設置國家統一委員會、1991 年 1 月 28 日成立大陸委員會、1991 年 2 月 6 日設立海峽交流基金會、1999 年 7 月 9 日政府提出「特殊國與國關係」的主張、2000 年 5 月 20 日陳總統水扁就職演說的「五不政策」、2000 年 11 月 27 日李遠哲主持跨黨派小組所提對「一個中國」做成「三個認知、四個建議」的結論、2000 年 12 月 31 日陳總統發表的「政治統合論」、2001 年 1 月 1 日的開放「小三通」，以及政府開放大陸人民來臺觀光，顯示政府改善兩岸關係的具體作為。

然而，中國大陸堅持一國兩制、不放棄武力犯臺，以及逐漸的採取改革開放政策、2001 年開始實施的十五計劃、加入 WTO 影響、經濟景氣持續與否、對臺商優惠措施如何落實，及對臺統戰戰略等等，都影響著兩岸關係的發展，值得觀察。

4. 推動經濟三化政策

1980 年代臺灣企業由於受到高度成長衍生的問題影響，在經濟面上，因貿易出超，造成外匯存底增加、新臺幣升值，引進熱錢及貨幣供給增加，於是股票飆漲、房地產價格遽升、工資上漲，使生產成本上升，競爭力減退，投資環境漸趨惡劣。在非經濟面上，因解嚴後社會脫序所形成的環保抗爭、勞資爭議、政治不安定、治安惡化，其結果是投資減少及產業外移。有鑑於此，政府於 1985 年 5

月成立經濟革新委員會，提出了經濟革新的方向，應朝「自由化、國際化及制度化」的三化發展。

經濟三化政策是政府於 1985 年 5 月 7 日由 27 位學者、專家和企業家組織成立經濟革新委員會，以 6 個月的時間，針對影響投資、經濟發展的各種制度及法規，進行全面深入研討，並向政府所提出的建議。主要理由是因為臺灣企業的發展歷經長期的保護，以具有相當的基礎，保護政策以善盡了扶持幼稚工業的責任，如繼續採保護措施，除了消費者需付出代價外，也將影響企業發展。所以，必須減少不必要的限制與補貼。

經濟革新的第一個方向就是朝自由化。再者，自由化的範圍不應侷限於國內的經濟活動，臺灣應對以往在產品、資金及技術的國際間流通所做的限制加以進行檢討，力求經濟開放的程度。所以，臺灣企業發展的第二個方向必須朝向國際化。

在進行自由化及國際化的同時，也應健全有關制度、政策與法規，對原有的社會經濟關係，因為發展條件及環境的改變，及其自身的產生變化，應從制度上給予新的、合理的規範。所以，第三個方向就是制度化。

政府推動三化策略的主要內容包括：第一，推動貿易自由化，降低關稅，開放市場，拓展貿易；第二，健全金融制度，妥善金融調節，解除外匯管制，促進金融自由化；第三，調整產業結構，建立產業自由競爭環境，促進產業發展。[34]

政府對外貿易的措施，尚有 1983 年實施的繼續降低關稅率與繼續推動進口自由化、1986 年的修訂〈外匯管制條例〉、1987 年的黃金條塊開放進口公開買賣，及 1989 年的美元中心匯率制廢止。

在產業結構方面，如對公共建設有 1984 年的推動十四項重要建設計劃、1989 年的臺灣省基層建設第一期三年計劃等。政府在 1970 年代末期就選擇產業效果大、技術密度高、附加價值大、能源係數低、可增加國產原料品之利用、有廣大市場及可奠定國防發展之基礎等條件的五大工業，也就是紡織、鋼鐵、石化、電

---

[34] 江丙坤，《中華民國經濟發展概況、問題及對策》，(臺北：經濟部，1994 年 3 月)，頁 11。

子、機械為主的策略性工業，以集中全力發展來帶動工業的升級。

同時，政府於 1979 年 5 月開始實施〈科學技術發展方案〉，並在 1980 年設立新竹工業園區，1983 年 1 月提出〈加強培育及延攬高級科技人才方案〉等重要發展技術密集產業相關的方案，尤其是 1985 年政府訂定〈國家科技發展十年計劃(1986-1995)〉，使臺灣成為「技術立國」的先進國家，1994 年審議修訂通過〈十大新興工業發展策略及措施〉，並依《科學技術基本法》訂定國家科學發展計畫，均是政府為發展高科技產業所積極推動的政策，並迎接以知識為基礎的知識經濟時代來臨。

5. 推動振興經濟方案

政府為解決 1990 年代以來國內投資意願低落的問題，在 1993 年 7 月通過〈振興經濟方案——促進民間投資行動計劃〉振興經濟方案的兩大目標，就是加速產業升級及發展臺灣地區成為亞太營運中心。其中研擬國土綜合開發計劃法、修訂〈促進產業升級條例〉，及全面檢討金融法規，以加強資源的有效運用；放寬兩岸經貿許可規定、加強兩岸產業人才交流，及對臺商赴大陸投資的輔導與整合，以促進兩岸經貿發展；推動行政革新、落實公營企業民營化、鼓勵民間參與公共投資，及加強行政與立法部門間的溝通協調，以提昇行政效率。

振興經濟方案雖對加速產業升級及改善經濟體質具有短期以至長期的積極效果，惟政府鑑於國際經濟情勢及兩岸經貿關係劇烈且快速的發展及轉變，並衡酌國內經濟情勢及國人求心求變的企盼心理，唯有掌握時機，採取宏觀之長程規劃，乃決定以儘速建立兼具研發製造中心、金融中心、交通中心等多重功能的亞太區域營運中心為規劃重點，利用臺灣特殊的區位及經濟條件，將臺灣建設成一個高度自由開放的經濟體，使人才、資金、管理、財貨及資訊皆能充分自由進出及流通，俾能塑造一個相對有利的投資環境，吸收投資、匯聚人才、活絡整體經濟，將臺灣逐步發展成亞太區域營運中心。

振興經濟方案就長程發展而言，是要建設臺灣地區成為一高度自由開放的經濟體，並逐步發展成為亞太區域營運中心。該方案自 1993 年 7 月 1 日起實施，至 1995 年 7 月其階段性任務已經完成，除公營企業民營化併入亞太營運中心計劃繼

續推動外，其餘中長期計劃改以專案繼續執行，或由主辦機關繼續辦理。據經建會指出，1995 年 1 月至 7 月重工業占製造業生產淨值 65.8%，比 1992 年全年平均的 59.3%，大幅提高。重化工業產品占出口比重，也由 1992 年的 48.2%升為 57.1%。至 1996 年 6 月此方案三年期滿，其目標在使三年內民間投資每年增加 10%至15%，經濟成長率維持 6-7%的任務順利達成。[35]

政府於 1995 年 1 月通過〈發展臺灣成為亞太營運中心計畫〉，為臺灣企業發展邁向 21 世紀作準備。從企業層面來看，凡本國或外國企業，以臺灣作為據點，從事投資並開發經營亞太地區市場，包括東南亞及大陸市場，即屬亞太營運中心之範疇。從總體經濟層面來看，所謂「亞太營運中心」，係指以臺灣作為根據地，發展與亞太各成員間全方位的經貿關係，俾使臺灣成為各種區域性經濟活動，包括製造、轉運、金融、通信、傳播活動等之中心點。

6. 建立亞太營運中心

建立亞太營運中心的目標，希望進一步提昇臺灣經濟自由化、國際化的程度，促使國內外人員、貨品、資金及資訊能夠便捷地流通，藉以充分發揮臺灣在亞太地區及兩岸間的經濟戰略地位，吸引跨國企業並鼓勵本地企業以臺灣作為投資及經營東亞市場，包括大陸市場的根據地，以凸顯臺灣在此一地區經濟整合中所扮演的關鍵角色，同時擔負先進國家與開發中經濟承先啟後「中繼者」的國際責任。

亞太營運中心計畫在總體經濟的調整有促進貿易及投資自由化、減少外國人入境及工作許可的障礙、放寬資金進出的限制，及建立資訊化社會所需的法制環境；在專業營運中心計畫有成立製造中心、海運轉運中心、航空轉運中心、金融中心、電信中心，及媒體中心等六大中心。同時，亦針對兩岸經貿關係的發展及國土綜合開發的關係到臺灣能否成為亞太營運中心，而做更長遠的規劃。[36]

亞太營運中心的構想與推動，期將臺灣已遭遇企業出走、資金外流的現象，轉化成為積極為臺灣找尋新方向、建立新優勢的積極作為；也為困境中的臺灣社

[35] 經建會，《振興經濟方案──促進民間投資行動計畫》，（臺北：經建會，1993 年 7 月），頁 2-18。

[36] 經建會，《發展臺灣成為亞太營運中心計畫》，（臺北：經建會，1995 年 4 月），頁 1-5、12-49。

會與經濟解除受僵化法規制度的束縛，更是為臺灣適應新環境及建立新秩序的策略，當然也對其背後原已形成的社會權力結構與政經利益分配，產生新的衝擊與調整。然而，亞太營運中心的推動工作，隨著 2000 年 5 月的政黨輪替而走入歷史，為民進黨新政府構想推動的「全球運籌中心」所取代。

(二) 政府對企業的偏重綜合性角色

1984 年以後是臺灣發展高科技工業時期。1980 年代初期臺灣由於逐漸累積的巨額外匯存底，終而導致中美經貿的摩擦與諮商。因此，政府推動經濟自由化、國際化與制度化；而新興的社會運動及政治反對運動，更促使臺灣面對加速政治民主化的挑戰。

過去威權政經體制的政府已逐漸顯現出公信力、公能力與公權力的式微與不足；而企業發展亦在激烈的政經變遷與威權轉型的過程中，失去了以往與政府間的穩定關係。政府面對社會多元化，及新保護主義與經濟區域主義的競爭，在企業政策上遂有經濟三化策略──自由化、國際化、制度化策略，及科技導向的發展高科技工業政策的提出。

經濟三化政策與科技導向政策在政府的推動下，雖然使臺灣的產業結構獲致相當程度的轉變，但臺灣仍持續受外貿順差所帶來的經濟外部不平衡，而對經濟產生重大衝擊，諸如臺幣升值、貨幣供給增加及資產價值上升等因素，加上政府在外匯市場為了穩定匯率的政策干預，與為了避免貨幣供給額成長過快所採取的沖銷措施，在在使得臺灣整個經濟結構調整期延長。

承上論，在非經濟因素方面，因國內泛政治化風氣、統獨爭議、法制不足、治安不良、社會運動畸形發展，及行政效率有待提昇等，均影響了民間長期投資意願。政府有鑑於此，積極推動〈振興經濟方案──促進民間投資行動計畫〉，及〈發展臺灣成為亞太營運中心計畫〉的重大政策，期將臺灣企業出走、資金外流的現象，轉化成積極為臺灣找尋新方向，建造企業競爭的新優勢，致使臺灣倖免於 1997 年所發生的亞洲金融危機。

政府在這時期，面臨威權政經體制的轉型與強調技術密集的發展高科技工業

過程中，政府不但要注意因資本累積而造成的所得分配漸趨不均，及政黨競爭造成的大量社福支出增加；同時，政府為執行全民健保，必須汲取社會其他資源，與扮演針對婦女、殘障、勞工，及原住民的保護性角色來照顧社會上的弱勢團體，以紓緩其抗爭；政府也要以透過公平交易委員會的功能來維護市場機能，提供市場公平競爭的環境，及對消費者、環境生態的保護性角色，甚至政府以「戒急用忍」政策，來善盡政府對臺商在大陸投資的保護責任；政府也要以生產性角色積極為促進企業發展而推動亞太營運中心。因此，政府在這時期與企業間的關係是以汲取性、保護性及生產性角色兼籌並顧，且須以維持均衡的綜合性角色為主導。

七、 結論

本文研究發現：

一、臺灣企業與政府的關係，在戰前是政府宰制產業；戰後前期是家父長式政府領導產業；到了威權轉型期是政府輔助產業的夥伴關係；而政黨輪替之後，政府更應弱化為配合產業的策略聯盟關係。

二、政府在戰後臺灣企業發展過程中的不同角色，戰後重建期(1945-1952) 偏重汲取性角色；發展輕工業期(1953-1972) 偏重保護性角色；發展重工業期(1973-1983) 偏重生產性角色；發展高科技期(1984-2000)偏重綜合性角色。

三、政府在 2000 年 5 月政黨輪替後，在臺灣政經體制逐漸轉型為自由民主體制新機制下，如何有助於企產發展的發揮競爭優勢，俾依極大化企業長期利益的原則，高度資本主義下政府對企業的輔助性關係如何定位，是為筆者日後繼續深入研究的主題。

戰後臺灣政經發展策略的探討

一、前言

　　臺灣在二次大戰後的近 40 年，其經濟發展成果是大家有目共睹的事實，遂在國際上贏得「臺灣奇蹟」、「經濟奇蹟」的美譽，但我想這不能算是「奇蹟」，而是政府的推動經濟建設，和臺灣 1 千 2 百多萬人共同努力辛苦打拼所累積出來的成果。這段重要歷史的成功發展經驗，不但是值得其他開發中國家爭相學習的範例，更是為我們國家締造了「臺灣經驗」的寶貴歷程。

　　臺灣經濟發展的成功經驗，屢屢受到先後來臺訪問顧志耐(Simon Kuznets)[1]、傅利曼(Milton Friedman)[2]，以及克萊恩(Lawrence Klein)[3]等諾貝爾經濟學獎得主的

---

[1] 1971 年諾貝爾經濟學獎得主，1960 年代末期曾任我國政府經濟顧問，協助臺灣建立總體經濟理論的國民所得計算模式。顧志耐俄裔美籍經濟學家，曾擔任美國全國經濟研究局研究員，為經濟成長提供實證，使得經濟與社會的結構及其發展有了更深的內涵。他認為：第一，政府支出大部分都是維持社會制度的，對消費者滿足並沒有積極貢獻，因而會有高估偏向；第二，資本形成項目，有關折舊都是根據過去經驗而預估的，這種預估常大於實際折舊，因而使國民生產毛額趨大；第三，國民所得並未估計資源的消耗，及知識與技藝成長對福利的貢獻。然而，顧志耐所提出的缺點，並無損國民所得的概念。在世上享有「國民所得之父」的美譽。Simon Kuznets, "Growth and Structural Shifts, "in *Economic and Structural Change in Taiwan*, ed. Walter Galenson (Ithaca, N. Y. : Cornell University Press, 1979), pp.15-131.

[2] 1976 年諾貝爾經濟學獎得主，1973、1980 年先後應邀來臺訪問。傅利曼於進入芝加哥就讀時，並認識後來成為他太太的羅絲(Director Rose)。傅利曼主講有關物價與貨幣的理論，在消費分析、貨幣史與貨幣理論有傑出成就，並證明穩定政策的複雜性，特別是解決 1970 年代，出現經濟成長與通貨膨脹同時持續高

肯定。

(一) 何謂「臺灣經驗」

　　所謂「臺灣經驗」，從廣義的角度來說，應該是指從 1950 年起，持續近 40 年，在中華民國臺灣地區，由於在經濟建設方面呈現快速的成長和繁榮，導致在政治、社會、文化上產生多層次的影響，達成臺灣人進入一個比較富庶的生活環境，同時也導致政經結構重組和社會權力的重分配。

　　「臺灣經驗」的起動力受益於發展經濟的扮演火車頭。先是發展農業，然後再發展工業，隨後在擴張貿易網路遍及全球，在短短的 20、30 年間，把臺灣建設成一個可以比擬歐美資本主義國家的工業現代化。檢視締造「臺灣經驗」的起訖確切時間，是指從 1950 年代到 1980 代為止，臺灣在經濟發展方面的傑出成果。所以，探討「臺灣經驗」時，早期多半注重臺灣先有的經濟發展方面的特殊表現，之後再論及政治民主與社會開放。[4]

　　研究臺灣政經發展經驗的學者，對於臺灣戰後 40 年，能締造出臺灣發的奇蹟，其論點見仁見智。現代化理論認為臺灣乃因接受西方科技經濟複合體的結構，實施其發展途徑的行動模式，亦即使經濟自由化、資本主義化及社會多元化、分工化，政治擴大參與、提高效率等，因而導致國家的社會、經濟、政治、文化結構逐漸現代化，創造了「臺灣奇蹟」。

　　這種論說在詮釋臺灣工業化、資本主義化、都市化、社會化、多元化方面，雖然頗有說服力，但若用來解釋臺灣的高速發展，尤其是政治經濟不同步發展，

　　漲的停滯性通貨膨脹問題。傅利曼來臺訪問期間，臺灣經濟正陷於通貨膨脹率升高的問題，他建議我國中央銀行發行更高面額紙鈔，並對當時臺灣以遠期支票當短期信用工具大感興趣。

[3] 1980 年諾貝爾經濟學獎得主，1982 年至 1983 年間，協助臺灣建構「國家經濟模型的國際連結」(The International Linkage of National Economic Models, LINK)相容模型的工作。克萊恩自大學時期即選定研習經濟學與數學，從事於將數理成為經濟學研究的方法，建構整體的計量經濟模型，並用於經濟波動和經濟分析。

[4] 宋光宇，《臺灣經濟(一) —— 歷史經濟篇》，(臺北：東大圖書公司，1993 年 10 月)，(導言)頁 V。

社會文化不齊步提升方面，恐怕不是很貼切的，難以完全佐證。因而，臺灣的發展理論對於現代化理論構成了相當程度的挑戰。

第一，現代化理論認為，把開發中國家的傳統文化當作現代化的阻礙。然而，臺灣近 40 多年來，並沒有發生急遽和根本的文化變遷轉型，傳統文化依然持續地在政治、經濟和社會制度裡運作，這顯然不是現代化理論可以驗證的。

第二，現代化理論認為，過度抽象的理論本質，雖然可從分析架構和發展指標來檢驗臺灣的發展表現和發展程度，但卻很難從現代化範型應用中，分辨出各個開發中國家在追求發展的歷程上，起始的階段有何不同，採行的策略有何差異，決定成敗的因素又有哪些？

第三，現代化理論認為，發展是一個國家或社會內部自主自發的行動，國際之間的影響力不是被忽略了，就是被當成對發展有正面貢獻。像世界政經體系對臺灣政經發展過程的影響，以及國家機關因應內外互動情勢所採取的政策作為等等，被現代化論者認為可以不必給予特別重視。

至於依賴理論強調歐美的現代化理論，是基於歐美核心工業國家對第三世界邊陲落後國家的剝削榨取。在依賴環境下，第三世界國家將無可避免地落入低度發展的窘況，即出現經濟發展停滯和所得分配不均的現象。

1. 在經濟發展停滯方面

第一，依賴理論認為，在資金上，外國公司會將第三世界國家投資獲得的利潤匯回母國，結果使得第三世界國家流出的資金比外國公司所帶來的投資數額還大，造成依賴國受到直接剝削。同時，也使得邊陲國家無法保護本國企業，造成外國勢力的宰制，民族工業無法發展，及國家資本的無法形成。就臺灣發展經驗而言，1960 年代以前，來臺灣的外資主要是美援，先是軍援，後是經援，而都是美國基於其自身政經利益的目的。美援的主要形式是贈與，不是貸款。資金是流入臺灣而不是流出臺灣。1960 年代中期美援停止後，也並沒有影響臺灣資本累積的形成，外國廠商仍陸續來臺投資，臺灣經濟發展並未出現明顯的停滯現象。

第二，依賴理論認為，在設備和技術上，外國公司引進邊陲國家的設備和技術，大多是核心國家被淘汰過時的設備和技術。邊陲國家並無法因此增強國際競

爭力，加快發展的步伐，縮短和先進國家的差距。然而，1960、1970 年代來臺灣投資的外資廠商，其所引進的大多是勞力密集的生產設備和技術。這些設備和技術結合了臺灣地區高品質但低廉的勞力後，卻在國際市場上具有高度競爭力，打開了外銷市場。同時，也因產業技術的提升，逐漸縮短和先進國家的差距。

第三，依賴理論認為，在商品上，依賴使得國內市場充滿了進口的消費品，並使得外銷產品受到世界市場需求和價格波動的衝擊，結果，經常造成貿易逆差，債台高築，而無法累積資本，促進經濟成長。檢視臺灣在 1950 年代末期到 1960 年代初期，透過匯率調整、進口管制、優惠資金融通、提供原料等獎勵外銷措施，使臺灣由入超轉為出超。所以，臺灣在積極加入世界政經體系的結果，使得臺灣的經濟發展和國際市場的關係更密切，受到國際市場的衝擊更直接，然而並未造成臺灣經濟發展的停滯，反而是促成臺灣經濟發展的主要動力。

2. 在所得分配不均方面

第一，依賴理論認為，在結構上，依賴造成不平衡的發展和雙元社會，使得經濟利益集中在由地主、新興地方資本家、買辦和小規模現代化經濟部門的勞工貴族等等少數人所形成的小圈圈手裡，造成了貧富差距日益擴大。1950 年代臺灣因土地改革成功，使得地主階級在臺灣社會中幾乎消失，也因以勞力密集的中小企業為主體的分散型工業化，使得鄉村地區的民眾有機會從工業部門獲得經濟利益，而未被排除在經濟成長的果實外，臺灣並未出現雙元社會及所得分配惡化的現象。

第二，依賴理論認為，在市場上，依賴造成本地的既得利益群體反對政府的所得重分配措施，同時為了達成目的，將與外國人勾結，透過外國來施加壓力，因而造成惡化的情勢難以改善。可是，臺灣當進口替代工業化的發展造成國內市場飽和之時，政府拒絕本地資本家要求聯合壟斷國內市場的籲求，而改採出口擴張策略，臺灣並未有發展私人市場獨佔現象。

第三，依賴理論認為，在管理與人才上，依賴致使外國廠商通常會將其組織結構的重要部分留在母國。所以，外國公司並未能促進開發中國家經營管理和專業技術人才的增長，以及中產階級的興起。然而，當臺灣光復，具有經營管理和

專業技術的日本人撤走後，適時政府遷臺則帶來了大量人才填補，成為促進臺灣發展的一股重要力量。而隨著中小企業為主體的工業化，以及大陸來臺學者專家投入高等教育體系的貢獻，使得臺灣出現中產階級日益堅實壯大的情勢，也促成了社會的流動和分配的改善。

承上論，不論現代化理論或依賴理論來詮釋臺灣政經發展的經驗皆有其盲點，於是有些學者著重國家與社會在臺灣發展過程中所扮演的角色與功能，亦即要把此兩者的交互作用，和臺灣的歷史與結構綜合起來，採用「綜合途徑」(comprehensive approach)，或稱「國權途徑」(the statist approach)的研究模式，來分析臺灣政經發展的過程。

也就是在 1980 年代以來，學者對於國家發展的研究，已不再受限於現代化理論和依賴理論的立場，而朝著兼容並調和兩大學派的論點，在「新比較政治經濟學」的方法論共識下，透過結構、歷史和比較的途徑去勾勒開發中國家發展變遷的面貌，剖析國家發展過程中攸關國家機關與市場機能角色的搭配，經濟發展和政治民主分合的因由，資本累積和所得分配的關聯，生產方式聯結對非正式部門消長的影響，以及世界政經體系和國家發展的交光互影等各項課題。以下將從歷史縱剖面和結構橫切面來加以審視，佐證臺灣政經發展的經驗。

(二) 臺灣經濟發展成功的經驗

分析戰後臺灣經濟發展的成果，主要呈現在下列：

1.高度的經濟成長與合理的所得分配，從 1952 年至 1990 年，臺灣的平均每年實質經濟成長率為 8.6%。至於所得分配，在 1980 年以前，所得分配不均每年都在下降，自 1980 年始，所得分配不均度才出現升高趨勢。這情形為經濟發展過程中可被接受的現象，即在經濟發展貧苦階段，所得分配平均化自有其社會意義，待經濟發展到富裕階段時，過於強調所得分配平均則會不利於鼓勵市場的競爭。

2.連年出超累積巨量外匯資產，自 1975 年起幾乎連年出超，而且出超數額愈來愈大，從而外匯資產的累積也愈來愈多，至 1994 年 6 月底已達 901 億 4 千萬美元，成為世界上外匯累積最多的國家之一，此不僅表示臺灣對外競爭力之強，也

表示臺灣的「藏富於民」。

　　3.健全的財政收支平衡，政府財政有近 30 年的時間年預算赤字。這主要是由於政府嚴格控制預算執行之所致，而且政府從不以發行貨幣為挹注支出之手段。因而政府發行的公債為數甚小，尚未造成政府財政的沉重負擔。

　　4.天然資源不豐但未向外舉債，世界上，無論開發中國家，或已開發國家，多有外債之累，且成為一國之負擔，如中南美的墨西哥和巴西，其外債逾千億美元。有些債務既無力還本，亦無力付息。臺灣曾有過外債，但為數不大。

　　5.長期維持較低通貨膨脹率，從 1951 至 1986 年止，除 1950 年代因發展初期，物資匱乏，物價水準較高；以及 1980 年代因受兩次石油危機，物價曾二度暴漲外，在大部分的年代，通貨膨脹率低，物價波動很小，尤其在 1980 年代其物價變動幅度之小，為世界上少有。

　　6.未出現嚴重失業現象，因自 1950 代起即發展勞力密集之輕工業，從而吸收大量的勞工，致失業率不高。在 1966 年以前，平均失業率約為 3.9%。1966 年以後，失業率約為 2%。

　　7.提高國民生活水準，一國經濟發展的目的在於改善人民生活條件，在臺灣，農村與都市無太大差別，均能享受到電氣化的生活。人民普遍擁有自用住宅，每年每人平均國民所得皆有穩定成長。

　　檢視過去臺灣經過 40 年的發展，臺灣同時具有上述七個條件，這是世界上罕見的現象。值得注意的，世界上或許有些國家可能具備其中幾個條件，但具備全部條件的，除臺灣外，可說絕無僅有。[5]

(三) 臺灣經濟發展的成功因素

　　根據經濟開發的觀點，臺灣地區的條件並不優厚。首先土地的面積不廣，僅 3 萬 6 千平方公里。且全境多山，僅西部有少許平原，可供耕種。自然資源除林業、漁業外，亦不豐裕。重要礦產如：煤、鐵、石油，儲量甚少，不能自給，品

---

[5] 于宗先，《蛻變中的臺灣經濟》，(臺北：三民書局，1993 年 12 月)，頁 224-226。

質亦差。1951 年前後，工業基礎甚為脆弱，若干工業產品不足以自給。所得水準甚低，國內市場狹小，技術水準落後，社會經儲蓄亦不足，政府尚需支出相當高的國防經費。[6]

在這一並不具備優異發展條件的地區，臺灣經濟發展成功的因素為：

1.實行「計畫性自由經濟」制度的「中國式資本主義」，其與歐洲或美國的資本主義相似而不相同，其特別強調政府的經濟計畫、經濟政策和國有企業應有的作用。在臺灣的自由市場經濟中，逐漸增長的民營企業的生產能力支持了經濟的發展。

2.臺灣經濟發展的正確經濟策略意味著優先發展農業，其次是輕工業，最後才是重工業。循序漸進的經濟發展，乃是正確的經濟政策。

3.宏揚儒家思想，尤其強調儒家倫理道德，儒家精神增加了經濟領域中的社會和諧性，為提高工人勞動生產率做出了貢獻，並有益於儲蓄和投資。

4.成功地將其經濟引入國際社會，領導人對國際經濟主客觀條件的變化十分敏銳，大力發展國際貿易，正確地進入世界經濟社會。

5.耕者有其田的政策是臺灣實施漸進的土地改革的重要原則，平均勞動生產率和預期土地收益的增加都給農業社會帶來繁榮，推動臺灣工業的發展。

6.臺灣不同於其他經濟落後國家，採取一項平衡成長策略，同時維持多個經濟目標：經濟成長、穩定、所得分配平等，農村和城市經濟同時發展，財政和外貿的平衡，避免臺灣經濟發展中的赤字。

7.臺灣的國有化政策在經濟發展中起著關鍵作用，國營事業提供民營企業無法提供的商品，保持物價穩定，提供良好的就業環境，這些都直間接有利於經濟成長。隨著臺灣經濟的發展，國營事業所占比重逐漸下降，經濟發展大部分仰賴於民營企業，立足於藏富於民。

8.臺灣的公平競爭經濟是其成功的主要因素，機會平等的教育制度開發了人

---

[6] 陸民仁，〈中華民國經濟發展的展望〉，《中華民國經濟發展史》(第三冊)，(臺北：近代中國出版社，1983 年 12 月)，頁 1711。

力資源。臺灣所缺乏的自然資源從其豐富的人力資源中得到極大補償效用,寶貴的人力資源成為臺灣經濟發展的動力。

9.日本殖民統治者著重的是臺灣的農業和日本工業。起初,臺灣的農業是為日本工業發展而開發的。以後,在二次大戰末,日本將臺灣的工業引向軍事目的。臺灣從日本的工業化中受益,並建立了經濟發展的基礎。加上,1950 年至 1964 年美國為臺灣經濟提供外援及貸款,幫助臺灣經濟的發展。

10.朝鮮和越南戰爭提供額外的經濟動力。朝鮮戰爭是 1950 年代臺灣實行進口替代策略時爆發的,越戰恰好發生在 1960 年代出口擴張時期。整個 50 年代和 60 年代,臺灣向自由世界提供進口替代工業和出口工業產品促使經濟快速發展。

11.臺灣的成功是執事者經濟計畫的周密構想,依據主客觀條件、國內外政治經濟環境而進行逐步調整的結果。政策適合於經濟條件,並為臺灣建立一個最為理想的經濟制度。[7]

二、 經濟發展觀點

由於臺灣經濟發展的成功經驗,遂引起世人從經濟理論的觀點來探討,尤其是發展理論,有所謂的「發展經濟學」(development economics),以戰後發展中國家和地區落後經濟向現代化經濟型態轉化和發展過程為研究對象,致力建立發展中國家和地區普遍適用的理論體系,以探究這些國家和地區經濟發展的原因和問題,並為解決這些問題而制定的經濟政策。

分析經濟發展的觀點一般將其概略性的分為:發展經濟學理論,與國家發展經濟理論二大類別,以下加以敘述。

---

[7] 魏萼,《中國式資本主義——臺灣邁向市場經濟之路》,(臺北:三民書局,1993 年 3 月),頁 174-175。

(一) 發展經濟學理論

發展經濟學理論的主要經濟觀點有：新古典學派經濟成長理論、結構學派二元結構理論，和激進學派依附理論等三種。

1. 新古典學派經濟成長理論

是指戰後在凱恩斯(J. M. Keynes)理論基礎上形成的專門研究經濟成長問題的理論，可比如於「現代化發展理論」的致力闡明，一定時期一國國民收入同決定國民收入諸生產要素存在著的數量關係，以及隨時間推移生產要素同國民收入數量關係可能發生的變化。經濟成長論廣泛於致力建立數學模型，力圖藉數學演算推論生產要素同國民收入增長率之間的變動條件和規律。[8]

2. 結構學派二元結構理論

與經濟成長論同屬於新古典經濟理論，可比如於「依賴發展理論」的認為，發展中國家經濟結構的最重要特徵，就是現代資本主義部門同傳統自己農業部門並存，發展經濟學應當充分認識，影響發展中國家經濟發展和政策選擇的這種二元結構的特殊固定性和落後性，以及其他一些特徵，並在此基礎上探索和創立適應發展中國家特點的理論模型和研究方法。

3. 激進學派依附理論

依據馬克思政治經濟學基本理論創立的依附論，是激進學派經濟學核心，可比如於「依賴理論」的形成於 1960 年代，拉丁美洲和非洲地區經濟發展緩慢和遇到挫折時期，主要致力於研究拉丁美洲和非洲落後國家同歐美先進國家的經濟關係，以及落後國家經濟部發達的歷史根源和現實障礙。

(二) 國家發展經濟理論

「國家發展理論」(theories of national development)本是「發展社會學」(the sociology of development)的一環，而「發展社會學」又是「社會變遷」(social change)

---

[8] 段承璞，《臺灣戰後經濟》，(臺北：人間出版社，1992 年 6 月)，頁 2。

研究的次級領域。在 18、19 世紀之時，所謂「發展」(development)的概念已經普遍地被使用於人類社會變遷的探討。到了第二次世界大戰之後，不僅是社會學者將「發展」這個概念充分運用在開發中國家的社會變遷上，以作為開發中國家奮鬥的目標。

同時，經濟學者更對「發展」(development)的概念加以外延和作內涵的詮釋，以來界定和測量一個國家發展程度的指標。最常用的就是「國民平均生產毛額」(GNP per capita)，以「生產力」(productivity)來界定和測量發展程度的作法，當國民平均生產毛額越來越高就越是先進。同時，經濟學者也用國民平均生產毛額的成長率，和除掉通貨膨脹率(the rate of inflation)，來度量一個國家的「實質」(real)國民平均生產毛額成長率，如果這個數字越大，其發展的速度就越快。

近代更因促成國民生產增長的主要動力來自於工業化，因此，就狹義而言，發展乃是工業化或資本累積(capital accumulation)所帶來的國民平均生產毛額的實質增長。所以，國家發展理論主要是針對開發中國家的處境，找出它的工業化程度落後的原因，並提出因應對策，以促進乃至於加速開發中國家的工業化，縮短和先進國家的差距。[9]而一般對國家發展理論的探討，主要有兩大學派，一派是「現代化理論」(modernization theory)，另一派是「依賴理論」(dependency theory)。

以現代化理論來看發展問題，自 1950 年代以後，一直是主導西方社會科學界的主流思想。也就是二次世界大戰結束後的 1950 年代和 1960 年代冷戰時期，當時世界政經情勢的主要特徵凸顯以美國和蘇聯為首的資本主義陣營和社會主義集團相互對抗，並且都在嘗試著鞏固乃至於擴大自己的地盤；而且，第二次世界大戰之前原先為殖民地的社會紛紛獨立，成為這個地球上的新興國家；以及為了有效推動援助計畫，以爭取新興獨立國家的認同和加盟，美國的政府和民間鼓勵社會科學界進行開發中國家發展問題的研究。

而依賴理論則於 1960 年代中期開始萌芽，1970 年代日益盛行，當時環境背景的主要特徵凸顯美國和聯合國的各種援助開發中國家發展的計畫成效不彰，開

---

[9] 龐建國，《國家發展理論——兼論臺灣發展經驗》，(臺北：巨流，1993 年 6 月)，頁 23-38。

發中國家未能急起直追，縮短和已開發國家之間的差距，反而有差距越拉越大之勢；而且，戰後初期原先在國家發展上最被看好的拉丁美洲，在進口替代工業化的發展政策有效地帶動了一段時間的繁榮之後，從 1950 年代末期開始出現成長停滯和分配惡化等困境；以及美國本身也從 1960 年代開始陸續出現社會秩序動盪和國際影響力衰退的現象，使得人們開始對美國社會科學界既有之主流學說採取懷疑批判的態度。

從國家發展經濟理論可歸納成三種基本經濟理論，即自由主義理論、激進主義理論與保守主義理論。

1. 自由主義經濟理論

強調在經濟市場與政治選舉中進行個人自由競爭的益處，認為臺灣經驗證明，外向型的資本主義發展，也能為其他國家帶來好處，同時社會經濟的現代化，將導致行政管理的現代化，以及政治代表性的民主化。

2. 激進主義經濟理論

認為社會與政治是圍繞著經濟發展的需要組織而成的，強調資本主義市場導致眾多工人與落後國家發展的不利條件。

3. 保守主義經濟理論

是從歷史、地緣政治與社會文化諸方面進行研究，因從歷史的角度切入，另一面又與重視強而有力的國家政權、強而有力的社會政治理論相一致，常有助於解釋自由主義的方法在臺灣具有如此良好功效的原因，以及這一方法並未產生激進主義者所擔心的不良影響的原因。[10]

三、 主張計畫性自由經濟理論

承上論，檢視「發展經濟學理論」與「國家發展經濟理論」都只能部分佐證

---

[10] 張苾蕪譯，《臺灣政治經濟學諸論辯析》，(臺北：人間，1994 年 9 月)，頁 2-4。

戰後臺灣經濟的發展經驗。在「發展經濟學理論」的三種理論，臺灣經濟的發展經驗，比較接近於新古典學派經濟成長論與結構學派二元結構論的應用。在「國家發展經濟理論」的三種理論，臺灣經濟的發展經驗比較接近於自由主義理論與保守主義理論。

換言之，臺灣經濟發展所建立的獨特模式，被稱之為既是有「自由經濟」，又有「計畫經濟」性質的「計畫性自由經濟」或稱「計畫式的自由經濟」發展模式。因為，所謂的「計畫性自由經濟理論」，就是政府有感於在極端的自由或計畫的經濟制度，都可能導致極端的弊病，政府為達到所要求的經濟目標且避免偏廢之流弊，政府應謹慎地計畫，但也需適當的配合社會經濟及私人經濟的市場活動。

國家的經濟建設目標，是完全掌控在政府計畫的大原則下，才能正確地輔導整個國家社會經濟邁向妥當發展的方向，以免私人在不成熟的自由競爭下承擔過大風險或破壞經濟秩序，同時，政府在計畫掌控下，也會避免過分的參與而影響市場價格機能的發揮。因為，任何國家建設計畫，絕非只是純經濟建設計畫的考慮經濟層面，應該也要將政治、社會等層面的因素考慮在內，是以這些相關層面的特質為背景與趨勢為要件。

臺灣自 1953 年至 1989 年，共實施了九期經建計畫，第十期計畫自 1990 年至 1993 年，但實施不久，隨著郝柏村院長 1990 年 6 月的組閣，復改為六年計畫 (1991~96)，同時在範圍上將以往的內容擴大，包括非經濟活動在內，名稱也改為〈六年國家建設計畫〉。但該計畫亦隨著 1993 年 2 月郝柏村的辭職而終止。連戰的接任行政院長，以及在李登輝總統執政下的強調自由經濟，計畫性經濟特質就被排除的不再延續。

檢視政府經建計畫的功能，是要維持經濟的穩定發展，且較偏重於基礎建設的項目。例如：公共建設方面的交通設施，具產業獨佔的水、電、能源等的穩定供應，具稀少性貿易財的城市土地的合理運用，以及採行所得重分配的改善財富貧富懸殊現象。

在極端自由或計畫經濟制度的因利弊互見之下，為達到經濟發展目標的最適政策選擇，應實謹慎計畫，適當配合社會經濟及私人經濟的市場活動；在追求社

會為國家經濟總目標的前提下，明確區分政府參與市場活動的範圍；這種明確的公、私經濟範圍，因為時間、地區及長短期經濟計畫目標而有不同。

在計畫的大原則下，政府正確地輔導整個國家社會經濟邁向正確的方向。以免私人在不成熟的自由競爭之下擔負過大風險。同時在計畫的範圍外，避免政府過分參與而影響市場價格機能的發揮，可由私人經營企業，政府予以協助，並以法律保障。

臺灣實施的「計畫性自由經濟」，既可兼顧自由與計畫二者的優點，而沒有自由與計畫的缺點，這正是我國民生主義所闡述計畫性自由經濟的制度，也就是真正的自由經濟。[11]或可將其 1950 年至 1980 年的實施過程，稱之為「中華民國特色的資本主義」發展模式。

這是本文在探討臺灣經濟發展理論的真正意涵。同時，也提供分析現代化理論(modernization theory)、依賴理論(dependency theory)及綜合途徑(comprehensive approach)的研究理論，來佐證戰後臺灣 40 年經濟發展的經驗，和對於臺灣如何從威權政治轉型民主政治歷程的政治分析。同時，提供與中國大陸在 1978 年改革開放後，所謂「中國特色的社會主義」發展模式的比較研究。

四、 臺灣政經發展策略的內涵

(一) 政治發展策略的內涵

1945 年 5 月中國國民黨第六次全國代表大會在重慶舉行，通過同年 11 月 12 日舉行國民大會集會的時間，嗣因政治協商會議延期、及在中共與民主同盟的拒絕出席下，迨至 1946 年 11 月 15 日大會才開幕，25 日通過《中華民國憲法》(草案)，1947 年元旦正式公布。接著，依據《國民大會代表選舉罷免法》、《總統副總

---

[11] 魏萼，《民生主義經濟學》，(臺北：中央文物供應社，1981 年 9 月)，頁 32-33。

統選舉罷免法》、《立法委員選舉罷免法》，及《監察委員選舉罷免法》展開各類選舉。

　　但因戰亂，以國民大會代表選舉為例，截至 1948 年 3 月 29 日第一屆國民大會集會於南京，僅選出 2,961 人仍未達規定總額 3,045 人。大會為配合反共戰爭需要，依照《憲法》第 174 條第 1 款，制定〈動員戡亂時期臨時條款〉，規定：「總統在動員戡亂時期，為避免國家或人民遭遇緊急危難，或應付財政經濟上重大變故，得經行政院會議之決議，為緊急處分，不受憲法第 39 條或第 43 條所規定程序之限制」。[12]

　　第一屆國民大會選出蔣介石、李宗仁為中華民國第一屆總統、副總統時，國家實已進入動員戡亂時期。國共戰爭在 1948 年徐蚌會戰後，與中共恢復和談的呼聲再起，並逼蔣介石退職。1949 年 1 月 21 日蔣介石宣布下野，並由副總統李宗仁代理總統職權。

　　然而，和談並未獲致具體進展，反而中共利用這段期間在長江以北積極整治軍備。蔣介石下野，但仍擔任中國國民黨總裁，並在未引退之前，行政院任命陳誠為臺灣省政府主席，中國國民黨任命蔣經國為臺灣省黨部主任委員，預作日後恢復之準備。[13]

　　1949 年 11 月李宗仁稱病赴美就醫，西南戰況艱危，立法委員、監察委員，及國大代表先後聯電蔣介石執行總統職權，並促請李氏儘速返國被拒；12 月國府將中央政府移轉至臺北。1950 年 3 月 1 日蔣介石在臺北復行視事，並經立法院投票同意陳誠繼任行政院長，4 月棄守海南島、5 月退出舟山，集中全力固守臺灣本島，及金門、馬祖等外圍據點。

　　面對國共內戰，戰後臺灣雖然脫離日本殖民統治，卻未能倖免繼續遭受戰爭的破壞。1945 年 10 月 25 日臺灣省行政長官兼臺灣省警備總司令陳儀，代理蔣介石接受日軍司令官安藤利吉的投降，臺灣省行政長官公署正式開始運作。依據〈臺

---

[12] 李守孔，《中國近代史》，(臺北：三民，1974 年 8 月)，頁 351-368。
[13] 郭廷以，《近代中國史綱》，(香港：中大，1980 年)，頁 771-790。

灣省行政長官公署組織條例〉，並不在臺灣採行與大陸各地同樣的省制，而採行由中央政府所任命的行政長官主導行政、立法、司法三權的特殊制度。由於國民黨組織進駐臺灣較晚，加上內鬨，這個時期黨的力量並未能真正掌控權力運作，而是由行政長官的行政權力接收殖民地的國家機構來進行。

　　1946 年 4 月的臺灣省參議員選舉，適國民黨正在大陸主導政治協商會議，召集國民大會，急速要完成制憲的政治工程，卻也埋下臺灣更加混亂的火苗。1947 年發生「二二八事件」，演變成大陸人和臺灣人之間的族群對立，很多人認為族群差異是他們社會中不平等的統治型態，成為戰後臺灣政經發展的障礙。[14]

　　「二二八事件」爆發，警備總司令部宣布臺北市臨時戒嚴。當「二二八事件處理委員會」提出〈處理大綱〉，國府蔣介石主席於 3 月 10 日的總理紀念週上指出，臺灣省所謂「二二八事件處理委員會」所提出的無理要求，有取消臺灣警備司令部，繳械武器由該會保管，並要求臺灣陸海軍皆由臺灣人充任，此種要求已踰越地方政治範圍，中央自不能承認，而且日昨又有襲擊機關等不法行動相繼發生，故中央已決派軍隊赴臺，維持當地治安。[15]

　　3 月 8 日奉命來臺的整編第二十一師主力在基隆上岸，其後一個星期，隨即展開暴力鎮壓，濫捕濫殺，有不少臺籍菁英份子以及基層百姓，在這個期間喪命，乃至中部地區組成的所謂「二七部隊」。[16] 3 月 17 日國府派遣國防部長白崇禧來臺，並下令「禁止濫殺，公開審判」，軍警情治單位由此收斂，許多已判死刑犯人，得以免死，判徒刑者，或減刑，或釋放。[17] 5 月因米價飛漲，學潮如排山倒海而來，「反飢餓」、「反迫害」的罷課請願運動洶湧，政府宣布〈維持治安臨時辦法〉。[18]

　　蔣介石在「二二八事件」初起，即認定此事是共產黨的陰謀，而決心加以剿

[14] Hill Gates, *Chinese Working Class Lives: Getting by in Taiwan* (Ithaca: Cornell University Press, 1987), p.58.
[15] 陳添壽，《臺灣治安史研究——警察與政經體制的演變》，(臺北：蘭臺，2012 年 8 月)，頁 98-99。
[16] 有關「二七部隊」成立經過與發展，參閱：陳芳明，《謝雪紅評傳》【全新增訂版】，(臺北：麥田，2009 年 3 月)，頁 241-256。
[17] 白先勇、廖彥博，《療傷止痛：白崇禧將軍與二二八》，(臺北：時報文化，2014 年 3 月)，頁 5-7。
[18] 郭廷以，《近代中國史綱》，(香港：中文大學，1976 年 9 月)，頁 781-782。

平的心態，恐怕與後來所採取的血腥鎮壓及清鄉有相當密切的關聯。檢討「二二八事件」的發生與後果，國民黨政府撤換陳儀，臺灣行政長官公署改組為臺灣省政府，派文人魏道明接任省府委員兼主席和臺灣省警備總司令，同時宣布結束戒嚴、廢止郵件檢查、重申新聞自由，並開始推動地方選舉。[19]

「二二八事件」凸顯了中華民國國家機構對臺灣的統合在短期內算是成功。但是，之後所發生的這一樁「二二八事件」悲劇，卻訴說了其國民統合政策的挫折，例如 1948 年春，廖文毅與謝雪紅等人組成的「臺灣在解放同盟」，1950 年 2 月廖文毅、邱永漢等人組成的「臺灣民主獨立黨」，以及隨後在東京組成的「臺灣共和國臨時政府」，由廖文毅就任總統。[20]

1949 年臺灣又發生「四六事件」，使國共戰爭在臺灣表面化，國府為軍事安全與經濟穩定，實施全省戶口總普查，並自 5 月 20 日起全省戒嚴，對率隊投共、擾亂治安、金融及煽動罷工罷課罷市者皆適用〈懲治叛亂罪犯條例〉處以重刑。所以，高隸民(Thomas B. Gold)指出，這樣的治理方式，無疑地抹殺臺灣知識份子和社會精英。[21]

國共戰爭，戰後臺灣被捲入這場戰火，延續戰前臺灣陷入支援日治末期戰爭的體制，直到大陸淪陷為止。國民黨政府主要的政治發展策略包括國家安全策略、擴大參與策略、威權轉型策略。

1. 國家安全策略

第一，改造中國國民黨：在許多開發中國家，無論其政治體系屬於傳統君主王朝、軍事統治政權，或者效法已開發國家的民主政體，其追求的目標都是希望國家早日邁向全面現代化。但由於發展中國家的歷史發展、文化背景、社會經濟有獨特的結構，其結構並不必然能夠有效順應現代化的潮流，而使國家順利完成

---

[19] Jay Taylor, 林添貴譯，《蔣介石與現代中國的奮鬥》(下卷)，(臺北：時報文化，2010 年 3 月)，頁 480-481。

[20] 若林正丈，《戰後臺灣政治史——中華民國臺灣化的歷程》，(臺北：臺大出版中心，2014 年 3 月)，頁 49、63。

[21] Thomas B. Gold, *State and Society in the Taiwan Miracle* (N. Y.: M. E. Sharpe, Armonk, 1986), p.51.

現代化工程。

　　但是在面對現代化的思潮洶湧，如何突破各項困難使人民享受現代化的建設成果，卻是許多開發中國家不得不去致力克服的重要課題。所以，在邁向政治現代化過程中，匯集力量去組織群眾，以面對社會、經濟，甚至種族、地域的分歧，需要有一個制度的強大組織，始能夠鞏固政權，發展經濟，建設現代化國家，這個組織便是政黨。1949底中央政府撤退來臺，由於大陸失敗的教訓。所以，在政治上所採取的策略是國家安全策略，以國家安全至上為原則，先求鞏固復興基地，以早日反攻大陸。

　　首先，進行國民黨改造工作，從1939年5月起國民黨總裁蔣介石就已指派專人成立專案小組，研究改革方案，擬定重整國民黨的六大黨綱：第一，界定國民黨的性質為革命民主政黨；第二，擴大吸收農民、工人、青年及知識份子為黨員；第三，組織結構繼續採民主集中制；第四，以小組作為最基層的組織單位；第五，全面領導社會各階層，所有的決策必須透過黨組織程序；第六，黨員必須信守國父孫中山先生的三民主義，服從黨的領導，遵循黨的政策。1950年1月改造研議小組成立，開始草擬各項行動細節。同年8月成立中央改造委員會，正式展開改造工作。[22]

　　蔣介石於1950年3月1日在臺灣復行視事，為求鞏固領導中心，開始進行中國國民黨的改造工作，貫徹「以黨領政」、「革命民主」、「黨治軍隊」、「政治化軍人」等黨務作法，雖遭致胡適、雷震、殷海光等人與《自由中國》雜誌的言論批評。[23]《自由中國》創辦初期是受到蔣介石的支持，立場明顯，就是支持蔣介石

---

[22] 許福明，〈中國國民黨的改造(一九五〇～一九五二)〉，(臺北：國立臺灣大學三民主義研究所碩士論文，1984年)，頁64-65。

[23] 《自由中國》雜誌主要是胡適、雷震、殷海光等自由人士自1949年11月20日創刊至1960年9月1日被迫停刊。「自由中國」每期必刊出的四條創刊宗旨是：第一，我們要向全國國民宣傳自由與民主的真實價值，並且要督促政府(各級政府)，切實改革政治經濟，努力建立自由民主的社會；第二，我們要支持並督促政府用種種力量抵抗共產黨鐵幕之下，剝奪一切自由的極權政治，不讓他擴張他的勢力範圍；第三，我們要盡我們的努力，援助淪陷區域的同胞，幫助他們早日恢復自由；第四，我們的最後目標，是

的反共抗俄政策，胡適擔任名譽發行人、實際發行人是雷震。然而，1951 年 6 月從一篇社論〈政府不可誘民入罪〉開始，《自由中國》為了爭取言論自由和新聞自由，先後和執政當局多有衝突，其中犖犖大者如 1956 年的〈祝壽專號〉、1957-1958 的〈今日的問題〉系列社論、〈出版法修正案〉等，都引發警總等情治單位的干擾，到了 1959 年公開反對蔣介石的三連任之後，關係方才破裂。[24]

尤其當 1960 年蔣介石以增訂臨時條款方式，總統任期將不受憲法第四十七條連任一次的限制，和中央民意代表不用定期改選的延續硬式威權政權時，《自由中國》雜誌嚴厲批判的最終下場，是 1960 年 9 月雷震等人在警總偵訊後，即由軍事檢察官起訴，認定雷震「散播無稽謠言，打擊國軍士氣，煽惑流血暴動，蓄意製造變亂，勾通匪諜份子，從事有利於叛徒之宣傳，包庇掩護共諜」，審判庭作出「雷震明知劉子英為匪諜而不告密舉發，處有期徒刑七年」，以及「連續以文字為有利於叛徒之宣傳，處有期徒刑七年」，被判決須合併「執行有期徒刑十年，褫奪公權七年」。當然，《自由中國》雜誌於 12 月 20 日正式宣布停刊，雷震與高玉樹等臺籍人士預定成立反對黨——「中國民主黨」的工作也就「胎死腹中」。[25]

但蔣介石仍堅持完成黨對行政機關的掌控與軍方的監視，以及情治組織的重組，成功地整建政治權力。在其權力結構中，形成黨對政、軍、警、情治，及社團等機關，所謂「黨國體制」(party-state)的一元化領導。

回溯 1952 年 10 月 10 日至 20 日召開國民黨第七次全國代表大會，改訂黨綱和黨章，完成了黨的改造工作。一個由中央深入地方基層的組織體系大致奠定。

要使整個中華民國成為自由的中國。胡虛一，〈雷震日記介紹及選註〉，李敖等，《萬歲・萬歲・萬萬歲》，(萬歲評論叢書 1)，(臺北：天元，1984 年 1 月)，頁 29-30。

[24] 雷震著，林淇瀁校註，《雷震回憶錄之新黨運動白皮書》，(臺北：遠流，2003 年 9 月)，頁 34-35。

[25] 雷震一案，就因雷震與臺籍人士李萬居等過從甚密，企圖組織反對黨所致。有聲望的外省人士與臺灣士紳「勾結」，是當局的「夢魘」，必須阻止；白先勇、廖彥博，《療傷止痛：白崇禧將軍與二二八》，(臺北：時報文化，2014 年 3 月)，頁 10；許介鱗，《戰後臺灣史記》(卷二)，(臺北：文英堂，2001 年 10 月)，頁 139-143；聶華苓，《三輩子》，(臺北：聯經，2011 年 5 月)，頁 191；雷震 著，林淇瀁 校註，《雷震回憶錄之新黨運動白皮書》，(臺北：遠流，2003 年 9 月)，頁 56。

根據統計，當時國民黨員的人數大約有 17 萬人，在中央為 5 比 1，在省級為 1 比 1，在縣市政府為 8 比 13。[26]同時，依據黨章第二條：「本黨為革命民主政黨」的規定，確立了以「革命」手段達成「民主」的目的，這也是中國國民黨改造後的政黨屬性。

第二，確立威權政體：政治學者研究臺灣自 1950 年代起的政治，多係採稱溫克勒(Edwin A. Winckler)所謂的威權主義(authoritarianism)統治。這種政治形態是介於極權主義(Toalitariansm)的全面壟斷政治資源，與多元民主的充分自由開放政治競爭兩者之間的政治體制。溫克勒在 1989 年更詳盡指出，在 1990 年代中期以前，中華民國將完成從「硬性威權主義」(hard authoritarianism)到「軟性威權主義」(soft authoritarianism)的轉移過程，但在 1990 年代中期以後，臺灣將從威權政體到民主國家的轉移過程將會開始出現。[27]

中國國民黨於 1950 年 8 月成立中央改造委員會以後，為確立「以黨領政」的黨政關係，積極研擬分別於 1951 年 2 月訂定〈中國國民黨黨政關係大綱〉，及同年 4 月的〈中國國民黨從政黨員管理辦法〉。在民意代表機關方面，中央級(包含國民大會、監察院、立法院)設有由黨籍議員組成的黨部，地方級(包含省議會、縣議會、鄉鎮民代表會)則設黨團，村里民大會則設小組。在行政單位方面，中央單位(包含司法院、行政院、考試院)、省政府及縣(市)政府均由黨籍首長或主管級公務員組成黨員政治小組。

上述系統不論黨部、黨團、小組，或是黨員政治小組，都必須接受中央黨部及其所對應之地方黨部的監督，以求貫徹黨中央的決策。檢視七全大會後，有關行政單位與民意機關，在中央級方面，則在中央委員會之下設黨政關係會議，至

---

[26] 田弘茂，《大轉型——中華民國的政治和社會變遷》，李晴輝、丁連財合譯，(臺北：時報文化，1989 年)，頁 91。

[27] Edwin A. Winckler, "*Taiwan Politics in the 1990: from Hard to Soft Authoritarianism,*" Paper presented at the Conference on Democratization in the Republic of China, sponsored by the Institute of International Relations of National Chengchi University and the Center of International Affairs of Havard University, Taipei, Taiwan, R.O.C., January 9-11, 1989.

1955 年以後改由中央政策會負責運作;在地方級方面,一直到鄉鎮級都設由各級行政單位、民意機關及黨部的主要黨員組成的政治綜合小組,來負責黨政關係運作。另外,對於政務官等重要行政職務的出任,亦應先透過黨政關係的事先協調。

至於「以黨領軍」,則在尊重民主體制下,配合 1950 年 3 月在國防部內所設立總政治部,採非公開式的黨軍關係運作。

第三,開放公職選舉:1950 年代臺灣的政治及經濟雖仍處於不穩定的狀態下,但政府仍以實施民主政治的選舉為號召。

首先,舉辦總統、副總統選舉。蔣介石依據 1947 年在中國大陸頒行的《中華民國憲法》,執行其所賦予的權力,主張代表全中國的正統政權,行使地區雖僅限於臺、澎、金、馬,但在政府的組織結構及機制,意涵整個中國的中央體制。同時,依據在大陸時期已宣告動員戡亂時期,將國家置於內戰狀態之中。依當時憲法規定,總統任期六年,蔣介石是 1948 年 4 月國民大會第一次會議選出,1954 年再選,1960 年蔣介石面臨任期即將屆滿而不能再連任,為顧及政局安定與光復大陸的任務尚未完成,遂在國民大會第三次會議,以增訂〈臨時條款〉方式,使總統任期不受連任次數的限制,也賦予戒嚴時期總統更廣泛的權力。

其次,舉辦中央民意代表選舉。依規定國大代表任期六年,監察委員中央民意代表選舉,依規定國大代表任期六年,監察委員任期六年,立法委員任期三年。立法委員於 1951 年任期應已屆滿,惟延長一年任期,1952 年、1953 年都同樣以行政院經總統向立法院要求的方式延展。

1954 年因國大、監委任期也屆滿。行政院再次向司法院協調,請大法官提出解釋,依 1954 年 1 月 30 日釋字第三一號文解釋:「在第二屆委員未能依法選出集會與召集以前,自應由第一屆立法委員、監察委員繼續行使職權」,至於國民大會則以適用憲法第二八條「每屆國民大會代表之任期至次屆國民大會開會之日為止」的條文,第一屆代表的任期與立委、監委一樣,實際上無限期延長。

換言之,第一屆國大代表的任期與立委、監委任期的無限期延長,形成舉世罕見的「萬年國會」。然而,當面臨大陸選出的中央民代日漸老化、凋零的嚴重問題時,政府為避免造成法統體制的危機,只得於 1969 年在臺灣地區舉辦增補選,

反對人士也只有郭國基、黃信介等少數非國民黨籍人士進入中央民意機構，反對人士並未能凝聚成有組織的力量。這些零星政治性突圍，這種臺灣政治的二重結構，根本無法制衡執政當局的威權統治。

所謂「硬式威權主義體制」，就是在蔣介石主政下，以不影響中央領導權的政治結構，凍結總統、中央民意代表等選舉，只局部開放具有象徵意義的地方選舉，透過籠絡地方政治精英及結合地方仕紳的方式，實施既能以民主選舉號召，又能兼顧確立威權政經體制的有效雙軌制。在政經體制上，仍屬軍政體制的延續，繼續以〈動員戡亂時期臨時條款〉及〈戒嚴令〉，限制人民的言論、集會、結社、出版，及新聞等自由，並強調以「法統說」來掌控國會運作。

蔣介石的強勢威權體制，到了 1964 年 9 月開始面臨臺大教授彭明敏等人撰擬〈臺灣自救運動宣言〉，以及《文星雜誌》激起「西化」與「傳統」的思想挑戰。檢視《文星雜誌》發刊詞標示的三項性質：生活的、文學的、藝術的。分析這種性質的內涵，它是強調「啟發智慧並供給知識」，所謂「啟發智慧」是現代人「生活的」必要條件，它的範圍當然囊括了思想上的開明和人權上的保障，所以「思想的」討論，也自然屬於《文星雜誌》的一個重要主題。[28]但是《文星雜誌》為自由民主的奮鬥訴求，亦難逃被警總發動圍剿、被封殺、被刑求、被下獄，而遭遇如繼《自由中國》事件之後的悲劇下場。

最後，舉辦地方選舉。選擇不影響政府權力結構與運作的地方性選舉，政府於 1950 年 4 月 24 日公布〈臺灣省各縣市實施地方自治綱要〉，作為臺灣實施地方自治的基本法規。以省議員及縣市長選舉為例，省議員選舉於 1951 年 12 月及 1954 年 4 月分別選出第一、二屆臨時省議員，1957 年 4 月及 1960 年 4 月分別選出第一屆、第二屆省議員；縣市長則於 1950 年 10 月、1954 年 4 月、1957 年 4 月及 1960 年 4 月分別選出第一屆至第四屆縣市長。[29]

---

[28] 《文星雜誌》創刊於 1957 年而結束於 1965 年。蕭孟能，〈文星雜誌選集序言〉，蕭孟能，《文星雜誌選集》(第一冊)，(臺北：文星書店，1965 年 5 月)，頁 1-6。

[29] 彭懷恩，《中華民國政治體系的分析》，(臺北：時報文化，1983 年 1 月)，頁 152-154。

　　檢視上述不論是政治性的反對運動，或是學術性的爭取言論自由空間，基本上都只是「孤星式」的抗爭活動。雖然地方選舉在 1963 年有李萬居、郭雨新、許世賢的當選省議員，1964 年有高玉樹當選臺北市長、葉廷珪當選臺南市長、林番王當選基隆市長、黃順興當選臺東縣長，1968 年有楊金虎當選高雄市長。但反對人士的活動範圍仍然只是在黨禁、報禁的有限度環境下，滿足少數地方政治精英的參政冀望而已。

2. 擴大參與策略

　　長期以來臺灣政經發展的內部，一直存在國家認同與族群意識的困擾，「臺灣獨立」的訴求，似乎與臺灣民主運動形影相隨。1972 年蔣經國出任行政院長，新的權力組合已初步形成。面對國內新興團體要求改革的呼聲，蔣經國深刻了解到本土化政策乃是臺灣未來永續生存與發展的重要關鍵，乃修正〈動員戡亂時期臨時條款〉，擴大名額容納地方派系及政治精英參與中央政府與國會的權力運作。

　　國民黨人才本土化政策，也非狹義的重用臺籍人士，而是選拔在臺灣成長的新一代的政治精英，匯納到國民黨的領導階層，即一般稱之的「青年才俊」，其特色是高學歷、形象清新、年紀在 50 歲以下。到 1977 年已有大量臺籍黨員經由黨務、行政，或選舉的管道，進入國民黨的統治權力體系，改變了先前由大陸人壟斷的局面。以縣市黨部為例，此時已有近二分之一的縣市黨部主委為臺籍黨員。

　　檢視國民黨權力核心中央常委所占的比重，到 1979 年 12 月的十一屆四中全會，27 位中央常委中，本省民選政治人物占了 6 位，在 1981 年 3 月召開的十二全大會，由蔣主席經國先生提名通過的 27 名中常委中，本省籍人士占 9 位。[30]到了 1989 年十三屆二中全會，其比例更超高三分之一，僅低於技術官僚的比例。雖然這不能完全佐證臺灣已屬多元民主政體，但精英結構性的變化對臺灣民主化必然產生影響。

　　在政府部門擴大層面，更因蔣經國先生於 1972 年 6 月組閣後，大幅增加本省

---

[30] 中國國民黨中央委員會秘書處，《中國國民黨第十二次全國代表大會實錄》，(臺北：國民黨中央委員會秘書處，1981 年 6 月)，頁 783。

閣員的比例，使臺籍人士擔任重要政治職務，如行政院副院長、內政部長、交通部長，以及臺灣省主席、臺北市長都由臺籍人士出任。

到了 1977 年已有大量臺籍政治精英經由黨務、行政，或選舉的管道，進入國民黨的中央權力體系，臺灣政治精英的結構特質，亦由 1950 年代的革命精英，經 1960 年代的技術官僚，調整為 1970 年代的本土化精英。

然而，繼 1950、1960 年代《自由中國》雜誌與「中國民主黨」的組黨，1970年代也出現《大學雜誌》的強烈政治改革訴求，以及「鄉土文學」論戰，再再觸動執政當局的威權政經體制，但基本上仍難脫傳統士大夫知識份子的論政或書生報國。

這是由一批年輕學者藉由《大學雜誌》的平台，延續《自由中國》、《文星雜誌》書生論政的風格，督促政府尊重人權、政治民主化、國會全面改選的議題等訴求，要求政治革新的呼聲越來越高。但是到了 1972 年底《大學雜誌》就因內部理念不合分裂了，其中一部分被國民黨政權所吸收，一部分則透過選舉與「草根黨外」結合。

1975 年 8 月以黃信介為發行人、康寧祥為社長、張俊宏為總編輯，創辦了《臺灣政論》。這是首次以本省人為中心的政論雜誌。雖然在第五期就被禁止發行，但發行量卻高達 5 萬份，康寧祥也在同年底的增額選舉中再次當選。在此，我們可以說「黨外雜誌」與向公職選舉挑戰。[31]

1977 年 8 月 16 日臺灣長老教會發表的〈人權宣言〉，敦促政府面對現實，並採取有效步驟，以使臺灣成為一個新而獨立的國家，以及 11 月 19 日因地方公職人員選舉所發生的「中壢事件」，選舉結果導致臺灣地方政治權力結構的巨變，訴求主題已經隱約可以看出較為鮮明的臺灣意識。

經由 1977 年地方選舉所引起的「中壢事件」，誘發了反對運動中群眾抗爭手段的抬頭，於是有了 1979 年 6 月創刊《八十年代》雜誌，主張體制改革的溫和議

[31] 若林正丈，《戰後臺灣政治史——中華民國臺灣化的歷程》，(臺北：臺大出版中心，2014 年 3 月)，頁175。

會問政路線，不刻意強化臺灣意識，與在同年 9 月創刊《美麗島》雜誌，強調改革體制的激進群眾抗爭路線，並且明白凸顯臺灣意識等兩大不同派別，最後釀成以《美麗島》雜誌為主導，在 1979 年 12 月發生「高雄事件」或稱「美麗島事件」。

　　體制改革運動顯示了民間社會已普遍從省籍權力分配、社會利益分配，及政經主體性等實際結構和意識型態層面，直接向執政的權威體制挑戰，也因中央體制結構的調整與權力的釋出，弱化硬式威權政經體制，尤其在蔣經國 1988 年 1 月 13 日過世之前的一段時間，許多改革開放措施紛紛出爐，如 1987 年宣布解除戒嚴，惟與蔣介石的主政時期相比較，蔣經國主政的時期則可定位為「軟式威權主義體制」。

3. 威權轉型策略

　　1980 年代臺灣在政治發展過程中，政府面對接踵而來的 1980 年恢復立委及國代選舉，1983 年立委選舉，1986 年立委及國代選舉和民主進步黨成立，1987 年 7 月解除〈戒嚴令〉，1989 年立委選舉等影響權力結構的重大事件，迫使國民黨政府不得不採取策略因應。

　　威權政經體制的轉型溯自 1986 年 3 月國民黨第十二屆三中全會通過〈政治革新方案〉、1987 年 6 月立法院通過《集會遊行法》、與攸關政治民主化的〈資深中央民代自願退職條例〉、《選舉罷免法》(修正案)、《人民團體組織法》(修正案)等一連串相關法規的實施。

　　1990 年 3 月李登輝順利當選中華民國第八任總統，在宣誓就職典禮致詞中明白指出：「中華民國憲法是依據國父孫中山先生遺教制度，旨在明權能之非，和中外之長，建立健全的民主體制。但在制定過程中，既多周折妥協，施行伊始，又逢戰亂頻仍，審時度勢，乃有〈動員戡亂臨時條款〉的制定。40 餘年來，在先總統蔣公及故總統經國的先後領導下，此一苦心設計，對維護復興基地安定，開創「臺灣經驗」奇蹟，功不可沒。[32]

---

[32] 李登輝，〈中華民國第八任總統宣誓就職典禮致詞——開創中華民族的新時代〉，《李總統登輝先生七十九年言論集》，（臺北：行政院新聞局，1991 年 8 月），頁 50。

　　李登輝也在致詞中希望能於最短期間，依法宣告終止動員戡亂時期。同時，參酌多年累積的行憲經驗與國家當前的環境要求，經由法定程序，就憲法中有關中央民意機構、地方制度及政府體制等問題，做前瞻與必要的修訂，俾為中華民國訂定契合時代潮流的法典，為民主政治奠立百世不朽的宏規。

　　1990 年 6 月 28 召開為期一週的國是會議，廣徵各界意見以做憲政改革的參考。國是會議並依司法院大法官會議，針對資深中央民代退職案的釋字第二百六十一號解釋，研討解決了數十年來中央民意代表改選與健全國會結構的問題。同年 7 月 11 日國民黨中常會決議在黨內設置「憲政改革策劃小組」，由副總統李元簇擔任總召集人，下設法制、工作兩個分組小組，推動制定憲法增修條文，中華民國正式朝向民主憲政的常軌前進。第一屆國民大會第二次臨時會並於 1991 年 4 月 8 日集會，開始第一階段修憲工作。以後在 1992 年至 2000 年的八年間，進行第二階段至第六階段的修憲工作，積極推動政經體制的轉型工程。

　　檢視影響國民黨執政權力結構的重組，始於 1992 年第二屆立委選舉，民進黨獲得 31%的總得票率及 50 席的立委，相較於國民黨的 53%及 102 席，國內政黨政治隱然形成，對長期國民黨優勢的政治生態，產生極大變化。加上 1993 年新黨成立及 1994 年 12 月臺灣省長、北高市長與省議員選舉，1995、1998 年立委選舉之後，朝野政黨因內部權力結構的調整，與理念的歧異，遭受不斷政爭的紛擾，隱然出現各派系分立與各擁山頭。

　　1996 年 3 月第三屆國大代表與中華民國第 9 任總統、副總統的順利完成選舉，是國家建立自由民主體制最關鍵時刻，顯示我國已從威權政經體制的轉型中，建立了以「主權在民」為機制的自由民主政經體制。

　　影響臺灣「脫內戰化」是兩岸關係自 1987 年 11 月政府正式開放人民赴大陸探親，也因自中國大陸 1979 年開始改革開放，提出「三通四流」、「葉九條」、「鄧六條」、「一國兩制」等統戰策略，政府初期雖仍以「不接觸、不談判、不妥協」的三不政策加以回應，但對國內政經的衝擊，促使政府調整兩岸關係。

　　政府設置國家統一委員會、大陸委員會及海峽交流基金會，作為推動兩岸關係的窗口，1999 年 7 月 9 日李登輝提出「特殊國與國關係」，兩岸關係再陷低潮。

2000 年 3 月 28 日陳水扁、呂秀蓮當選中華民國第 10 任總統、副總統，出現我國歷史上首次的政黨輪替，也完成威權體制轉型。

2000 年 1 月中國大陸發表〈一個中國白皮書〉，5 月陳水扁就任中華民國總統，提出「四不一沒有」的兩岸關係思維，大陸的回應是以「聽其言、觀其行」的冷處理，導致陳水扁喊出「中國與臺灣、一邊一國」的主張，兩岸關係更陷低潮，導致 2005 年中國大陸通過〈反分裂國家法〉。

回溯 2000 年 5 月臺灣出現第一次政黨輪替，陳水扁、呂秀蓮就任總統、副總統，在政經體制上強調轉型正義，試圖除了透過二二八事件、林家血案、陳文成命案、尹清楓軍購案等事件的重新調查，實踐刑事正義彰顯人權政策。11 月修正通過〈戒嚴時期不當叛亂暨匪諜審判案件補償條例〉，該條例適用範圍稍有擴大，也包含戒嚴施行前夕的左翼迫害事件，和 1979 年「美麗島事件」在內。同時，官方又比照財團法人二二八事件紀念基金會方式，成立戒嚴時期不當叛亂暨匪諜審判案件補償基金會。[33]然而，轉型正義必須尊重回歸歷史傳承的漸進改革過程，對於有些特殊的政治性案件應該避免導致轉型正義的意義受到扭曲。

2008 年總統大選的政黨再次輪替，政權回到馬英九總統、蕭萬長副總統代表的國民黨，臺灣從轉型期進入民主的深化。同時強調發展兩岸的共生關係，以追求臺灣海峽兩岸的一個穩定、和平環境。

2009 年完成《行政院組織法》和實施的《公務人員行政中立法》，其中第九條規定公務人員不得為支持或反對特定之政黨、其他政治團體或公職候選人從事如站台、拜票、主持集會、發起遊行或領導連署等高度政治性活動，而被批評箝制講學自由及剝奪政治權利等違反人權的質疑。亦即言論自由受到憲法保障，不得立法侵犯。《集會遊行法》的修正也從早期「罵不還口、打不還手」的態度，調整為依法保障合法的憲法人權，將《集會遊行法》從本質上屬於一般禁止之特定行為的許可制，改為原則上視為人民權利的報備制。

------

[33] 若林正丈，《戰後臺灣政治史——中華民國臺灣化的歷程》，(臺北：臺大出版中心，2014 年 3 月)，頁 383。

2012 年 5 月 20 日馬英九在連任的就職演說中提出「一個中華民國，兩個地區」論述，強調中華民國是一個主權獨立的國家，根據《中華民國憲法》，「互不承認主權、互不否認治權」是對兩岸現狀最好的解釋，也是雙方正視現實、擱置爭議的最好方式，這與「九二共識、一中各表」，是互為表裡的理論，以維持兩岸的和平發展。

2014 年 3 月 21 日大法官會議針對 2008 年底發生的「野草莓事件」，群眾遭驅離所引發集會遊行法申請許可是否違憲作成 718 號解釋，集會遊行法採許可制合憲，但該法第 9、12 條「緊急偶發性狀況、24 小時前申請許可」的規定，不符比例原則，宣告違憲，2015 年 1 月 1 日後失效。

2014 年 3 月 18 日至 4 月 10 日爆發「太陽花事件」，學生與公民團體佔領立法院和行政院辦公室，該事件滋事者雖部分被移送法辦後判不起訴處分，從警察執行公權力和對於社會秩序的維護，凸顯臺灣威權體制的轉型有待更趨成熟。尤其 2016 年 5 月 20 日新當選民進黨籍蔡英文總統宣誓就職，臺灣出現三次的政黨輪替，新政府標榜的社會轉型正義，更是未來檢視臺灣威權轉型民主體制的焦點。

(二) 經濟發展策略的內涵

戰後臺灣經濟發展所採取的主要策略，可分為保護、獎勵、公營、黨營，和開放等五項策略。

1. 保護策略

依據 1943 年 11 月〈開羅宣言〉(Cairo Declaration)，協議日本以武力奪取的東北四省、臺灣、澎湖群島，須於戰後歸還中國。[34]政府依據〈臺灣省行政長官公署組織條例〉，確保法源基礎與權力；並成立臺灣省接收委員會與日產處理委員會，將重要鐵公路運輸、電話電報通訊系統，及菸酒樟腦等專賣事業，併歸國營或省營，同時藉由銀行的公營與貿易的壟斷，控制臺灣較具規模的大企業及金融

---

[34] Ernest J. King & Walter M. Whitehill, *Fleet Admiral King-A Naval Record* (N. Y.：W. W. Norton & Co.), pp.537-538.

貿易等相關產業的發展。[35]

　　臺灣身處中國大陸邊陲，產業發展仍屬於外導的(extra-induced)，戰後由於受到戰爭的影響，特別中國東北戰前已有工業遭到俄國的破壞與拆遷；加上，戰後復員基金短缺，工潮時起，工資成本提高，造成貿易出口減少；同時，物價膨脹的影響，使得工業生產無法按計劃推展，民間企業寧可囤積獲取暴利而不願意投資生產；又因倒風盛行，資金籌措更加困難。尤其，國共戰爭，所以國府所用在經濟發展的經費與軍事支出的比率，由 1946 年的 0.5%、1947 年的 0.43%、1948 年的 0.27%，逐年降到 1949 年的 0.17%。[36]

　　國共戰爭對於產業發展造成最大衝擊的是，每月物價水準上漲率達 50%以上的超級物價膨脹(hyper-inflation)，以上海通貨膨脹惡化的程度為例，1945 年 9 月至 1946 年 2 月的躉售物價飆升為 5 倍，同年 5 月為 11 倍，1947 年 2 月為 30 倍。[37]

　　當時臺灣物價上漲的原因主要是受到大陸金圓券貶值的拖累，政府遂以上海運來的庫存黃金、白銀作為準備，幣制改為新臺幣，限額發行 2 億元，每新臺幣 1 元合舊臺幣 4 萬元，每 5 元新臺幣合 1 美元，而且設發行準備監理委員會，每月終檢查新臺幣發行數額及準備情形予以公告，臺灣的物價才慢慢穩定下來。而且臺灣也一直提供糧食、原料，及消費性民生工業產品，支援當時中央政府正陷入國共內戰的需求，延續到大陸淪陷為止。[38]

....

[35] 臺灣省行政長官公署，《臺灣省行政長官公署三月來工作概要》，(臺北：行政長官公署，1946 年)，頁 4-5。臺灣省行政長官公署，《臺灣省行政長官公署施政報告》，(臺北：行政長官公署，1946 年)，頁 217-237。

[36] Chou Shun-hsin, *The Chinese Inflation, 1937-1949* (N. Y. : Columbia University Press, 1963), p.109.

[37] 根據 P. Cagan 指出，每月物價水準上漲率達 50%以上，稱為超級物價膨脹，參閱 Phillip Cagan "The Monetary Dynamics of Hyperinflation," *Studies in the Quantity Theory of Money*, edited by Milton Friedman(Chicago:University Chicago Press, 1956), p. 25. 及 Lloyd Eastman, *Seeds of Destruction : Nationalist China in War and Revolution, 1937-1949*(Stanford：Stanford University Press, 1984), p. 174.

[38] 根據時任省財政廳長兼臺灣銀行董事長的任顯群指出，國民政府遷臺時，雖然從大陸運了大量黃金作為支撐，加上從美國、日本運回及原先放在廈門的純金，總共約三百七十五萬兩，主要是為反攻大陸準備，供應六十萬大軍的龐大開支。蔣中正機要秘書周宏濤之後回憶，自國民政府遷臺到民國三十九年五月

　　1949 年蔣介石運來臺灣的黃金，後來交給臺灣銀行，臺灣銀行就靠這批黃金及後來的美援，撐住新臺幣。當時還推出頗有創意的黃金存款，存黃金到期加計利息還黃金，對抑制通膨，和提供臺灣的外匯準備，對於臺灣經濟發展有很大的貢獻。從蔣介石到蔣經國的推動十大建設後，開始大量貿易出超，每當對美國貿易，順差太多，美國就會硬要臺灣高價向美國政府買黃金，以平衡美國貿易逆差。

　　臺灣經濟在 1950 年代初主要仍受到戰後影響，完全依賴傳統農業經濟，62%的農業人口處於地主和佃農的關係。[39]特別是凸顯：

　　第一，在物價方面：主要受到財政收支不平衡的影響，由於當時臺灣工商業仍不發達，且國民所得水準偏低，政府財政收支一直不理想，而基於國防需要，國防支出常達政府支出的 50%以上，故經由金融機構對政府債權增加而產生持續性的貨幣供給額增加的壓力，並由貨幣供給額增加率偏重而威脅物價水準的安定。

　　第二，對外貿易入超：雖然農工生產已陸續有所增加，但主要產品以因應國內需要為主，出口部門依然呈停滯狀態，有限的出口外匯收入不能滿足進口外匯需要，故不但貿易入超是常態，而且進口物質不足以因應新臺幣貶值而產生的價格上漲威脅，亦成為物價水準上漲率偏高的主因。

　　第三，人口增加快速：除了因中國大陸變局，在 1949 年前移入 100 餘萬大陸人口，使當時臺灣人口額外快速增加外，在 1950 年至 1960 年間，臺灣人口每年自然率都在 3%以上，以致於人口數自 1950 年的 755 萬人激增至 1960 年的 1,079 萬人。當時由於國民所得水準低，食品類支出佔家庭消費支出比例仍高達 50%至 60%之間，而且基本設施重建進度相對遲緩，颱風等自然災害所帶來的農作物減產導致米價上漲，成為物價水準波動的最主要原因。[40]

底，連同撥付給臺灣銀行的臺幣發行準備金八十萬兩在內，已經耗掉三百二十一萬兩，僅剩五十四萬餘兩。參閱：任治平口述、汪士淳等撰文，《這一生——我的父親任顯群》，（臺北：寶瓶，2011 年 8 月），頁 161-162。臺灣新生報編，《衝越驚濤的年代》，（臺北：臺灣新生報，1990 年 12 月），頁 28。

[39] 經濟建設委員會，《臺灣統計資料(一九八五)》，（臺北：經建會，1985 年）。

[40] 林鐘雄，《臺灣經濟四十年》，（臺北：自立晚報，1993 年 3 月），頁 37-38。

　　臺灣在缺乏能源與技術、低資金儲備、外匯儲備很少和貧窮一起的窘境下，構成了臺灣發展工業的不利條件。所以，當期約 42%的機械進口資金只能仰賴美國援助。[41]所以，這時期政府特別採取保護方式，以安定經濟。

　　換言之，1950 年代初期由於第二次世界大戰結束不久，原來可供外銷之農產品為糖、米、香蕉與鳳梨等，已因日本與大陸市場的流失而無法賺取多量收入，同時又由於已有大量大陸軍民遷入，消費所需增加，農產品之剩餘亦已減少。另一方面，戰後新建的一些勞動密集的輕工業，由於日貨的競爭，不用說不能外銷，就是內銷亦感困難。

　　在這種情形之下，當時政府就決定採取進口代替政策，自製非耐久性消費品以代替進口業。其目的就是一方面要節省外匯，另一方面又面保護這些幼稚工業。[42]所以，政府為藉進口代替促進工業發展，幾乎動用各種可用財經措施，乃至於動員大部分可用資源。其中較直接關係者有下列四項：

　　第一，實施複式匯率制度：1949 年 6 月幣制改革時，原規定 1 美元可兌得新臺幣 5 元，由於外匯不足及國際收支逆差的壓力，新臺幣自始就有高估幣值的現象。為有效運用有限外匯，除管制進口及分配外匯措施外，自 1951 年至 1958 年間，實際上都實施複式匯率制度。

　　無論是初期透過結匯證運用而形成的複式匯率，或是後期管理匯率下的複式匯率，在新臺幣對美元貶值過程中，進口匯率高於出口匯率是常態。以 1957 年 7 月 8 日以後為例，民間企業進口匯率為 1 美元兌新臺幣 32.28 元，而民間出口商所得外匯適用匯率為 1 美元兌新臺幣 26.35 元。此種複式匯率下所顯現的進口額外負擔，等於額外進口稅，對國內產業發展是一種保護作用。

　　第二，實施進口管制：主要由於外匯極其短絀，必須抑制進口需要，自 1951 年即已實施極嚴格的進口管制政策，不但列有大量禁止及管制進口項目，而且在

---

[41] 經濟建設委員會，《臺灣統計增長和結構變化——外貿》，(臺北：經建會，1981 年)，頁 112-117。

[42] 施建生，〈政府在經濟發展中的功能〉，高希均、李誠，《臺灣經驗四十年》，(臺北：天下文化，1993 年 9 月)，頁 90。

高關稅稅率之下，尚陸續實施各種進口外匯分配制度。

同時，在外匯分配制度下，資本設備及原材料進口總是列在優先進口項目中，消費品進口實際上被嚴格抑制著。因此，高關稅稅率、管制進口及外匯分配等措施，抑制了消費品進口，使進口代替產業獲得確定的國內市場。

第三，實施優惠資金融通：整個 1950 年代臺灣因國民所得偏低，許多家庭都尚未擺脫溫飽的恐懼，國民儲蓄率一直很低，直到 1960 年儲蓄淨額占國民所得之比率只提高至 7.6%。同時，雖經陸續採取各種反通貨膨脹政策，大部分年份的物價水準上漲率都達兩位數字。

因此，不但國內資金短絀，而且利率水準一直偏高。以質押放款利率為例，在 1951 年，月息 1.50%。為減輕資金不足及高利率對進口替代工業發展的不良影響，在此期間政府透過公營金融機構對若干進口替代業給予優惠資金融通的方便，對進口替代業的投資及成長都有積極的促進作用。

為促進紡織工業的發展，溯自 1957 年即有低利融資的補助辦法，由臺灣銀行提供適量週轉資金，其利率較其他放款利率為低，藉以促進替代工業的發展，一直到 1960 年，銀行業質押放款利率為月息 1.50%，黑市利率更高達月息 3.90%，但臺灣銀行的低利貸款利率仍僅為月息 0.99%。

第四，實施提供原料措施：當時臺灣外匯極端欠缺，且國內工業原料生產能力非常低，絕大部分工廠如能取得原料，就等於爭取到開工及生存發展的機會。早期的易貨貿易及美援商業採購項目，以原棉、小麥、黃豆、牛油等原料品為大宗，提供相關進口替代工業所需原料，對整個 1950 年代的進口替代工業發展有直接而積極的貢獻。尤其是，棉紡織業在 1953 年之前更得到「代紡代織」措施的扶植，資金及原料問題都一舉解決。

2. 獎勵策略

1950 年代政府的保護政策，到了末期由於考慮市場因素、勞動力與就業問題、資本與技術問題，及國際貿易收支平衡問題，將進口替代策略改為獎勵出口擴張策略，來適應 1960 年代及 1970 年代的經濟情勢，尤其 1970 年代臺灣先後受到兩次石油危機影響外，在外交上於 1971 年被迫退出聯合國，喪失許多國際組織

中的成員地位；1972 年、1978 年日本與美國又陸續與我國斷交，使得外交上更形孤立。

1973 年石油危機前，臺灣經濟成長率超過 10%，然而臺灣對石油的高度依賴使支出增加並損害了出口，從 1970 到 1975 年的年經濟增長率僅 2.9%，每人平均收入則經歷了負增長。所幸，1976 年至 1978 年恢復經濟增長。從 1976 年到 1978 年的年經濟增長率平均為 12.3%，每人平均收入增長了 9.9%，1979 年的石油危機抑制了臺灣 1979 年和 1980 年的經濟發展，經濟增長率僅有 6.9%，每個平均收入僅增加 3.8%。[43]

高度經濟成長期間所伴同產生的貿易擴張、工業成長及消費能力提高，陸續累積形成了基本設施壓力，甚至發生嚴重的基本設施瓶頸現象。檢視 1960 年至 1973 年間，政府固定設備投資平均每年仍增加 12%，但此增加率遠落在各種基本設施需要增加率之後，以致於顯現基本設施瓶頸現象。如不改善此種瓶頸，就會阻礙經濟發展的推進，而基本設施所需資金龐大且又不能進口補充，因而乃成為當時的重大經濟問題。所以，政府以採取各種獎勵及優惠措施，以促進出口成長，這時期稱之為獎勵時期。

換言之，1950 年代末期當時許多第三世界的國家在推行進口代替策略一段時期之後，都對面臨國內市場飽和的問題，而其解決辦法並不是採取擴張出口策略，乃是進一步地深化進口代替。然而，臺灣卻單獨走上外銷，為發展中國家樹立一個史無前例的成功典範。

政府所採取的積極策略是密集在 1958 年實施〈外匯貿易改革方案〉，1959 年訂定〈加速經濟發展方案〉其所公布的〈十九點財經改革措施〉，及 1960 年頒布〈獎勵投資條例〉。從 1957 年到 1960 年的一連串的經濟改革，把發展策略從國內導向轉為國外導向。其相關措施如下：

第一，實施外匯貿易改革方案：在匯率方面，1958 年的外匯改革，雖簡化匯率，實施結匯證自由買賣政策，名義上 1 美元兌新臺幣 36.38 元，但事實上仍非

---

[43] 經濟建設委員會，《臺灣統計資料(一九九○)》，(臺北：經建會，1990 年)，頁 59。

單一匯率。直到 1963 年廢止外匯結匯證，將新臺幣輕幅對美元貶值，真正建立 1
美元兌新臺幣 40 元的單一匯率。

在外銷退稅方面，除繼續簡化退稅手續及放寬退稅條件外，1958 年更設立 14
家保稅工廠及 19 個保稅倉庫，接受委託管理 13 種主要出口貨品，樹立了保稅制
度的基礎。在外銷低利貸款方面，1957 年開始辦理之外銷低利貸款，原僅限於出
口物資包裝代運者，其後則陸續放寬項目，規定主要出口物資之產、製、銷各個
階段均可申請臨時性貸款，具有信譽外銷廠商亦可依照其銷售實績及進行中的外
銷計畫申請貸款。

第二，加速經濟發展方案：該項方案由政府財經部門尹仲容等人提出十九點
財經改革措施，其主要政策內容是重視公營事業經營、健全政府預算及改善稅制
等措施。

第三，獎勵投資條例：以租稅減免為手段，主要措施包括生產事業之營利事
業所得稅最高減至 18%；免徵營利事業所得稅自 3 年延長為 5 年：未分配盈餘再
投資及外匯收入之 2%免稅；加工輸出及國內企業在外國之分支機構之營業額免徵
營業稅；生產事業所有並自用之房屋、機械、器具免徵戶稅，而契稅及印花稅均
依規定免稅或減稅；生產用機器或設備之進口稅捐可延期或分期繳納。獎勵範圍
包括公用事業、礦業、製造業、運輸業、林業、農業、畜牧業、營造業及觀光旅
館業等。

1965 年政府修正〈獎勵投資條例〉，凡合乎獎勵標準之生產事業，減徵營利
事業所得稅 10%，基本金屬工業、電機電子工業、機器製造業、運輸工具製造業、
肥料工業、石化工業等事業，其公司於設廠之初投資資本額達新臺幣 9,000 萬元
以上者，其廠房設備免徵進口稅。[44]

〈獎勵投資條例〉原來有效期間為 10 年，後來再次延期，直到 1990 年才廢
止，而以〈促進產業升級條例〉代替。因此，這個條例奠定臺灣其後 30 年經濟發

---

[44] 林鐘雄、石義行、施敏雄、邊裕淵，〈穩定中的快速成長——民國五十年至六十一年〉，秦孝儀主編，
《中華民國經濟發展史》（第三冊），(臺北：近代中國出版社，1983 年 12 月，頁 1235。

展的基礎。

第四是成立加工出口區:「加工出口區」一詞,首先出現於 1964 年 5 月修改的〈獎勵投資條例〉之中,然後,政府於 1965 年 1 月 30 日頒布〈加工出口區設置管理條例〉。1966 年 12 月 3 日高雄加工出口區正式成立,繼於 1969 年 1 月與 8月陸續增設楠梓加工出口區於高雄市之楠梓,開闢臺中加工出口區於臺中縣之潭子。至 1989 年 9 月為止,核准投資廠商為 243 家,投資金額 681,811,486.45 美元,實際開工為 240 家,金額為 505,346,618.86 美元,雇用員工人數為 76,670 人。[45]

臺灣設置加工出口區是全球創舉,其本身是自由貿易特區與一般工業區的綜合體,也是政府特別在港口都市附近興建標準廠房,提供電力、給水、通訊等各種公共設施以及港口與倉儲設備,以簡化申請投資設廠、成品出口、原料進口、匯出入款等手續,來降低投資者的管理成本。

政府藉由更多的稅捐減免,配合優秀而廉價勞動力,吸引僑外投資人來臺投資。也由於在加工出口區內設廠教區外設廠的各種手續方便。所以,李國鼎特別指出加工出口區具有了出口櫥窗,是吸引來臺投資外銷、促進區外手續的簡化、對科學工業園區設立之引導作用,以及對國際之影響等四項功能。同時,其臺灣整體經濟發展的貢獻,更具有吸引工業投資、改善國際收支、拓展對外貿易、創造就業機會、引進新技術,及對輸入產品的前後連鎖效果。

第五,運用中小企業優勢:在臺灣經濟發展過程之中,曾發揮很大的功能。50 年代以前的第一、第二期,因為中小企業規模實在太小,數目過多,既無正規的會計制度,以資徵信,而家族式經營又往往公私不分,加上政府財政困難,民生用品供應不足,外匯又極度短缺,政府只能選擇支出較大的公營企業發展。不過政府自 1954 年起,行政院所轄的工業委員會運用美援,增加對小型民營工業之專案貸款,這對紡織業的蓬勃發展,產生了相當大的作用。

1960 年代的第三、四期,政府為因應經濟環境的改變,於 1965 年在經合會

---

[45] 康綠島,《李國鼎口述歷史——話說臺灣經驗》,(臺北:卓越文化,1993 年 11 月),頁 134。侯家駒,〈加工出口區〉,高希均、李誠主編,《臺灣經驗四十年》,(臺北:天下文化,1993 年 9 月),頁 383。

暫設中小企業輔導工作小組，此為政府正式成立機構，輔導中小企業之開端，1968年將工作小組改組成立中小企業輔導處，1969年因經合會改組，撤銷中小企業輔導處，並將其工作移交1970年2月成立之經濟部工業局。

當時輔導處的奉命結束，使原來的一批幹部、菁英，有的被編入工業局第六組，有的留在經建會其它單位，有的乾脆出國深造，政府將中小企業的輔導措施，也因此停頓了將近10年，直到1981年1月，經濟部正式成立中小企業處，才又恢復了活動。

政府為因應國際能源危機、國內通貨膨脹壓力，及解決產業結構的問題，1974年推動〈穩定當前經濟措施方案〉，從穩定物價、健全財政，及限建措施等來帶動經濟持續發展。政府在逐步推動國家建設的同時，由於經濟的快速成長，許多基礎設施已不敷需求，形成產業發展的瓶頸；而且工業發展所需的基本原料日增，能源亦日感不足，只能完全依賴進口。因此，十大建設主要是社會基本建設與重化工業，包括核能電廠、六項交通建設、一貫作業煉鋼廠、中船高雄廠，及石油化學工業等。

推動十大建設具有政府強烈的生產性角色，不但帶動公、黨營事業投資，更彌補私經濟部門投資與有效需求的不足。同時，由公營部門投資所帶來的基礎設施健全化，更提供了有利於產業發展的外部條件，大量吸引民間及外國廠商的投資，擴大有效需求，除有助臺灣重工業發展外，更因經由經濟層面的起死回生，連帶有促使政治局勢穩定的效果。相對地，降低1970年代乃至於1980年代臺灣產業發展對外依賴的程度。

政府推動十項建設之後，繼之十二項建設，不但使不少中型企業發展成大企業，也有很多中小企業為因應國內外環境的變遷，放棄勞力密集產業的發展，從事電子業發展。尤其，政府為協助中小企業解決融資困難，財政部成立中小企業信用保證基金，協助中小企業資金週轉，並於1975年7月成立臺灣中小企業銀行，同時將臺灣省八家地區性合會儲蓄公司悉數改為地區性中小企業銀行。1979年行政院通過科技發展方案，加強工業技術研究院的功能，幫助中小企業技術及產品上的輔導工作，同時運用生產力中心協助業者推動自動化及品質管制。

　　發展重工業的同時，政府體會到中小企業是處於政經體系中的權力邊陲，除進行〈中小企業發展條例〉的立法工作，及於 1981 年正式成立中小企業處外，並積極對中小企業提供整體性輔導，改善經營體質，提高競爭力與協助轉型。政府透過對中小企業的輔導，創造了許多就業機會，也達成社會安定、所得平均分配，及城鄉平衡發展的社會目標。

　　臺灣中小企業幾乎占企業整體結構中的 97%以上，具有維持市場自由競爭的功能，中小企業與大企業之間的互補作用，大企業不宜生產的零件，垂直分工由中小企業來製造配合，發揮產業之間互利結合。臺灣中小企業蓬勃的發展，除其中小企業本身具有高度出口導向、高度的自給能力、高度的應變能力、旺盛的企業精神、經營對象的可變性及分散風險較易的特質外，究其特別發達的原因有：第一，規模不大，所需人力、財力較少，易於籌措。第二，多屬勞力密集產業，技術層次較低，經營較易。第三，能充分發揮自立動機。第四，臺灣市場約束力較少，宜於自由發展。

　　另從產業結構面的角度分析，臺灣中小企業蓬勃發展的原因有三：

　　第一，就經濟層面：臺灣經濟發展階段中，由於私人儲蓄逐步提高，國內消費能力增加，以及國外市場的開拓，促使中產階級人數增加，及善於把握企業經營環境的新富階級崛起，同時又因為初期創業本額小、市場有限及技術人才缺乏，與國際代工發展型態，皆有利於臺灣中小企業的興起。

　　第二，就文化層面：中國傳統分家分房的原則反映在臺灣家族企業的繼承問題上，產業和資產由於愈分愈細，使臺灣企業很難擴大。再加上中國人傳統上自己喜歡當老板的習性，使企業很難維持優秀人才，相對的影響中小企業就蓬勃發展。

　　第三，就政治層面：由於政府推行民生主義的意識形態為國家資本主義，具有壟斷性與獨佔性的事業歸於公營，再加上現行租稅制度也抑制朝向大企業的發展，所以中小企業的比重極高。同時，政府也體驗到臺灣中小企業是處權力邊陲的產業。於是採取重視中小企業發展策略，以促進經濟發展。

　　中小企業在政府採取出口擴張策略，以及中小企業與日本商社、跨國商社和

進出口商合作下，從事緊密的國際分工，尤其在行銷的階段更是合作無間。在此情況下，臺灣地區的中小企業當然就可以專業於製造和生產勞動密集的產品，企業可不必擔心行銷的問題。也因為如此，臺灣中小企業才能在出口擴張策略下，成為國家經濟發展的主動力。

1960 年代的出口擴展策略，使臺灣在 1970 年代仍處在長期加工出口工業發展下，雖然至 1978 年，國內工業產值生產淨值的比率已由 1952 年的 18.0%上升為 45.5%，同時，工業產品占輸出商品總值比率亦由 8.1%升為 89.2%，顯示臺灣的經濟結構已大為改善，但當時的工業發展卻也遇到一些瓶頸：

第一，如何繼續保持出口成長的問題：臺灣直到 1976 年重化工業比重才達到 50.8%，以極小差距領先輕工業。由於在輸出商品中，大都是以勞力密集性及附加價值不高的紡織品、成衣及服飾品、鞋類，以及電氣器材、塑膠、合板等產品為主，以 1977 年為例，尚占總出口的三分之二。[46]

如此高的比重，產業結構不改變的話，不但是要面對後進開發中國家在國際市場的競爭壓力，若再遇上國際經濟情勢的衝擊，對經濟的發展極為不利。為繼續藉出口帶動經濟成長，就必須提高出口品的附加價值。

第二，如何克服企業規模小的問題：以 1976 年工商普查資料，國內全體製造業員工在 100 人以下的中小企業占 95%，而其固定資產僅佔 12%，平均每一單位之固定資產僅新臺幣 145 萬元。[47]由於企業型態屬小企業，營運不符規模經濟，生產成本過高，也不利於研究與發展，國際競爭力自然不高。

第三，如何解決能源的問題：臺灣的自產能源較少，隨著經濟發展，進口能源比例愈來愈高，如不考慮能源耗用問題，不但工業發展過程會增加對進口能源的需求，增加外匯支出，而且更會受制於能源供給，而使工業不能順利成長。

3. 公營事業策略

戰後臺灣企業結構性質的經營發展，主要可以分為公營、黨營和民營企業等

---

[46] 主計處，《中華民國國民所得》，(臺北：行政院主計處，1979 年 10 月)，頁 19。

[47] 行政院，《中華民國六十五年臺閩地區工商業普查報告》，(臺北：行政院，1978 年 12 月)。

三大類型的經營模式。所謂「公營事業」，根據 1953 年〈公營事業移轉民營條例〉第二條之規定，係指：第一，政府獨資經營之事業；第二，各級政府合營之事業；第三，依事業組織特別法之規定，由政府與人民合資經營之事業；第四，依公司法之規定，由政府與人民合資經營而政府資本超過 50%以上之事業。

尤其在公營事(企)業和黨營事(企)業方面，之所以不稱「企業」，而稱「事業」，就當時政府的考量，認為公營和黨營，不似民營之純以營利為目的，而是賦予社會民生的福利責任兩者都具有特殊的時代背景和歷史意義。也因為政府和政黨的介入企業經營，遂亦有人將戰後國民政府統治臺灣時期所實施的政經體制稱為「黨(國民黨)國資本主義」(KMT-state Capitalism)。[48]

戰後政府的公營事業來源，部分是大陸遷臺企業，諸如：中央造幣廠、中央印製廠、中信局、招商局、新中國打撈(1970 年撤銷)、中本紡織(國營轉投資，1971年民營化)、中國煤礦開發(1966 年撤銷)、中國漁業(1966 年併入退輔會)、臺灣鋼廠(併入臺機)、中國紡織建設(1967 年撤銷)、農業化工廠(1971 年併入臺糖)、中國農產供銷(1971 年撤銷)、雍興實業(1971 年民營化)、中華工程(原資委會機修處)、中國銀行(1971 年轉黨營，改稱中國商銀)、交通銀行(1960 年復業)、中央銀行(1961年復業)、農民銀行(1961 年復業)、中國產物保險(1972 年改制)等。[49]

國府接續日治時期殖民經濟所留下來的資產，主要依據 1945 年 3 月修正定案的〈臺灣接管計劃綱要〉，並由臺灣省行政長官公署與臺灣省警備司令部聯合組設臺灣省接收委員會，下設軍事、民政、財政、金融會計、教育、農林漁牧糧食、工礦、交通、警務、宣傳、司法法制、總務等十一組。其中，軍事組係由警備司令部擔任，餘皆由行政長官公署統籌。[50]

---

[48] 參閱：陳師孟等著，《解構黨國資本主義——論臺灣官營事業之民營化》，(臺北：澄社，1991 年 9 月)。
[49] 吳若予，《戰後臺灣公營事業之政經分析》，(臺北：業強，1992 年 12 月)，頁 96。
[50] 臺灣省行政長官公署，《臺灣省行政長官公署三月來工作概要》，(臺北：行政長官公署，1946 年)，頁 4-5；臺灣省行政長官公署，《臺灣省行政長官公署施政報告》，(臺北：行政長官公署，1946 年)，頁 217-237。

日人所屬企業則於委員會下增設日產處理委員會，將重要鐵公路運輸、電話電報通訊系統，及菸酒樟腦等專賣事業，併歸國營或省營(下文統稱公營企業)，同時藉由銀行的公營與貿易的壟斷，控制臺灣較具規模的大企業及金融貿易等相關產業的發展，總計 383 單位。[51]

公營事業公司的存在與經營，主要偏重在加強與公營部門投資有關的基礎設施行業，以及投資報酬率回收時間長，或是資本和技術方面民間企業無法經營者，都由政府組成的公營公司來經營。公營事業到了 1965 年 1 月李國鼎擔任經濟部長任內，主張大力擴充公營企業規模，而在經費上與財政部多所意見相左，1969 年 7 月初李國鼎改派財政部長，接替俞國華。隨著政府積極推動十大建設，不但要求公營企業擴大投資與生產，而且也邀請中國國民黨的黨營事業，及部分的民間企業配合加入。[52]

然而，公營事業存廢的爭議始終存在。反對公營企業者，認為企業公營必導致效率低落，成為缺乏效率的最好溫床；而贊成者則力主公營企業可濟民營企業追求私利不顧公益之失，故可提升整體經濟的福利。

公營事業發展到了 1980 年代末期，盤根複雜的公營企業轉投資民間企業常被批評與民爭利和利益輸送的工具，在省屬部分包括省屬企業投資民間企業，和省屬金融行庫投資企業兩大類別。

第一，在省屬企業轉投資企業如：臺灣航業投資中國航聯產物保險，臺灣省農工投資遠東倉儲，高雄硫酸亞投資臺灣擎天神，臺灣鐵路管理局、臺灣航業、基隆港務局投資中國貨櫃，唐榮投資中國鋼鐵，唐榮、臺灣省農工投資中國國貨推廣中心。

第二，在省屬省屬金融行庫投資企業如：第一商銀、華南商銀、彰化商銀投資臺灣水泥，臺銀、土銀、合庫投資中華日報(黨營)，臺銀、土銀、合庫、一銀、

[51] 參閱：張瑞成編，〈光復臺灣之籌畫與受降接收〉，《中國現代史史料叢編》(第四集)，(臺北：中國國民黨中央委員會黨史會)，1990 年 6 月。

[52] 王駿執筆，俞國華口述，《財經巨擘——俞國華生涯行腳》，(臺北：商智，1999 年 5 月)，頁 226。

華銀、彰銀投資臺視，臺銀、土銀、一銀、華銀、彰銀投資臺灣證券交易所，一銀投資味王，一銀、華銀、彰銀投資南亞塑膠，一銀、華銀、彰銀投資臺塑，一銀投資南港輪胎和味全，彰銀投資全日建築經理公司，合庫投資國際票券，華銀、彰銀投資臺北市煤氣，臺銀投資中華開發，彰銀投資中華票券，一銀投資臺火，彰銀投資中國化學製藥，一銀、華銀投資中國國際商銀，一銀投資國賓大飯店，一銀、華銀、彰銀投資中國化學，臺銀、土銀投資中華貿易，臺銀、土銀、合庫、一銀、華銀、彰銀投資華僑商業銀行，臺銀、土銀、合庫、一銀、華銀、彰銀、臺灣中小企銀投資世華聯合商銀，臺銀、土銀、一銀、華銀、臺灣中小企銀投資中興金融票券，土銀投資國際建業，臺灣中小企銀投資聯合建築經理公司，臺銀、土銀投資復華證券金融，彰銀投資交運通租賃，臺銀投資國際證券投資信託和臺億建築經理，土銀、中小企銀投資中國建築經理公司，合庫投資里昂證券投資信託和合眾建築經理，一銀投資東亞建築經理，華銀投資中華建築經理，土銀投資臺灣證券集中保管公司。[53]

在中央所屬部分亦包括中央所屬企業轉投資企業，和中央所屬金融行庫轉投資企業兩大類別。

第一，在中央所屬投資民營企業如：中油投資臺灣志氯化學和信昌化學，交通部電信總局投資美臺電訊、臺灣國際標準電子、臺灣吉悌電信、榮電，臺糖投資臺灣氰胺、臺灣建業、中美嘉吉飼料，臺糖、臺肥、中油投資臺灣證券交易所，臺糖、農民銀行投資國際票券金融，中鋼投資中國鋼鐵結構、中國碳素化學，臺機公司、中船投資臺灣米漢納，中華工程投資聯合大地工程、國際視聽，中油投資福聚和中美和，中油、臺電、交銀投資中華票券金融，臺肥投資臺比，中油投資永嘉，臺電投資聯亞電機和加拿大鄧昇資源，中油投資高雄塑膠、臺化、合迪化。

第二，在中央所屬金融行庫轉投資企業如：交銀投資太平產物保險和中華開發，交銀、農銀、中央信託局、郵政儲金匯業局投資世華聯合商銀，交銀、農銀、

---

[53] 參閱：臺灣省政府，《臺灣省總預算案》，(南投，臺灣省政府，1991 年)。

中央信託局投資國際證券投資信託，交銀投資交運通租賃，交銀、農銀投資臺北世界貿易中心，交銀投資中國建築經理、建弘證券、金鼎證券，農銀投資農業教育電影、大輝國際、大通建築經理、大誠證券、臺灣證券集中保管，中央信託局、陽明海運投資中國航聯產物保險和中國貨櫃運輸，中央信託局投資匯僑貿易、國際建築經理，交銀、中央信託局投資臺電。[54]

　　特別是政府為特別照顧退伍軍人轉業的工作與生活輔導，行政院所屬退輔會的榮民事業系統設置了直屬事業單位和轉投資企業。截至 1989 年 3 月屬於退輔會的榮民事業系統所直屬事業單位包括：農業開發處，森林開發處，海洋漁業開發處，漁殖管理處，礦業開發處，榮民工程事業管理處，經營木材加工業的桃園工廠、臺中木材加工廠及其新竹分廠，經營造紙業的彰化工廠、楠梓工廠、臺北紙廠，經營印刷業的榮民印刷廠，經營炸藥製造業的龍崎工廠，經營紡織業的岡山工廠、中壢製廠，經營食品業的食品工廠、泛凍家工廠，經營塑膠業的塑膠工廠，經營製藥業的榮民製藥廠，經營化學業的榮民化工廠、榮民氣體製造廠，經營鋼鐵業的臺北鐵工廠，臺北技術勞務中心，高雄技術勞務中心，臺中港船舶服務中心等 26 單位。

　　而其轉投資事業包括：欣欣天然氣公司、欣高天然氣公司、欣隆天然氣、欣中天然氣、欣彰天然氣、欣桃天然氣、欣南天然氣、新林天然氣、欣泰石油氣、欣欣客運、欣欣通運、大南汽車、欣欣電子、欣電電信、邦信電器、榮電公司、榮裕裝訂、華欣綜合印製工業、華欣文化、中華紙漿、欣欣蠶業、國華海洋、遠東氣體、泰欣冷凍、美國華安、中國國貨推廣中心、欣欣大眾、欣欣水泥、中心醫療用品工業、華良股份、欣欣木業、榮橋投資、榮友貿易等 33 家公司。[55]

　　政府為因應 1990 年代臺灣社會急遽變遷，由於臺灣高度經濟成長所衍生的貿易出超造成外匯存底過高，臺幣升值引進熱錢和貨幣供給增加，於是股票飆漲、

[54] 參閱：行政院主計處，《1969-1991 年中華民國中央政府總預算案》，(臺北：行政院主計處)。
[55] 朱雲漢，〈寡占經濟與威權政治體制〉，收入臺灣研究基金會主編，《解剖臺灣經濟——威權體制下的壟斷與剝削》，(臺北：前衛，1992 年 8 月)，頁 160。

房地產遽升、工資上漲形成生產成本增加，投資環境惡化、競爭力減退等經濟因素。在非經濟因素方面更因為環保抗爭、勞資爭議、治安敗壞所導致的經濟發展困境。

因此，政府提出經濟自由化、國際化和制度化的三化策略之後，遂於 1991 年提出修改業已停擺將近 40 年的〈公營事業移轉民營條例〉，將原條文第三條：「左列公營事業應由政府經營，不得轉讓民營：1.直接涉及國防秘密之事業。2.專賣或獨占性之事業。3.大規模公用或有特定目的之事業。」的內容，修正為「公營事業業經主管機關審視情勢，認已無公營之必要者，得報由行政院核定後，轉讓民營。」臺灣的公營企業得以再繼 1953 年的四大公營企業民營化後，再度鬆綁地走向民營化。

政府為加速國營事業民營化，除了 1982 年將中臺化工併入中國石油化學開發公司，1983 年中國磷業與臺灣碱業由中國石油化學開發公司吸收合併，1987 年更將臺鋁及臺金兩家公司結束營運。[56]檢視經濟部所屬國營事業由原十五家減為臺電、中油、臺糖、臺肥、中鋼、中船、中化、臺機、中工、臺鹽等十家事業。接著 1989 年開放決定中鋼、臺機、中船、中華工程、中國產物、高雄硫酸亞、中興紙業、唐榮、臺灣農工、臺灣省鐵路管理局、臺汽、臺航、一銀、華銀、彰銀、臺灣中小企銀、臺灣土地開發信託投資、臺壽、臺產等二十家國營事業民營化，國營事業不能再像過去為擴張新的企業範圍或規模而損及民間企業。[57]

到了 2007 年整個國營事業民營化的推動，剩下經濟部所屬 6 家企業，除臺灣自來水公司暫不採釋股方式民營化，而採業務項目委託經營，其餘臺灣中油、臺船、臺電、漢翔、臺糖等 5 家公司，積極推動民營化相關作業。

4. 黨營事業策略

黨營事業的經營，政黨以取得執政權力為目標，必須結黨營私從事政治經營與政黨競爭，乃至被詬病「黨庫通國庫」，引發嚴重的黨國化社會議題。回溯國民

---

[56] 劉玉珍，《鐵頭風雲──趙耀東傳奇》，（臺北：聯經，1995 年 9 月），頁 316。

[57] 陳師孟等，《解構黨國資本主義──論臺灣官營事業之民營化》，（臺北：澄社，1992 年 7 月），頁 51-52。

黨的黨營事業源起於 1945 年該黨的第六屆全國代表大會，黨中央依循會議所訂的財務基本方針，以事業盈餘充作黨務經費，而成立於 1947 年由陳立夫創辦的齊魯公司是唯一在臺復業的黨營生產事業單位。

黨營事業經過 1950 年代俞鴻鈞主導(1950 年 3 月至 1955 年 4 月)的初創期，僅有齊魯公司早期負責生產橡膠製品，包括橡膠鞋、蛙鏡、輪胎等供應軍方使用，以後更擴及生產雷管、導火線、導爆索等工礦器材，作為軍方和各大建設破爆之用；1953 年為因應臺灣當時陷入困境的對外貿易，以 50 萬元資本額成立裕臺公司，經營進出口貿易。[58]

歷經 1960 年代徐柏園主導(1955 年 4 月至 1970 年 4 月)的奠基期，在這時期成立的建臺水泥公司生產的水泥和臺灣建業公司開發的蔗板，都為國內建設和民生環境提供物質，替代了進口需求，甚至有餘力出口；而中興電工和新興電子則負責生產在當時占出口大宗的電器、電子產品；至於景德製藥則擔負起衛生保健的潔水錠、頭蝨藥和治蛔蟲藥等產品。建臺水泥公司是國民黨投資事業體中「很會賺錢的企業」，建臺水泥公司的前身是建臺水泥廠，是齊魯公司於 1955 年出資籌設，並於 1965 年邀約民間的東雲企業共同增資改組成立，資本額 8 千萬；1962年成立中央產物保險公司。[59]

1970 年代俞國華主導(1970 年 4 月至 1979 年 12 月)的拓展期之後，黨營事業在結構上有了調整。1970 年上半年國民黨把黨營事業的管理工作從中央財務委員會分離出來，另外成立中央委員會文化經濟事業管理委員會，簡稱為中央文經會，由央行總裁俞國華出任主委，中央財委會只管財務、主計，不管黨營企業。中央文經會所掌管的黨營企業橫跨財經、文化兩大領域。

然而，當時中央黨部四組的業務是主管黨營企業報紙、廣播公司、電視公司，

[58] 中國國民黨黨營事業管理委員會，《黨營經濟事業的回顧與前瞻》，(臺北：中國國民黨黨營事業管理委員會，1994 年 12 月)，頁 34-38。

[59] 參閱：中國國民黨黨營事業管理委員會，《黨營經濟事業的回顧與前瞻》，(臺北：中國國民黨黨營事業管理委員會，1994 年 12 月)，頁 44-46。

中央文經會所能介入的就只有提供經費。1972 年 6 月間黨營文化事業完全劃歸四組管理，與中央文經會無涉。[60]同時，國民黨分別於 1971 年和 1979 年成立中央投資公司及光華投資公司等兩大控股公司。[61]

黨營事業發展到了 1980 年代鍾時益(1979 年 12 月至 1988 年 6 月)的轉型期，黨營事業在以前投資案絕大部分配合政府政策，投資多與行政院開發基金或公營企業合作，1980 年代以後則轉型多與民間企業合作。1988 年成立建華投資，是國民黨擁有的第三家控股公司，實收資本額為 1 億 5 千萬元，在投資行業的定位上，係專案性質的投資。

建華投資成立後適逢政府開放證券商的設立，即與中國商銀、世華銀行等投資人共同投資成立大華證券，以及成立華信、臺灣蠟品等企業；在海外投資則於1994 年與其他投資公司於日本東京設立臺灣貿易株式會社，購買商業大樓供臺商辦公場所及商品展示；在旅遊觀光方面則與國內其他投資人共同投資七海旅運公司；在資訊工業方面於 1989 年由裕臺公司開始和交銀共同投資倫飛電腦。

檢視黨營事業在 1970 年代的經營觸角，主要伸展在票券金融、石化工業及電子工業等新興行業上。透過兩大控股公司投資成立的公司，在金融業方面於 1976年由中央投資公司主導，率先出資認股，並邀臺銀、土銀、一銀、華銀、上海商儲銀行和中小企銀共同集資新臺幣 2 億元的國內第一家貨幣市場仲介機構的中興票券；1980 年以光華投資公司主導，在邀集臺銀、土銀和中國信託成立復華證券金融。在石化工業方面，國民黨先後透過中央投資公司於 1975 年投資東聯化學，持股 24.9%；1976 年投資中美和，持股 25%；1979 年投資永嘉，持股 49%；1979年聯合下游加工業者臺達、奇美、臺橡等公司成立臺苯，持股 30%。[62]

---

[60] 王駿執筆，俞國華口述，《財經巨擘——俞國華生涯行腳》，(臺北：商智，1999 年 5 月)，頁 241-242。

[61] 參閱：中國國民黨黨營事業管理委員會，《黨營經濟事業的回顧與前瞻》，(臺北：中國國民黨黨營事業管理委員會，1994 年 12 月)，頁 58-66。

[62] 參閱：中國國民黨黨營事業管理委員會，《黨營經濟事業的回顧與前瞻》，(臺北：中國國民黨黨營事業管理委員會，1994 年 12 月)，頁 81-88。

　　國民黨的黨營事業機構到了 1990 年代徐立德(1988 年 8 月至 1993 年 2 月)，和劉泰英(1993 年 3 月接手)的主導時期，整個黨營事業發展到了 1995 年的巔峰。在黨中央的黨營事業管理委員會下，有金融、石化和綜合事業部的中央投資，文化事業部的華夏投資，能源事業部、科技事業部的光華投資，保險事業部的景德投資，營建開發事業部的啟聖實業，專案事業部的建華投資，和海外事業部的悅昇昌等 7 大控股公司，資產淨值達 377 億 7 千餘萬元。

　　參與投資的公司計有：

　　第一，屬於文化傳播業的中央通訊社、中廣、中視、中影、中央日報、中華日報、正中書局、中央文物供應社、博新多媒體等 9 家。

　　第二，屬於貿易流通業的裕臺、臺貿株式會社、南非臺灣貿易、中央貿易、大星、香港臺灣貿易、臺灣民生物產公司、南聯、民興等 9 家。

　　第三，屬於工商服務業的中臺製罐、安鋒、長銘、三星五金、中鼎、中興電工、聯亞電機、臺一國際、衛宇環保、清宇環保、華禹、臺灣裕豐紗廠、齊魯、華夏國際投資、臺北世界貿易中心國際貿易大樓、國華海洋、衛豐保全等 17 家。

　　第四，屬於金融服務業的華信商銀、中華開發、高雄區中小企銀、中興票券、復華證券、中央產物保險、幸福人壽、大華證券、國際證券、華信證券投資顧問、臺灣證券交易所、中加投資、中信投資、環宇投資、大華創投、國際創投、全球創投、中央租賃等 18 家。

　　第五，屬於營建服務業的中鋼、臺灣建業、永昌建設、宏啟建設、林陽實業、金泰建設、建臺水泥、昭凌工程顧問、捷和建設、啟揚實業、漢谷開發、漢洋建設、潤福生活事業、興業建設、灃水營造、中輝建設、大通建築經理等 17 家。

　　第六，屬於科技發展業的三光惟達、臺灣電訊網路、臺積電、宏碁、欣興電子、飛中電腦、華新科技、聯友光電、聯電等 6 家。

　　第七，屬於石化工業的中美和、臺苯、臺石化、永嘉、延穎實業、東聯、厚生、大穎、福合工程塑膠等 9 家。

　　第八，屬於民生服務業的七海旅運、聯華實業、正義、統一超商、景德製藥、欣欣天然氣、欣隆天然氣、欣芝實業、欣泰石油氣、欣嘉石油氣、欣雲石油氣、

欣營石油氣、欣南石油氣、欣高石油氣、欣雄石油氣、欣屏石油氣等 16 家。[63]

在這 7 大家的控股公司參與投資下，舉凡文化傳播、貿易流通、工商服務、金融服務、營建服務、科技發展、石化工業、民生服務等八大行業，國民黨透過黨營企業的 7 大控股公司轉投資的企業公司合計高達 140 家公司。[64]

在黨營事業與公營事業的交互投資情形，檢視各公營企業在民間金融企業投資，顯示公營企業資本作為民間企業的股東，可以對該民營企業的經營權產生一定的干預力，特別金融企業大多為特許行業，在相關市場上占有特殊地位，等於是黨國資本主義對金融體系的每一個層面都擁有部分實質的控制力。

然而，由於金融機構擁有特殊的市場地位，政府很容易經由獨占或寡占進行超額利潤的汲取，而流入國庫與黨庫。這也是臺灣在威權體制下所特有的政經網絡關係，其不僅見於金融體系，也普遍出現在生產事業體系之中。同時，民營企業依附公營和黨營企業的發展，已從家父長式關係調整為大小夥伴關係結構。尤其 1980 年代以後，特別是開放新銀行與新券商等金融機構的成立，新銀行從 1989 年至 1998 年的 10 年間，全臺灣的金融機構總數目共有 452 家，而分支機構更是高達 5,574 家；新券商從 1988 年 8 月至 1990 年底的 2 年間，共有 349 家新公司成立。[65]

新銀行和新券商的開放，雖然符合金融自由化與國際化的需要和趨勢，但是企業財團化的結果，加上立法院提供企業菁英新機會追求決策過程的影響力，各式各樣的企業集團突然變成選舉政客及地方派系競相爭取為合夥的對象，並與國民黨擁有權力決策單位和國民黨的黨營企業相結合。檢視 1989 年至 1991 年間，就有超過 300 個企業的負責人在參加國民黨內部舉辦的國家建設研討會之後，組

---

[63] 梁永煌，〈一二一家黨資事業總覽〉，《財訊》，（臺北：1995 年 4 月），頁 102-108。

[64] 這 140 家公司的經營項目和公司的負責人，詳細資料可參閱：中國國民黨黨營事業管理委員會，《中國國民黨參與投資事業簡介》，（臺北：中國國民黨，1995 年 8 月）。

[65] 郭承天，〈有錢大家賺？民主化對金融體系的影響〉；朱雲漢，〈九○年代民主轉型期經濟政策制定的效率與公平性〉，收錄：朱雲漢、包宗和編，《民主轉型與經濟衝突——九○年代臺灣經濟發展的困境與挑戰》，（臺北：桂冠，2000 年 6 月），頁 75-109。

成「工商建研會」，以擴大影響力，進而與工總、商總及工商協進會等三大工商團體相抗衡，形成新的政企關係。

中國國民黨的黨營事業在臺灣近代經濟發展過程中的意義，除有其政黨本身利益之外，實存亦有對國家、社會經濟的影響與貢獻，最重要的就是：當國家需要它的時候而民間投資意願又不高的企業，黨營事業配合國家整體發展的需要來進行，並扛起責任。黨營事業在經營這麼多年來，除了進行一般性的企業投資外，更配合政府經濟發展與產業升級的政策，在各時期從事不同重點的企業投資；有時更為了配合政府政策及克盡對社會的責任，不但要承擔風險，甚至要犧牲盈餘，來帶動民間企業的成長，同時創造了國民的就業機會，增加政府賦稅收入，更促進國家的經濟繁榮與社會進步。

黨營事業亦如公營事業民營化的進程，在完成階段性任務之後，逐步清理黨產和停止黨營事業的經營，特別是受到社會輿論壓力的影響。檢視從 1989 年隨著新的立法委員產生，在野政黨強烈要求禁止行政部門編列預算補助國民黨及其黨營事業，甚至於國營事業利益輸送黨營事業等情事；到了 1993 年更提出，反對政府運用行政權圖利國民黨黨營事業、反對國民黨成為金融霸主、反對公營事業淪為黨營化、反對賤賣黨產、反對財政部「球員兼裁判」的圖利國民黨：並將《人民團體組織法》的限制黨營事業條文交付審查。[66]

按國民黨依會計師簽證報告的黨營事業淨值，以 1994 年 12 月 30 日為基準日，黨營事業七家控股公司的資產總額為 649 億 5 千萬餘元，負債總額為 231 億 5 百萬餘元，資產減去負債後淨值為 418 億 4 千萬餘元，轉投資企業共 121 家。[67]

1996 年 8 月國民黨召開第 14 屆中央委員會第四次全體會議修改〈中央委員會組織規程〉的第五條將中央文化工作會對黨營文化傳播事業之管理修訂為對黨營文化傳播事業文宣政策之督導，以及第十三條的黨營事業管理委員會修訂為投

---

[66] 臺灣研究基金會，《還財於民──國民黨黨產何去何從》，(臺北：商周，2000 年 7 月)，頁 181-183。

[67] 中國國民黨黨營事業管理委員會，《黨營事業面面觀》，(臺北：中國國民黨黨營事業管理委員會，1995 年 8 月)，頁 7-14。

資事業管理委員會，凸顯國民黨對黨營事業政策的改變。1996 年 12 月國家發展會議通過黨營事業不得從事壟斷性事業之經營、不得承接公共工程、不得參與政府採購之招標、不得赴大陸投資。[68]

2000 年 1 月國民黨總統候選人連戰提出國民黨黨產信託的主張，3 月 18 日陳水扁當選總統，臺灣的政治發展進入政黨輪替、政權轉移的階段，而失去政權的國民黨亦由連戰主導黨務，並對國民黨黨產和黨營事業處理原則做出具體回應，即將 7 大控股公司裁併為 3 家，並在完成黨產清查，而於一年內完成黨產信託。[69]

由於國民黨黨產一直是社會爭議的焦點，迫使 2000 年 5 月馬英九當選總統，不得不亦以兼任黨主席的身分要求黨產妥為處理來紓解外界的批評。根據 2013 年 12 月 31 日國民黨黨產專案報告的統計，不動產部分，國民黨名下土地 147 筆，公告現值為 6 億 1512 萬元，房屋共 152 筆，值 4 億 765 萬元；事業投資則包括中投、欣裕臺 2 家公司，合計淨值 233.36 億元。

國民黨再三強調，自 2007 年起就不再投資或經營任何黨營事業。黨營事業交付信託之後，在馬英九主席任內曾進行 5 次標售，最後都以流標收場，這絕非國民黨所樂見，但也不能削價求售，否則賤賣黨產將有觸犯《刑法》背信罪之虞。國民黨對黨產的處理，儘管如此，但社會對其導致黑金結構的批評，認為其未能符合公平正義的聲音仍然爭議不斷。

臺灣自戰後的冷戰開始期間，即與美國為首的資本主義集團站在同一條生命線上，儘管實施的是軟性的計畫經濟或稱計畫性自由經濟，走的是介於純粹資本主義和中央計畫經濟之間的三民主義道路，略近於戰後的德國和日本模式，但整體而論臺灣經濟發展的黨國化體制是無可避免的被美國霸權的資本主義市場經濟所宰制。儘管國民黨的黨國威權體制在經濟決策上固然掌握了一些利益表達的管

---

[68] 參閱：中央委員會秘書處，《中國國民黨第十四屆中央委員會第四次全體會議總紀錄》，(臺北：中央委員會秘書處編印，1996 年 8 月)，頁 113。中國國民黨黨營事業管理委員會，《黨營事業面面觀》，(臺北：中國國民黨黨營事業管理委員會，1995 年 8 月)，頁 7。

[69] 臺灣研究基金會，《還財於民──國民黨黨產何去何從》，(臺北：商周，2000 年 7 月)，頁 234。

道，然而民間企業在計畫自由經濟運作機制中仍有很大的彈性發展空間。

5. 開放策略

　　1980 年代臺灣在對外方面，由於長期追求高經濟成長，1986 年的對外貿易值，已占全世界的 1.5%，其中出口值更占全世界的 1.9%。臺灣的人口雖只有全世界的 0.4%，但國民生產毛額卻占全世界的 0.52%。該年，臺灣的平均每人國民生產毛額 3,748 美元，在 11 個新興工業國家中，僅次於新加坡、香港及西班牙，領先於其他國家。

　　臺灣由於在此高出口依賴之下，繼續藉出口擴張作為促進經濟成長的策略，遂遭到國際價格競爭與分散出口市場的難題。在對內方面，則因環境保護及勞工意識的抬頭，加上高所得伴隨高儲蓄率，但投資意願卻低落，以 1985 年為例，投資僅占國民生產總值的 18%，而儲蓄則占 31.5%。在 1986 年至 1989 年間，其情況變化也不大，儲蓄仍高於 30%，而投資卻低於 20%。[70]

　　政府為改善產業結構，由勞力密集改為資本或技術密集產業，並推動自由化、國際化及制度化，而採取開放政策，這時期稱為開放時期。

　　為保持出口旺盛，改進中小企業結構及解決能源耗用等問題，尤其要克服受制於總資源的問題。臺灣在 1970 年代末期政府就選擇產業關聯效果大、技術密度高，附加價值高、能源係數低、可增加國產原料品的利用、有廣大市場及可奠定國防發展的基礎等條的五大工業，也就是紡織、鋼鐵、石化、電子、機械為主的策略性工業，以集中全力發展來帶動整體工業的升級。

　　李國鼎指出「重點工業」或是「策略工業」這個名詞，在 1980 年代的臺灣很流行，它指的是政府指定要優先發展的工業，一旦被選為重點工業之後，無論是在研究發展、銀行融資、租稅減免或人才培育，都能比其他工業得到更優惠的待遇。但「重點」、「策略」工業的想法卻不新，早在尹仲容時代就有優先發展工業的說法。[71]

---

[70] 經濟建設委員會，《臺灣統計資料(一九九〇)》，(臺北：經建會，1990 年)，頁 59。

[71] 康綠島，《李國鼎口述歷史——話說臺灣經驗》，(臺北：卓越文化，1993 年 11 月)，頁 230。

　　政府的持續加速發展策略性工業所採取的措施，例如在金融方面，特別指撥專款分別由交通銀行辦理發展策略性工業及重要工業中長期低利貸款，以及由臺灣中小企業銀行辦理中小企業開發性計劃低利貸款。

　　政府為加速促進國內科技水準，於 1978 年 1 月召開首次全國科技會議，確定科技研究的發展方向、獎勵與指導民間企業投資科技研究、設置科學工業實驗園區，及建立科技研究的分工合作體系。尤其是 1979 年 5 月〈科學技術發展方案〉的實施，除沿承首次科技會議的重要決議外，更強烈指出臺灣科技發展有三大目標：改善人民生活、促進經濟發展以及達成國防自立。為求能達到這目標，該方案又採取了 7 項策略與 250 餘項措施。

　　其中重要項目如：建立以能源、材料、資訊與生產自動化為主的四大重點科技。設立新竹工業園區。大量扶植與延攬海內外學人。建立海內外科技顧問制度，借助他們成功的經營和豐富的知識，針對臺灣科技發展的方向予以評估並提供意見。隸屬行政院的科技顧問室於 1979 年下半年成立，並於 1980 年初在臺北舉行第一次會議，新竹工業園區的設立也於 1980 年經立法院通過。在這個園區中的公司，除了一般可接受的優惠待遇之外，還有其他附加的優惠，如可保留盈餘達已收資本額的 200%，超過部分才課稅 10%，也可申請政府參與投資，出資最高可達總資本額的 49%。

　　科學實驗園區的完全成立，凸顯其具有政治、經濟、教育及國防等方面多重的效益與意義。提出〈加強培育及延攬高級科技人才方案〉等重要發展技術密集產業的政策，尤其是 1985 年政府訂定〈國家科技發展十年計劃(1986-1995)〉，1994 年通過〈十大新興工業發展策略及措施〉，並依《科學技術基本法》訂定國家科學發展計畫，使臺灣成為「技術立國」的先進國家，以因應知識經濟時代的來臨。

　　檢視臺灣科技創新的策略性工業，到了 1992 年底，園區已設立 141 家公司，其營業額由 1983 年的 33 億元，增加為 872 億元。這 141 家公司屬於本國企業子公司的有 12 家，屬於外國企業子公司有 29 家，屬創業投資有 64 家。其中創業投資多半為海外學人返國創辦。而園區幾近 80%的公司資訊或電子工業，如積體電路產產有 33 家、電腦及周邊設備有 45 家、電訊產業有 25 家，其他有 19 家光電

產業、13 家精密機械產業、4 家生物技術產業、1 家環境科技產業與 1 家能源科技產業。[72]

　　至於大量扶植與延攬海內外學人，則由李國鼎奉命自 1983 年 1 月 25 日起，在兩個月協議有關部會提出〈加強培育及延攬高級科技人才方案〉在院會通過。根據李國鼎指出，在國內人才方面，建議擴大招生碩士班與博士班；擴大現行教師出國進修名額；舉辦專業密集課程或研討會；發動各種公民營企業與財團法人捐助教授與研究生獎助會；並由中山科學院與臺大成立應用數學研究所與成功大學成立航太研究所；工業技術研究院與清華大學設立材料研究所與交通大學設立電子研究所等機構，同時大學研究所的科技碩士或博士，畢業後可報考國防部科技單位或非國防部的重要科技單位，以間接支援國防。在延攬海外人才方面，除開出大量優厚條件外，政府官員並因自出馬到美國說服旅美科技專家返國服務，加入為臺灣經濟奮鬥的行列。[73]

　　同時，根據〈科學技術發展方案〉，政府於 1979 年 7 月成立財團法人資訊工業策進會，並敦促經建會研訂〈中華民國資訊工業部門發展計劃(1980 年至 1989 年)〉，預先勾繪我國資訊工業 10 年發展藍圖與重要措施，奠定我國資訊工業發展堅固之基石。在這 10 年間，到了 1989 年臺灣資訊工業不但已經達成並超越預定 46 億美元的目標，而且已成為我們僅次於電子、紡織的第三大產業，其產值對我國 GNP 貢獻率已達 5%，表示資訊工業已居我國經濟發展關鍵的重要地位。[74]

　　為使臺灣成為「技術立國」的先進國家，政府又於 1985 年擬定〈國家科技發展十年計畫(1986 年至 1995 年)〉，並於 1986 年在行政院決議推動一個大型積體電路公司(TSMC)，該公司初創時，第一年曾虧損臺幣 12,000 萬元，但到了 1992 年營業額已達 65 億元，利潤達 12 億，而 TSMC 的技術層次已達 0.6 微米，並 1993

---

[72] 徐賢修，〈科學工業實驗園區設置的背景特徵及其意義〉，《立法院聞月刊》(7 卷 5 期)，(臺北：立法院，1979 年 5 月)，頁 13。

[73] 康綠島，《李國鼎口述歷史——話說臺灣經驗》，(臺北：卓越文化，1993 年 11 月)，頁 227-230。

[74] 李國鼎，《經驗與信仰》，(臺北：天下文化，1991 年 6 月)，頁 136-137。

年初正式生產。

　　政府也以產業的自由化、國際化及制度化來配合科技導向策略。具體而言，所謂自由化也就是尊重市場價格功能，政府對產業及各種經濟活動盡量減少不必要的干預。所謂制度化，也就是自由經濟必須在一套合理的典章制度下運作，對於金融制度的現代化、財稅制度的合理化及經濟法規的健全化，都應詳加規劃。所謂國際化，也就是要減少各種產業因素在國際間流動的障礙，力求產業發展的國際化。同時，還應積極參與區域之間的經濟合作，在國際間扮演一個夥伴的角色。

　　就其基本策略而言，經濟自由化是培養企業家獨立、計畫及創新的原動力，更是增強競爭力，提高經營效率的手段；此外，經濟自由化能使市場機能充分發揮，又能為經濟國際化提供發展的條件。至於制度化，更是企業運作必須遵守的規則，以維持良好的經濟秩序。在臺灣經濟自由化的過程中，需要建立制度，以防制經濟自由化所帶來負面的影響，彼此相輔相成，才是經濟成長的保證。

　　政府在第九期經建四年計劃中，主要採取的措施為推動貿易自由化、健全金融制度，和調整產業結構。

　　所以，第一，對外貿易政策方面，如 1983 年的繼續降低關稅率與繼續推動進口自由化、1986 年的實施新關稅估價制度，以及 1988 年的開放對東歐國家貿易。第二，金融政策方面，對利率有 1985 年的解除利率管制與實施基本利率、1987年的黃金條塊開放進口公開買賣；對匯率有 1983 年的合理放寬外匯管制、1986年的修訂外〈匯管理條例〉、1987 年的停止實施外匯管制，以及 1989 年的美元中心匯率制廢止。第三，產業結構方面，對公共建設有 1984 年的推動十四項重要建設計畫、1989 年的臺灣省基層建設第一期三年計畫(1989-1991)，對農業政策有1980 年的推行第二階段農地改革、1988 年的實施田糧換購稻穀辦法與放關大陸農工原料進口處理原則。[75]

---

[75] 李國鼎，〈臺灣重要經濟政策連貫圖〉，高希均、李誠主編，《臺灣經驗四十年》，(臺北：天下文化，1993 年 9 月)，頁 445。

　　雖然，自由化、國際化在政府的推動下，但其情形仍因受持續外貿順差所帶來的經濟外部不均衡，對臺灣經濟產生重大衝擊，諸如臺幣升值、貨幣供給增加、資產價格上升等因素，加上政府在外匯市場為了穩定匯率的干預，則為了避免貨幣供給額成長過快的沖銷措施，均使得臺灣整個經濟結構調整期延長。

　　也因為開放外匯管制及金融市場規模日益擴大，加上民間有了金融資產累積，使得臺灣廠商更為容易取得資本，及促進產業升級，而走向技術密集與資本密集的生產方向自然也更為容易。同時臺灣廠商對外投資與從國際金融市場融資的行為也日益普遍，企業理財方式與經營方式的走向國際化，臺灣的經濟便已邁入一個完全不同的新境界。

　　1980 年代以後，臺灣產業受到高度成長衍生問題的影響，出現貿易出超，外匯存底增加，新臺幣升值，引進熱錢及貨幣供給增加的結果，造成股票飆漲、房地產價格劇升、工資上漲，致使生產成本上升，競爭力減退，投資環境漸趨惡劣。

　　加上，解嚴後社會脫序所形成的環保抗爭、勞資爭議、政治不安定、治安惡化，致使投資減少及產業外移。政府採納「經濟革新委員會」的提議，加速臺灣產業的自由化、國際化及制度化。自由化檢討以往在產品、資金及技術的國內與國際間流通所做的限制，力求開放程度，讓臺灣產業國際化，並對與社會經濟發展有關制度、政策與法規給予制度化。

　　為解決國內投資意願低落的問題，政府推動〈振興經濟方案——促進民間投資行動計畫〉，加速產業升級及發展臺灣地區成為亞太營運中心。該方案自 1993 年 7 月起實施，至 1996 年 6 月此方案 3 年期滿，其目標在達成 3 年內民間投資每年增加 10%至 15%，經濟成長率維持 6-7%的任務。

　　亞太營運中心的目標希望進一步提昇臺灣經濟自由化、國際化的程度，促使國內外人員、貨品、資金及資訊能夠便捷地流通，藉以充分發揮臺灣在亞太地區及兩岸之間的經濟戰略地位，吸引跨國企業並鼓勵本地企業以臺灣作為投資及經營東亞市場，以凸顯臺灣在這一地區經濟整合中所扮演的關鍵角色，同時擔負先進國家與開發中經濟承先啟後「中繼者」的國際責任。

　　政府雖以自由化、國際化、制度化的「三化策略」，及科技導向的發展高科技

工業政策，因應社會多元化、美國新保護主義，及區域經濟的競爭，臺灣經濟實際獲致相當程度的發展，但仍持續受外貿順差所帶來的經濟外部不平衡，尤其政府為了穩定匯率在外匯市場的政策干預，與為了避免貨幣供給額成長過快所採取的沖銷措施，延長臺灣整個經濟結構的調整期。

但政府積極推動〈振興經濟方案——促進民間投資行動計畫〉，及〈發展臺灣成為亞太營運中心計畫〉的重大政策，期將臺灣企業出走、資金外流的現象，轉化成積極為臺灣找尋新方向，建造企業競爭的新優勢，降低臺灣遭到 1997 年亞洲金融危機的衝擊。然而，亞太營運中心的推動，隨著 2000 年 5 月的政黨輪替而為全球運籌中心所取代，臺灣高科技產業的未來發展值得關注。

尤其政府為加速產業升級、提高產品之附加價值，自 1991 年 1 月實施〈促進產業升級條例〉，期藉由「功能別」的獎勵，取代〈獎勵投資條例〉的「產業別」獎勵。〈促進產業升級條例〉有關租稅優惠包括：利用租稅抵減獎勵措施來鼓勵廠商進行研究發展、自動化和人才培訓等，重要科技、重要投資事業持有股票之投資抵減，重要科技、重要投資、及創投事業五年免稅或股東抵減擇一適用，重要事業得在不超過資本額二倍之限度內保留盈餘。〈促進產業升級條例〉原訂於 2000 年落日，但又延長實施，獎勵內容作了部分修正。

到了 2014 年 6 月，政府為促進產業升級更以〈產業創新條例〉取代〈促進產業升級條例〉，提供多元化獎勵工具，協助產業改善環境、提升競爭力；並全面推動產業發展，以因應產業日漸多元之發展特性；塑造產業創新環境，協助產業從事包括發展品牌、產學研合作及設立創新研發中心等創新活動；落實產業永續發展，推動溫室氣體減量或污染防治技術之發展及應用；轉型工業區為產業園區，整備產業發展的基礎建設。

〈產業創新條例〉期以達成調降營所稅稅率、降低中小企業及傳統產業租稅負擔、透過研發租稅獎勵引導產業升級轉型、補助中小企業增僱員工與創造就業機會、協助新興服務業取得必要用地來促進相關產業發展。雖然臺灣服務業占 GDP 已經達到 7 成以上，但就業吸納卻未成等比例，在於新興服務業投資不足所致。配合臺灣產業型態逐漸朝服務業或複合性發展，臺灣需要各式態樣的產業園

區，以促進產業發展。

五、 臺灣政經發展策略的檢討

(一) 政治發展策略的檢討

1950 年代臺灣的經濟發展有助臺灣推動政治民主化，雖然物質富足的國家並不一定都會走向民主。韓廷頓(Samuel P.Huntington)指出，臺灣步入民主化之前，確實出現了一些經濟與社會的先決條件，尤其是臺灣在 1960、1970 年代以快速經濟發展使臺灣出現了一個高收入與複雜的經濟，大部分得歸功於 1950 年代早期的土地改革，使臺灣在工業化的過程中得能保持均衡的所得分配，更使得大量的中產階級得能主導臺灣的社會。同時，1960 年代因許多開發中國家平均國民生產毛額的年成長率平均超過 10%，為以往同一經濟發展階段的歐洲國家的兩倍。所以，韓廷頓把 1960 年代稱之為「發展的十年」。[76]

1960 年代臺灣的政治民主化發展，因在 1950 年代的國家安全策略運用上，顯得平靜無波，因而也遭致部分人士的批評，認為國民黨政權曾在 1950 年代容忍過自由派的異議分子，而這些異議分子在 1960 年代都沉寂了下來。因為，威權體制政府認為，一個國家一旦安全受到挑戰，則一切的自由、民主、福利、秩序將落空。難怪美國政治學者韓廷頓會引以奧唐尼爾(O'Donnell)的「在 1960 年代產生官僚威權主義的經濟發展過程，因而也成為 1980 年代民主化的動力」的觀點，認

---

[76] Samuel P. Huntington, "The Context of Democratization in Taiwan"，本文發表於 1989 年 1 月 9-11 日政大國際關係研究中心與美國哈佛大學國際事務研究中心合辦之「中華民國民主化」研討會，本文轉錄自：《中華民國近年之發展與評估》，(臺北：匡華，1990 年 5 月)，頁 43。

為經濟發展是政治民主化的一個因素。[77]

回顧 1970 年代威權體制政府的本土化(indigenization)策略,對臺灣政治民主發展也帶來正面意義。黎安友(Andrew J. Nathan)指出,蔣經國總統在 1970 年代初即著手進行「本土化」,這是一項明智之舉,在時機上配合良好,若未能及早進行本土化,則省籍關係可能就會改觀。[78]

檢視臺灣當時面對油價飛漲及其對經濟發展的影響,亦是 1970、1980 年代初期削弱威權主義的原因。若非國民黨能體察情勢的變化,擴大黨內參與,甄拔優秀知識份子進入黨的組織,並積極推動政治革新。雖然這階段的政治改革並未觸及政治結構的改變,但卻因新陳代謝的加速,有效的舒緩了政治參與的壓力。

檢視 1950 年至 1954 年的內閣成員,其中比率外省籍占 95%,本省籍占 5%,至 1972 年至 1978 年間,內閣成員比率外省籍以降至 79%,而本省籍則提升至 21%。國民黨權力核心的中常委人數,1952 年臺籍人士為 0,1957、1963、1969 年才各 2 位,到 1975、1979 年則各分別提高為 5 位及 9 位。

然而,政府面對 1977 年發生的「中壢事件」,及 1979 年的「美麗島事件」,雖有法律性的壓制,但當時所謂「黨外」的非法組織,卻在政府「罵不還口、打不還手」的政治性最高原則下,並未採取強力壓制的情況下得以蛻變與成長,也才會有 1986 年 9 月民主進步黨的正式成立,凸顯政府在實施擴大參與策略、全面開放參與策略,為追求國內政治安定所導致發展的結果。[79]

韓廷頓在探討政權變遷的五種模式中,認為臺灣是屬於從穩定的威權政府邁向穩定的民主體制的直接轉型(direct transition),而不同於其他下列四種:

第一,阿根廷、巴西、秘魯等國家是民主體制與威權體制之間交替輪迴型

---

[77] Samuel P. Huntington, 劉軍寧譯,《第三波——二十世紀末的民主化浪潮》,(臺北:五南,1994 年 9 月),頁 65-71。

[78] Andrew J. Nathan,〈中華民國政黨體系之轉變〉,《中華民國近年之發展與評估》,(臺北:匡華,1990 年 5 月),頁 111。

[79] 陳添壽,《警察與國家發展——臺灣治安史的結構與變遷》,(臺北:蘭臺,2015 年 11 月),頁 265。

(cyclical pattern)。

　　第二，德國、義大利、日本等國家是由於國家缺少民主政治的社會基礎而造成民主體制失敗，或者是新民主體制的領袖們一意孤行極端的政策，這政策造成了激烈的反彈或是某種大動盪而瓦解了該政權，於是威權政府便在一段成長或短的時間內掌權的二次嘗試型(second-try pattern)。

　　第三，印度、菲律賓是曾經建立起民主政權，但中途因選舉或軍事政變，而中斷的間斷民主型(interrupted democracy)。

　　第四，貝里斯(Belize)、聖文森(Saint Vincent)等國家是從一個民主國家把民主體制強加於其殖民地，該殖民地變成獨立國家，而且成功地維持了民主制度的非殖民化型(decolonization pattern)。[80]

　　換句話說，1980 年代臺灣已從威權政治的策略考量下，其漸進降低了「革命性」而增加「民主化」與「自由化」的原則，國民黨從支配性政黨轉為競爭性政黨的目標已逐漸達成。

　　尤其在〈戒嚴令〉及黨禁、報禁的解除，使得國內政黨政治更是蓬勃發展，各種政治團體及社運組織，更像春筍般發芽長出，臺灣的民主政治發展，也因為國民黨權力結構的調整策略下，從硬性威權主義時期，經軟性威權主義時期，而轉型進入民主政治多元主義時期。

(二) 經濟發展策略的檢討

　　進口代替工業策略的有關匯率等措施，在政府這一方面為什麼採取如此謹慎而保守的態度，並不難費解。當初政府採用結匯證和進出口差別結匯的辦法，實際上也就是隱藏調整官定匯率的外衣。政府寧可煞費苦心東填西補，而不願大幅度變更匯率，最主要的原因是在飽受膨脹的痛苦經驗之後，怕因此進一步造成經濟上的不安。

---

[80] Samuel P. Huntington, 劉軍寧譯，《第三波——二十世紀末的民主化浪潮》，(臺北：五南，1994 年 9 月)，頁 45-48。

　　政府在最初遲遲不肯調整匯率，後來雖然引用結匯證的補救辦法，但仍盡量縮小其適用範圍。凡是公營企業的進出口，規定仍須按官定匯率結帳，民營企業進出口的結匯價格雖較官定匯率高，但仍遠在正常水準以下。其用意無非是限制內部流通貨幣的增加，同時阻止輸出品價格的上漲。

　　這也是為維持物價穩定，當時政府所遵行「在安定中求發展」的最高原則，也就是在 1950 年代第一期和第二期四年計畫期間，臺灣經濟相當具有管制的性質。1958 年的〈外匯貿易改革方案〉成功的將臺灣從國內導向、進口代替轉化為國際導向、出口擴張的經濟。1959 年〈十九點財經改進措施〉與 1960 年〈獎勵投資條例〉，強化了下一階段發展的成功，但進口方面仍藉高關稅與管制加以限制。因此，直到 1980 年代中期臺灣經濟的自由化，只能算是「局部自由化」(partial liberalization)。

　　1960 年代是臺灣經濟發展的轉型期，而政府為何採取出口擴張策略，幸免了有如部分拉丁美洲國家，因第一期進口代替策略後繼續進行第二期進口替代，而影響了經濟發展。臺灣除了必須面對美國壓力、國內市場飽和之外，還有應付國際收支赤字、解決因經濟發展而產生的通貨膨脹問題，與創造就業機會等等。

　　另外，依賴理論認為一國對外投資與外援愈依賴，則經濟成長愈慢，且其所得愈不均。然而，某些國家的經驗似乎與此矛盾，臺灣就是一個很特殊的案例。臺灣淪為日本殖民地達 50 年之久，是經濟依賴的極端狀態。1960 年代美援撤出後，大量外資湧入使臺灣極度依賴外資，但其負面後果並無明顯。

　　臺灣由於〈外國人投資條例〉與〈華僑回國投資條例〉的制定和施行，大幅引進外資和外國技術。同時，為了有效運用以日本為中心的各先進國勞力市場結構上的改變，而設立加工出口區，誘導外資廠商的投入，達成了勞務輸出與技術移轉的一箭雙鵰的目的。

　　也因為係採用出口擴張的策略，是「獎勵」和「自由化」原則的運用，而與 1950 年代採用「保護」和「管制」的策略，正有明顯差異。在這獎勵投資與出口擴張的 10 餘年間，我國工業成長有了豐碩的成果：

　　第一，就工業生產的成長率來看：1960 年至 1973 年間，平均每年成長率高

達 18%以上；第二，就工業生產占 NDP 的比例來看：1960 年為 24.9%，到 1973 年升高為 43.8%；第三，就工業就業人數來看：1962 年工業就業人數 715 千人，占總就業人數 2,7%，到 1972 年工業就業人數增加到 1,549 千人，占總就業人數 31.3%；第四，就工業產品的出口來看：1962 年工業產品出口金額為 1.1 億美元，占總出口的 50.5%，到 1972 年出口金額增為 24.9 億美元，占總出口的 83.3%，這一期間工業產品出口平均每年增加 37%。[81]

然而，當時工業技術所面臨的瓶頸和外匯累積所引發的許多困擾，都是肇因於自 1960 年代初期起，政府即開始兼採進口代替與出口擴張的整套政策措施。雖然 1950 年代末期以至 1960 年代初期逐步實施的外匯貿易改革，原本代表積極的自由經濟傾向，但因後來決策當局執著於繼續限制進口和維持固定匯率，以致出口擴張和外匯累積成為政策目標。

假若 1960 年代初期外匯貿易改革成功之後，立即逐步推行自由化政策，並逐步放棄 1950 年代遺留下來的進口代替政策，在 1960 年代以至 1970 年代初期有利的國際貿易環境之下，臺灣經濟的體質必然迅速增強，而在 1973 年以至 80 年代初期的不穩定期間，俾能進一步接受考驗，至 80 年代初期臺灣必能成為一個新的工業國家。[82]

臺灣中小企業的經營，雖然仍遭遇營運資金缺乏、技術水準和經驗不足等一般性的難題。但為因應 1970 年代經營環境的變遷，也採取了：第一，多數中小企業主通常同時經營數種企業，當其中一種企業遭遇困難時，則利用其他企業的支援；第二，因屬家族型企業，每遇困境時，全體家族成員可以降低待遇，加倍努力的方式，度過難關；第三，因係小本經營，進退較易，而業主與勞工關係密切，當工廠經營限於困阨時，部分勞工回到農村老家，待復工時再回工廠工作，雖無休業補助，勞工多能欣然接受；第四，屬於中心衛星體系的中小企業，常遇到經濟上之困難時，中心工廠多能協助解決。但在應變過程中，有些中小企業因無法

[81] 朱澤民、劉阿榮，《中國國民黨與經濟建設》，(臺北：正中書局，1984 年 2 月)，頁 180。

[82] 邢慕寰，《臺灣經濟策論》，(臺北：三民，1993 年 3 月)，頁 143。

度難關，紛紛倒閉者也不在少數。

　　臺灣中小企業在面對 1980 年代政府推動國際化、自由化的同時，必須調整經營策略，以因應新的挑戰。1980 年代對臺灣經濟發展而言，實際上是一個過渡時期，臺灣的經濟目標時而模糊，時而矛盾。如農業和工業之間的發展不平衡、保護主義與競爭優勢之間、公有和私有工業之間、外國與國內資本之間，及小型和大型企業之間的相爭不休，這就是臺灣在 1980 年代之後的困境。

　　以投資率比較 1985 及 1986 年較往年低，亦比當期的日、韓投資率低。其原因為 1980 年代前期臺灣對外貿易出超加速累積，至 1980 年代中期已使中央銀行擁有外匯存底達 5、6 百億美元之多，在國際順位上僅次於西德而居第二。若美國容忍日本和臺灣繼續採取反自由化經濟政策，則臺灣貿易出超及央行外匯存底幣將繼續累積。

　　在按固定匯率結匯之情況下，更大數量之臺幣供給必將充斥市場，如此不待多時即將引發一場毀滅性之通貨膨脹與股票及房地產投機，其對臺灣經濟及社會後果的嚴重，將遠超過美國迫使臺灣改採自由化、國際化的後果。

　　可惜政府瞻前顧後的反自由化政策積弊過深，以往在高度保護與扶持之下養成的產業，自難經受進口關稅大幅降低，及臺幣大幅升值等自由化、國際化政策的衝擊，此乃國內產業投資意願低落的最基本原因。

　　臺灣也必須面對許多勞工、環保及消費者等社會運動團體的抗爭，尤其是 1985 年以後，其認為政府過去太強調出超至上，是強烈的新重商主義。所幸，政府積極推動科技導向策略，以及堅持三化——自由化、國際化、制度化策略，使得 1980 年代臺灣在國際競爭激烈、油價高漲不下及國內產業調整結構下，尚能以發展科技密集工業，來促進工業升級。同時，也為發展高科技而引進創業投資，使得臺灣經濟能夠持續成長。

　　1980 年代以後臺灣繼續以調整產業結構的發展經濟，運用策略性工業的發展策略，建立高科技產業技術預測系統，強化國內技術預測能力，針對國內未來重要新興產業，如資訊、光電、精密機械、生物科技等領域，改變過去國內產業技術所採取追隨者策略，臺灣應從 OEM，晉升為 ODM/OBM，透過技術預測系統

的建立，使我國成為技術「創新者」。

　　對於公營和黨營事業作為臺灣近代經濟發展過程中的歷史實存，其具有對應於不同時空環境下的不同特質，無法以一概括性的規範性觀點，來評斷其存在的意義。民營化或其它所有權制的施行，所反映的不是昨非今是，社會不能對過去黨國一體時期公營和黨營事業所達成管制資源的完全否定，而是國家和執政者需要以更具正當性與合理性的，特定的民營化作為或所有權型態，將其過渡到另一種新的控制型態。此種改變的過程並不代表某種規範上的所有權制「趨善」過程，而是一種政經體制反應外在社會結構變遷下整體「合理化」(rationalization)過程的一部分。

六、 結論

　　審度當前國內外發展情勢，有效推展臺灣政經發展的成功經驗，當是國人追求民主自由的努力目標。展望未來，為發皇臺灣政經發展成功經驗，應朝向：

(一) 加強培養民主文化

　　解嚴後，國內政治生態丕變，黨禁、報禁開放，民主活動蓬勃發展，但就國人本身意見之表達、議會民意代表的問政方式、政黨政治意見的訴求、政黨彼此之間的協商與互動關係，或大眾媒體之新聞報導品質等方面，無不令人感到國人民主素養與守法觀念實有待提升。要推展臺灣政經發展的成功經驗，非從加強培養國人的民主素養、灌輸國人的法治觀念不可。

　　近年來爭議最大的國民黨擁有黨產的議題，隨著 2016 年 5 月 20 日蔡英文、陳建仁的就任總統、副總統，占立法院席次超過半數的民進黨立委提案，2016 年7 月 25 日通過〈政黨及其附屬組織不當取得財產處理條例〉，將在行政院下設「不當黨產處理委員會」，進行不當取得財產之調查、返還、追徵、權利回復等事項，並設置委員 11 至 13 人，由行政院長派聘。

　　條文規定，起算日期則是自中華民國 34 年(1945 年)8 月 15 日起，政黨或附隨組織取得或是交付、移轉、登記於受託管理人，在本條例公布日時尚存在的財產；或是政黨及附隨組織以無償、顯不相當價額取得之財產，在扣除黨費、政治獻金、競選經費之捐贈、競選費用補助金及其孳息外，均推定為不當取得之財產，須於一定期間內移轉為國有或原所有權人所有。這種脫離原有司法體系的單獨立法動作，導致執政的民進黨被批評「政黨清算」之嫌。

(二) 提升國人生活素質

　　根據經濟合作發展組織(OECD)的發展援助委員會(DAC)在 1995 年 5 月 4 日表示，臺灣和香港等八個國家及地區，將可以在最近的幾年內脫離開發中國家，躍升為已開發國家之列，這是大家經過 40 多年的奮鬥成果。然而，在追求高度物質文明的過程中，亦出現各種偏差現象，諸如拜金主義盛行、投機事業大興其道、奢靡浮華、及暴力傾向。我們應該提升國人的經濟倫理與生活素質，揚棄一味追求經濟成長率的偏差目標，應改以提升人民的幸福指數為目標，來充實臺灣政經發展經驗的文化內涵。

(三) 開拓國際參與空間

　　戰後臺灣政經發展策略的成功特例已成為國際焦點，尤其值得開發中國家的取法。我們應以「己利利人」的博愛互助胸懷，交換臺灣的發展成功經驗。如以往我國援外農業技術團傑出的表現，便已獲得受惠國家深厚的友誼，才能為臺灣的國際空間開出一條新的活路來。

(四) 強調功能性的發展經驗

　　戰後臺灣政經發展的成功經驗有助於兩岸關係的互利互惠發展，臺灣在顧及國家安全與 2 千多萬同胞的福祉下，應積極以功能性的臺灣發展經驗，加強與大陸的交流，增進彼此的情感，來維持兩岸關係的和平穩定發展。

　　展望未來，臺灣政經發展策略是將臺灣經貿利益擴大，利用國際生存網絡，

把臺灣潛存的政經，甚至是軍事風險分散至相關領域，其所構築的「整合性策略」(comprehensive strategy)，將因後冷戰國際政經與安全議題的連結而相互影響，成為臺灣在國際生存與發展的最大憑藉。

全球化與臺灣經濟發展

一、前言

　　1988 年的「520 事件」，是臺灣首度的大規模農民抗爭運動，至今臺灣的農民仍然是在產銷層層剝削，和外國農產品進口的雙重壓力之下，辛苦守護著勉強寄予溫飽的田園。回溯政府為了能夠順利加入世界貿易組織(WTO)，和成就臺灣電子產業的持續出口成長，以因應全球時代的來臨，政府不得不忍痛犧牲臺灣的農業，充分顯示政府承諾要透過農業基金來保障農民生活的成效不彰。

　　臺灣如何因應喊得滿天響的全球化議題，臺灣經濟發展的策略又該如何？這是本文研究的緣起。

(一) 全球化議題的爭論

　　當然，針對全球化爭論最嚴重的議題是全面主張支持全球化的超全球主義論(hyperglobalizers)，和激烈主張反對全球化的懷疑論(skeptics)。就全面主張支持全球化的論調而言，正如經濟自由主義(economic liberalism)所主張的強調自由市場經濟，政府干涉越少越好，主權國家概念被模糊，國家無疆界，終結民族主義；至於全球治理則完全改由世界貿易組織(WTO)、國際貨幣基金會(IMF)等全球性機構的功能所取代，全球化的結果將為全球貿易帶來經濟繁榮與全民利益。堅信市場利益而支持全球化的主要代表性人物包括大前研一（Kenichi Ohmae）、克魯曼(Paul Krugman)、托佛勒(A. Toffler)等人。

　　就激烈主張反對全球化的論調而言,正如經濟民族主義(economic nationalism)
所主張的認為,目前高度國際化的經濟,尚不及盛行於 1870 年及 1914 年以前的
那個市場、產品和金融的全球化不斷擴張的時期,目前真正能名符其實的跨國公
司(transnational firms)並不多,而且資本的可移動性,並沒有造成大量投資和工作
機會從先進國家轉移到發展中國家的現象,在貿易、投資與金融流動方面仍侷限
於集中在歐洲、日本、北美三強地區,且其影響力、治理範圍與目標仍屬有限。

　　至於,政府與企業關係的改變也並未達到迫使政府對減少企業的管理措施而
引起「背水一戰」(race of the bottom),和未出現為避免經濟變動中而遭致國家安
全網破滅的地步,全球仍為市場保護與市場開放的程度不一而爭議不休,以至於
還很難要求世界各國的經濟模式,與美國自由市場的經濟模式趨於一致。堅信保
護主義而反對全球化者的主要代表性人物包括赫斯特與湯普森(Paul Hirst &
Grahame Thompson)[1]、華勒斯坦(I.Wallerstein)、霍布斯邦 (Eric J.Hobsbawm)等人。

　　由於對全球化議題尚存在著許多爭議,特別是反全球化人士指控:全球化將
利潤看得比人還重要,因全球化而獲利的國家很少,和全球化造成金融不穩定,
於是出現所謂中間路線的轉型主義論(transformationalists),主張全球化被視為一
般強有力的轉型力量,引發政治、經濟、社會、企業,和世界秩序的大規模變動
的主要原因,尤其在經濟全球化的過程使國家經濟面臨重組,國家經濟活動空間
不再與國家領土界線相契合,跨國生產、交易與金融體系網路處使不同區域的社
群與個人的緊密地結合。

　　全球化不但正逐漸重新建構或再造各國的政府權力、功能與統治權威,並且
配合全球化機構的管理機制,以獲取國家最大的利益。持全球化中間路線者的主
要代表性人物包括杜拉克(Peter Drucker)、吉爾平(Robert Gilpin)、紀登斯
(A.Giddens),和梭羅(L. C. Thurow)等人。

....

[1] Paul Hirst & Grahame Thompson, *Globalization in Question: The International Economy and Possibilities of Governance* (Cambridge: Polity Press, 1996), p.3.

(二) 本文研究途徑說明

　　基於支持和反對全球化的兩極爭論，本文認同中間路線的轉型主義論，也就是在除了支持或反對全球化的二元理論之外，接受所謂全球化的第三種選擇：全球化既然抗拒不易，但可以塑造，我們可以建構全球化的經濟發展，雖然也有些因素無法確切控制，但它終究是人類可依自己需求所選擇建造而來架構的全球經濟，期盼能為人類帶來更好的福祉。

　　既然當前我們沒有適切的理由足以證明，可以將全球經濟管理型態變遷的國際體系，以及其他如全球暖化的環境變化的現象，視為人類互動領域可能發生的典型變化。因此，我們只能從保持這些不同領域的分立，理解每一領域所發生的事件及其後續影響，藉由這些過程詮釋每一領域的全球化現象。[2]

　　所以，本文採用整合性的敘述，依政治經濟學的研究途徑，首先分析全球化的結構因素，來說明全球化的政經意義，和區別代表資本主義的經濟自由主義、經濟民族主義和經濟組合主義，在國家(state)與市場的本質上有何不同；其次，分別以國家與市場觀點，敘述戰後三大全球經濟體系的形成，和三大區域經濟的發展，及其治理機制，來深入探討區域經濟國家與市場的互動關係；第三，從全球化時代的觀點，針對臺灣經濟在地化與國際化的發展特質，提出全球化時代政府、企業和對兩岸關係發展應有的經濟發展策略。最後，是簡單的結論。

---

[2] David Held, Anthony Mcgrew, David Goldblatt, and Jonathan Perraton, *Global Transformations: Politics, Economics and Culture* (Cambridge: Polity Press, 1999).

二、全球化結構性分析

(一) 全球化的政經意義

　　經濟關心的是資源的利用，而政治則關心資源的增加。換句話說，經濟所追求資源利用最適化(optimization)的經濟利益邏輯，與政治講求資源汲取極大化(maximization)的政治權力邏輯，都可視為行為者累積資源本質的共通性。政治與經濟分析的共同基礎，肇因於政治與經濟的行為者，包括自然人、法人及其他以組織型態出現而能表達組織意志的團體，例如利益團體、企業、消費者、公益團體、政黨、政府和警察等。這些組織或團體，都擁有稟賦，表達意願並追求利益，皆可視為政治與經濟的基本分析單位。政治與經濟的互動關係，即利益團體的政治影響力，會影響政府政策考慮各部門需求的優先順序；另一方面，政治權力的分配亦會影響利益團體的權益。

　　因為，權力是一種跨越公共生活與私人生活領域，存在於所有團體、制度，以及內部與外部社會的現象。政治經濟的行為者與其稟賦的特質，基本上是在自利心的驅使下，直接影響政治與經濟行為的內容和方向。各行為之間的靜態結構關係與動態互動的過程，事實上都涉及權力關係與運作，而其關係與運作又深深牽動其標的利益。所以，若能深入了解利益與權力的相關特質，必有助於掌握行為者的結構關係與互動過程。

　　從經濟利益的實質內涵而言，主要包括企業的利潤、土地的地租、工人的薪資、生產與消費效用，以及社會福利等；而政治利益的實質內涵則採取較為廣泛的界定，包括土地、人民、自然資源、國家財富、啟蒙、福祉、技術、情感、正義、尊重、自由與安全等。至於，在政治與經濟的形式上，只要凡是有助於行為者解決生存與發展問題者，都是該行為者的利益。因此，經濟發展中的治理機制上，政治體制已變成一種經濟化過程，且是一個權威與權力系統；而經濟體制已

變成一個權力系統，且是一種經濟化過程。

所以，政經體系的機制，可以化約為政經結構理論所強調國家和市場並存的關係，而政府與企業分別代表這兩大體系的最主要支配者。國家和政府所代表的政治權力，是名位的象徵；市場和企業所代表的經濟財富，是利潤的掛帥。所以，如果將政治、經濟或社會現象分別孤立於其他領域影響的情況下，實在無法充分理解各領域中之現象與問題，唯有透過整體(holistic)的科際整合的方式，才能探究政治、經濟與社會的現象。尤其是對國家機關、市場機制，或對政府與企業之間關係的思考。

因此，本文所採取的整體性全球化觀點，就國內政經環境而言，國家與市場存在著種種結構性關係與互動，這種結構性關係與互動也蘊含著市場會對國家自主程度的限制。基本上，國家透過市場取得必要的資源，以確立國家公權力的基礎，並有效履行對市場的保護功能；相對地，國家的出現與持續，亦必須依賴市場的資源，且要能控制來自市場的壓力。

因此，國家的存在與運作，有其必要的條件與功能，其中最重要的是確保政治正統性與資本持續累積。為避免遭遇正統性的政治和為積累資本所造成的危機，國家必須調和各種政治團體、經濟團體和社會階級的衝突，制定有利於人民利益的公共政策，或必須調整自己，使自己變成整體政經體系中的一環。就此而論，國家與市場或第三部門之間似乎存在著利益交換的關係，有依賴，也有相對的權力(relative power)與不同程度的相互自主性(mutual autonomy)。

就國際政經環境而言，國家與市場的發展與國際政經結構的競爭，迫使政府必須重視國際環境的演變，其地位隱含該國與市場在國際經濟、政治方面追求利益的機會與可能性，也因為各自追求國家利益，而會對弱國政府與市場造成相當大程度的限制。因此，全球化必然會針對全球化政治、經濟乃至於社會、文化利益的衝突、調適或消滅做出整體性的回應。所以，全球化的政經意義即指含有空間概念，包括國家、市場，和各種社會關係的機制，在不同區域在不同地域進行全方位交流的過程。

(二) 資本主義市場經濟理論

政治經濟理論是現代經濟、政治與社會理論的先驅。近世除了共產主義、社會主義理論之外，主要就是從財產權和交易成本的觀念來探討市場經濟的資本主義發展。因此，分析支持全球化的超全球化理論、反對全球化的懷疑理論，和選擇中間路線的轉型主義理論，亦可作相對呼應資本主義市場經濟理論的主張以市場利益為主的經濟自由主義(economic liberalism)、主張以維護民族利益為主的經濟民族主義(economic nationalism)，以及主張以國家和市場利益並重的經濟組合主義(economic corporatism)。以下針對這三種資本主義市場經濟的不同理論，分別加以敘述。

1. 主張以市場利益為主的經濟自由主義

超全球化的理論正如 19 世紀的經濟自由主義，主張個人自由、自由貿易，及有限政府(limited government)，強調自由市場機制，在政府的不干預之下，可同時達成個人及社會利益的極大化。經濟自由主義雖接受政治體系的權力運作的必要性，而無法避免政府提供的服務，但主張還是不應介入自然經濟秩序。

基本上，國家與市場兩者之間是分離的關係，只有在市場活動涉及國民健康與安全，以及出現市場失靈(market failure)的現象時，政府才得以適時干預，且應是暫時性質，政府不該扮演國家經濟濟發展中的計劃性或管制性角色。

由於經濟自由主義認為，在市場中每一財產所有權人都致力於追求自我利益，也在彼此自認為有利的情境下，進行交易，並自願完成契約行為。這種需要建立所有權制度，以使交易能確保其自願性；同時，存在交易的影響並不僅限於交易對象而已，這顯已涉及政治議程。

經濟自由主義亦接受公共選擇理論和政治民主化的觀點。1986 年諾貝爾經濟學獎得主布坎南(J. M. Buchanan) 是公共選擇理論的主要代表人物。馬克吐溫說：「我今天看見一幅驚人的景象，一位政客竟將他的手插入自己的口袋。」在馬克吐溫對公共選擇學派經濟理論的認知上，公共選擇學派的學者要我們重新思考，並否決傳統財政理論的基本原則。他們認為，公共選擇學派的支持者對政治人物

的信任，實際上和他們的唾棄一樣多。[3]

　　政府為何還會制定或採取影響對其治理效果有害的政策，是因為市場有時候被有意被視為是政府遂行控制，或是贏得政治權力的工具。在經濟利益上或許付出代價，卻成就了政治上的利益。就全球化而言，國家與市場的關係亦係國內外各種相關力量互動的結果，在政治上推動政府民主化機制，在經濟上則追求企業利潤化機制，來創造最高的市場利益。

　　經濟自由主義者傅利曼(M. Friedman)指出，在一個大經濟中，可能會有許多百萬富翁，可是對國家來說，可以容得下一個以上真正匯聚國民力量和熱誠支持的傑出領導者嗎？可供分配的政治權力總數，似乎是固定的。因此，如果政治權力和經濟權力相結合，集權似乎無可避免。相反地，如果經濟力量和政治力量分別握在不同人的手中，那麼經濟力量可以作為政治力量的制衡。[4]

2. 主張以維護民族利益為主的經濟民族主義

　　反對全球化的論調正如經濟民族主義認為，一國經濟不應消極地讓地理、天然等稟賦因素與政治分工，來決定一國的市場，其主張國家可透過設定明確市場目標的優先順序，並執行政策來推動具有迫切需要發展的產業。克服稟賦因素的不足條件，可以藉由人力訓練、技術創新、選擇性投資，和管制貿易等方式來因應。經濟民族主義接受國家對市場的干預，認為國家的干預甚至可能是提昇一國市場經濟競爭力的必要條件。

　　經濟民族主義雖然重視國際市場，但認為國家不單只是在於增加一國的消費與福祉，更重要的目的是應該必須顧及國家認同、民族自尊、民族自我實現感和力量的追求、宗教信仰，以及傳統文化等，否則寧可退出國際市場。尤其顧慮全球市場所導致國家對他國的依賴關係。擔心國際自由貿易的結果，成了強國增加其相對於弱國政治經濟的影響力，不但會摧毀弱國的傳統價值，並且是強國的文

---

[3] T. G. Buchhotz, *New Ideas from Dead Economists* (N. Y.: Penguin Putnam,1989).

[4] M. Friedman, *Capitalism and Freedom* (Chicago: Chicago University Press, 1982).

化帝國主義侵略。[5]

因此，經濟民族主義認為國際自由貿易理論係經濟強國的政策主張，是強權主義經濟宰制了他國的市場利益，且削弱其國家追求經濟自主性的目標，這也就是為什麼經濟民族主義強調寧願犧牲自由貿易的市場利益，同意國家強力介入市場運作，以維護國家和民族利益的理由。

3. 主張以政府與市場並重為主的經濟組合主義

主張全球化的轉型主義論正如經濟組合主義(corporatism)主張在接受國家與市場之外，強調尚有其他利益團體扮演準官方的角色。政府承認且刻意授予該體系在其各自範疇中擁有利益表達的壟斷權，以換取國家統治的合法性與正當性。經濟組合主義在面對全球國家與市場的競爭時，會迫使政府重視包括來自國內和國外的市場壓力，政府與利益團體之間似乎存在利益交換的關係，有依賴，也有相對的權力(relative power)與不同程度的相互自主性(mutual autonomy)。

經濟組合主義也強調由政府來規範市場與利益團體之間的活動。官僚計劃(bureaucratic planning)遂成為經濟組合主義的發展模式。換言之，經濟組合主義將經濟自由主義的完全主張「市場導向」(market-oriented)做了局部修正，而強調市場衝突、貿易保護和政府在經濟發展中的強大作用。這樣的修正觀點，就如從機構制度、國家作用和經濟民族主義來說，日本的民族經濟和英、美的民族經濟大相逕庭。日本和臺灣等亞太地區採用「日本發展模式」的國家，並不按照西方經濟正統理論的規則行事，也不像西方國家堅決奉行市場經濟或堅決反對政府干預經濟。最典型的例子是被用來詮釋威權主義(authoritarianism)或黨國資本主義(party-state capitalism)在日本或中華民國等東亞國家的政府與企業之間的互動關係。[6]

所以，經濟組合主義特點是政府強力加諸於利益團體的運作方式，充分顯示

---

[5] S. P. Huntington, *The Clash of Civilizations and the Remarking of World Order* (N. Y. : Simon & Schuster).

[6] Chalmers Johnson, *Japan: Who Governs—The Rise of the Development State* (N. Y. : W. W. Norton, 1995), p.12.

國家的支配與自主角色。經濟組合主義一方面為滿足人民的經濟需求，不能不重視來自國內和國外的市場利益，而接受經濟自由主義的論點；另方面政府又緊緊控制人民經濟需求表達的政治過程，而延緩了推動政治的民主化。

三、全球化市場經濟的發展

根據上述資本主義市場經濟理論，不論是經濟自由主義、經濟民族主義和經濟組合主義，儘管是在偏國家與偏市場上有程度上的不同。然而，其一般性的法則是，當市場上存在利益時就會高唱開放市場的自由經濟世界主義；當市場利益受侵害時則高唱封閉市場的國家經濟保護主義。因此，當世界主義與保護主義為市場利益起衝突時，則依賴武力戰爭或談判妥協的機制來解決紛爭，而造就了國際強權。

縱觀近世資本主義的發展歷程，幾乎是一部國際強權的興衰史，可以化約同時存在以武力為基礎的競爭性國家系統(a system of competing states)，及以生產技術為基礎的世界性資本主義系統 (a world capitalist system)兩大主流。以武力為基礎的競爭性國家系統，指的就是國家權力，包括政府的行政、立法、司法、警察等次級系統；以生產技術為基礎的世界性資本主義系統，指的就是市場利益，包括企業的資金、勞力、技術等次級系統。以下將從國家和市場，及其所屬次級系統的角度，敘述戰後國際三大經濟體系的形成、國際三大區域經濟的發展與治理。

(一) 戰後全球三大經濟體系的形成

近世歐洲主要市場發展已不再只保守以發展城邦為滿足，而逐漸以國家為中心的發展目標。活動範圍更由地中海地區轉向市場活動更寬廣的大西洋。綜合近世歐洲國家與市場發展的特質，是個人主義抬頭、國際貿易的開拓，以及產業技術革命。同時，更藉由市場的擴大需求，帶動世界地理的大發現、商品流通的熱絡，以及海外殖民地的開發，促進了國際經濟體系的發展。

　　16 世紀的歐洲國家基於市場的需求，開始大量向亞洲、美洲，及非洲地區展開殖民地的戰爭，也導致當時荷蘭為了繼續維持其轉口貿易的強權地位，不惜與英國開戰；英國在取代荷蘭的國際強權百年之後，又因要繼續維護對占有北美市場的利益，而引發美國獨立戰爭。二次世界大戰結束後，許多殖民地國家紛紛獨立，國際強權已由英國轉為美國主導。

　　分析戰後國際經濟體系主要分為：國家與市場互賴關係的西方體系、國家與市場依賴關係的南北體系，以及國家與市場對峙關係的東西方體系。

1. 國家與市場互賴關係的西方體系

　　國家與市場互賴關係的西方體系，包含北美、歐洲與日本等已開發國家與市場，皆為高度發展的資本主義國家。由於彼此日增的市場需求，導致更大程度的國家互賴關係，也衍生許多政治性議題。國家與市場互賴關係的特性是一種相互往來對等的關係。市場互賴關係增長的速度超越國家治理方式的改善，因而弱化國家自主的管理能力，導致 1970 年代國際經濟出現嚴重的停滯性通貨膨脹，使得強調政府角色來引導西方市場經濟發展的凱因斯經濟政策(Keynesian economic policy)遭遇挑戰。

2. 國家與市場依賴關係的南北體系

　　國家與市場依賴關係的南北體系是指已開發國家和市場，與包括亞、非及拉丁美洲的第三世界國家和市場之間的南北關係。南北體系並不像西方體系是完全由政經實力相當的國家和市場的組成，而是由國民生產毛額甚為懸殊的北方和南方國家組成。依賴是一種往來不對等的國家與市場關係，例如貿易、投資，以及金融的依賴，導致南方受制於由北方的國家與市場。

3. 國家與市場對峙關係的東西方體系

　　國家與市場對峙關係的東西體系是指西方已開發國家和市場，與共產世界包括蘇聯、東歐、中國等國家與市場的關係。對峙是一種分立的國家與市場關係。國際冷戰迫使雙方的孤立，造成以美國為首的西方國家與市場，雖採用自由經濟體制，但對東方國家的市場卻透過許多管制性法律，來阻止以蘇聯為首採用共產體制國家和市場的交往。

(二) 戰後全球三大區域經濟體系的形成與發展

　　戰後全球三大經濟體系隨著冷戰的結束，先前全球三大經濟體系所宣稱的軍事安全，已被強調「地緣經濟學」(geo-economic)的經濟安全與經濟衝突所取代。新的全球經濟體系隨著國家與市場的改變，逐漸走向區域性貿易集團化(regional trading block)。[7]

　　換言之，新區域主義(new regionalism)肇始於 1986 年的通過單一歐洲法案，推動了世界上其他地區的經濟整合運動。1990 年 6 月，老布希(George H. W. Bush)總統宣布「美洲事業」(Enterprise of the Americas)計畫，倡議從阿拉斯加到大地島建立西半球自由貿易區，儘管拉丁美洲各國存在很高的進口壁壘，特別是汽車和高科技部門，可是 1994 年柯林頓建議成立美洲自由貿易區，但拉丁美洲國家熱情不再，特別是巴西強烈抵制美國，而想在拉丁美洲建立經濟強權。目前除了經濟實力比較弱的南美地區的經濟組織擴大之外，呈現區域性的國家與市場集團主要有歐盟(European Union, EU)、北美自由貿易區(North American Free Trade Area, NAFTA)、東亞自由貿易區(East Asia Free Trade Area, EAFTA)。

1. 歐盟國家與市場的區域經濟發展

　　歐盟組織從 1946 年英國首相邱吉爾提議建立「歐洲合眾國」的一體化運動。1950 年法國提出建立「歐洲煤鋼共同體」(European Coal and Steel Community, ECSC)；1957 年由西德、法、義、荷、比、盧等六國簽訂羅馬條約(Treaty of Rome)，接著成立歐洲經濟共同體(European Economic Community, EEC)，及「歐洲原子能共同體」(EURATOM)；1965 年將歐洲煤鋼共同體、歐洲經濟共同體和歐洲原子能共同體等三個機構合併，統稱「歐洲共同體」(European Community, EC)，朝向建立經濟和貨幣聯盟，以推動達到歐洲國家與市場結盟為一體的目標。

　　1980、1990 年代英國等國相繼加入這一習稱為「歐洲共同市場」的組織，除了建立關稅同盟、統一外貿和農業政策，和實施統一歐洲法案之外，就簽訂建立

---

[7] Henry R. Nau, *Trade and Security: U. S. Political at Cross Purposes* (Washington D. C.: AEI Press, 1995).

歐元貨幣市場與政治統一的馬斯垂克條約(Maastricht Treaty)，改稱「歐洲聯盟」
(EU)，並要建立一個獨立以「Euro」為名的歐洲中央銀行，主持統一的貨幣政策，
以奠定歐洲聯邦(United States of Europe)的成立。

2002 年 1 月歐元開始實施，接著歐盟又接納東歐國家的加入，代表著歐洲冷
戰時期東西兩大經濟體系對立的落幕。歐盟雖然擴張順利，但是這些新會員國向
來堅持絕不作歐盟的「二等」會員國，彼此之間政治整合不易，美國攻打伊拉克
之際，歐盟國家幾乎分裂成兩大陣營，即反戰的德法，以及支持美國出兵的英國、
義大利、西班牙和一些東歐國家，美國甚至用「老歐洲」與「新歐洲」來區分反
對和支持自己的國家，並且刻意冷落「老歐洲」國家。

當歐洲共同市場擴大時，對外關稅對於非成員國的進口產生了一定但越來越
消極的影響，歐盟難免被認為有意識地進行歧視。由於法國人民對當前的經濟情
勢並不滿意，導致在歐洲憲法公投的失敗，為歐盟由市場進一步走向國家統合的
目標增添了變數。尤其是 2016 年英國公投通過脫離歐盟的事件，致使由歐盟走向
全球化的腳步顯得困難重重。

迄今的歐盟雖是一連串政治創新的結果，保障了集體的安全而降低了防務的
支出，雖然干預各成員國的政府權力，不過承諾了更多的繁榮與機會。但是歐盟
的思考模式仍然是標準化、集中化、規模最大化、中央化等工業時代的原則，乃
至於有意組成歐洲部隊的構想。

當知識經濟從大眾化走向產品與市場小眾化，以及社會與文化多元化，歐盟
卻是在共同努力同化國與國之間的差異。歐盟表面上頌揚多元化，實質上從賦稅
到化妝品、從履歷表到機車法規，什麼都要「協同」，如果落實這些一體適用的規
劃，等於選擇了最嚴苛而沒有彈性的作法。2016 年英國「脫歐」公投的通過，凸
顯實現歐盟的大歐洲主義還有很長的路要走。

2. 北美國家與市場的區域經濟發展

1988 年美國與加拿大簽訂「美加自由貿易協定」(American-Canada Free Trade
Agreement, ACFTA)，1994 年加入墨西哥，重訂名為「北美自由貿易協定」(North
American Free Trade Agreement, NAFTA)，希望在所有關稅逐漸取消之外，還有加

強投資自由化、智慧財產權的保護、優惠原產地的規定、較寬鬆的反傾銷條款、貿易便捷化、服務業自由化、產品標準的調和，以及設立監督機制等規範。

另外，美國亦與中南美洲國家與市場的區域整合。1960 年代由瓜地馬拉、哥斯大黎加、薩爾瓦多、尼加拉瓜，及宏都拉斯等國家成立的「中美洲共同市場」(Central American Common Market, CACM)。到了 1991 年亞松森協定(The Smithsonian Agreement)，又併入阿根廷等四國已經成立的南方共同市場，以後又陸續與智利、玻利維亞簽署自由貿易協定，最終成立「美洲自由貿易區」(FTAA)。

檢視北美自由貿易，美國與墨西、加拿大的貿易使美國減少工作機會。這個貿易集團陸陸續續增加薩爾瓦多、瓜地馬拉、宏都拉斯，及尼加拉瓜等國家。這些美洲國家元首舉行的特別高峰會議，主要討論主題是在反貪、自由貿易、發展民主政治等，但部分國家與美國在敏感議題上的爭議，使會議宣言難以聚焦，凸顯南北美立場分歧的現實。

另外，2004 年總部設於華府的「美洲國家組織」(OAS)通過讓中國成為觀察員，使中國成為 35 個會員國之外的第 60 個觀察員。「美洲國家組織」的前身，是 1890 年由美國和拉丁美洲 17 個國家組成；1948 年通過「美洲國家組織憲章」，美國在冷戰期間藉此聯合美洲國家對抗蘇聯社會主義集團。

後冷戰時期該組織重新簽署「美洲安全宣言」，將美洲國家與市場重新定位為，合力解決全球的貧窮、愛滋傳染病、恐怖主義、跨國犯罪、毒品及軍火走私等項目，並以達成未來整合美洲國家與市場的利益為目標。

3. 東亞國家與市場的區域經濟發展

1989 年由澳洲發起成立「亞太經濟合作會議」(Asia-Pacific Economic Cooperation, APEC)，希望經由部長級的對話與協商，維持該區域國家與市場的成長，並定位是不具約束力的鬆散論壇，僅是成員政策交流的平台，而非如世界貿易組織(WTO)般的強制性規範。

1991 年在韓國漢城發表宣言，確立 APEC 相互依存，共同利益，多邊貿易和減少貿易壁壘的宗旨和目標；1998 年在馬來西亞召開的會議中，更確立了金融合作，強化各會員國金融體系的應變能力，以防止亞洲金融風暴的再度發生，並同

意在符合 WTO 的規範架構下進行經貿自由化的談判與諮商。

2001 年 APEC 在上海通過了「反恐宣言」和「上海約章」，達成美國動員國際力量支援反恐怖主義行動的目的；2002 年非正式領袖會議在墨西哥召開，2005 年 APEC 在釜山召開，2006 年在越南河內舉行，中國大陸代表在會中表達不應推動亞太自由貿易區(FTAAP)的立場，且主張只有主權國家才能加入 FTAAP，這使臺灣短期內欲藉由 FTAAP 突破邊緣化的希望落空。

美國為防杜中國大陸在東協十加一、或十加三、十加六，乃至於「東亞會議」的成形，而將美國排除在外，促使美國亟欲深化 APEC，而發展為 FTAAP 的「亞太會議」，以對抗中國大陸為首的「東亞會議」。臺灣顯得最迫切的主要課題是簽署〈臺美雙邊稅協定〉、〈臺美雙邊投資協定〉、〈政府採購協定〉，以完成與美國簽署〈自由貿易協定〉的相關議題。

每年召開 APEC 領袖會議，從 1989 年首屆在澳洲召開，APEC 原是以經濟為主的論壇，但在近年來接連發生「911 事件」、「印尼巴里島爆炸事件」及「俄羅斯劇院人質挾持事件」之後，「反恐」成為會議中最關切的政治議題。截至 2016 年 9 月在寮國首都永珍舉行的 APEC 會議，主要討論仍無法避免涉及南海主權的爭議。

檢視 APEC 原是一個多邊溝通平台，惟近年來會員體檯面下「一對一」反較「多邊會談」來得熱絡，東亞各國的「區域貿易協定」(RTA)或「自由貿易協定」(FTA)，在臺灣經濟競爭對手的南韓、中國大陸、紐澳都進行 FTA 簽署，惟獨臺灣仍難有具體的進展，凸顯在「區域化」和「多邊化」的經貿結盟談判過程中，臺灣所受到的衝擊比想像中的嚴重。未來 APEC 組織應更多關注推進自由化和科技合作的具體形式，把原則性規定變成確實的行動，避免該組織被虛化和可能朝向專注政治議題的發展。

在 APEC 之外，亞洲的另一個重要國家與市場的區域組織，就是由印、菲、泰、星、馬、汶、越南、寮國、柬埔寨、緬甸等十國，在 1967 年成立的「東南亞國協」(Association of Southeast Asian Nations, ASEAN)。1991 年中國外長錢其琛應邀出席在吉隆坡舉行的東協外長會議開幕式；1992 年東協六國簽訂「東協自由貿

易區共同有效優惠關稅方案協議」(Agreement on the Common Effective Preferential Tariff Scheme for AFTA)，預定成立「東協自由貿易區」(ASEAN Free Trade Agreement, 簡稱 AFTA)。

1994 年中國成為東協的「磋商伙伴」，1999 年從「磋商伙伴」升格為「對話夥伴」；2001 年在汶萊會議中，中國與東協十國一致同意成立「中國 ── 東協自由貿易區」。接著日本和東協達成貿易與投資自由化協議，中國提議中、日、南韓締結自由貿易區，形成「東協十加三」的東亞自由貿易區。

2003 年中國籲東協簽訂「東南亞友好合作條約」、「中國 ── 東盟戰略夥伴關係聯合宣言」，中國實質上已成為東協的第十一國，中國並同時與日本、韓國舉行「第五次三國高峰會議」。各國同意在 2020 年以前實現經濟統合，就是以「東協安全共同體」、「東協經濟共同體」、「東協社會文化共同體」作為 2020 年前建立「東南亞共同體」的支柱。

2005 年在馬來西亞吉隆坡召開的東協首屆東亞高峰會，簽署了「吉隆坡宣言」。首屆會議除了東協十國之外，還包括中國、日本、南韓、澳洲、紐西蘭及印度等十六國。2006 年在菲律賓宿霧(Cebu)舉行，由東協主辦的第二屆「東亞高峰會議」(East Asia Summit)，簽署了包括「東亞能源安全宿霧宣言」及「東盟(協)憲章藍圖計畫」、「北京宣言 ICT 合作夥伴行動計畫」(Plan of Action to Implement of Beijing Declation on ASEAN-China ICT cooperative Partnership for Common Development)、「東盟(協)與中國自由貿易區的服務貿易協議」，以及「東盟(協)與中國農業部間農業合作計畫」等歷史文件。

至此，中國大陸在東協取得主導地位，表明建立「中國 ── 東協自由貿易區」的決心，並支持建立東南亞無核區和落實「南海各方行為宣言」，支持東協實現安全共同體。要保持雙方高層密切交往，加強雙方政府、議會、政黨交流，加深雙方在重大地區和國際事務的協調與配合，維護東協在東亞合作的核心地位和東協與中日韓的主渠道作用。中國大陸將取代美日在東南亞的政經影響力，相對凸顯 2016 年蔡英文政府推動南向政策的困難度。

另一個東亞國家與市場的區域經濟組織「博鰲亞洲論壇」，它是一個非政府、

非營利的國際組織,最早由菲律賓、澳洲、日本等國家領袖在 1998 年倡議,隨後於 2001 年正式宣告成立,並從 2002 年起每年定期在海南博鰲召開年會。其成立宗旨在整合亞洲各國的經濟發展策略,我國蕭萬長是以其成立的「兩岸共同市場基金會」董事長的名義參加。2016 年 3 月博鰲論壇在海南島舉行,兩岸共同市場基金會董事長蕭萬長向國務院總理李克強表達,兩岸經貿發展不要受到臺灣政黨輪替的政治因素影響。

檢視未來東亞國家與市場的區域經濟發展組織,不管名稱是「東南亞共同體」或「東亞共同體」,甚至於「亞洲共同體」,基本上都要走上一個面向全球的開放式區域經濟集團、走多層次多樣化交叉重疊式合作的道路,和開展廣泛性的多領域合作。

臺灣身為全球經濟的成員,如果被排除在該區域的國家與市場之外,臺灣勢必被邊緣化,對臺灣經濟發展必會產生莫大的衝擊。因此,亞太自由貿易區就像世界貿易組織一樣,本質上是一個經濟組織,臺灣應以 WTO 模式進入亞太自由貿易區或是東亞共同體等區域性經濟組織,將是最能符合兩岸人民的最大福祉。

(三) 戰後全球經濟體系的治理

檢視三大區域國家與市場的發展,主要是透過美國強權主導,高舉經濟自由主義大旗,進行全球經濟體系的治理工作。以下將從全球貨幣、全球金融,和全球貿易等三個層面來分析。

1. 全球貨幣體系的形成與發展

1944 年由 44 個國家在新漢普夏(New Hampshire)的布萊頓森林(Bretton Woods),針對 30 年代國際貨幣體系的崩潰舉行會議。所有與會國家同意依黃金建立貨幣價值,並維持匯率在上下 1%之內的貨幣政策。1947 年布萊頓森林體系因為貸款不足以因應歐洲戰後重建經費的龐大需求,根本無能力處理國際經濟體系所發生的貨幣問題;同時,黃金的生產量也未能配合國際貿易及投資成長的需要。管理國際貨幣的布萊頓森林體系只好從國際組織有限度的管理制度,演變完全依賴由美國為主導的單邊管理體系。

　　1950、1960 年代，美元持續採用與黃金的 35 美元兌換 1 盎司的固定比例，導致美元的大量短缺，美國除了必須因應收支赤字之外，還要負擔包括西歐國家的馬歇爾計畫、中華民國、希臘與土耳其，以及對未開發國家的援助；再加上北大西洋公約組織和韓戰軍費的支出，並容忍歐洲和日本所採用的貿易保護和對美元的差別待遇，美元雖是國際強勢貨幣，美國也成為世界中央銀行，但當國外美元數額遠遠超過美國黃金儲備量時，美國的龐大財政赤字再也無法獲得控制，投機客開始大量將美元兌換成黃金。

　　為有效解決國際貨幣體系所帶來的問題，遂由比利時、法國、德國，義大利、荷蘭、瑞典、加拿大、日本、英國和美國等十大工業國家集團達成提供 60 億美元作為匯率管理基金。同時，也運用「雙層黃金體系」來紓解美國黃金供給的壓力，亦即在私人匯率市場，黃金價格可以自由浮動，而在公開匯率市場，該集團同意以每盎司 35 美元交易黃金；並且於 1969 年承認「特別提款權」(Special Drawing Rights, SDRs)，負責清算各國中央銀行的債務。所謂特別提款權就是俗稱的「紙黃金」，人為的規定某種「紙幣」等同黃金，但永遠不能兌換黃金。[8]

　　1960 年代末期，英國由於經濟相對衰落，被迫脫離了美國的親密夥伴關係；70 年代末期，德國拒絕支援卡特總統的經濟政策，隨後同法國一起建立歐洲貨幣系統(European Monetary System, EMS)。西歐這個「貨幣穩定區」(zone of stability)的事件，是歐洲經濟努力擺脫美元頻繁波動影響的第一步。

　　1971 年美國政府鑒於美元擠兌、貿易赤字、黃金存量持續減少、通貨膨脹和失業嚴重等多重因素下，宣布放棄固定匯率，不再堅持金本位制度，以及美國對應納稅的進口貨物加諸 10%的附加稅，導致布萊頓森林體系(BWS)瓦解，進而由經濟合作暨發展組織(Organization for Economic Cooperation and Development, OECD)所取代。

　　國際貨幣的管理分別交由市場本身機制，和部分交由各國中央銀行在合作的

---

[8] Benjamin J. Cohen, *Organizing the World's Money: The Political Economy of International Monetary Relations* (N. Y. : Basic Books,1997).

基礎上干預外匯，避免匯率過度的波動，因而終結美國單邊貨幣體系的管理，形成多邊管理的貨幣體系。貨幣體系的管理將不再依賴單一強權的偏好，而是透過美國、西德和日本等主要強國的協商。

換言之，1970年代以後，由於重要國際貨幣體系國家普遍的國內資本移動自由化，加速金融投資國際化；銀行體系作為金融中介的媒介功能，已逐漸被以市場媒介為主的證券化、債券發行和衍生產品取代。因此，國際貨幣體系的管理機制已從「政府主導的國際貨幣體系」(government-led international monetary system, G-IMS)，逐步轉型為以「市場主導的國際貨幣體系」(market-led international monetary system, M-IMS)的機制。

2. 全球金融體系的形成與發展

戰後全球金融流動，主要是南北體系關係中的先進國家對開發中國家的資金援助，再加上技術援助，增進國家經濟成長。尤其在冷戰初期，美國透過全球金融體系的提供，幫助美國外交政策和軍事安全體系的建立與維護，而造成1970年代以後流動資金的政治化與私有化。

到了1980年代中期，由於經濟不景氣，和全球環境的轉變，導致非優惠資金貸款的增加，和透過私人市場來解決，以及援助金額的減少。世界性的經濟危機，使私人銀行的貸款變成了外債危機。

檢視戰後全球經濟已經歷許多次重大金融危機，第一次是由1970年代末、1980年代初許多開發中國家的債務問題引起；第二次是1992年至1993年固定匯率制的垮台，迫使英國撤銷它創建歐洲共同貨幣的努力；第三次是1994年至1995年墨西哥的金融危機；第四次是1997年的東亞金融危機。

第五次的金融風暴則是發生於2008年7月間，美國房貸風暴從次級(subprime)朝第一等級(prime)延燒，美國兩大房貸公司「房利美」(Fannie Mae)及「房地美」(Feddie Mac)所引爆全球金融危機。而在國際金融機構扮演重要角色的是國際貨幣基金(IMF)和世界銀行(WB)。

IMF設立的目的，是協助處理先進國家之間發生的收支平衡問題，保護國際金融體系運作正常，而不是現在積極在第三世界國家發生經濟危機時提供金援的

角色。特別是在 1997 年亞洲金融發生危機時，IMF 協助解決韓國因為過分依賴以外幣標價的短期貸款。

　　檢視 IMF 為改善全球金融不安全，在全球化時代應轉型變成主導國際流動資金保險系統的機構。在平常或金融危機發生前，IMF 可以提供審核通過的第三世界國家必要的國際流動資金保險，若符合條件的國家遭受國際性的金融危機，仍可接受 IMF 原先承諾的資金援助。

　　至於，世界銀行成立的目的就是要協助第三世界國家取得基礎建設的資金，幫助貧窮國家快速發展經濟，但現在全球資本主義市場資金充沛，且極樂意資助高獲利的第三世界國家進行基礎建設計劃，世界銀行應該轉型為全球性多邊的教育援助部門。

　　除了國際貨幣基金和世界銀行是為全球性貨幣與金融制度的機制而發揮功能之外，先後亦有為因應在 1997 年發生的亞洲金融風暴，以美英國家為首的「亞歐會議」，於次年在英國舉行的第二屆亞歐會議曾決議設立亞歐信託基金，以協助當時亞洲國家金融穩定。

　　但誠如前美國聯邦理事會主席葛林斯潘(Alan Greenspan)感嘆指出，運作近 40 年且成效卓著的全球經濟政策，到底出了什麼問題？不動產抵押貸款(尤其是次級房貸)證券化的畸形發展，顯然是元兇，在信評機構的推波助瀾之下，全球金融盲目相信美國房地產市場形勢大好，搶購這類衍生性金融產品，導致發行機構嚴重低估風險。當前能否解決這次金融危機當，透過建立全球性貨幣和金融的新體制將是未來全球經濟發展的關鍵。[9]

　　換言之，現今網際網路的快速發展，我們不能以二戰末期成立的國際貨幣基金和世界銀行的組織和思維，來因應 21 世紀數位科技所面臨的金融和經濟問題。

3. 全球國際貿易體系的形成與發展

　　在布萊頓森林會議上，勉強達成建立「國際貿易組織」(ITO)的協定，留下許多懸而未決的議題。為了促進國際貿易，美國及其重要經濟伙伴乃於 1947 年在日

---

[9] Alan Greenspan, 林茂昌譯，《葛林斯潘——我們的新世界》，(臺北：大塊，2007 年 10 月)。

內瓦行簽訂關稅暨貿易總協定(General Agreement on Tariffs and Trade, GATT)，確認毫無歧視信條是實現自由貿易的原則。所以，當 1950 年國際貿易組織被美國否決後，GATT 遂成為世界促進「更自由和更公平」(freeer and fairer)的貿易組織。

　　GATT 的核心要素就是最惠國原則和國家待遇條款，同時也建立傾銷及補助的國際性規範，以及一套多邊貿易談判的規則。國際貿易體系出現了許多旨在降低關稅壁壘的協定。談判中的一個重要轉變發生在甘迺迪回合(1963-1967)，該回合用普遍優惠制(general reciprocity)替代了以前的貨物對貨物減稅方法的特定互惠制；接下來的一個自由貿易的倡議在東京回合(1973-1979)來達成，包括大幅度削減大多數主要產品的關稅，實現農業貿易自由化和削減非關稅壁壘，以及改革處理不公正貿易的法則。

　　但在 1967 年的甘迺迪回合 (Kennedy Round)之後，因為，第一，國際貿易的結果加深了國與國之間的互賴程度；第二，國家競爭力改變了產業結構，使已開發國家的汽車業、鋼鐵業、紡織業、運輸業、家電業變得對開發中國家有利；第三，石油危機與停滯性通貨膨脹迫使政府採取行貿易限制政策；第四，浮動匯率問題，特別是美元的高估及相對的日圓與馬克的低估，造成美國貿易赤字，導致國際貿易因此轉而趨向保護主義。

　　保護主義的興起，破壞 GATT 所規範的自由國際貿易秩序。這也是 70、80 年代間，日本與歐洲共同體的崛起，以及美國經濟相對的式微，使得貿易管理體系呈現多元，藉由多邊體系的貿易談判機制，來解決貿易國之間不公平的歧視問題。

　　因此，GATT 體制在面對新保護主義時越來越顯得無能為力，尤其在非關稅和自願出口限制方面，再加上許多國家對農業、服務業、金融流動，及智慧財產權等新興議題的干預增多，許多政策轉趨於重視管理貿易機制。GATT 在面臨新的國際貿易趨勢，進而於 1995 年 1 月 1 日起改名世界貿易組織(World Trade Organization, WTO)。

　　WTO 多邊貿易的基本理念在於創造一個自由、公平的國際貿易環境，使資源依照永續發展的原則，做最佳的使用以提升生活水準，確保充分就業，並擴大生

產和貿易開放、平等、互惠與互利，期能透過貿易提升開發中與低度開發中國家的經濟發展。

WTO 是當前國際貿易的治理組織，是一個經濟性質的機構，而非全球性的政府。因此，許多不公平的國際貿易治理仍必須藉由國際組織制定規範，和強權願意遵守規範的並行機制，才有可能實現全球共享貿易利益的成果。

多年來世界貿易組織對於主張世界貿易自由化的論調，遭遇到許多亞、非洲國家的反對，尤其在反對開放農產品的貿易上。因此，世界貿易組織推動自由化的目標並無法一步到位，目前已轉先朝向區域性組織，和各國之間先行簽署自由貿易協定的方向。

四、 全球化臺灣經濟發展

當前全球化趨勢，雖然存在著不穩定的貨幣體系、不安全的國際金融體系和不公平的國際貿易體系，但不能否認強調經濟自由主義國家與市場的勝利。臺灣面臨以美國強權主導的國際經濟體系，如果繼續沿用過去年代中華民國政府所採用國家與市場並重的經濟組合主義，如何能因應逐漸形成全球化時代的挑戰。

以下本文要繼續探討的主題：首先，論述臺灣經濟發展具有在地化與國際化的特質，臺灣如何善用這有利的基礎，順勢配合全球化經濟自由主義的發展；其次，從政府、企業和兩岸的角度論述臺灣經濟發展應有的策略。

(一) 臺灣經濟發展在地化與國際化的特質

檢視臺灣經濟發展過程有一項基本特性，就是每一階段都蘊含經濟發展面臨在地化(localization)與國際化(internationalization)的糾葛。臺灣在歷經各種不同政權統治，從 16 世紀近代國家的開啟，歷經 17 世紀大航海時代、18 世紀工業革命時代、19 世紀民族主義時代、20 世紀帝國主義時代，乃至 21 世紀全球化(globalization)時代的來臨，臺灣經濟發展都很難自絕於國際政經環境之外，全球

市場的的因素與變化，都牽動臺灣國內的政治與經濟發展。

在地化是從地緣角度觀察與省思臺灣經濟發展，而相對的概念即是國際化。無論原住民或漢人，經常以相同籍貫，或姓、血統的氏族為基礎，形成一個村落，顯示臺灣亦具備中國大陸村落社會對土地的共同意識。在地化與國際化的弔詭關係，正如經濟民族主義與經濟自由主義，是一體兩面。

當強調土著經濟發展與產業土著化，也就是臺灣經濟在地化的同時，也正接受著經濟國際化的挑戰；而當強調臺灣經濟與西方接軌，也就是經濟國際化的同時，也受到經濟在地化的制約。經濟在地化隱含著政治、經濟及社會對本土的認同與紮根，具有經濟民族主義的趨向；而經濟國際化偏向經濟發展的身受國際政經的宰制，近於接受經濟自由主義。

從經濟發展理論而言，不論國家與市場是以任何的型態呈現，都同時成就了臺灣經濟發展的在地化與國際化。因此，臺灣經濟發展佐證了「開放的在地化」論點，也就是以在地化為前提，才能達成健康的國際化；不以地方特色為基礎而形成的國際化，一定會造成單一化，例如日治時期臺灣的日本化。在地化的論述層次高於強調原生概念的本土化之上，在地化保留了本土化的精神，卻也容納更多外來的異質文化。

在地化是本土化與國際化的接軌，代表了主體性的能動量。特別是，臺灣位在中國大陸與西方文明的邊陲，想要走上以在地化為基礎的國際化，必須先明白自身經濟發展的意義，才能融合東、西方文化，朝向更細緻、更有特色的發展，以因應後冷戰全球化經濟的挑戰。

(二) 全球化臺灣經濟發展的歷程

戰後臺灣對外的國際政治經濟關係，從戰後初期國際紛爭與美國調停國共內戰，經 1950 年代國際冷戰形成與圍堵策略、1970 年代國際孤立與彈性外交，到 1980、1990 年代後冷戰與全球化等四個階段。

1. 國際紛爭與美國調停階段

國共戰爭的時戰時和，可溯自 1940 年因中共第十八集團軍破壞對日抗戰的和

談開始，至 1946 年舉行政治協商會議，總共經過七次和談的失敗，國際利益的夾乎其中，亦是失敗的因素之一。其中除了蘇俄大力幫助中共外，另外就是以馬歇爾(George C. Marshall)特使為中心的和平商談與軍事調處失敗，影響最為深遠。中共反美策略的成功，導致美國被迫放棄支持國民政府，並在大陸局勢全面逆轉之時，發表〈中美關係白皮書〉，推卸其在華政策失敗的責任。

根據 1943 年 11 月 22 日至 26 日美國羅斯福(Franklin D. Roosevelt)、英國邱吉爾(Sir Winston Leonard Spencer, Churchill)與蔣介石在開羅舉行會談，決議戰後東北四省、臺灣、澎湖群島等歸還中華民國。因此，戰後臺灣屬於中華民國的一部分獲得國際承認，成為蔣介石在國共戰爭失敗之後，得以移轉臺灣，圖謀東山再起的根據地。

2. 國際冷戰與圍堵政策階段

從 1949 年美國發表對華白皮書至 1950 年 6 月韓戰爆發，是臺海第一次危機，也中美關係上最低潮的一個時期。國府遷臺，美國雖仍在表面上承認中華民國政府，但拒絕給與軍援，而且國務卿艾奇遜(Dean G. Acheson)對外指出，美國將韓國與臺灣摒棄在美國西太平洋防線之外，美國無意防止中共奪取臺灣。

韓戰爆發，美國總統杜魯門(Harry S. Truman)認為中共軍隊若佔領臺灣，勢將直接威脅美國在太平洋區域的安全與利益。於是，在美軍進駐臺灣之後，隨即恢復原已中斷的對華援助。

1953 年 2 月艾森豪(Dwight D. Eisenhower)改變對臺灣海峽的中立政策，宣布第七艦隊不再用來防禦中共的免於臺灣國民政府軍隊進攻，結束杜魯門時期對中國「放手」(hands off)政策，認為中華民國繼續存在於臺灣這一事實，不僅為大陸人民及廣大海外華僑之希望寄託，也是在圍堵政策上是美國一個最可靠的盟邦，共同為自由民主而奮鬥。

1954 年 12 月美國與中華民國簽訂共同防禦條約，並通過〈臺灣決議案〉(Formosa Resolution)，確認了中華民國的國際地位，確保了臺、澎、金門、馬祖的安全，同時完成美國西太平洋防禦體系的最後一環，鞏固美國在亞洲的圍堵力量。

1957 年 8 月 23 日中共以猛烈炮火轟擊金門，造成臺海第二次危機，引起美國與國際輿論的關切與恐懼，美國政府開始醞釀改變對中共政策，不再視中共為一過渡性的政權。1961-1968 甘迺迪(John F. Kennedy)與詹森(Lyndon B. Johnson)兩位總統任內，在國內外姑息浪潮下，開始謀求改善與中共的關係。

3. 國際孤立與彈性外交階段

1969 年 1 月 20 日尼克森(Richard M. Nixon)在就職演說中，提出以「談判」(negotiation)代替「對抗」(confrontation)。從 1971 年 10 月 25 日我國退出聯合國，1972 年 2 月尼克森到大陸訪問，簽署〈上海公報〉(Shanghai Communique)，到 1978 年底卡特(Jimmy Carter)宣布與中華民國斷交，國際間紛紛轉向承認中華人民共和國才是代表中國唯一合法政府，在「零和遊戲」(zero-sum game)的外交競逐中，中華民國不可能在現實的國際政治中受到長期的承認，政府雖受到國際外交孤立的影響，仍以彈性外交方式，發展與各國之間的實質關係，加強彼此之間的經貿往來。

尤其在對美國關係方面，更因 1979 年 3 月美國國會通過《臺灣關係法》(*Taiwan Relations Act*)，重申美國與北京建立外交關係，奠立在期待臺灣的未來以和平方式決定的基礎之上，任何試圖以非和平方式，包括杯葛或禁運，解決臺灣的未來之作為，將被美國視為對西太平洋和平與安全的威脅，構成美國嚴重關切，美國不理會中華人民共和國的觀點，將繼續提供防衛武器給臺灣，美國將抵抗針對臺灣的安全或社會經濟體制施加的任何形式之脅迫行徑。因此，1979 年至 1987 年間，受到國際政經因素的影響，兩岸關係雖然總體形勢已經開始緩和，但是基本情勢卻仍然還是高度敵對的。

4. 後冷戰與全球化階段

1988 年 1 月李登輝即任總統之後，開始強調「務實外交」，而逐漸取代「彈性外交」路線，同年 4 月與 5 月李登輝分別派中央銀行總裁張繼正與財政部長郭婉容參加在馬尼拉與北京的亞銀年會。1990 年 1 月政府以「臺灣、澎湖、金門和馬祖」關稅區名義申請加入 GATT。

1990 年 5 月 20 日李總統在就職演說中宣布，將在一年內結束動員戡亂時期，

同時要求中共將中華民國視為對等的政治實體，而從事和平方式的競賽。1992 年開始進行海基會與海協會的會談，1993 年發起重返聯合國活動。為了推動務實外交，1994 年李登輝親自展開其「跨洲之旅」、1995 年前往美國母校康乃爾大學訪問、1997 年訪問巴拿馬等國、1999 年接受德國之聲專訪，提出兩岸至少為「特殊國與國關係」。

美國自尼克森、福特(Gerald R. Ford)、卡特、雷根(Ronald W. Reagan)、布希(George Bush)，到柯林頓政府，都主張不能將中共排除在國際體系之外，必須加強和擴大與中共交往，包括符合現實、彼此尊重、擴展彼此經濟的信念、提供人民更多機會及共同抗拒威脅和平的人。加上 1991 年底蘇聯崩解，臺灣必須有新作為才足以因應後冷戰與全球化國際體系的變化，美國經濟上新保護主義的反彈，1997 年爆發的亞洲金融危機，以及 2001 年全球金融風暴。

檢視臺灣經濟發展正如加爾布雷斯(J. K. Galbraith)分析新加坡的國家與市場的發展時指出，這小塊土地上之所以能養活許多人，必須與人為善，以確保和世界大多數國家的經貿來往，這些都有賴於人民努力和有效能的政府，來快速因應全球經濟的變動。[10]

臺灣是一個小的經濟體，實在無力扭轉大局。更重要的因應調適必須以堅定的信念而非僵硬的信條所領導，絕對不能被狹隘的政治利益或社會激情所擊倒。這是一針見血的評論，也是提供給臺灣執政者最好的借鏡。以下將從政府、企業和兩岸關係的三個角度來論述臺灣的因應全球化資本主義發展。

(三) 全球化臺灣經濟發展策略

1. 就政府的角度而論

全球化資本主義經濟就是「大了企業，小了政府」。雖然，資本主義的未來最大威脅並非來自經濟因素，而是來自政治因素。因為，資本主義的結果將會衝擊資本主義脆弱的道德基礎，然後促使國家轉向社會主義。然而，資本主義經過民

---

[10] J. K. Galbraith, *The Age of Uncertainty* (Boston: Houghton Mifflin, 1977).

主政治的調和鍛鍊，已經發展成為相當穩定的經濟體系。換言之，市場與國家脫鉤的過程已花了六個世紀時間，現代自由的跨國企業制度已成為資本主義世界經濟的主導結構組織，國家與市場正如經濟自由主義所強調的政府對企業的干預是越少越好。

臺灣在後威權與後冷戰時期的政經轉型，將繼續走向政治民主、市場經濟、多元文化及公民社會的道路，而自由民主的體制必須仰賴健康、活力的多元文化與公民社會，才能夠維持下去，政府應朝向此主流價值前進，縱使市場與國家競爭的歷史是否終結尚未定論。

檢視過去臺灣經濟發展偏重於政府機關的自主性與職能，政治力凌駕於民間企業，國家經濟的生存與發展並非以市場利益為優先。換言之，強調經濟發展必須具備良好的投資環境和穩定的社會秩序，至於是否為民主政體並無直接關聯性。相對地，權力體系必須考慮統治的有效性和穩定性，因而需要市場經濟的支持。

所以，臺灣市場經濟對政府的影響力有限。因為，企業發展一方面靠政府扶植，另一方面也與政府聯盟，共同擴張利益。在互利與共生的環境，私人企業經營不會在缺乏強有力的利益動機與誘因下，要求統治者實施民主政治，反而更希望政府壓制政治與社會運動，維持經濟的生產秩序，以強化其資本累積。

因此，就臺灣經濟發展特性所形成的「強勢政府」與「弱勢產業」關係而言，國家資本主義的市場自主性顯得非常脆弱，臺灣經濟要調整、配合為實施經濟自由主義國家與市場的共謀發展，因應全球化時代。不但要深化民主政治，並要將公部門的大部分工作委由非營利事業的單位來執行。臺灣要建構形塑成為一個符合公平正義的成熟現代資本主義社會，或許可以稱之為具有宗教精神的「臺灣悲憫式資本主義」。

2. 就企業的角度而論

有土斯有財的觀念，是臺灣企業私有財產權確立的源頭。檢視臺灣企業資本的形成，主要是從土地私有制度的形成，到民間中小企業經營的資本累積。臺灣先民在歷經原住民的村落共有、荷蘭時期的王田、鄭成功時期的屯田、清領臺灣

時期的大小租戶、日治時期的確立單一所有權，到國府時期的耕者有其田，臺灣土地結構變遷也帶動了企業的投資。

20 世紀的 80 年代以後，臺灣企業的資本結構更從依賴原住民時期的土制資本、荷蘭時期的荷蘭資本、鄭成功與清領時期的大陸資本、日治時期的日本資本、國府時期的美國資本，而走向國際化、自由化。期間更因為國營事業的民營化，釋出國家資本轉由較具活力與效率的民間企業集團經營。臺灣企業資本市場才逐漸走出過度依賴外資的陰霾，形成主要以臺灣資本為主、外商資本為輔，以因應全球化國際金融流動的資本市場。

產品是拓展市場的要素，而產品生產的技術又是改進經濟與社會發展過程中演進的主要源泉。對照臺灣從捕魚打獵、粗略的鋤、犁耕作，到農業進而轉型為工業，從民生工業、輕工業、重化工業到高科技工業，最後進入服務業的所謂第三波的人類文明。這是一條艱辛漫長的產業結構變遷，也是過去臺灣企業發展必須不斷面臨與荷蘭、日本、中國大陸、英國和美國等國際強權在市場上的周旋。臺灣企業的研發技術和自創品牌績效或許有待提升，然而，卻可充分運用配合全球化跨國企業的生產鏈，和加強高科技人力資源的培訓，以從事於擔任生產分工的角色。

臺灣經濟發展是以出口為導向，不管臺灣市場的定位是要成為「亞太營運中心」，或是「全球運籌管理中心」，臺灣都應該善用全球化貿易可以大幅減少小國家所處的劣勢，在全球化的分工體系中，要透過與各國貿易互惠的務實作為，以維護較小經濟力國家的生存與發展，甚至享有企業發展的優勢。所以，順應全球化時代，臺灣企業應該配合全球性的跨國企業、資本流動和技術提升的全球化佈局，採取企業「分散式」與「鑲入式」的雙軌成長方式。

分散式就是要讓臺灣企業在全球不同的地方為其他國家創造附加價值時，同時為臺灣本地的附加價值也連帶會產生更大幅度的成長；鑲入式就是必須將臺灣的經濟發展鑲入在全球國家與市場的互惠成長中，或許臺灣選擇特定產業，如金融創新服務中心、太陽能產業中心等等，才有可能發展成為大中華區與亞太區的卓越中心。

3. 就兩岸的角度而論

　　臺灣面對後冷戰與全球化的政經情勢變化，臺灣產業發展不能自絕於兩岸關係的發展，當戰後與臺灣最密切的貿易國家美國及日本，都以大陸市場為重要目標之際，臺灣對大陸市場的依賴度日漸增加態勢，臺灣如何把握善用大陸市場的優勢，來提高國際的競爭力。

　　論臺灣經濟發展絕不能忽略兩岸關係的情勢。近年來，中國大陸經濟的崛起，有關以中國市場為中心的區域經濟構想，成為國際經濟體系中的熱門話題。檢視臺灣與中國大陸經貿市場發展的關係，一直因依附統治政權的不同，而有各有不同程度的互動與轉變。1600-1895 年間，除了鄭領臺灣時期的 20 年兩岸貿易稍有萎縮之外，大陸一直是臺灣最主要的貿易地區：荷治、鄭領時期，臺灣是大陸物資和日本、東南亞、波斯、英國等國交易的轉運站；清初 1683-1860 年間，大陸幾乎是臺灣唯一的貿易對象；清末 1860-1895 年間，英美資本勢力高度介入，臺灣的貿易對象雖廣及全球，但與大陸之間的貿易卻仍持續增加；到了日治時期，貿易對象雖被迫轉以日本市場為主，但兩岸之間仍有貿易往來，特別是在日治末期，殖民政府將臺灣視為南進基地之後。國府時期從早期的內戰、對峙，乃至於逐漸開放，臺灣無論政治權力變化如何，都無損於兩岸市場發展的關聯性與互補性。

　　全球化時代的兩岸經貿，大陸市場不論是臺灣的國內市場或是國際市場，臺灣對大陸市場的出口量在不斷的成長後，臺灣對中國大陸市場的依賴日深，而且企業不斷移往中國大陸。為解決此一現象，再現臺灣經濟生機，只有妥善界定兩岸市場的關係，建構兩岸經貿合作的互惠機制，名稱僅管有「自由貿易區」、「關稅同盟」、「共同市場」和「經濟同盟」等不同的構想和進程，但是接受以市場為主軸的政策，應是目前兩岸關係的最適選擇。

　　換言之，臺灣要善用與中國大陸特殊環境關係的天時、地利和人文競爭優勢，臺灣不應將中國大陸僅視為「世界工廠」，而應調整為「世界市場」，透過兩岸市場的合作機制，銜接臺灣與區域經濟和全球化市場的共榮成長。臺灣和大陸都應該藉助歐盟市場經濟的發展經驗與智慧，先從市場的經濟統合再來突破兩岸的政

治僵局。

五、 結論

　　當前全球化由於從國家層次經濟到進入全球一體經濟的跨度太大，遂由區域性市場的貿易集團扮演過渡型角色。然而，區域集團的國家與市場傾向於集團內的貿易更自由，卻同時出現了更多政府管理貨幣、金融、科技和貿易的保護主義。因此，全球層次經濟發展，嚴重遭遇到受區域經濟發展的分配衝突、喪失民族獨立或國家主權的擔憂，和「免費搭便車」等問題的挑戰。

　　尤其是，經濟全球化使得國家指導市場力量的時代，已逐漸由超國界的市場經濟力所取代，因而兼顧社會對經濟上弱者的保護，以及對落後於經濟和技術迅速變化的工人的教育與培訓，否則市場和經濟自由主義的延續將岌岌可危。所以，儘速建構全球化與治理機制的這個範疇，已成為 21 世紀因應全球化時代國家與市場的重要課題。

　　全球化趨勢是經濟自由主義和國際強權主導的國際政治經濟體系。當臺灣經濟發展模式在 1960、1970 年代，以經濟組合主義的發展理論來建設臺灣。這樣的發展模式在冷戰體系的環境下，的確締造了臺灣經濟發展的成功經驗。但是，對照 1990 年代日本經濟發展的停滯，所謂劣質經濟政策引發日本經濟史上的「失落十年」，如果日本仍然因循政府強力指導下的經濟組合主義政策，而不改採取配合國家與市場原則上分離的經濟自由主義政策，迄今(2016)已再出現第二個「失落十年」。

　　檢視過去臺灣經濟發展的模式與日本的經驗極為相似，然而，臺灣經濟發展處在知識經濟的全球化時代，已逐漸浮現所得分配不平均、貧富差距拉大、階級嚴重對立，和世代矛盾的問題。誠如史迪格里茲(Joseph E. Stiglitz)所指出，那些

有錢人卻運用政治力量去塑造法治，提供一個架構，讓他們能在那裡面剝削別人，呈現的是一種所謂「劫貧濟富的流氓資本主義」現象。[11]全球化下的政府該如何扮好在市場中的角色有待未來觀察。

文末，謹以 1933 年諾貝爾和平獎得主安吉爾(Norman Angell)的話作結束。安吉爾指出，意圖以軍事征服手段替一個國家建造出經濟長遠發展的基礎，乃是不可能的幻想，只有藉著經濟的全球化才可以達到這目標，而國際金融隨著跨國貿易和工業發達，變得更加糾結和相互依賴，以至於政治和軍事強權的作為，實為侵略，但卻能被美化成援助。[12]

所以，經濟全球化下，世界和平的保證乃是因為各國政府無法不顧及強權的存在和貿易的進行。這雖然是安吉爾在第一次世界大戰以前講的一段話，卻值得吾人深思。

....

[11] Joseph E. Stiglitz, *The Price of Inequuality: How Today's Divided Society Endangers Our Future*(N. Y.:W.W. Norton & Company Inc. 2013).

[12] Sir Norman Angell, *The Great Illusion* (London: William Heinemann, 1910).

國家圖書館出版品預行編目(CIP)資料

臺灣政治經濟思想史論叢 / 陳添壽著. -- 初版. --
臺北市 : 元華文創, 民 106.01
面；　公分
ISBN 978-986-393-897-2(平裝)

1.臺灣經濟 2.政治經濟 3.經濟史

552.339　　　　　　　　　　　　　　　　105020569

臺灣政治經濟思想史論叢

Proceedings: The History of Taiwan Political and Economic Thought

陳添壽　著

發 行 人：陳文鋒
出 版 者：元華文創股份有限公司
聯絡地址：100 臺北市中正區重慶南路二段 51 號 5 樓
電　　話：(02) 2351-1607　　傳　真：(02) 2351-1549
網　　址：www.eculture.com.tw
E-mail：service@eculture.com.tw
出版年月：2017 (民 106) 年 1 月 初版
　　　　　2017 (民 106) 年 8 月 初版二刷
定　　價：580 元

ISBN：978-986-393-897-2(平裝)

總經銷：易可數位行銷股份有限公司
地　　址：231 新北市新店區寶橋路 235 巷 6 弄 3 號 5 樓
電　　話：(02) 8911-0825　　傳　真：(02) 8911-0801